国家社科基金项目

马克思辩证法的和谐向度

李楠明 著

人民出版社

策划编辑：郇中建

责任编辑：杜文丽

封面设计：汪　莹

图书在版编目（CIP）数据

马克思辩证法的和谐向度／李楠明　著．–北京：人民出版社，2014.9

ISBN 978 – 7 – 01 – 013709 – 4

I. ①马…　 II. ①李…　 III. ①老工业基地 – 经济发展 – 研究 – 东北地区

　IV. ① F427.3

中国版本图书馆 CIP 数据核字（2014）第 146679 号

马克思辩证法的和谐向度

MAKESI BIANZHENGFA DE HEXIEXIANGDU

李楠明　著

人民出版社 出版发行

（100706　北京东城区隆福寺大街 99 号）

北京龙之冉印务有限公司印刷　新华书店经销

2014 年 9 月第 1 版　2014 年 9 月北京第 1 次印刷

开本：710 毫米 ×1000 毫米 1/16　印张：22

字数：315 千字　印数：0,001 – 3,000 册

ISBN 978 – 7 – 01 – 013709 – 4　定价：46.00 元

邮购地址 100706　北京东城区隆福寺大街 99 号

人民东方图书销售中心　电话：（010）65250042　65289539

目　录

序　言

在新的世纪，党中央依据区域发展战略，作出了重新振兴东北老工业基地的重大战略决策。东北老工业基地曾经是国家重要的工业基础，在计划经济时期有过辉煌的历史，"一五"期间，国家工业建设的项目有近三分之一被放在了东北，可以说，东北老工业基地是新中国工业的摇篮。东北在装备制造、石油化工和资源采掘生产等方面始终处于全国领先的地位，给当时国家的经济建设作出了重要的贡献。但在改革开放后，尤其是20世纪90年代以来，随着计划经济向市场经济的转轨，东北由于国有大中型企业集中，公有制经济比重高，因而，转轨困难，经济发展缺乏活力，导致东北经济发展同南方发达地区相比长期处于滞后的状态，甚至出现了衰退的趋势。所以，重新振兴东北老工业基地是十分必要的，它不但关系到东北本身的经济建设，而且会对国家整体经济的进步产生至关重要的影响。

那么，如何来振兴东北老工业基地呢？在新的历史时期，尤其GDP均值在1000美元—3000美元的一段时期内，由于利益的分化，社会将出现复杂的矛盾情况，所以，不能简单地把振兴仅仅理解为工业经济建设的问题，它实质涉及东北经济社会全面协调发展的方方面面。如人与自然的关系，资源型城市的节能减排和发展接续产业的问题、城市的环境保护问题等；体制转轨面临的问题，国有企业如果成为自主经营的市场主体、如何培育多元的市场主体、如何发展非公有制经济、国有企业下岗职工的再就业和生活困难如何解决的问题等；产业结构的调整问题，如何发展高

1

新技术产业和新兴产业，怎样加快发展第三产业尤其是现代服务业，怎样淘汰产能过剩和高污染、高消耗的产业，怎样对企业的技术和设备进行更新换代等；东北的新型社区和文化建设问题，宜居环境的建设、和睦邻里关系的建设、治安环境的建设、社区文化事业的建设等；东北的新农村建设问题，如何实现城乡的一体化发展和利用城市的先进生产力来引导，幅射农业经济的发展，怎样解决城乡的二元结构使农村和农业生产走上城镇化、科技化、专业化、规模化和市场化之路，如何使农民增产创收并发展农村的文化事业等问题；东北的社会建设问题，就业的"三头碰"难题、养老、医疗、住房、教育、最低生活标准的补助等社会保障问题，社会的公平问题、两极分化的问题、利益的分配机制问题、工资标准的协商机制问题、弱势群体的照顾问题等；政府的职能转变问题，公共服务型政府的建设、推进依法行政、责任和诚信政府的建立、机构的改革与提高效能等。这些复杂的问题都同东北老工业基地的振兴密切关联在一起，这些问题解决不好，人民就不能安居乐业，甚至会引起社会的激烈矛盾冲突，东北的经济建设就不可能搞好，东北老工业基地的重新振兴也就不能成功。其实，这里涉及的就是发展经济与构建和谐社会的相互作用的关系问题。

构建社会主义和谐社会最早是在党的十六届四中全会上公开提出的，作为提高党的执政能力的重要内容之一，就是提高党的构建和谐社会的能力。之后，党的十六届六中全会又作出了《中共中央关于构建社会主义和谐社会若干重大问题的决定》，对构建社会主义和谐社会的意义、必要性、指导思想、原则和具体任务作了全面系统地阐述，把社会和谐提升到中国特色社会主义本质属性的高度，看作是国家富强、民族振兴、人民幸福的重要保证。并把构建和谐社会的理论内容融进新时期党和国家的指导思想，即科学发展观之中，成为科学发展观的重要组成部分。科学的发展一定是和谐的发展，全面协调的发展。这就给东北老工业的振兴提供了指导思想，指明了发展的道路。所以，东北老工业基地的振兴一定要在科学发展观的指导下，按着构建和谐社会的思路，使东北经济、政治、文化和社会全面、协调、有序地发展。

自从党中央提出了构建社会主义和谐社会的任务后，社会和谐问题就成为思想理论界研讨的热点问题，对社会和谐的内涵、思想来源、建设的意义和原则、面对的现实问题以及需完成的任务，从不同的学科、不同的角度都进行了认真的研讨。对推进和谐理论的理解和现实的和谐社会的构建都是大有裨益的。但是，社会和谐本身的哲学理论根据又是什么呢？谈社会和谐需要我们对传统辩证法的理论作出哪些新的理解？因为在传统的辩证法理论中，突出的是矛盾，通过矛盾的对立斗争来解决问题。尤其在"极左"路线时期，矛盾斗争的绝对性被推到极端的高度，从而形成了"斗争哲学"。那么，今天讲和谐与辩证法的矛盾思维是什么关系？和谐思维在辩证法理论中占有什么地位？而关于这样的涉及和谐的哲学理论根据问题，在讨论中却很少涉及，因而说明对和谐理论的研究还没有真正深入下去。而对社会和谐的哲学理论根据的研究不够，就不能真正理解党中央提出的构建社会主义和谐社会的意义之所在，也就不能把构建和谐社会放在具体的历史发展背景中去全面理解，在实际工作中，也就会发生与传统的、根深蒂固的矛盾斗争思维的冲突，也就不可能形成和谐思维对问题的理解视角，以及用和谐方式处理问题的自觉性方法，其结果必然会导致对和谐理解的庸俗化和表面化，流于实证层面和形式层面，而起不到用和谐思维去指导社会主义经济社会全面协调发展的作用。

正是由于对东北老工业基地振兴必然走经济、政治、文化、社会全面和谐发展之路，以及目前理论界对和谐问题的研讨还存在很大不足情况的认识，我们选择了"东北老工业基地振兴中的和谐社会构建问题研究"这一课题，希望对社会和谐的哲学理论根据进行深入的研究，弄清和谐思维在辩证法理论中的地位，以及它与对立斗争思维的关系，说明辩证法的和谐向度，并用以说明它在实践中的应用，对构建和谐东北的指导作用和如何解决东北老工业基地振兴中的各种矛盾问题。我们写作的总体思路是：一是厘清辩证法理论自身的问题，说明和谐在辩证法理论中的地位和作用；二是把辩证法的和谐向度同现代化的历史发展过程联系起来，把和谐放在时代文化精神进展中去考察，从启蒙理性的发展及其遇到的困境，考察对立斗争思维向和谐思维转换的社会历史原因；三是东北老工业基地的振兴在目前历史条件下走的是市场化之路，因而必会体现一般市场经济的固有的规则、优势和难题，和谐问题的提出正体现了由市场经济所要求的主体性向主体间性的转向，只有在主体间性的关系中才能理解和谐发展的意义和对市场难题的解决方式。

　　具体来说，我们认为：辩证法作为一种自觉的理论形态始自德国古典哲学，用以解决近代认知主体哲学的固有难题——主客的二元分裂。自觉的辩证法理论贯穿的是近代启蒙理性的文化精神，是人成为主体，通过自己的能动活动来改造世界的现实历史状况的哲学表达形式。正如马克思在评价黑格尔辩证法时所说："黑格尔的《现象学》及其最后成果——辩证法，作为推动原则和创造原则的否定性——的伟大之处首先在于，黑格尔把人的自我产生看做一个过程，把对象化看做非对象化，看做外化和这种外化的扬弃；可见，他抓住了劳动的本质，把对象性的人、现实的因而是真正的人理解为人自己的劳动的结果。"然而，黑格尔虽然利用辩证法的形式抽象地表达了人的自我创造和改造世界的过程，但"他只看到劳动的积极的方面，没有看到它的消极的方面。劳动是人在外化范围之内的或者作为外化的人的自为的生成。"[1] 这即是说，在黑格尔的辩证法中，虽然突出了启蒙的主体性精神，突出了人的创造能动性，但黑格尔却没有注意到，这种人的主体性发挥的逻辑起点是孤独的个体，而从孤独的个体出发，就会走向市民社会的"私人"，就会走向人类中心主义和自我中心主义，就会用技术理性泯灭价值理性，走向人的异化状态。即，近代的启蒙理性也存在着内在的矛盾，在现代化的初期，人们幻想以理性为工具，通过发展科学技术，提高劳动生产率，采改善物质生活，促进社会的进步。但对自然的征服和占有的态度，必使理性向技术理性转化，必导致技术理性和价值理性的分裂、冲突，最终不但使人和自然尖锐对立，而且对自然的征服会反过来作用于人本身，变成对人的统治和压迫，造成强势群体对弱势群体

---

[1] 《马克思恩格斯文集》第 1 卷，人民出版社 2009 年版，第 205 页。

的压制与剥夺。法兰克福学派曾用"启蒙的辩证法"这一概念来描述现代文化精神的这种双重性以及启蒙理性必然走向自身反面的过程。

　　理论的思考反映着现实的状况，西方现代化过程的经验教训给我们以这样的启迪：社会的发展不是单纯的经济增长过程，只注重经济效益的想法，不但容易使经济的发展走向单纯产值或经济总量的错误道路，从而忽视人和环境的协调，造成发展的不可持续性；而且更为重要的是会使经济的发展失去人文导向，导致忽略社会公平正义的矛盾。正是西方现代化的教训使我们必须确立以人的发展为核心的综合协调的发展观。构建社会主义和谐社会的提出，正是依据这样的历史背景。正因为社会和谐是针对西方的以经济发展涵盖社会发展的现代化模式的弊端而提出的，因此也必然发展贯穿着启蒙理性精神的传统的辩证思考方式，不能把辩证法仅仅理解为对立斗争的矛盾思维的结果，而要用主体间性来弥补孤独主体性的缺陷，在辩证法理论中确立和谐的维度。

　　传统的辩证法作为一种弘扬主体创造精神的哲学理论，固有一种西方文化的向外的、通过冲突和斗争而征服和占有的倾向。现代化的进程使人类征服和改造自然的能力得到了极大的增强，更加坚定了人们通过斗争、竞争而促进发展的信念。在这样的理论思考方式中，对立、斗争比和谐、统一具有更重要的地位，因为和谐虽然是目的，但必须通过斗争来实现。由此，矛盾、对立、斗争被看作是事物发展的源泉和动力，发展与对立、斗争、克服矛盾等同起来。黑格尔就是这样思考问题的，他把事物之间的关系看作是矛盾的对立关系，其中蕴含的是一种主体本质力量对象化的思想，即主体只有把自身的本质力量对象化，创建不同于自身的客体，才能在对象中印证和反思自身，并且只有克服异己的对象，扬弃主体的异在状态，才能使主体返回自身，确证自身的本质。在这样的否定之否定的过程中，确立和克服对象都是不可或缺的，由此，对立和斗争就成为辩证思维的主旋律。其实，这种矛盾、对立、斗争的思维正是资本主义现代化初期社会矛盾尖锐化的反映，也正是在这样的历史背景下，马克思接受了这种思维，资本主义早期血与火的历史使马克思坚信，迄今为止的人类文明史就是对立和对抗的历史，阶级社会发展的过程就是在生产力和生产关系的矛盾所引发的一系列社会的对立和冲突中度过的。如果仅此而已，马克思的实践辩证法就会被理解成矛盾对立冲突的同义语，这也正是"极左"路线时期斗争哲学能够盛行一时的理论原因。但是，这是对马克思辩证法理论的误解。因为，马克思所诗的对立和对抗的历史，特指的是"人类社会的史前时期"，即人的异化发展的历史阶段，对于这样的历史阶段是可以用辩证法的对立斗争的矛盾形式来表达的。这一点马克思曾作过明确的说明："大体说来，亚细亚的、古希腊罗马的、封建的和现代资产阶级的生产方式可以看做是社会人的形态演进的几个时代。资产阶级的生产关系是社会生产过程的最后一个对抗形式，……人类社会的史前时期就以这种社会形态而告终。"① 所以，不能把马克思的辩证法仅仅理解为对立斗争的矛盾学说，在马克思看来，矛盾、对立和对抗，只是阶级社会的发展状态，在未来社会中，发展还是会继续的，但不再以对立、对抗的方式来进行。自由个性的全面和谐发展的含义即在于此。

在极"左"路线的错误时期，由于误读了马克思的理论，把马克思关于阶级社会发展状态的阐述误解为是对整个人类历史发展普遍状态的说明，辩证思维也就等同于矛盾、对立、斗争的思维。于是矛盾的斗争性被赋予了绝对的地位，在斗争性和同一性的关系中，强调斗争性是同一性的基础，斗争性是绝对的、无条件的、永恒的，并把对斗争性的理解同对运动的理解相等同。这就在理论上导致了两个错误：一是对斗争性作了狭隘的理解，把斗争性等同于对立和冲突；二是抹煞了同一性在事物发展中的地位和作用，似乎同一性是可有可无的，只是为矛盾的斗争提供场所。改革开放以后，虽然理论界纠正了对辩证法的错误理解，强调了对斗争性不能作狭隘的理解并突出了同一性在事物发展中的作用，提出了单独的同一性或单独的斗争性都构不成事物发展的动力的观点，但对同一性意义的研究还很不够，没有由此深入到和谐思维的深度。

---

① 《马克思恩格斯文集》第 2 卷，人民出版社 2009 年版，第 592 页。

　　构建和谐社会必须要转变矛盾的对立、斗争的思维方式，而要从协调、平衡、共处的统一性的视角去观察和处理问题，并以此作为构建和谐社会的理论基础。这是因为，首先，这是社会主义发展的目标和过程的性质决定的。社会主义是一个不完全的阶级社会，这种性质决定了我们不能再用观察阶级社会那样的对立、斗争和矛盾冲突的视角看待和处理问题，而要以积极的态度、宽容的心情和协商合作的做法去处理矛盾冲突，如此才能防止矛盾的扩大化，给社会发展提供稳定有序的环境。另外，尽管当代社会的发展离马克思设想的自由个性的和谐全面发展还有很远的距离，但"以人为本"的理念日益被社会所接受，社会主义的发展目标也被确定为人的全面发展，这种发展目标的性质就内在地包含了和谐发展的内容，要求社会机制的平衡和协调，要求社会的公平和正义，要求关注人的权利、尊严和生活幸福，使社会的发展能够为人的进步服务。其次，当代和平与发展的主流趋势使合作与双赢成为发展的重要形式。现代化的进程是同技术理性的发展关联在一起的，由此带来了人与自然的对立，以及人与人的分裂等生存的难题，尤其是两次世界大战和随之而来的冷战局面，促使人们不断反思，使人们日益认识到，对立和对抗、矛盾和冲突不是解决问题的出路，相容共处、协商合作才是正确的选择。由此，在人与自然的关系上，征服和占有的意识被生态平衡的观念所取代；在不同社会制度和不同意识形态的国家关系上，对立和斗争被共处和互利所取代。一国两制、公有制和私有制的共存等一系列对立面同一的事实证明，在当代，和谐统一的方式也是事物发展的重要途径，这就需要我们发展辩证思维，深入研究协调、平衡在发展中的意义。最后，市场经济的发展也需要用和谐的视角去处理社会的冲突和矛盾向题。市场经济是逐利的经济，它采用了优胜劣汰的市场竞争的方式，去实现利益最大化的目标。这虽然可以提高生产的效率，但如果只讲"市场的经济冲动力"，就会抹煞市场的伦理要求，引起公平和效率的矛盾冲突，导致社会严重的两极分化，使广大人民背负发展的成本，却享受不到发展的成果，从而使社会陷入利益分配激烈冲突的不稳定之中。正因如此，在成熟的市场经济国家，都建有一套控制

"市场失灵"的制度和措施，利用社会福利、社会保障、税收的转移支付等方法，来协调利益纷争，缩小两极分化，满足市场伦理对公平正义的要求，以实现社会稳定有序的发展。正因如此，在哲学理论上，主体性哲学就开始向主体间性哲学转向。主体性哲学体现的是一种主客关系，它导致的是目的手段的技术理性行为，本质上是市场经济发展的初期阶段对弘扬人的主体创造性的要求，这正是德国古典哲学辩证法强调对立、斗争、克服客体的矛盾思维得以形成的深层历史根据。但自我膨胀的孤独主体必会走向"人类中心主义"和"自我中心主义"，导致人与自然、人与社会的分裂和对立，这也正是"市场失灵"现象产生的深层原因。所以，在市场经济发展到高级阶段后，随着市场伦理、价值理性的复归，主体间性哲学也就日益成为主导的哲学思潮。主体间性也就是交互主体性，要求把"他者"不是作为客体而是也作为主体来看待，不能把"他者"作为自己谋利的工具和手段，真正体现了人是目的不是手段的"以人为本"的理念。在这种主体间性关系中，要求平等的对待"他者"，要尊重"他者"，要与"他者"协商、对话来解决问题，要以宽容的态度来容纳不同的意见，要以共处的方式来处理与"他者"的关系。所以，主体间性关系就是一种和谐发展的关系，是人与自然、人与社会和谐发展的哲学理论表达形式。它与辩证法的和谐维度是统一的。这也说明提倡和谐是市场经济深入发展的必然要求。即，和谐思维不是无矛盾的思维，和是指不同事物之和，"和而不同"体现着多样性的平衡，只有多样性的共存平衡才能"和实生物"。这即是说，改革的深化涉及各种利益关系的调整，不同的人和群体在享受改革成果方面必然有所不同，不同利益的矛盾冲突是不可避免的。问题是怎样对待和处理这些矛盾？是用对立斗争的方式去处理，还是用平衡和协调的方式去处理？和谐思维要求建立社会协调的机制，平衡各种利益关系，使大多数人能够享有改革的成果，达到化解矛盾、政通人和与社会稳定有序发展的目的。

和谐思维又要求把目标的完善性变为过程的持续性，在以往的理论中，和谐都被理解为理想的终极状态，如大同社会或自由个性的全面发展等，从而成为同现实无关的、可望而不可及的事情。而对当前提出的构建和谐社会以及与此相伴随的和谐思维方式却不能这样理解，它不仅意味着我们要达到的目标，更是我们要达到目标的方式和过程，它要求确立这样的理论视角，即以协调、平衡的方式来推进社会的发展。这就不同于西方文化的征服、占有、对立、斗争的思维，而是更多地体现着中国文化的整体性、平衡性的思考方法，而这种思考方法在改革进入矛盾多发期和凸显期的今天具有特殊重要的意义，它可以化解矛盾、减轻技术理性带来的人与自然、人与社会的分裂和对立，实现经济效益和社会公平的协调发展。

　　基于对辩证法和谐向度的这种理解，我们把其运用在东北老工业基地振兴的和谐社会构建过程中。我们认为，经济是全部社会发展的基础，东北的和谐首先就要体现为经济发展的和谐，为此必须调整生产力和生产关系，使经济建设有序健康地发展。东北经济建设面临的首要任务是体制的改革，促使国企走上市场经济的发展之路，这就要变革产权制度，理顺企业和政府的关系，使企业独立自主，按照现代企业制度的要求而运作。而为达到此目的，既要改变政府直接管理经济的方式，变生产过程的行政管理为出资人的资产管理，又要发展东北的市场经济体制，培育多元的市场主体，使公有制经济和非公有制协调发展。生产关系的调整是为生产力的发展解除体制的束缚，但生产力本身也有一个协调发展的问题，这就是产业结构的调整升级。传统的粗放式的发展方式带来了资源和环境的巨大代价，使发展不可持续。传统的工业发展模式，造成了城乡的二元结构，使城乡经济条块分割，不能互补，只处于原材料生产和简单初级加工的产业发展阶段。这就决定了转变发展方式，走集约型和城乡一体化发展之路是必然的选择。但这涉及对多种矛盾关系的处理，如发展高科技产业、新兴产业与现有产业的关系、淘汰落后产能与就业压力的关系、节能减排与加快经济发展的关系、资源型生产与发展接续产业的关系、做大做强第一、第二产业与加快发展第三产业的关系、农村的城镇化、工业化与保证粮食安全的关系等，这就需要有辩证和谐的思维，根据现有的实际情况，解决诸多的矛盾问题，尽快完成产业结构调整的任务，使东北经济能够协调可持续的发展。

和谐东北的建设不但要求经济的协调有序发展，而且要求社会的全面平衡发展，因为经济发展虽然是社会发展的前提基础，但经济的发展并不能自动带来社会的公平和有序发展。经济发展的目标是效率，而社会发展的目标是公平，二者毕竟是不同的。如果没有社会公平的实现，就不会有经济发展的稳定环境，最终会影响到效率的提高，经济的有序协调发展也就不能实现。所以，必须把经济的发展放到社会的整体协调关系中去考虑，以实现经济社会的整体的全面平衡发展。这才是构建和谐东北所要达到的目标。

要实现社会的和谐就要推进以改善民生为重点的社会建设，首先是就业问题，就业是民生之本，只有充分的就业，才能逐步改善和提高贫困人群的生活水平。如果说社会保障是解决贫困的消极措施，那么就业则是改善民生的积极措施。尤其对于东北来说，大中型国有企业多，人员集中，随着"改制"的过程，大批人员被分流下岗，因而解决下岗职工的再就业问题就成为实现社会稳定的重中之重。前些年东北群体事件频发，上访告状、围堵政府事件不断，主要就是因此而引起的。现阶段解决这一问题又增加了复杂的因素，出现了"三头碰"的情况，即大量的农民离开了土地，进城务工，以及大学扩招带来的大学生就业难的问题，使解决就业难题的压力倍增。解决问题的根本出路是发展经济，在东北尤其要注意发展第三产业特别是现代服务业、朝阳产业以及非公有制经济这样安排就业人员多、原来又不太发展的产业。此外，还要针对摩擦性失业和结构性失业的不同特点，有计划地开展技能培训和发展中介咨询服务，提供公益岗位等，以使待业失业人员能够尽快走上工作岗位。

如果说就业是民生之本，那么社会保障则是社会运行的稳定器和人民生活的安全网。社会保障在由计划经济时期的单位保障转向市场经济时期的社会保障之后，社会保险成为社会保障的主要内容，尤其是养老保险和医疗保险涉及全体社会成员，成为必须要解决好的任务。养老保险和医疗保险要遵从广覆盖的原则，覆盖城乡全体居民，既要包括城镇职工和农业人员，也要包括城镇居民，此外，还要提高统筹水平，以解决城乡间、地区间的标准不统一的问题。随着经济发展水平的提高，养老保险要走向普惠制，而医疗保险要走向全国统筹。除养老、医疗保险外，还要进行工伤保险、失业保险的建设，以完善保险体系。除社会保险外，社会保障还要发展社会救助事业，尤其是最低生活保障制度。要提高最低生活的补助标准，并建立最低生活保障标准随物价增长而联动的机制，使贫困人群能够保障基本的生活需要。要根据特殊人群的特殊困难情况开展专项救助，如灾民救助、特困户生活救助、大病的医疗救助、贫困户子女的教育救助等。在社会福利事业的建设中，要关注贫困人群的居住问题。住房的货币化改革，改变了住房的福利化分配机制，使城镇居民住房条件得到极大改善，但不断高涨的房价也使普通百姓难以承受，为社会所诟病。解决问题的出路在于加大保障性住房的建设力度，在地方政府的土地收入中，规定一定的比例投入廉租房的建设中，使贫困群体有能力买得低价房。总之，只有把社会保险、社会救助和社会福利统一起来，综合地发挥改善民生的作用，才能实现"学有所教、劳有所得、病有所医、老有所养、住有所居"的目标，才能为经济建设提供良好的社会环境。

根据国际的经验，要保证社会的安定有序，就要实现社会的公平和正义，使经济的效率和社会的公平能够协调一致。尤其当人均 GDP 达到3000 美元左右的发展阶段，由于利益的分化和利益分配关系的惯性倾斜，极易引发激烈的矛盾冲突。而这一问题在我国、在东北都呈比较严重的显性化趋势。"效率优先、兼顾公平"的指导思想在特定历史阶段是必要的，但由于过分强调效率而忽视了公平，结果"虽然做大了蛋糕，但却没有把蛋糕分好"，致使贫富两极分化日益严重，这一问题已引起广大群众的强烈不满，成为影响社会稳定的最主要问题。目前城乡之间、地区之间、不同企业之间、企业中的不同人群之间存在着收入分配严重不平衡的状况，城乡之间的差距已近 4 倍，是新中国成立以来收入最大的时期；而贫穷地区和富裕地区的差距也接近 5 倍；垄断性企业和一般性企业的差距如果加上实际的福利性待遇来计算一般在 6—10 倍之间；而不同人群之间的差距就更大。造成两极分化不断扩大的原因，既有第一次分配的不公平，又有第二次分配调解的不得力。从第一次分配来看，劳力报酬在社会财富分配中的比重日益降低，居民收入的比重也日益降低，相反，资本所得和国家财政收入的比重却在不断提高。近些年来，GDP 的增长除个别年份外都超过了两位数，但居民收入的增长却远远落后于经济的发展速度，相反，国家财政近 10 年来却以超过 20%的速度在增长。由此引发了国富、民富的争论。问题不在于国家的税收是否过重，而是国家财政的支出究竟用在了什么地方。被广为诟病的是，国家行政管理支出所占比重太大，"三公消费"浪费惊人。由此引起了一部分群众的仇官、仇警、仇富的心理，这正是群体事件爆发的一个主要原因。从第二次分配来看，存在的"一腿长、一腿短"的问题说明社会建设滞后，国家把一些公共服务项目市场化了，对公共服务投入不足，相反，对高收入群体的税收征缴力度却不够，该收的没有收上来，因此，缩小两极分化的转移支付就没有发挥出应有的作用。如现今的个人收入所得税缴税的主体是靠工资收入的中等收入群体，而对于富有阶层来说，工资收入在他们财富收入中的比重在下降，他们主要依靠的是财产增值性收入，而对财产增值性收入的调解，国家还没有适当的政策，这就容易造成两极分化的"马太效应"。总之，缩小两极分化，加大转移支付，解决收入分配公平的问题，是现今亟须解决的矛盾，这一问题直接关系到民生政策的落实，和谐社会的建构和社会的安定有序。

东北经济的振兴与和谐社会的构建，都离不开政府的强有力的领导。在社会化分工和商品交换的现代社会中，政府的领导和协调各种利益关系的作用是不可或缺的。尤其对于构建和谐社会来说，解决"市场失灵"的问题和推进以改善民生为重点的社会建设，更凸显了政府领导的重要性。过去的行政管理体制是建立在计划经济基础上的，管的过多过细，因而当社会走向市场经济体制之后，有的人认为，政府的作用应该弱化，应使社会独立自主。这种看法是片面的。其实政府管理改进的原则应该是，不该管的不管，该管的一定要管好。以解决过去那种管了一些不该管、也管不好的事，该管的却没有管。具体来说，要把对经济的行政直接的管理，变为对资产的管理，变为宏观调控和市场监管，要从企业和社会组织能够自行解决问题的领域退出，这才是弱化的含义之所在。不但有弱化，而且有加强，在一些领域的弱化，而在另一些领域则要加强。政府要把主要工作方向转向公共服务和社会管理上来。为此，政府行政管理体制的改革必须走职能转变之路，建设适合市场经济体制发展要求的公共服务型政府，把管理和服务统一起来，以提高政府为经济社会发展提供高质量服务的能力和水平。在建设公共服务型政府的过程中，要走社会共同治理的道路，政府应将一些社会管理和公共服务的职能转移给社会，欢迎社会团体、中介组织加入到管理和服务中来。公共服务型政府必然是一个法治政府和责任政府，只有职能法定，程序合法和依法行政，才能防止权力的主观随意性和权力的越位、缺位的错位现象，从而在权力的结构、运作和关系三大方面上保证人民当家作主的权益，使权为民所用，利为民所谋。尤其是中国有着几千年的专制传统，官本位、长官意志、权力超越法律等现象还广泛存在，只有坚持依法治国，用制度管人管事，才能保证权力的阳光运作，才能为清除腐败现象奠定前提基础。法治政府又同责任政府密切相连。再好的制度和政策也需要人去执行，而为了使人能够尽心尽力地去工作，就必须落实责任，做到奖惩分明。现在存在的问题是责权不统一、职责不清、工作相互扯皮推诿、出了问题无人负责，致使一些官员只想当官不想做事。这不但降低了行政效率，而且使群众对某些官员的官僚主义作风产生了强烈的不满情绪，影响了政府的形象。为此，必须建立责权统一的机制，做到有责必有权，有权必有责，只有责权分明，才能做到事事有人负责，使管理走向科学化。而为了落实责任，就要坚持以行政首长问责制为核心的责任追究制度，对工作不负责和不作为的官员，尤其是出了重大事故或造成重大损失的领导干部必须给以必要的惩戒，以保证官员能够尽心尽责的为公众服务。职能的转变要求机构的调整，现在存在的问题是机构重叠、职能交叉、人浮于事、办事效率低、行政成本高。为此，机构的改革要坚持精简、效能的原则，在职能法定的前提下，理顺纵、横的管理关系，使各部门之间便于协调和沟通，把冗员分流出去，使机构消肿。现提倡的大部门体制改革和减少行政层次的省直管县的试点，都是对机构改革的有益尝试。

党的十八大又进一步深化了对和谐社会建设的认识，不但把构建社会主义和谐社会作为五位一体的总体布局的一个重要组成部分，而且把它确定为全面建成小康社会和全面深化改革开放的目标之一。党的十八大报告指出："人民生活水平全面提高。基本公共服务均等化。全民受教育程度和创新人才培养水平明显提高，进入人才强国和人力资源强国行列，教育现代化基本实现。就业更加充分。收入分配差距缩小。中等收入群体持续扩大，扶贫对象大幅减少。社会保障全民覆盖，人人享有基本医疗卫生服务，住房保障体系基本形成，社会和谐稳定。"①

为了实现这一目标，党中央又把构建社会主义和谐社会作为夺取全面深化改革开放新胜利的八项基本要求之一，指出："必须坚持促进社会和谐。社会和谐是中国特色社会主义的本质属性。要把保障和改善民生放在更加突出的位置，加强和创新社会管理，正确处理改革发展稳定关系，团结一切可以团结的力量，最大限度增加和谐因素，增强社会创造活力，确保人民安居乐业、社会安定有序、国家长治久安。"②

从十八大对构建社会主义和谐社会的意义、地位和作用的强调，我们可以得出这样的认识，作为中国特色社会主义本质属性的社会和谐的建构，是我们进行社会主义现代化建设必须要长期坚持的一项重要工作。尤其在新的历史阶段，社会的公平和正义问题具有了突出的意义。改革不断深化，要破除阻碍科学发展的体制机制樊篱，就必须紧紧依靠人民群众，把实现人民的福祉、维护人民的利益作为我们一切工作的出发点和归宿。所以，党中央深化了构建和谐社会的认识，把构建和谐社会同全面深化改革开放统一了起来，明确提出构建和谐社会的具体思路和通径，即要

---

① 《坚定不移沿着中国特色社会主义道路前进为全面建成小康社会而奋斗》，《十八大报告辅导读本》，人民出版社 2012 年版，第 18 页。

② 《坚定不移沿着中国特色社会主义道路前进为全面建成小康社会而奋斗》，《十八大报告辅导读本》，人民出版社 2012 年版，第 15 页。

把保障和改善民生放在更加突出的位置，多谋民生之利，多解民生之忧。同时通过加强和创新社会管理，形成党委领导、政府负责、社会协同、公众参与、法治保障的社会管理体制，使公共服务均等化，来保证社会公平正义的实现。只有如此，才能使人民心情舒畅，充分调动起广大人民群众对社会主义建设的积极热情，也才能使国家长治久安，为深化改革提供一个安定有序的环境。党的十八大对构建社会主义和谐社会的新阐释，为东北老工业基地的振兴提供了指导原则，也为我们深入研究这一问题指明了方向。

概言之，社会是一个有机的整体，东北老工业基地的振兴涉及社会生活的方方面面，只有在党的领导下，坚持"以人为本"这一核心，处理好经济、政治、文化、社会、生态五位一体的多重矛盾关系，使它们相互协调，而不是相互掣肘，东北经济才能在和谐有序的环境和氛围中又好又快地发展。根据这一思路，对"东北老工业基地振兴中的和谐社会建构问题研究"这一课题，我们通过对和谐理论的挖掘和对现实的政治、经济、文化、社会、生态发展状况的分析，说明了东北和谐社会构建应解决的问题和怎样构建的问题，以及东北社会和谐发展对东北经济振兴的意义和作用。

本研究的写作共分九章，前五章是对和谐的理论进行分析，其中心线索是挖掘辩证法的和谐维度，从辩证法的角度说明和谐理论及和谐社会构建的哲学理论根据。后四章分析了东北和谐社会构建的经济、政治、社会、文化、生态发展的各方面问题。其核心是坚持"以人为本"，通过从主体性的弘扬到主体间性的转变，说明以人为中心的社会综合发展观及其孕育在其中的哲学理论思维尤其是辩证法思维方式的转换。各章的内容概要如下：

第一章梳理了中国历史和西方历史上的各个流派对和谐问题的理解，以及同辩证法的关系。中国传统文化是人与自然、人与社会没有彻底分化的产物，经验性是它的突出特征。因而它强调的不是分析，而是综合，强调的是整体的平衡性、协调性，自从周朝的太史伯阳父提出"和实生物"这一著名论断后，经由儒家思想的传播，"和为贵"的思想逐渐成为社会伦理和政治的重要理念，深深影响了各家各派的理论传统，和谐逐渐成为中国文化中被普遍接受和认同的人文精神。中国传统文化强调的和谐，是"和而不同"，体现着对多样性的统一与差异性的协调、平衡的辩证认识，说明了中国传统文化具有优秀的深厚底蕴。但它也具有历史的局限性，是当时群体主体活动方式的产物，它所主张的和谐本质上是泯灭人的主体性的使人合于外在力量的原始和谐。

在西方文化中，对和谐问题的认识是通过对事物辩证发展的本性的理解表述出来的。古希腊的毕达哥拉斯学派最早认识到对立面的统一就是对立面的和谐。而赫拉克利特则从运动的角度探索了数与和谐的关系。如果说，古希腊早期的哲学家还是从感性层面对辩证法和谐维度的描述，那么，柏拉图、亚里士多德则从本质的角度表达了对立面的斗争和同一的关系及其把和谐作为最高目标的思想。近代以来，由于形而上学思维占据了统治地位，对和谐的探索转向了政治的社会理想层面，空想社会主义者们都把实现社会和谐作为自己学说的最高目标。中国传统文化以及西方哲学、政治理论对和谐的探求，尽管带有历史的局限性，但却为我们当代构建和谐社会提供了宝贵的思想资源。

第二章阐述了马克思主义和谐观的哲学理论根据，主要从三个方面来说明。第一是马克思主义和谐观的实践哲学基础。空想社会主义者对和谐的理解之所以是不科学的，就在于他们把思想意识作为历史发展的根本原因，不能把社会和谐与人类实现解放的创造性的自由活动联系起来，从而也就不理解和谐的实现是变革现存制度的过程。而克服空想社会主义的局限性，只能从马克思主义的实践哲学出发，因为实践哲学确立的人类解放的和谐理想是建立在人的创造活动的基础上的，是从生产劳动的发展来说明历史过程的，是同对资本主义异化劳动的批判关联在一起的，这才摒弃了用思想意识解释历史的唯心史观，才把和谐的实现同人活动性质的改变和变革世界统一起来。第二是马克思主义的和谐观奠定在社会历史发展规律的基础上，同无产阶级的革命运动结合了起来，这就为和谐的实现找到了现实的途径。这正是马克思主义的和谐观区别于其他一切和谐理论尤其是空想社会主义的和谐理论的根本之处。第三是马克思主义和谐理论与辩证法理论的内在统一。马克思和恩格斯创立了唯物史观，把社会和谐与人的全面自由的发展作为了共产主义社会的本质特点，而辩证法的和谐维度就贯穿在人类实现自身解放的历史过程中。人与自然、人与社会、人与人之间的辩证关系正是马克思主义和谐观的主要内容。由此论述了马克思和恩格斯从辩证法的角度对和谐的理解。

第三章是社会主义实践中辩证法的和谐诉求。是谈列宁、毛泽东、邓小平等领导人在马克思、恩格斯理解的基础上，从辩证法角度对和谐思维确立的新贡献。由于在社会主义发展的最初阶段，旧社会的痕迹并没有完全消除，社会还处在劳动是谋生手段的"史前史时期"，因而无论是列宁还是毛泽东，都是根据人类解放和推翻资本主义的目标，重点论述了辩证法的批判性和革命性。但尽管突出了矛盾的斗争性，但他们的目标都是为了构建和谐的共产主义社会以及实现人的自由全面的发展，因而他们也强调对立面的统一，肯定同一性在事物发展中的作用和地位。列宁提出了对立统一规律是辩证法的实质和核心的著名论断，把辩证法看作是无片面性弊病的发展学说。毛泽东强调了矛盾的斗争性与同一性、矛盾的普遍性与特殊性的辩证关系，确立了两点论和重点论相统一的思维方式，这些辩证的思想体现了平衡、协调、适度的和谐维度。尤其是毛泽东在将马克思主义中国化的过程中，发展了政治和谐的思想，主张通过和平赎买的手段完成对资本主义工商业的社会主义改造。强调团结的意义，区分了两种不同性质的矛盾，强调要调动一切积极因素去进行社会主义建设。邓小平在和平与发展成为时代主题的历史条件下，结束了极"左"路线的统治，把工作重心转移到经济建设上来。为此突出强调稳定在发展中的意义，强调国际的和平环境对中国建设的意义。为此发展了一系列对立面共处的思想，在国际上，资本主义制度与社会主义制度可以共存，在国内，可以"一国两制"，公有制经济可以与非公有制经济并存，资本主义可以有计划，社会主义也可以有市场，等等。这说明邓小平的辩证法思想不仅与实践相契合，而且体现了时代的特色，彰显了共处、合作的和谐维度。

第四章是凸显辩证法和谐诉求的现实要求。这一部分是从时代的特征和科学、社会的现实发展来说明辩证法和谐维度的凸显，说明由斗争思维向和谐思维转换的历史必然性。当今时代，一方面，资本主义制度的历史局限性日益表现了出来，人类要求摆脱物的依赖性为特征的异化状态的愿望日益强烈，20世纪的人类生存危机促使人们对征服、占有的斗争思维进行反思，使主体哲学日益向主体间性哲学转向，强调人与自然、人与社会的和谐发展成为历史的潮流；另一方面，第二次世界大战结束之后，世界由两极化格局转向多极化的发展，由冷战转入到了和平与发展的时代。政治意义上的战争和对立被经济贸易上的竞争所逐渐取代，合作、双赢、互利的贸易准则也逐渐具有了超出经济层面的社会政治含义，日益被人们所认同。而科学发展的实证化倾向，导致了技术理性的扩张和价值理性的泯灭，形成了物本的经济发展观，造成了有增长而无发展极其严重的社会冲突的后果，因而弘扬人的价值理性，给科学技术的发展以人文导向和人文关怀，坚持以人为中心的社会全面发展观，就成为时代的必然选择。总之，以和谐的思维方式解决冲突、化解矛盾，在承认矛盾和差异的基础上，求同存异，保持总体上的平衡和协调，是符合当代发展潮流和人类生存实践需要的。因而在当代凸显辩证法的和谐维度，强调平衡、协调的发展，用求同存异的方式处理矛盾，不仅是现时代实践的客观要求，而且对于人类的和平与发展也具有深刻的理论价值和意义。

第五章是辩证法和谐诉求的当代阐释。这一章是对辩证法和谐维度的具体内容进行梳理，探究辩证法和谐维度在含义、特征、内容、范畴等方面的规定性，从而阐释和谐思维作为系统的辩证法理论形态应具有的内容。从内涵上看，和谐强调了事物发展变化指向于相互生发、相互依赖的统一状态。这种统一既体现在发展过程的平衡、协调上，又体现在发展目标的自由全面性上。从内容来看，它强调了和实生物的辩证思维、和而不同的协调思维、对立统一的矛盾思维、中庸适度的平衡思维、均衡互制的有序思维等。在阐释和谐思维的时候，最后把其与科学发展观统一起来，提出在科学发展观的指导下进行和谐社会构建的认识，认为科学发展是实现社会和谐的基础，科学发展观揭示了构建社会主义和谐社会的主体价值导向，科学发展观指明了构建社会主义和谐社会的根本途径。这就为从和谐理论转向对东北和谐社会构建的实践分析做了过渡和铺垫。

第六章是协调生产关系与构建和谐国企，完善社会主义市场经济体制。从这一章开始进入到对东北和谐社会构建具体问题的分析。我们认为，东北社会的和谐首先要以经济的发展为基础，而东北经济发展的首要任务就是调整生产关系，进行经济体制的改革，完善社会主义市场经济体制。之所以作出这样的判断，是依据东北的特殊历史情况。东北老工业基地是新中国工业的摇篮，是我国改革开放前工业经济的重要基础。但自20世纪90年代建设社会主义市场经济体制以来，东北经济发展却明显滞后，其根本原因是：东北地区是计划经济体制统治时间最长、贯彻最为彻底的地区，因而经济发展活力不足，所有制结构较为单一，公有经济比重大，国有大中型企业多，转轨困难，产业结构调整缓慢，资源生产面临枯竭等，加之，企业办社会历史包袱沉重，人员就业压力大。这些矛盾已成为新形势下东北经济振兴的主要障碍。所以，加快国企改革，培育多元市场主体，走市场经济建设之路，就成为振兴东北经济的必然选择。为此，必须做好三方面的工作：一是国企改革要以产权制度改革为核心，使产权股份化和多元化，使产权流动起来，改变国有股"一股独大"并且不能自由流通的局面，实现终极所有权、企业财产权和经营权的分离和明晰化，使企业成为市场竞争的独立主体，为东北经济的振兴扫除体制性的障碍。二是理顺企业和政府的关系，政府要变企业管理为资产管理，走宏观调控之路。这就必须转换政府的管理角色，由企业的直接领导者转变为资产的出资人，由管理生产变为经营资产，通过经营国有资产来体现社会要求的宏观理性，这样才能把行政手段的管理转向经济手段的管理，才能合理地划分开企业和政府之间各自的权限。三是发展多元的市场主体。市场经济体制的建设不仅仅是国企自身的事情，和谐本身就意味着和而不同，只有大力发展民营经济、外资经济等多种经济成分，才能相互取长补短，形成共同促进的竞争关系，才能改变所有制单一的局面，使经济的发展充满活力。

第七章是转变发展方式，走新型工业化之路。这一章通过产业结构调整、走可持续发展之路和社会主义新农村建设三节的论述，贯彻了用科学发展观指导和谐社会构建的思路。东北老工业基地的振兴，不但有经济体制改革的问题，而且有如何转变经济发展方式的问题，即生产力运行机制的调整问题。这是一个涉及生产力和生产关系的和谐统一问题。在产业结构调整中，特别要注意第一产业、第二产业、第三产业的比例关系和协调发展的问题。产业结构调整的方向是走高新技术的集约型发展之路，这就又涉及某些传统产业的淘汰和以高新技术为主导的新兴产业之间的协调关系。落后产能、过剩产能如何处理？劳动力密集型产业如何发展？如何解决就业的压力？这些矛盾都有待认真分析和解决。对于东北来说，用高新技术改造传统产业，大力发展第三产业尤其是现代服务业以及城乡一体化的发展来解决这些矛盾，是可能的选择。走集约化的发展道路，本质上就是走可持续发展之路，这就涉及人与自然的和谐统一关系。过去东北经济生产的类型依靠的是对资源的采掘或初级加工，既消耗了大量资源，又附加值低，结果使资源型城市的发展难以为继，发展接续产业已迫在眉睫。所以，只有合理利用资源，保护生态环境，大力发展循环经济和节能减排的产业，经济的发展才不会以牺牲资源和环境为代价，才能建立环境友好型社会。最后，东北产业结构的调整又同农业的发展关联在一起，这就又涉及城市和农村发展的协调统一关系。只有统筹城乡发展，使农业生产走上市场化、专业化和高新技术产业化之路，利用城市的辐射和带领作用，使农村走城镇化的发展之路，才能解决城乡二元结构的矛盾，使城乡一体化和谐发展。可见，只有以科学发展观为指导，坚持和谐的辩证思维，妥善处理各种矛盾关系，才能使东北经济又好又快地发展。

第八章是加快以改善民生为重点的社会建设是构建和谐东北的基本内容。推进以改善民生为重点的社会建设是构建和谐社会的关键。在东北老工业基地的振兴过程中，我们不但要进行经济体制的改革和产业结构的调整，而且要抓好民生的建设，使经济发展的成果与改善人民的生活统一起来，才能为东北经济的发展提供良好的社会环境。这一章分为三个部分，第一部分谈就业问题。就业是民生之本，也是改善人民生活水平的积极措施。前些年由于国企的改革，大量冗员被分流下岗，使就业负担非常沉重。而这些年就业形势更加严峻，除失业职工外，大量农村剩余劳动力进城和大学生毕业分配的"三头碰"现象，使就业难题加剧。解决就业问题要动员全社会的力量，根据不同的情况分别处理。既要大力发展民营经济、乡镇经济、社区服务、第三产业和新兴产业，提供尽量多的就业岗位；又要搞好培训和咨询，以解决结构性失业和摩擦性失业。第二部分谈社会保障体系的建设。社会保障制度虽然是改善人民生活水平的消极措施，但却是不可缺少的，是人民生活的安全网和社会运行的稳定器。社会保障体系要通过社会保险、社会救助和社会福利综合地发挥作用，当前尤其要抓好养老保险、医疗保险和最低生活补助的工作。养老保险和医疗保险要实现覆盖城乡全体居民的目标，并不断提高统筹的层次，缩小地区间和城乡间的差距。最低生活保障要做到应保尽保，并随着经济的发展不断提高保障的水平和建立补贴标准随物价上涨而联动的机制。第三部分谈分配机制的改革问题。社会公平问题是当前影响稳定的最主要问题。"三个下降"广为社会所诟病，即劳动报酬、居民收入和工资收入比重的下降，造成人民收入水平没有经济增长水平快。这其中存在"四个不平衡"，即地区间、城乡间、垄断企业和非垄断企业间和企业内的不同人群间的收入差距的不平衡。政府要转变过去的国家财政收入增长快于居民收入增长的财政思路，尽量使"民富"。在第一次分配中也要讲公平，提高劳动报酬、居民收入和工资收入的比重。在第二次分配中，要加大转移支付的力度，税收调节要以高收入者为主要对象，并适当征收财产税，降低普通群众的税负。总之，只有把人民的利益作为出发点和归宿，让广大人民群众共享改革开放的成果，人民才会从心理和感情上认同中国特色社会主义的发展道路，才会有经济发展的有序和谐环境。

　　第九章是加快行政管理体制改革，建设服务型政府。政府是国家公共事务的管理者，也是构建和谐社会的领导力量。在东北和谐社会的构建过程中，具有不可替代的作用。行政管理体制的改革，不是要削弱政府的能力和作用，而是要规范政府的管理行为，由全能政府走向有限政府，以实现公平和正义的价值目标为己任，致力于从事经济调节、市场监管、社会管理和公共服务。为此，政府的改革必须走建设公共服务型政府之路，围绕逐步实现基本公共服务均等化的目标，创新公共服务体制，改进公共服务方式，加强公共服务设施建设，逐步形成惠及全民的基本公共服务体系。为了建设公共服务型政府，就需要优化政府组织结构，降低行政成本，提高工作效率，解决机构重叠、人员过多、办事效率低的问题。而公共服务的社会和市场参与机制，为解决这些问题提供了选择。公共服务型政府又必然是法治政府。只有坚持依法行政，才能杜绝长官意志，使人民当家作主的权利得到法律程序的保证。依法行政首先就要依法明确政府的职责权限，使权力在法律的规范下活动。法治政府又必然是责任政府，它要求权责一致，责任清晰，以解决推诿扯皮不负责任的问题。尤其要加强行政首长问责制的建设，加强对权力运行的监督，保证权为民所用，利为民所谋。只有建设好服务型政府、法治政府和责任政府，才能使政府赢得群众的信任和支持，担负起领导和谐社会构建的任务。

本书写作的突出特点是对辩证法理论从和谐的角度作了诠释，从而给和谐奠定了哲学理论的根据。这一思想被 2006 年光明日报发表的《2005年马克思主义哲学研究回眸》一文列为当年对马克思主义哲学研究的理论创新之一。

本书写作的另一个特点是贯穿了马克思实践主体哲学的思想，从主体性到主体间性的变化概括了改革开放三十多年中国所走过的道路，把和谐社会的构建同主体间性的实践过程联系了起来，认为人与自然的和谐关系本质上是人与社会、人与人和谐关系的体现。这一观点被《新华文摘》、《高校文科学报文摘》所转载。

本书对东北的和谐社会构建进行了全面梳理，从和谐的角度分析了东北的经济、政治、社会建设。在经济体制改革一章中，从主体哲学的角度提出了确立企业的财产权是产权制度改革的关键，并由此分析了产权流动、政府经营国有资产的意义，认为企业只有对生产资料具有支配权，才能成为自主的、独立的市场主体。在产业结构调整一章中，从生产力运行机制的角度来理解转变发展方式的意义，把产业结构的调整和体制的改革都看作是发展生产力的形式，并从生产力和生产关系的角度论述了二者之间的关系。并提出了把落后产能向城乡结合部转移的看法，突出了城乡一体化的发展是产业结构调整的重要方向的主张。在推进以改善民生为重点的社会建设一章中，我们把思考的重点放在分配制度的改革上，认为分配问题已不仅仅是经济的问题，由于它涉及社会公平和人民的切身利益，它已具有了政治和社会的含义。因而公平和效率的关系就不能只从经济的意义来理解，而要包括社会效益和生态效益。我们认为，当前两极分化加大的原因不是传统理论所说的第二次分配的结果，而是第一次分配造成的，要改变第一次分配讲效率，第二次分配讲公平的思维，认识到仅仅从经济的角度看问题是有局限性的，无法解决负外部性的问题。所以，第一次分配和第二次分配都要讲公平。在第二次分配中，要把调高作为重点，要开征财产增值税和财产转移税等税种，才能防止"马太效应"，才能使按劳分配成为主导的分配形式。在政府行政管理体制改革一章中，我们把建设公共服务型政府与建设法治政府、责任政府联系在一起，在我们看来，当代的民主只能是法治的民主，因为当代的间接民主制是同规则、程序联系在一起的。因而不能只在权力的监督上做文章，而要在权力的结构和运作上进行程序化的制度设计，没有法治政府和责任政府的建设，公共服务型职能的转变，必然落空。

以上的各点虽然谈不上原创，但毕竟体现了我们从哲学角度对问题的独立思考，如果能对人有所启发，也就达到了我们的目的。

第 一 章

和谐思想的历史考证

第一节　中国传统文化对和谐的理解

追求和谐是中国传统文化的根本特征之一，体现了中国传统文化的深厚底蕴。历代的思想家们都对和谐思想进行过深入的探索和阐释。和谐的含义按着《现代汉语词典》的解释是配合得适当和匀称。和谐的这种含义就包括两方面的内容：第一，和而不同。既然是配合，就要有不同的方面，不同的因素，才能谈到配合的问题。而单一的东西是谈不到配合的。所以，在中国文化的语境中，和与同是有区别的。和是多种因素的统一。第二，多种因素的配合还要适当和匀称。所以，和谐是指一种状态，即处于平衡、协调的状态，只有各种因素搭配得合理，协调互补，才能叫作和谐。如果各个方面杂乱无章，互相干扰冲突，就不能叫作和谐。其实，和谐一词，就词源来说，是指音乐演奏，不同的弦乐，相互配合，协调共鸣，才能奏出优美的乐曲。后来，人们把这一词语所包含的蕴意运用于社会生活层面，从而形成了中国古代社会的重要的政治理念。

据考证，史伯是第一个对和谐理论进行探讨的中国古代思想家。根据《国语·郑语》的记载，周幽王的太史伯阳父（史伯）在议论周朝兴亡这一重大问题时，提出了"和实生物"的著名论断。他说："和实生物，同则不继。以他平他谓之和，故能丰长而万物归之。若以同裨同，尽乃弃矣。"在这里，他指出了这个道理，"和"与"同"具有不同的内涵和作用，

"和"是各种事物的配合与协调，只有这种统一的平衡状态，才有利于新事物的产生。而"同"则是事物的自我同一，是相同事物的聚集，没有任何异质因素，事物也就没有了变化，也就没有了新事物的产生。史伯对"和"与"同"的区别，是要说明周王"去和而取同"，去直言进谏的君子，而信苟同谄媚的小人，必会导致西周的灭亡。

孔子的"和"的思想的提出在时间上要晚得多，但这并不能否定其作为"和"理念的集大成者的历史地位。正是通过儒家思想的传播，和谐的思想才深深影响了各家各派的理论传统，逐渐成为中国文化中被普遍接受和认同的人文精神。在孔子看来，和谐是宇宙万物生存的基础和发展的规律，也是做人的原则和人生应当追求的目标理想。《论语·子路》中说："君子和而不同，小人同而不和。"在此基础上，他更提出了"和为贵"的思想。《论语·学而》篇中有这样的记录："礼之用，和为贵。先王之道，斯为美，小大由之。由所不行，知和而和，不以礼节之，亦不可行也。"在这里，和谐既是一个哲学范畴，又是一个伦理道德的标准和社会治理的标准。从哲学的意义来看，和谐的本质在于多样性的统一，差异性的协调，"和"的最高境界就是"万物并育而不相害，道并行而不相悖"，"万物并育"、"道并行"是"不同"即差异，而"不相害"、"不相悖"则是"和"，即平衡与协调。这即意味着宇宙天体按照自己的运行规律而变化，公平地对待各种事物和生命，万物相辅相成，协调共处。而这一切都是以有利于万物的正常生长为前提的。天道超越于万物之上，其本质就是和谐。正所谓"乾道变化，各正性命，保合太和，乃利贞。首出庶物，万国咸宁。"从伦理和政治的标准来看，"克己复礼"是孔子毕生追求的政治理想，而礼之根本，秩序的安定，即在于和谐，只有人们安于自己的角色，和睦相处，相互合作，才能使社会的秩序安稳，才能克服礼崩乐坏的局面，使周朝的伦理纲常长久地维持下去。即"礼之用，和为贵。"这也成为儒家做人处事的重要准则。人与人之间要和睦相处，就要"己所不欲，勿施于人"，既要善待自己，更要善待他人，才能达到在"不同"中求"和"的最高境界。正如孟子所说"天时不如地利，地利不如人和"，这就表达了儒家文化根本的处事道理，要办成任何事情，最重要的是人与人之间的和谐与合作。在"和"的基础上，儒家文化又提出了"中庸"的主张，即在孔子看来，真正的和谐是有严格规范的，只有适度，做什么事情都不偏激，不过分，才能和谐。施政使民，贵乎"执中"，天地万物，贵乎"中和"，君子言行，贵乎"中庸"。由此，"中和"就成为天下万物存在的根据，也成为儒家文化待人处世的根本方法。《中庸》中讲到："中也者，天下之大本也。和也者，天下之达道也。致中和，天地位焉，万物育焉。"

除儒家文化外，中国古代另一大思想流派——道家，也从人与自然关系的角度论述了和谐的重要意义，在道家看来，"道"是宇宙间万物的尺度和准则，因而人的行为和处世必须遵从"道"，合于自然，才是生存的根本。由此提出了"天人合一"的著名命题。在老子看来，"道"是宇宙万物的根本，"道生一，一生二，二生三，三生万物。万物负阴而抱阳，冲气以为和。"（《老子·四十二章》）。即和谐的原因在于事物的相互对立、斗争而又相互依存、统一，依"道"而行。阴、阳相互对立、冲撞，但它们又相辅相成，终始处在"道"的统一之中，最终必然以和谐的方式来存在。因此，"道"是整体的动态的和谐的状态，正是这种动态的和谐，阴阳的相互关联，推动着万物的生成变化，人及社会只能合于这种机理而存在。

其实，中国哲学从远古到宋明理学以下，讲阴阳之道，讲天人之道，都贯穿着一种均衡、中正、和谐精神。周敦颐讲"中也者，和也，中节也，天下之达道也，圣人之事也"（《通书·师》第七）。司马光说："苟不能以中和养其志，气能浩然乎"（《温国公文集》卷4）。戴震曾言："中和，道义由之出"（《原善下》）。朱熹也讲"但能致中和于一身，则天下虽乱，而吾身之天地万物不害为安泰。而不能者，天下虽治，而吾身之天地万物不害为乖错。其间一家一国，莫不然"（《中庸·或问》第1章）。由此可见，和谐是中国哲学乃至中国文化的根本精神，并对中国的政治统治思想产生了重大影响，成为治国安民、公共管理的根本法则和手段。只有以和谐、均衡、公正为根本，才能协调天下，和乐民众，才能国泰民安。

中国传统的和谐文化的产生和发展有着深刻的历史实践根源。按着马克思主义的观点：社会存在决定社会意识，探寻传统和谐文化的根源，只能到当时中国特定的生存方式中去寻找。马克思曾从主体的角度把社会历史的发展划分为三个阶段，即"人的依赖关系（起初完全是自然发生的），是最初的社会形态，在这种形态下，人的生产能力只是在狭窄的范围内和孤立的地点发展着。以物的依赖性为基础的人的独立性，是第二大形态，在这种形态下，才形成普遍的社会物质变换，全面的关系，多方面的需求以及全面的能力的体系。建立在个人全面发展和他们共同的社会生产能力成为他们的社会财富这一基础上的自由个性，是第三个阶段。"① 显然，中国传统文化产生在马克思所说的人的依赖关系时期。这一时期，中国的经济是大河流域的农业经济，采用的是手工工具的"秦锄汉犁"的耕作方式，由于生产能力的落后，生产的物品只能自给自足，自然经济成为经济运作的主导方式，由此形成了"以小农经济和家庭手工业为核心的当前中国社会经济结构"在这种经济结构中，"利用水渠和水利工程的人工灌溉设施成了东方农业的基础。……由于文明程度太低，幅员太大，不能产生自愿的联合，因而需要中央集权的政府进行干预。所以亚洲的一切政府都不能不执行一种经济职能，即举办公共工程的职能。这种用人工方法提高土壤肥沃程度的设施归中央政府管理"。② 这正是中国几千年来存在一个中央集权的大一统的政府的经济基础。除了大一统的中央集权政府之外，中国传统社会的另一个特点是以血缘宗法关系为社会的基础。按照马克思的看法，在亚细亚所有制中，由于私有的成分较弱，人与自然、个体和类都没有彻底分化，因而原生形态的血缘共同体就得以长久保存，人们采取的是群体主体的活动方式，"在这种土地所有制的第一种形式中，第一个前提首先是自然形成的共同体：家庭和扩大成为部落的家庭，或通过家庭之间互相通婚［而组成的部落］，或部落的联合。"因而，"孤立的个人是完全不可能有土地财产的，就像他不可能会说话一样。诚然，他能够像动

---

① 《马克思恩格斯全集》第 46 卷上册，人民出版社 1979 年版，第 104 页。
② 《马克思恩格斯文集》第 2 卷，人民出版社 2009 年版，第 641、679 页。

物一样，把土地作为实体来维持自己的生存。……如果说，个人劳动的客观条件是作为属于他所有的东西而成为前提，那么，在主观方面，个人本身作为某一公社的成员就成为前提，因为他对土地的关系是以公社为中介的。"正是这种血缘共同体的社会结构，把公社成员紧密团结起来，形成着亚细亚生产方式的顽强持久的生产力，使之成为一种超稳定的形式。"亚细亚形式必然保持得最顽强也最长久。这取决于亚细亚形式的前提：单个人对公社来说不是独立的，生产的范围限于自给自足，农业和手工业结合在一起，等等。"①中央政府的集权形式和血缘共同体的社会结构是奠定在土地公有制的基础之上的，是同土地公有制相适应的，同时，它们又反过来强化和巩固了土地公有制的发展。由此形成了亚细亚生产方式三位一体的特点。使东方国家在历史上走了一条不同于西方国家的发展道路。在马克思看来：土地公有是理解东方社会的一把钥匙。"在亚细亚形式下，它们所能改变的最少。这种财产形式是建立在自给自足的工农业统一之上的，……因为在这种财产形式下，单个的人从来不能成为所有者，而只不过是占有者"。这即是古语所讲的"普天之下莫非王土"。土地作为财产只能归属于最高的统一体。正因对土地公有制的判断，马克思才得出了这样的结论：就资本主义的发生和发展来说，在历史上确实存在着两条基本线索：一条是"自由的小土地所有制的解体"，另一条是"以及以东方公社为基础的公共土地所有制解体"。②

上面从马克思对亚细亚生产方式的论述，分析了中国传统社会的状况。这种分析是为了说明中国传统的和谐文化得以产生和发展的社会历史原因。群体主体的活动方式，公有的财产制度和血缘共同体的社会结构，必然形成社会本位的伦理文化，重视整体，重视人际关系的协调，以保持共同体的稳定和平衡。所以，传统的伦理规范提倡忠、孝、悌、义，要求对群体、社会、家庭和他人负责，以保证"君君、臣臣、父父、子子"的

---

① 《马克思恩格斯文集》第 8 卷，人民出版社 2009 年版，第 123、135 页。

② 《马克思恩格斯文集》第 8 卷，人民出版社 2009 年版，第 136、122 页。

稳定秩序。因而，传统文化是泯灭个性的，不主张奋斗、竞争，不提倡创新和进取，正所谓"枪打出头鸟，出头的椽子先烂"。正是这种文化意识适应了超稳定的社会现实要求，使中国人生存在"日出而作，日落而息"的日常生活轨迹上，数千年没有改变生存的方式。加之，大一统的中央集权政府产生后，为了维护统治，反对分裂和动乱，又不断强化着中和、平衡、忍让、协调的意识，从而使和谐逐渐成为中国传统文化的根本精神。从这个角度说，和谐文化之所以产生和发展的最深刻根源正是血缘共同体和群体主体的生存活动方式。固然这种活动方式中也蕴意着否定人的独立性、创造性的前现代的封建性的时代内容，但是，它的超时代的主张和谐的基本精神却成为当代我们仍然必须继承的民族文化的优秀的宝贵遗产。

中国传统的和谐文化的产生和形成除了社会历史根源之外，还同中国文化、传统的思维方式的特点密切相关。同西方文化相比，中国传统文化是奠基在小农生产的日常生活基础上的，日常生活最主要的特点是重复性，是社会历史变迁节奏缓慢的产物。正因如此，习惯、传统、权威和经验就在日常生活中占有重要的地位，同质性的社会状况，使历史的习惯传统和老一代的经验就成为人们应付遇到的问题的首要原则，即古人曾说的"祖宗的规矩不能变"。这种"天不变，道亦不变"的思维，使传统文化充满了经验的色彩，可以说，传统文化本质上就是一种经验性文化。这种经验性文化就同古希腊的理性文化完全不同，并直接影响到对科学的理解。科学有三个层次，最高层次是科学精神，中间层次是科学方法，最低层次是科学技巧。科学精神与科学方法是同理性思维、逻辑思维相联系的，带有形而上的特征。而科学技巧是实用性的、形而下的，主要同经验相关联。所以，当中国科学技巧很发达，有了四大发明的时候，古希腊产生的却是自然本体论哲学和亚里士多德的形式逻辑。中国传统文化的经验性与实用性，在中国医学上面就得到了充分的体现。据《黄帝内经》记载，中医的阴阳穴位学说的创立就同实际生活的经验密切相关。

那么，探讨西方的理性文化和中国的经验文化又同和谐思维有什么关系呢？其实中国传统的和谐文化就其本身的原因来讲，正是这种经验文化的必然结果。因为，西方的理性文化是以分析为前提的，只有通过分析，才能抽象出事物的本质，才能进行逻辑思维和推理，也才能找到事物的内在机理和规律。但这种做法也带来了它的弊端，即必须把整体分解为各个部分，虽然对部分的认识精确了，但却容易忽视整体的联系。正如恩格斯在批判形而上学思维方式时所讲的："一切都存在而又不存在，因为一切都在流动，都在不断地变化，不断地生成和消逝。但是，这种观点虽然正确地把握了现象的总画面的一般性质，却不足以说明构成这幅总画面的各个细节；而我们要是不知道这些细节，就看不清总画面。为了认识这些细节，我们不得不把它们从自然的或历史的联系中抽出来，从它们的特性、它们的特殊的原因和结果等等方面来分别加以研究。"①而中国传统的经验文化并不是对事物精确地分析研究，而是对事物的现象层面的总体性把握，因而就具有整体性、辩证性、平衡性的特点，阴阳学说就体现了对事物的整体性、辩证性、互补平衡的把握特点。另外，西方理性思维的分析特征，是以事物的分化为前提的，分析就是要分门别类地去研究事物，区分开不同的事物，以寻求同类事物的共同本质。这就极易导致二元对立的思维，主客体的对立、人与自然的对立、个体和类的对立等，所以，西方文化具有向"外"的特征，主张通过对立和斗争去克服矛盾，这正是把自然作为客体和对象，加以征服和占有的原因。而中国传统的经验文化作为一种整体性的思维并不存在分化的意识，它是同现实生活的人与自然、个体和类、主体和客体没有彻底分化的状态相适应的。在传统文化中，人与自然的关系就是人与社会的关系，因为，人与社会的关系就是人的"自然关系"，是人的自然血缘关系，这也说明了为什么中国传统文化是"向内的"，是入世的，关注的是社会伦理，并依据自然的规则，依据"道"，来确定伦理准则。正是这种整体的未分化的状态，使传统文化不以对立、斗争为其宗旨，相反，却突出协调、稳定、平和、中庸，提倡适度、宽容。农业的民族，舒适、安稳的定居环境，本来追求的就不是征服、占有和扩

---

① 《马克思恩格斯文集》第 9 卷，人民出版社 2009 年版，第 23 页。

张，而平和、协调、宽容、适度正是这种生存状态在思想文化上的体现。

从上述分析中我们可以得出这样的结论：中国传统的和谐文化不是凭空产生的，也不是人种天赋的产物，它是当时群体主体活动方式的结果，是同农业民族的经验性生活方式关联在一起的。它是中华民族几千年优秀文化成果的凝聚，是传统文化的精髓。当然就具体内容来说，它不可避免地带有时代的局限性，它所主张的和谐还是一种泯灭人的主体性的使人合于外在力量的原始和谐，这种原始和谐马克思早就尖锐地批判过"毫无疑问，这种物的联系比单个人之间没有联系要好，或者比只是以自然血缘关系和统治从属关系为基础的地方性联系要好。……在发展的早期阶段，单个人显得比较全面，那正是因为他还没有造成自己丰富的关系，并且还没有使这种关系作为独立于他自身之外的社会权力和社会关系同他自己相对立。留恋那种原始的丰富，是可笑的，相信必须停留在那种完全的空虚化之中，也是可笑的"①。尽管如此，但是，如果我们去掉它的时代的具体内容，而就主张和谐的一般精神而言，它仍然是我们必须继承的宝贵财富，是构建社会主义和谐社会的重要思想资源。

第二节　历史上西方文化对和谐问题的认识

在西方文化中，对和谐问题的认识首先是通过哲学尤其是辩证法的理解表述出来的。古希腊最早明确提出和谐思想的是毕达哥拉斯学派，他们认为：对立是存在的始基，并进一步认识到了对立面之间的统一，就是对立面之间的和谐。这通过数学、音乐、自然与灵魂等方面体现出来。数是宇宙的要素，一切事物都是由数组成的。而数是由奇数和偶数组成的两个对立方面的统一，这种统一即是和谐。"整个的天是一个和谐，是一个

---

① 《马克思恩格斯文集》第 8 卷，人民出版社 2009 年版，第 56 页。

数目。"① 在对数的比例关系与和谐特性的认识的基础上，他们进一步认为世界是因为万物在数量上是按一定比例的配置而产生和谐的，所以，和谐产生了秩序。他们把和谐定义为"和谐是杂多的统一，不协调因素的协调。"② 在此认识的基础上，产生了他们的著名的美学格言：美是和谐的比例。同样音乐的和谐也与数的比例关系相关。正是不同音符杂多的协调才产生了统一与和谐。德国哲学家策勒尔就有过这样的看法，毕达哥拉斯学派对辩证法一般规律的认识正是从对音调的和谐的认识开始的。此外，他们还认为自然与灵魂也是对立面的统一与和谐。"在地球上光明的部分与黑暗的部分是相等的，冷与热、干与湿也是相等的。热占优势时就是夏天，冷占优势时就是冬天，干占优势时就是春天，湿占优势时就是多雾的秋天。最好的季节就是这些元素均衡的季节。"③ 这种思想如黑格尔所评价的"一个和谐世界的合唱"。④ 毕达哥拉斯学派在数的和谐、音乐的和谐与宇宙和自然和谐理论的基础上，考察了社会现象，认为美德与爱情也是和谐的，友谊更是一种平等的和谐，社会因这些和谐而体现为一种按比例的秩序状态。如汤姆逊所评价的，毕达哥拉斯学派思想的本质是"身体中的对立面——冷和热、湿与干等等——的一种和谐，它像竖琴的弦一样按照一定的比例，将这些对立面结合起来。"⑤

　　毕达哥拉斯学派的和谐观还是对感性世界的一种直观描述，是肤浅的。另外，它以数的抽象比例为基础具有外在性和静态性，但是，追求和谐毕竟是人类的共同理想，毕达哥拉斯学派就以这种简单质朴的形式，表达了这种理想，从而开创了西方和谐思想的先河。

---

① 北京大学哲学系外国哲学史教研室：《古希腊罗马哲学》，商务印书馆 1961 年版，第 37 页。
② 北京大学哲学系外国哲学史教研室：《古希腊罗马哲学》，商务印书馆 1961 年版，第 14 页。
③ 北京大学哲学系外国哲学史教研室：《古希腊罗马哲学》，商务印书馆 1961 年版，第 34—37 页。
④ 黑格尔：《哲学史讲演录》第 1 卷，商务印书馆 1959 年版，第 241 页。
⑤ 汤姆逊：《古代哲学家》，生活·读书·新知三联书店 1963 年版，第 291 页。

　　赫拉克利特是西方辩证法思想的奠基人，他从动态的角度阐释了辩证法的和谐诉求。他在毕达哥拉斯学派之后从运动的角度探索了数与和谐的关系。"正如色诺克拉底所言，毕达哥拉斯也发现了数根本无法与音程分离，因为音程在于量与量之间的比较。因此，他探讨了在何种条件下，会产生和谐和不和谐的音程，以及谐音与非谐音的起源。在转向声音的产生时，他说，如果不从相等的量中听出一种和谐，那就必须存在着某种运动；但没有数，运动就不会发生。"① 这即是说，赫拉克利特的学说也在讲互相排斥的东西结合在一起的对立统一、相反相成的现象，他主张事物是由两个对立面组成的，对立的事物之间构成相互联系、相互依存的关系，在他看来和谐并不是消除对立面，而是结合对立面，在承认和保存对立面的基础上实现和谐，只有对立面的结合才有统一与和谐。他曾把神看作是白日与黑夜、冬天与夏天、战争与和平、不多与多余的对立面的结合，并进而表达了双方相互转化的思想，正是这种相互转化，使对立面的统一变成了动态的过程，也使和谐成为辩证法的内在要求。"我们身上的生和死、醒和梦、少和老始终是同一的。前者转化，就成为后者，后者转化就成为前者。……不死者有死，有死者不死；后者死则前者生，前者死则后者生。"② 赫拉克利特以运动的视角来看待和谐，主张一切事物的发展变化都是在对立统一中完成的，并以火为例说明了宇宙万物流变，无物长住的性质。在这种阐述中体现了万物互相协调、平衡，构成宇宙逻各斯秩序的过程。赫拉克利特的和谐观并不排斥对立和冲突，相反，他特别强调对抗性、冲突性的和谐。他从宇宙的高度认为和谐是事物如何成就自己以及如何转化、发展的问题。事物在否定中求得发展，对立是和谐的基础，对立最终导致和谐。他认为自然是因为联合了对立物才形成了和谐，而不是联合了同类的东西。因此，他十分强调斗争与和谐的统一关系。在欧洲哲学史上赫拉克利特第一次提出并使用了"斗争"这个哲学范畴，认

---

① 转引自费多益：《无形之和谐》，《自然辩证法研究》2002 年第 3 期。
② 北京大学哲学系外国哲学史教研室：《西方哲学原著选读》上卷，商务印书馆 1981 年版，第 22 页。

为在事物的发展变化中，斗争起着决定的作用。然而，他更认为对立面之间通过斗争实现的是相反相成的和谐统一。斗争是手段和形式，和谐才是目的。所以，他认为只有和谐才是美的，美是在对立的相互斗争中产生和展现出来的，不同的音调造成最美的和谐。由此，他反对毕达哥拉斯学派的和谐观，认为只讲不同因素的协调还不够，还要讲对立面之间的相反相成，才是真正意义的和谐。"他们不了解如何相反相成：对立统一，如弓和竖琴。"① 可见，赫拉克利特所讲的和谐是在相互斗争和排斥的过程中产生的，是属于运动、冲突的和谐。而斗争是手段和谐是目的的思想则对西方文化产生了深远的影响，通过斗争克服对象，以达到未来的和谐成为西方文化固有的思维定式。

古希腊早期哲学中的辩证法的和谐诉求，只是和谐思维发展的萌芽形式，是初步的、肤浅的感性存在层次的对事物的描述，还没有达到对事物的本质层面的把握。如贺来所说：古希腊时期的辩证法"是在人类童年时期产生的、对于存在的一种理解样式，它是发自一种自发的、本能的理论直觉，源于对世界存在的经验描述，是对世界存在的矛盾性、变动性和多样性作出一种直观素朴的、前概念、前反思水平的本能领会。"② 当巴门尼德哲学区分了真理和意见之后，现象和本质的区分也就随之被提了出来，古希腊哲学开始摆脱了思维和存在直接同一性的直观性，进入到理性分析的层面去探讨辩证法及其内蕴的和谐要求。柏拉图的理念和谐辩证法就是其突出的代表。

柏拉图的理念论对和谐的理解是，和谐就是协调一致，相反的因素在没有融合的时候是不能和谐的，协调就是融合。由此，柏拉图把他最高的哲学范畴"理念"对众多的个别事物的统摄看作是一种和谐，同时也把现实生活中相反的事物和因素的融合看作是和谐的。在某种意义上，柏拉图

---

① 北京大学哲学系外国哲学史教研室：《西方哲学原著选读》上卷，商务印书馆 1981 年版，第 24 页。

② 贺来：《辩证法的生存论基础——马克思辩证法的当代阐释》，中国人民大学出版社 2004 年版，第 101 页。

的和谐观是与其理念发展的辩证法相伴随的，柏拉图的和谐观已内在地包含了事物对立双方冲突与斗争的消解，并且彼此走向统一、融合的含义。他在《会饮篇》中针对赫拉克利特的既冲突又一致的弓与竖琴的和谐的比喻作了这样的阐述："说和谐就是冲突，或者和谐是由冲突的因素形成的，当然极端荒谬。他的意思也许是说，音乐的艺术就是协调高音低音的冲突，从而创造出和谐。如果高音和低音仍然在冲突，它们就绝不能和谐，因为和谐就是协调，而协调是一种相互和合，两种因素如果仍在冲突，就不能相互和合；冲突的因素在还没有互相融合的时候也就不可能有和谐。"① 可见，柏拉图认为赫拉克利特强调冲突和斗争的和谐还没有达到矛盾的真正统一，他主张的和谐应该含有既对立又统一的意义，因此他要把和谐在理念的大全上、统一上来理解。以这种理念的和谐为基础，柏拉图建立了伦理意义上的社会和谐学说，把和谐作为人类的道德理想来研究，使和谐思想走出了哲学的视域，走向了社会历史领域。他努力构建一个和谐美好的国家伦理范式——《理想国》，这成为了第一部欧洲关于空想社会的著作，奠定了西方政治伦理文化的基础，给西方文化带来了深远的影响。

柏拉图认为，智慧、勇敢和节制是三种美德，这三种美德的和谐一致就是"公正"，而公正又与和谐密切相联。由此，他从公正出发，把人性论和社会分工学说作为理论前提，构建了以稳定、和谐为特征的理想国家。他把公正作为建设理想国家的原则，而公正就意味着由于各人性格的不同，必须做适合于他的不同工作。"我们在建立我们这个国家的时候，曾经规定下一条总的原则。我想这条原则或者这一类的某条原则就是正义……我们规定下来并且时常说到的这条原则就是：每个人必须在国家里执行一种最合适他天性的职务。"② 这样，在合理的社会分工的基础上就实现了社会的和谐有序，所以，社会公正原则的目的就是实现社会的和谐

---

① 《柏拉图对话集》，商务印书馆 2004 年版，第 307 页。
② 柏拉图:《理想国》，商务印书馆 1986 年版，第 154 页。

一致。这才是理想国的目的。不但如此，柏拉图对和谐的推崇还把其同节制的美德联系起来，认为节制就是和谐。节制的作用应"贯穿全体公民，把最强的、最弱的和中间的（不管是指智慧方面，还是——如果你高兴的话——指力量方面，或者还是指人数方面，财富方面，或其他诸如此类方面）都结合起来，造成和谐，就像贯穿整个音阶，把各种强弱的音符结合起来，产生一支和谐的交响乐一样。因此我们可以正确地肯定说，节制就是天性优秀和天性低劣的部分在谁应当统治，谁应当被统治——不管是在国家里还是在个人身上——这个问题上所表现出来的一致性和协调"。①

　　通过上述分析我们可以看出，柏拉图不仅在哲学上把理念的统一归于和谐，而且在现实上，把其作为政治伦理的原则和理想国的目的作了深入地阐释，给西方和谐社会的理想作了奠基。而亚里士多德的和谐观及中庸适度的原则，正是在批判继承了柏拉图思想的基础上发展起来的。

　　亚里士多德是古希腊哲学思想的集大成者，代表着西方古代思想的最高成就。在和谐的看法上，他提出和谐是多样性的统一，是整体的完美性和统一性的观点，体现了对毕达哥拉斯学派和赫拉克利特的学说的双重的扬弃。他认为在古希腊"几乎所有的思想家都同意'有'和实体相反的东西构成；至少，他们全部提出了相反的东西作为最初的根源"。②他研究了"形式"、"质料"、"可能性"、"现实性"等相反相成的矛盾范畴，不但发展了柏拉图哲学中已经存在的辩证法思想，而且他提出的"四因说"，把事物的运动和构成同目的联系起来，蕴涵了主体创造活动的思想。正是在目的因的统摄下，自然界从无生物通过植物到动物再到人形成了一个不可分割的序列，表达了普遍联系和整体和谐的观点。正如黑格尔所评价的"柏拉图的理念一般地是客观的东西，但其中缺乏生命的原则、主观性的原则；而这种生命的原则、主观性的原则（不是那种偶然的、只是特殊的主观性，而是纯粹的主观性）却是亚里士多德特有的……正像他坚持着共

---

① 柏拉图：《理想国》，商务印书馆 1986 年版，第 152 页。
② 北京大学哲学系外国哲学史教研室：《古希腊罗马哲学》，商务印书馆 1961 年版，第 239 页。

相来反对单纯的变化一样，他又用活动性来反对毕泰戈拉派和柏拉图，反对数。活动性也是变化，但却是维持自身等同的一种变化，——它是变化，但却是在共相里面作为等同的变化而设定的；它是一种自己规定自己的规定。反之，在单纯的变化里面，就没有包含着在变化中维持自身。那共相是积极活动的，它规定自己；目的就是体现出来的自身规定，这就是亚里士多德所最关切的主要思想。"①黑格尔在这里对亚里士多德的评价其实讲的是亚里士多德哲学已经有了"自我运动"的思想，而这种事物的"自我运动"则根源于亚里士多德对同一性、统一性的理解。即，古希腊的早期哲学虽然也讲万物的流变过程，但只是感性的描述，没有深入到事物的本质，不能在"共相"的普遍的统一性基础上，看到个别事物之间的内在联系，从而把事物看作是一个整体，把变化看作是"自身同一的"，因而变化就成为外在的，毫不相关事物的流变。但亚里士多德从同一性的角度却认识到"差别是内在发生的"，河流虽然永远是变化的，但它仍是同一条河流。这种对同一性、一致性在理解矛盾问题上的作用和矛盾自我运动的思想，是亚里士多德对辩证法理论以及和谐思维观的一个重要贡献。

既然事物是"自我运动"的，那么运动的原因是什么？既然事物是"自我同一"的，那么它又怎么会有变化？为了说明这些问题，亚里士多德引进了"伊德莱希的冲动"，即质料追求形式，追求目的内在躁动。而这种冲动就体现了事物的内在否定性，体现了一致、统一中的对立和差异。黑格尔是这样评价的"亚里士多德常常攻击'数'和'理念'。柏拉图把存在表达为共相，这样在他那里就缺少了实在性的环节……理念是对立面的取消，而对立面之一本身却是统一。如果说在柏拉图那里，最主要的东西是那肯定的原理、那抽象地自身等同的理念，那么，在亚里士多德这里，所增加的和强调的乃是否定性的环节——不是作为变化也不是作为虚无，而是作为区分、规定的否定性环节。"②"理念"正是通过这种"区分"和差

---

① 黑格尔：《哲学史讲演录》第 2 卷，商务印书馆 1960 年版，第 289—290 页。

② 黑格尔：《哲学史讲演录》第 2 卷，商务印书馆 1960 年版，第 291 页。

异而走向和谐统一的。亚里士多德在《论灵魂》中就举例说明了这一点。灵魂是一种和谐，因为有机的生命个体就是肉体和灵魂的融合，只有对立物的融合，肉体对灵魂的趋附以及灵魂对肉体的规范，才能达到和谐的统一。从这种对和谐的认识出发，亚里士多德在他的伦理学中表达了中庸适度的思想。

他认为，适度就是恰到好处。"有三种品质：两种恶——其中一种是过度，一种是不及——和一种作为它们的中间的适度的德性。这三种品质在某种意义上都彼此相反。……两个极端都同适度相反，两个极端之间也彼此相反。适度也同两个极端相反。正如相等同较少相比是较多，同较多相比又是较少一样，适度同不及相比是过度，同过度相比又是不及，在感情和实践上都是如此。"① 在感情上，在适当的时间、场合、对于适当的人、出于适当的原因、以适当的方式感受这些感情就是最好的。在实践中也同样存在过度、不及和如何适度的问题。所以，适度是最好的品行，是受人称赞的德行，德行就是适度。而适度则体现着辩证法的质量互变规律。虽然是不自觉的，但能意识到和谐是与量的限度有关，体现了亚里士多德的和谐思维达到了很高的水平。

综上所述，西方古代的和谐思想主要体现在哲学思想中，通过辩证法理论表达出来的。这是因为：这一时期的自然界处于完整和未分化的状态，人们对世界的感知往往采用神话类比的方法。伴随着人越来越意识到自我的个体性，人们越来越倾向从对象所固有的对立方面来理解和分析事物，这就为西方文化以后走向用对立、克服和斗争来说明世界埋下了伏笔。但在当时，整体的未分化性质，又使他们把这些对立规定归结为统一，并成为人们认识自然、社会和思维的方法。人类的思维历史是从部分几乎完全溶解在整体之中的未分化的水平开始的，人不仅融于群体之中，也完全融于自然界之中，是作为整体的一部分而存在的。因此，作为辩证法主张的就不仅是整体与部分的分离，而且更强调从整体与部分相统一的

---

① 亚里士多德：《尼各马可伦理学》，商务印书馆 2003 年版，第 53—54 页。

角度来理解整体的思维方法。加之，古希腊时期，由于战争和社会的动荡不安，人们对稳定的社会秩序和安宁生活的向往，以及人们在数学、音乐、绘画和建筑等领域中对"和谐之美"的感悟，因而形成了比较系统的和谐辩证法的诉求。如恩培多克勒提出过"爱"的和谐，认为"爱"和"恨"是万物的两种运动的力量，自然万物正是因为"爱"这一和谐的力量而结为一体。爱成为了物质力量和精神力量的统一体。体现了和谐思维向社会和精神方面转化的萌芽。苏格拉底将哲学从天国拉回到人间，在自然哲学的尽头，他转向了"人事"和"善"，赋予了和谐以社会的意义。和谐观也从自然本体论的探讨转向了社会和伦理。在这一过程中，由于当时认识水平的限制，使和谐思维具有直观的朴素性，带有朦胧的猜测的性质。另外，古希腊的和谐观也带有一定的宗教倾向，无论是毕达哥拉斯学派还是亚里士多德的和谐观，都可见人格神的影子。但就古希腊哲学家们对和谐范畴的认识而言，他们主要是从宇宙学和美学的角度来探讨和谐问题的，体现了自然本体论的特点。如毕达哥拉斯学派主张的由杂多导致统一，由不协调导致协调，和谐就是美的思想。赫拉克利特更加强调动态的和谐，强调对立物形成的和谐。在他看来，世界就是对立面的结合。如果说这些早期思想还是通过感性的描述来说明世界的对立结合构成和谐的话，那么，柏拉图之后，哲学家们已从"理念"的本质层次来说明世界的和谐性质。柏拉图把和谐看作是杂多的统一，亚里士多德更从内在矛盾的角度认为是"对立的统一"，明确了"对立统一"为和谐的基本主张。这些认识都逐步深化了对辩证法尤其是对立统一规律的认识，可以视为矛盾观的最初形式。

古希腊时期的辩证和谐的思想关注自然界的运动和变化，其中始终贯穿着关于自然界的整体性联系的原则，从而揭示了自然界的一切变化都是统一于一个过程的，并在亚里士多德那里把运动变化同主体的创造活动联系起来。如恩格斯所说："当我们深思熟虑地考察自然界或人类历史或我们自己的精神活动的时候，首先呈现在我们眼前的，是一幅由种种联系和相互作用无穷无尽地交织起来的画面，其中没有任何东西是不动的和不变的，而是一切都在运动、变化、生成和消逝。这种原始的、素朴的、但实质上正确的世界观是古希腊哲学的世界观，而且是由赫拉克利特最先明白地表述出来的：一切都存在而又不存在，因为一切都在流动，都在不断地变化，不断地生成和消逝。但是，这种观点虽然正确地把握了现象的总画面的一般性质，却不足以说明构成这幅总画面的各个细节；而我们要是不知道这些细节，就看不清总画面。为了认识这些细节，我们不得不把它们从自然的或历史的联系中抽出来，从它们的特性、它们的特殊的原因和结果等方面来分别地加以研究。这首先是自然科学和历史研究的任务"。[①]这即是说，古希腊的辩证和谐思维只是感性层面的，而不能从概念、逻辑的抽象、分析和推理方面去把握运动，这就为西方文化后来走向孤立、静止的形而上学，以及用对立斗争去代替和谐埋下了伏笔。

到了近代，形而上学思维代替了辩证思维，这同西方的理性分析特点密切相关。"把自然界分解为各个部分，把各种自然过程和自然对象分成一定的门类，对有机体的内部按其多种多样的解剖形态进行研究，这是最近 400 年来在认识自然界方面获得巨大进展的基本条件。但是，这种做法也给我们留下了一种习惯：把自然界中的各种事物和各种过程孤立起来，撇开宏大的总的联系去进行考察，因此，就不是从运动的状态，而是从静止的状态去考察；不是把它们看作本质上变化的东西，而是看作永恒不变的东西；不是从活的状态，而是从死的状态去考察。"[②]而随着形而上学思维代替了辩证思维，和谐问题的探讨也就在哲学的领域内消失了。因为如果没有整体性的观点，对立、分离就会占主导地位，就没有了统一性，也就无所谓和谐。从历史条件来看，近代西方是一个个体和类的分化的时代，商品经济的平等和自由的本性，解除了前现代的自然血缘联系和统治服从的政治联系，从而使个体逐渐独立自主，在社会关系上变成了主体。随着个体本位社会格局的形成，人的自我意识日渐觉醒，由对自然的依赖

---

① 《马克思恩格斯选集》第 3 卷，人民出版社 1995 年版，第 359 页。
② 《马克思恩格斯选集》第 3 卷，人民出版社 1995 年版，第 359—360 页。

反过去把自然作为征服和占有的对象，而竞争意识、自我奋斗的意识又促使了对立、斗争、克服对象、实现自我等观念开始占据了文化的主导地位。总之，西方近代无论从理性文化的传统还是社会历史的发展都把个别从整体中分化出来，由此对立斗争和克服占有的思维逐渐代替了整体平衡协调的思维，成为思维方式的根本。但是，追求和谐是人类的固有理想，它即使不在哲学和思维方式上体现，也要在其他方面体现出来，这就表现为一种政治的社会的理想，尤其是空想社会主义者的理想。由于资本主义早期的血与火的历史，资产阶级对无产阶级的残酷压迫和剥削，使空想社会主义的理论家们在批判资本主义制度和对未来社会的描述过程中，都把和谐作为根本的原则。如傅立叶曾天才地预言，不合理不公正的现存制度和现存社会，终将被新的和谐制度和新的和谐社会所代替。由此，他提倡建立"法朗吉公社"，即人们共同劳动、共享劳动成果、没有剥削和压迫的和谐社会组织。魏特林则把资本主义社会称为"病态社会"，把社会主义描述为一个"自由与和谐的社会"这使社会和谐不仅是个人的和谐，而且还是整体的和谐。而圣西门则针对贵族对穷苦大众的剥削，提出了"我们都是上帝的子民，是一律平等"的思想，主张建立人际关系的和谐。这些和谐的社会理想，对马克思、恩格斯都有深深的影响，是经典作家主张共产主义就是人与自然、人与社会和谐发展的自由个人的联合体思想的重要思想资源。

综上所述，和谐理想在西方的思想历史发展中也是源远流长的，无论是在古希腊的哲学中，还是在近代政治的、社会的理想中，和谐都占有重要的地位。尽管在不同的历史阶段，对和谐的理解有不同的内容，然而，西方文化对和谐内容和具体规定的探索，对和谐意义和在事物发展中作用的揭示，以及和谐作为终极目的和未来状态的愿望，并把这种理念付诸实践的具体经验，对于我们今天构建社会主义和谐社会来说，都有着十分宝贵的启迪作用和值得借鉴的地方。

第 二 章

马克思主义和谐观的哲学理论根据

马克思主义理论是一个有机的整体，它的三个组成部分是密切关联在一起的，哲学是它的基础，是科学共产主义学说的理论根据。正是依据于实践哲学、唯物史观和革命的辩证法，马克思才对人类历史发展的过程以及资本主义社会运行的机制作出了科学的分析，才使社会主义由空想变为科学。所以，要理解马克思主义的和谐观，就必须深入把握它的哲学理论，以明确马克思主义和谐观的深层的理论内涵。

第一节 马克思主义和谐观的实践哲学基础

在历史上，无论是中国的传统文化还是西方文化尽管对社会和谐都有过种种探讨和美好的预期，不乏有益的见解，尤其是空想社会主义者对资本主义的批判和对未来社会的预想曾受到过经典作家的高度赞扬，但总体来说，他们对和谐问题的认识都是不科学的，究其原因在于：第一，他们都把思想意识作为历史发展的根本原因，把变革社会的理想寄托于理性的发挥和意识的提高。第二，不能把社会和谐与人的创造性活动联系起来，不理解和谐的根本是人的自由的活动。第三，没有把和谐的实现与对现存制度的变革统一起来，相反，他们都是从特定阶级的立场出发，主张的是维护剥削统治的和谐。而消除这些弊端，达到对和谐的科学理解，只能依据于马克思创立的实践哲学，因为实践哲学确立的是人类解放的价值理想，确立了主体创造活动实现人的自由的理论，并把这一理想奠定在实践劳动过程的基础上，唯物史观对社会历史发展规律的揭示正是在这一基础上作出的，这才摒弃了用思想意识和理性解释历史的唯心主义思维。而实践哲学改变世界的革命性，要求分析批判"市民社会"的基础并加以现实的变革，这才能深入到社会一切不平等的根源，经济关系和私有制，才能把和谐与变革私有财产制度联系起来，才能使和谐理论奠定在科学的基础上。如张奎良先生所说："马克思的哲学革命就是从赋予和强化哲学的实践功能开始的。"[1]

马克思实践哲学创立的过程，就是从天国返回尘世，并以尘世为根基去解读虚幻的意识产物的过程。"德国哲学从天国降到人间；和它完全相反，这里我们是从人间升到天国。"[2]

马克思思想发展行程的早期，深受黑格尔思想的影响，他所提出的"哲学的世界化和世界的哲学化"的思想，就表明了理性支配世界，是历史的推动力的观点。但在《莱茵报》时期，他接触了社会现实之后才发现，人们活动的动机不是理性，而是物质利益，这即是说，目的意识不是历史发展的最终根源，目的意识背后还有决定它们的现实的东西，由此，对黑格尔的理性哲学产生了疑问，开始从物质利益的现实去考虑问题。这种思考的结果就是写作了《黑格尔法哲学批判》，从而脱离了黑格尔哲学的巢穴，开始了从天国返回尘世的过程。正如马克思自己在总结这一转变过程中所说的："1842—1843 年间，我作为《莱茵报》的编辑，第一次遇到要对所谓物质利益发表意见的难事。……是促使我去研究经济问题的最初动因。……为了解决使我苦恼的疑问，我写的第一部著作是对黑格尔法哲学的批判性的分析"[3]。在马克思看来，物质利益作为私人利益关涉的是市民社会和家庭，在这里他借用了费尔巴哈"人的类本质异化"的分析方法去

---

[1]　张奎良：《马克思的哲学思想及其当代意义》，黑龙江教育出版社 2001 年版，第 86 页。
[2]　《马克思恩格斯选集》第 1 卷，人民出版社 1995 年版，第 73 页。
[3]　《马克思恩格斯选集》第 2 卷，人民出版社 1995 年版，第 31、32 页。

说明理性和现实的关系。国家在黑格尔看来是普遍理性的体现，代表的是公众的普遍利益，而市民社会和家庭体现的则是私人利益，因而私人利益必须服从普遍利益，并且把自身提升到普遍理性的高度。但马克思此时已从物质利益的现实关系认识到，国家作为普遍理性的体现其实是虚幻的，国家就像宗教的天国一样，只不过是市民生活的普遍性的上天。相反，市民生活的人虽然是追求物欲的异化的人，但却是现实的人。而理性之所以把自身虚幻为国家、宗教等形式，其根源却是现实本身的颠倒，国家不过是市民社会自我分裂的产物，因此，不是国家决定市民社会，而是市民社会决定国家，历史发展的秘密，必须到市民社会的自我分裂中去寻找。"费尔巴哈是从宗教上的自我异化，从世界被二重化为宗教世界和世俗世界这一事实出发的。他做的工作是把宗教世界归结于它的世俗基础。但是，世俗基础使自己从自身中分离出去，并在云霄中固定为一个独立王国，这只能用这个世俗基础的自我分裂和自我矛盾来说明。因此，对于这个世俗基础本身应当在自身中、从它的矛盾中去理解，并在实践中使之革命化。"①从理性到物质利益，从物质利益到市民社会，并对市民社会的矛盾展开分析，体现了马克思思想发展的清晰逻辑，即从天国逐渐回归现实生活，并在对现实生活的分析和批判中，逐步走向了经济问题的研究，才创立了实践哲学和唯物史观。

遵循这样的思路，马克思在《德法年鉴》时期，进一步分析了市民社会及其市民社会自我分裂的原因。在《论犹太人问题》一文中，马克思指出："犹太宗教的基础本身是什么呢？实际需要，利己主义。……实际需要、利己主义是市民社会的原则；只要市民社会完全从自身产生出政治国家，这个原则就赤裸裸地显现出来。实际需要和自私自利的神就是金钱。……金钱是一切事物的普遍的、独立自在的价值。因此它剥夺了整个世界——人的世界和自然界——固有的价值。金钱是人的劳动和人的存在的同人相异化的本质；这种异己的本质统治了人，而人则向它顶礼膜

---

① 《马克思恩格斯选集》第 1 卷，人民出版社 1995 年版，第 55 页。

拜。"①实际需要、利己主义、金钱就是私有财产的产物，马克思的分析表明了，私有制正是市民社会的基础和本质，是市民社会自我分裂以及人与人之间对立、冲突的根源。"宗教成了市民社会的、利己主义领域的、一切人反对一切人的战争的精神。它已经不再是共同性的本质，而是差别的本质。它成了人同自己的共同体、同自身并同他人分离的表现"。② 正因为私有制是市民社会的基础和本质，所以，马克思认为，资产阶级的政治解放是有局限性的，资产阶级的政治解放从自然人权出发，要求人在国家的政治领域具有一律平等的公民权利，要求政治上的平等和自由，要求人权。而这些权利无非是市民社会成员的权利，是私有财产权利的体现，"可见，任何一种所谓的人权都没有超出利己的人，没有超出作为市民社会成员的人，即没有超出作为退居于自身，退居于自己的私人利益和自己的私人任意、与共同体分隔开来的个体的人。"③ 因此，资产阶级的政治解放只是资产阶级一个阶级的解放，是使资产阶级上升为统治阶级的解放，它充其量是用金钱对政治的操纵来代替前资本主义的政治强制。由此，马克思提出了消灭私有制的人类解放的任务。只有消灭了私有制，才能消灭事实不平等的经济根源，才能使个人与个人、个人与社会之间真正和谐统一。这即是共产主义，即人类解放的构想。"社会一旦消除了犹太精神的经验本质，即做生意及其前提，犹太人就不可能存在，因为他的意识将不再有对象，因为犹太精神的主观基础即实际需要将会人化，因为人的个体感性存在和类存在的矛盾将被消除。"④ 可见，这时马克思对共产主义这一人类和谐社会的认识，已摒弃了西方传统的理性主义思路，不再从意识的主观设想出发，而是把它建立在对现实、对私有制的批判基础之上。"因此，真理的彼岸世界消逝以后，历史的任务就是确立此岸世界的真理。人的自我异化的神圣形象被揭穿以后，揭露具有非神圣形象的自我异化，就

---

① 《马克思恩格斯全集》第 3 卷，人民出版社 2002 年版，第 194 页。
② 《马克思恩格斯全集》第 3 卷，人民出版社 2002 年版，第 174 页。
③ 《马克思恩格斯全集》第 3 卷，人民出版社 2002 年版，第 184—185 页。
④ 《马克思恩格斯全集》第 3 卷，人民出版社 2002 年版，第 198 页。

成了为历史服务的哲学的迫切任务。"① 但是，怎样消灭私有制？这就需要对私有制的本质及其发展过程有一个清楚的认识，而私有制的问题则是一个经济的问题，对私有制发展过程的解剖，必须到经济领域中去寻找，这样，马克思思想发展的进程就由副本的批判逻辑地走向对原本的批判，由政治的研究走向经济的分析。

这种分析的第一个成果是《1844 年经济学哲学手稿》（以下简称《手稿》）。在《手稿》中，马克思把私有制的产生归于异化劳动，从异化劳动的角度分析了历史发展的过程和共产主义的历史必然性。在马克思看来，国民经济学的历史功绩是把价值的产生归于劳动，从而提出了劳动价值论的学说，这就把劳动看作了财富的主体本质，开始了用劳动解释经济生产的过程。但是，国民经济学所讲的劳动是从私有财产的事实出发的，即以资本和劳动的分离为前提，这就造成了它的理论和实践的矛盾状况。"国民经济学家对我们说，劳动的全部产品，本来属于工人，并且按照理论也是如此。但是，他同时又对我们说，实际上工人得到的是产品中最小的、没有就不行的部分，也就是说，只得到他不是作为人而是作为工人生存所必要的那一部分，只得到不是为繁衍人类而是为繁衍工人这个奴隶阶级所必要的那一部分。……按照国民经济学家的意见，劳动是人用来增大自然产品的价值的惟一东西，劳动是人的能动的财产；而根据同一国民经济学，土地所有者和资本家——作为土地所有者和资本家不过是有特权的和闲散的神仙——处处对工人占上风，并对他发号施令。"② 由此，马克思指出，国民经济学所讲的劳动不过是把劳动作为谋生手段的异化劳动。正是这种异化劳动才导致了工人和他的劳动产品相对立，工人生产的越多，他本人就越贫穷。而工人同劳动产品的对立，其实是劳动本身异化的结果。劳动本来是自由自觉的，是人的类本质的体现，人在劳动中把自己的本质力量对象化，从而确证、实现和发展自身，正是这种肯定作用，才使人在

---

① 《马克思恩格斯全集》第 1 卷，人民出版社 2002 年版，第 200 页。

② 《马克思恩格斯全集》第 42 卷，人民出版社 1979 年版，第 54—55 页。

劳动中得到幸福和享受。但异化劳动却使劳动成为为了生存而不得不做的事情，工人在劳动中不是肯定自身，而是否定自身，劳动成为对人的折磨和摧残，因而人们逃避劳动，像逃避瘟疫一样。劳动的异在性，表明人已丧失了自己的类本质，人把类生活变成了维持个人生活的手段。由此，动物性的东西变成了人的东西，人只有在执行自己的自然本能时，才感觉是个人。相反，当人在进行自己作为一个人的活动时，却感觉是一个动物。而人的类本质同人相异化本身就体现了人与人关系的异化。因为人对自身的关系只有通过他对他人的关系，才成为现实的关系。即，人不把自己作为人，把自己由目的降格为手段，他也就不会把他人作为人，也会把他人作为自己谋利的手段。这正是私有制产生和存在的原因。这样，马克思就从异化劳动的角度说明了私有制和国民经济学理论和实践的悖论。"通过异化的、外化的劳动，工人生产出一个跟劳动格格不入的、站在劳动之外的人同这个劳动的关系。工人同劳动的关系，生产出资本家（或者不管人们给劳动的主人起个什么别的名字）同这个劳动的关系。从而，私有财产是外化劳动即工人同自然界和自身的外在关系的产物、结果和必然后果。因此，我们通过分析，从外化劳动这一概念，即从外化的人、异化劳动、异化的生命、异化的人这一概念得出私有财产这一概念。"① 正是在这种分析的基础上，马克思把人类和谐社会的实现，把共产主义同扬弃异化劳动联系起来，认为，如果说消灭私有制还是实现人类和谐社会的外在条件，那么，使劳动由谋生的手段变为生活的第一需要，使人的体力、智力、需要和社会交往关系得以全面的发展，才是和谐的实质之所在。这就把社会和谐与人的解放统一了起来。"共产主义是私有财产即人的自我异化的积极的扬弃，因而是通过人并且为了人而对人的本质的真正占有；因此，它是人向自身、向社会的即合乎人性的人的复归，这种复归是完全的，自觉的和在以往发展的全部财富的范围内生成的。这种共产主义，作为完成了的自然主义＝人道主义，而作为完成了的人道主义等于自然主义，它是人

---

① 《马克思恩格斯全集》第42卷，人民出版社1979年版，第100页。

和自然界之间、人和人之间的矛盾的真正解决，是存在和本质、对象化和自我确证、自由和必然、个体和类之间的斗争的真正解决。它是历史之谜的解答，而且知道自己就是这种解答。"①

《手稿》虽然只是马克思创立自己的实践哲学理论的开端，还带有费尔巴哈哲学影响的浓厚痕迹，但异化劳动也是劳动，用异化劳动来批判资本主义的现实和解释历史发展的过程，表明马克思已经开始从人的活动和社会的经济关系的视角来看待历史，完成了从理性、意识的唯心史观向社会存在、生产劳动的唯物史观的转变，异化劳动学说为马克思走向实践理论和唯物史观奠定了基础，也开启了从人的活动的角度来理解和谐社会的理论思路。但是，马克思这时毕竟还缺乏对历史发展过程的具体分析，《手稿》中的理论只是一个分析的视角和原则，当马克思把市民社会归于私有制、把私有制归于异化劳动之后，还要追问：又是什么原因使劳动异化了呢？而对异化劳动原因的追问，使马克思走向了对历史发展过程的具体分析，从而走向了实践哲学和唯物史观。"我们已经承认劳动的异化、劳动的外化这个事实，并对这一事实进行了分析。现在要问，人怎么使他的劳动外化、异化？这种异化又怎么以人的发展的本质为根据？我们把私有财产的起源问题变为外化劳动对人类发展进程的关系问题，就已经为解决这一任务得到了许多东西。"②

《关于费尔巴哈的提纲》（以下简称《提纲》），被恩格斯誉为是包含新世界观天才萌芽的第一个文献，是马克思对自己的实践哲学理论的第一次系统的阐释，它标志着马克思已彻底摆脱了费尔巴哈的影响，创立了自己的哲学理论。实践哲学是异化劳动理论的进一步深入的发展，虽然二者都突出了劳动在理解历史中的作用，但实践范畴与异化劳动概念已有了本质的区别。异化劳动对劳动的界说，依据的是人的类本质的预设，是从人与动物的区别来看待人的，是人的应然的本质。这并不足以说明现实的人。

① 《马克思恩格斯全集》第3卷，人民出版社2002年版，第297页。
② 《马克思恩格斯全集》第3卷，人民出版社2002年版，第279页。

而实践范畴对劳动的界说是从历史的现实的角度进行的，是同生产力和分工的历史发展过程结合在一起的，体现的是人的现实本质。"费尔巴哈把宗教的本质归结于人的本质。但是，人的本质不是单个人所固有的抽象物，在其现实性上，它是一切社会关系的总和。费尔巴哈没有对这种现实的本质进行批判，因此他不得不：（1）撇开历史的进程，把宗教感情固定为独立的东西，并假定有一种抽象的——孤立的——人的个体。（2）因此，本质只能被理解为'类'，理解为一种内在的、无声的、把许多个人自然地联系起来的普遍性。"① 可见，两种理论的背后，体现的是两种不同人的形象，是对人的两种不同理解方式，以及对历史的两种不同切入视角。实践哲学侧重的是现实的人及其历史发展过程。

对人的不同理解本质上是根源于对人的活动的不同理解。费尔巴哈不满意抽象的思维，想要研究与思想客体不同的感性客体，但他仅仅把感性当作感性的存在，即自然的人和人的自然的饮食男女的活动，而没有把感性当作人的感性活动，改变自然的能动的主体活动，因此，他不了解实践，不了解革命的、实践批判的活动的意义。正是对实践理解的缺失成为费尔巴哈哲学致命的弊端。"从前的一切唯物主义（包括费尔巴哈的唯物主义）的主要缺点是：对对象、现实、感性，只是从客体的或者直观的形式去理解，而不是把它们当作感性的人的活动，当作实践去理解，不是从主体方面去理解。"② 所以，实践哲学内蕴的是一种主体精神，是从人的创造活动出发去理解自然、社会和理论意识，这就奠定了和谐思维的客观基础，唯物史观所唯的"物"，绝不是客观的存在或自然的、实体的"物"，而是客观的活动，离开主体实践去谈和谐，绝不会是马克思主义的和谐观。

实践哲学突出的是历史主义的视角，它内蕴的就是唯物史观的道理。费尔巴哈哲学对实践的缺失，导致的最严重的后果就是撇开历史发展的进

---

① 《马克思恩格斯选集》第1卷，人民出版社1995年版，第56页。
② 《马克思恩格斯选集》第1卷，人民出版社1995年版，第54页。

程，用抽象的人性去观察事物，这样，他虽然主张感性，在自然观上是唯物主义的，但在历史观上却重新陷入唯心主义。正如马克思后来所分析的那样，"当费尔巴哈是一个唯物主义者的时候，历史在他的视野之外；当他去探讨历史的时候，他不是一个唯物主义者。在他那里，唯物主义和历史是彼此完全脱离的。"这是因为，费尔巴哈把人只看作是"感性的对象"，而不是"感性的活动"，这样，他只能停留在理论的范围内，去讲抽象的人，而不能从人们现有的历史条件和实际的社会联系，从那些使人们成为现在这种样子的生活过程去观察人。由于脱离了现实的历史过程，因而当看到需要改造社会的地方，他就只能寄希望于理性和抽象的类本性，用"爱"、"类的平等化"等空洞的幻想去解决问题，在马克思主义者看到必须通过实践活动去改造不合理的社会现实的地方，他却重新陷入了用意识去解决问题的唯心史观。由此可见，唯物史观是同实践哲学联系在一起的，如果不理解实践的革命的批判的性质，也就不会产生对历史的唯物主义的结论。从这个角度说，唯物史观正是把实践的观点运用于对历史问题分析的结果。所以，马克思才说"全部社会生活在本质上是实践的。凡是把理论引向神秘主义的神秘东西，都能在人的实践中以及对这个实践的理解中得到合理的解决。"①

　　通过以上的分析我们可以得出这样的结论：马克思主义的和谐理论为什么不同于以往的尤其是空想社会主义的和谐理论？其根本原因是马克思主义把和谐奠定在社会发展的基础之上，从而改变了以往一切理论对历史发展的意识的说明。而这种改变又是同马克思对市民社会的批判以及实践哲学的创立密切关联在一起的，正如马克思所言："费尔巴哈是从宗教上的自我异化，从世界被二重化为宗教世界和世俗世界这一事实出发的。他做的工作是把宗教世界归结于它的世俗基础。但是，世俗基础使自己从自身中分离出去，并在云霄中固定为一个独立王国，这只能用这个世俗基础的自我分裂和自我矛盾来说明。因此，对于这个世俗基础本身应当在自身

---

① 《马克思恩格斯选集》第1卷，人民出版社1995年版，第78、56页。

中、从它的矛盾中去理解，并在实践中使之革命化。"① 正是在对这个世俗基础，即市民社会的批判中，马克思走向了经济领域问题的研究，并最终创立了实践哲学，从实践、人的现实活动来理解人本身和人的历史发展，才有了对历史发展的客观规律的说明。由此可见，马克思主义的和谐理论正是奠定在实践哲学的基础之上的，和谐是人的创造性的历史活动和人类解放理想的一种表达形式。

第二节　马克思主义和谐观与社会历史发展规律

马克思主义的和谐观除了具有与人的活动和人的解放相统一的特点外，它还奠定在社会历史发展规律的基础上，这就为和谐的实现找到了现实的途径。马克思主义理论的核心是科学社会主义，之所以是科学的而不是空想的，不是因为它描绘了一幅未来的、符合人性的、"伊甸园"般的和谐美妙的图景，而是因为它把理想的实现奠基于社会发展规律的基础之上，同无产阶级的革命运动结合了起来，这正是马克思主义的和谐观区别于其他一切和谐理论尤其是空想社会主义的和谐构想的根本之点。

在马克思看来，有生命的个人的存在无疑是历史的前提，但人不是抽象的，他是现实的活动的人，人怎样活动他就是一个怎样的人，人与他的活动是统一的。但人怎样进行活动呢？马克思的观点是，人们为了能够创造历史，首先必须能够生存，而为了生存，就需要衣、食、住、行等物质生活资料，它是人们为了生存而一刻也离不开的东西，尽管人们在进行理论思考的时候，可能由于偏见，而把它想象为微不足道的东西，但是，在实际生活中，它却是我们时时刻刻也离不开的东西，是历史的真正前提。由此，历史的第一个活动，就是物质生活资料的生产，即生产物质生活本

---

① 《马克思恩格斯选集》第 1 卷，人民出版社 1995 年版，第 55 页。

身，只有在此基础上，我们才能从事其他活动，也才发生了与物质生活资料生产直接或间接相关的其他活动形式和活动关系。所以，物质生活资料的生产是一切历史的真正原点，是历史发展的真正始源地。"人们生产自己的生活资料，同时间接地生产着自己的物质生活本身。人们用以生产自己的生活资料的方式，首先取决于他们已有的和需要再生产的生活资料本身的特性。这种生产方式不应当只从它是个人肉体存在的再生产这方面加以考察。它在更大程度上是这些个人的一定的活动方式，是他们表现自己生活的一定方式、他们的一定的生活方式。个人怎样表现自己的生活，他们自己就是怎样。因此，他们是什么样的，这同他们的生产是一致的——既和他们生产什么一致，又和他们怎样生产一致。因而，个人是什么样的，这取决于他们进行生产的物质条件。"[①]

物质资料的生产表现为双重关系，人与自然的关系和人与社会的关系。而作为共同劳动的生产力和作为"交往形式"的生产关系的矛盾运动过程，又同分工的发展紧密联系在一起。在马克思看来，分工发展的不同阶段，是被生产力发展的状况决定的。在自然形成的生产工具的阶段，如耕地、水等可以看作是自然形成的生产工具，各个个人受自然界的支配，财产、地产也表现为直接的、自然形成的统治，各个个人通过家庭、部落或者土地本身而结合在一起。在这种情况下，交换主要是人与自然之间的交换，以人的劳动来换取自然产品，由于生产形式的简单，只要具备常识就够了，体力劳动和脑力劳动没有彻底分化，虽然存在着零散的小工业，但却被自然形成的工具所决定，因而在不同的人之间并没有真正意义的社会分工。这种社会发展的状况决定了阶级统治可以依靠个人关系或依靠这种或那种形式的共同体来进行。这就使文明呈现为地域性，只能在彼此分离的情况下，在个别的地区孤立地来进行。这即是前现代的历史条件下，社会生产的发展状况。

进入现代社会之后，发达的分工和广泛的贸易交往成为社会存在的前

[①] 《马克思恩格斯选集》第 1 卷，人民出版社 1995 年版，第 67—68 页。

提，而这种状况的形成还是由生产力发展的状况所决定的，即自然形成的生产工具让位于由文明所创造的生产工具。在这种状况下，工业的发展只有在专门化的分工的基础和依靠日益细致的专业化的分工才有可能。随着分工的细化，各个个人从自然形成的关系看互不依赖，仅仅通过交换才结合起来，由此使生产过程日益社会化，形成着真正意义的社会分工。人与人的关系也被物与物的交换关系所取代。人被劳动产品支配，生存依赖于文明的创造物和劳动产品，人被物和货币所统治，资本成为世界的主宰。脑力劳动和体力劳动实现了分工并开始对立起来，从而导致城乡的对立。人在日益片面化发展的同时，却使分工、交换日益广泛化，并打破了民族、地域的局限，而走向世界。资本家为了推销商品的需要而奔走于世界各地，到处落户、到处建立联系，从而形成了一个世界市场体系，使分工具有了国际性，民族历史也走向了世界历史。

以上两个阶段的分工所导致的社会生产的发展状况，在马克思看来是人类的"史前史时期"，即人还没有在社会关系上把自己从动物界提升出来，分工还体现为是强制的而不是自愿的。"分工立即给我们提供了第一个例证，说明只要人们还处在自然形成的社会中，就是说，只要特殊利益和共同利益之间还有分裂，也就是说，只要分工还不是出于自愿，而是自然形成的，那么人本身的活动对人来说就成为一种异己的、同他对立的力量，这种力量压迫着人，而不是人驾驭着这种力量。……社会活动的这种固定化，我们本身的产物聚合为一种统治我们、不受我们控制、使我们的愿望不能实现并使我们的打算落空的物质力量，这是迄今为止历史发展的主要因素之一。"① 所以，共产主义即意味着强制性、固定化分工的消除，使任何人都没有特殊的活动范围，从而能使人全面和谐的发展。当然，这种和谐理想的实现，还需要经过强制性分工本身的发展，只有经过这种分工形式，才能提高劳动生产率，创造出走向和谐的物质基础。才不会为了争夺生活必需品，使全部陈腐的东西又死灰复燃。另外，正是这种分工的

---

① 《马克思恩格斯选集》第 1 卷，人民出版社 1995 年版，第 85 页。

扩大化、复杂化形成了人的丰富的社会交往关系，才能使地域性的个人转向世界历史性的个人，只有继承了人类文明的全部成果，共产主义才是可能的。

分工发展的历史不但体现了生产力、社会生产发展的历史，而且也体现着交往形式尤其是所有制发展的历史。"分工发展的各个不同阶段，同时也就是所有制的各种不同形式。这就是说，分工的每一个阶段还决定个人的与劳动材料、劳动工具和劳动产品有关的相互关系。"①据此，马克思由所有制关系区分了人类历史发展的不同阶段。

第一种所有制是部落所有制，它与生产的不发达状况相适应。分工很不发达，仅限于家庭中自然形成的分工的进一步扩大，生产资料归家庭成员共有。这即是以血缘家庭关系为基础的原始社会。第二种所有制形式是古代的所有制。在这种所有制下，私有制开始发展起来，分工已比较发达，城乡之间的对立也已产生，公民和奴隶的阶级关系已经充分发展。这种私有制的发展，使生产资料日益集中在有产者的公民即奴隶主手中，由此形成了以奴隶劳动为基础的社会。第三种所有制是封建的或等级的所有制。古代的起点是狭小领域的城市，而中世纪的起点则是地旷人稀的农村。它虽然也以共同体为基础，但同共同体相对立的则是小农奴。它的所有制形式，一方面是土地所有制和束缚于土地所有制的农奴劳动，另一方面是拥有少量资本并支配着帮工劳动的自身劳动。这两种所有制形式体现了分工不发达的状况，在农业中，分工因土地的小块耕作而受到阻碍，在工业中，各手工业之间以及各手工业内部很少有分工。这种分工的状况决定了狭隘的、小规模的粗陋的土地耕作和手工业式的工业的所有制形式。第四种所有制形式是资本主义所有制。它是大工业的产物，分工的扩大使生产和交往分离，交往集中在商人手中，使城市彼此建立了联系。不同城市之间的分工造成了工场手工业的产生，使资本开始积聚到个别人手中，同时农民则脱离了土地的束缚，而被吸收进工场手工业中，由此在封

---

① 《马克思恩格斯选集》第 1 卷，人民出版社 1995 年版，第 68 页。

建行会中的帮工和师傅之间的宗法关系被工人和资本家之间的金钱关系所代替。"大工业通过普遍的竞争迫使所有个人的全部精力处于高度紧张状态。……并使分工丧失了自己自然形成的性质的最后一点假象。它把自然形成的性质一概消灭掉，只要在劳动的范围内有可能做到这一点，它并且把所有自然形成的关系变成货币的关系。它建立了现代的大工业城市——它们的出现如雨后春笋——来代替自然形成的城市。……它造成了大量的生产力，对于这些生产力来说，私有制成了它们发展的桎梏，正如行会成为工场手工业的桎梏和小规模的乡村生产成为日益发展的手工业的桎梏一样。在私有制的统治下，这些生产力只获得了片面的发展，对大多数人来说成了破坏的力量，而许多这样的生产力在私有制下根本得不到利用。"[①]由此马克思得出结论：资本主义生产关系是私有制发展的最充分形式，也是私有制发展的最后阶段，它必将为共产主义的和谐社会所代替。"资产阶级的生产关系是社会生产过程的最后一个对抗形式，这里所说的对抗，不是指个人的对抗，而是指从个人的社会生活条件中生长出来的对抗；但是，在资产阶级社会的胎胞里发展的生产力，同时又创造着解决这种对抗的物质条件。因此，人类社会的史前时期就以这种社会形态而告终。"[②]

通过分工对生产力的发展和所有制的发展的关系的论述，马克思想说明的是，以往唯心史观把历史的发展看作是意识的历史，而把物质生产作为历史的附属因素一笔带过，因而看不到历史发展的规律性，从意识出发，历史不过是英雄人物意志的体现，是偶然性的堆积。只有从生产劳动出发，才会发现历史像自然一样，也是一个有客观规律的过程，是一个"自然历史过程"。"这种历史观就在于：从直接生活的物质生产出发阐述现实的生产过程，把同这种生产方式相联系的、它所产生的交往形式即各个不同阶段上的市民社会理解为整个历史的基础，从市民社会作为国家的活动描述市民社会，同时从市民社会出发阐明意识的所有各种不同理论

---

① 《马克思恩格斯选集》第 1 卷，人民出版社 1995 年版，第 114 页。
② 《马克思恩格斯选集》第 2 卷，人民出版社 1995 年版，第 33 页。

的产物和形式，如宗教、哲学、道德等，而且追溯它们产生的过程。"① 这样，和谐社会的实现就不再是美好的愿望和我们应当确立的理想状态，而是被奠定在历史发展客观规律的基础之上，是消灭现存的现实运动过程。

唯物史观不但揭示了和谐社会构建的现实道路，而且把它同无产阶级的解放运动联系在一起，找到了实现和谐社会的物质力量，正是无产阶级反对资本主义的现实斗争过程，体现了历史发展的客观必然性。

在马克思看来，历史体现着主客两种力量的统一，"由每一个新的一代承受下来的生产力的历史，从而也是个人本身力量发展的历史。"② 客观的历史必然性要通过主体的活动来实现。在以往的历史发展中，由于分工是强加于人的，因而人生活的共同体对绝大多数人来说是外在的、虚幻的，人与共同体处在分裂和对立的状态中，他的生活条件对他来说只是偶然的。这种状况在资本主义社会，在无产阶级身上发展到了极致。"对于无产者来说，他们自身的生活条件、劳动，以及当代社会的全部生存条件都已变成一种偶然的东西，单个无产者是无法加以控制的，而且也没有任何社会组织能够使他们加以控制。单个无产者的个性和强加于他的生活条件即劳动之间的矛盾，对无产者本身是显而易见的，特别是因为他从早年起就成了牺牲品，因为他在本阶级的范围内没有机会获得使他转为另一个阶级的各种条件。"③ 这种矛盾，不仅体现了工人阶级和资本家阶级的尖锐对立，而且体现了工人阶级同整个现存生存体系和活动方式的根本对立，即同固定化、强制性的分工劳动的对立，因而它的历史地位和历史使命就不仅仅是解放自己，而是要消灭固定化分工本身，消灭劳动的异己关系，从而使运动的条件置于他们自己的控制之下。这样，他们的斗争过程就同历史发展的趋势必然的符合起来。"与此同时还产生了一个阶级，它必须承担社会的一切重负，而不能享受社会的福利，它被排斥于社会之外，因而不得不同其他一切阶级发生最激烈的对立；这种阶级形成全体社会成员

---

① 《马克思恩格斯选集》第1卷，人民出版社1995年版，第92页。
② 《马克思恩格斯选集》第1卷，人民出版社1995年版，第124页。
③ 《马克思恩格斯选集》第1卷，人民出版社1995年版，第120页。

中的大多数，从这个阶级中产生出必须实行彻底革命的意识，即共产主义的意识，……迄今为止的一切革命始终没有触动活动的性质，始终不过是按另外的方式分配这种活动，不过是在另一些人中间重新分配劳动，而共产主义革命则针对活动迄今具有的性质，消灭劳动，并消灭任何阶级的统治以及这些阶级本身，因为完成这个革命的是这样一个阶级，它在社会上已经不算是一个阶级，它已经不被承认是一个阶级，它已经成为现今社会的一切阶级、民族等等的解体的表现"。①

在马克思那里，和谐首先意味的是活动的性质，即分工必须要在自愿的基础上进行，使人的体力、智力、关系、需要和能力得到全面的发展，使人的活动成为人本质力量的确证，使人的活动体现自由自觉的性质，只有在此基础上，才有人与自然、人与社会、人与自身的和谐与统一，才能把外在的条件变为自主活动的条件，才能使这些过去与人分离并对立的因素重新置于人的控制之下。而这些和谐的要求正体现着无产阶级斗争的性质。无产阶级的革命要消灭的正是迄今为止的强制性劳动分工的性质，因为它是私有制和阶级对立产生的根源，消灭私有制、消灭一切阶级、消灭城乡、脑体的对立，其实质就是消灭强制性的分工，所以，马克思才主张，在共产主义社会里，劳动是生活的第一需要而不是谋生的手段。而这又意味着必须形成自由个性的联合体，"从前各个人联合而成的虚假的共同体，总是相对于各个人而独立的；由于这种共同体是一个阶级反对另一个阶级的联合，因此对于被统治的阶级来说，它不仅是完全虚幻的共同体，而且是新的桎梏。在真正的共同体的条件下，各个人在自己的联合中并通过这种联合获得自己的自由。"② 所以，共产主义又被称为自由人的联合体。而这种联合体就是无产阶级革命斗争的最终旨归，无产阶级的占有制下，许多生产工具必定归属于每一个个人，而财产则归属于全体个人。

综上所述，马克思主义的和谐观是奠基于人类历史发展的客观规律的

---

① 《马克思恩格斯选集》第 1 卷，人民出版社 1995 年版，第 90—91 页。

② 《马克思恩格斯选集》第 1 卷，人民出版社 1995 年版，第 119 页。

基础上的，是同无产阶级的革命运动结合在一起的，是科学社会主义理论的有机组成部分，所以，我们只有从实践哲学的人类解放的角度出发，从社会历史发展的客观规律的角度，才能真正理解马克思主义和谐观的真实意蕴和内在逻辑。

第三节　马克思主义辩证法和谐诉求的经典表达

马克思和恩格斯创立了唯物史观，把共产主义作为未来人类的理想社会形态，社会的和谐、人的自由全面和谐发展被作为共产主义社会的重要的特征。辩证法的和谐诉求就贯穿在这一和谐社会的理想之中，贯穿在人与人之间，人与自然之间、人与社会之间的和谐发展的关系之中。马克思主义的和谐观主要体现在辩证法的理论之中，马克思的辩证法就意蕴着和谐的诉求，因而我们通过马克思辩证法理论的研究，来说明马克思主义的和谐观念和内容。

一、马克思辩证法理论的和谐意蕴

马克思以实践为基础的辩证法实现了双重超越，唯物论基础让辩证法不再是"世界之外的遐想"，从而使辩证法成为最完整、最深刻、最无片面性弊病的关于发展的学说。马克思认为辩证法在本质上是"革命的"和"批判的"，这其中都体现了辩证法的实践性特征和主观性因素，一直以来"辩证法都意味着一种思维方式"[1]。人类的实践活动使人与世界发生了二重化和分裂，也正是因为这种二重化和分裂，才使人真正成其为人，只有克服这种分裂和二重化人类才会前进，这种克服不是要使矛盾消失，而

---

[1]　姚大志：《什么是辩证法？》，《社会科学战线》2003 年第 6 期。

是通过矛盾的演进，从而实现人类的进步。辩证法就是对人的这种生存方式的反思。人类是在劳动实践的过程中产生了对各种关系的意识，并进一步产生了交往的需要，进而成为人类存在的方式。这种对交往和社会关系的自觉意识是辩证思维的重要内容。黑格尔曾经说过："认识矛盾并且认识对象的这种矛盾特性就是哲学思考的本质。"① 辩证法是对矛盾的认识与规定，但不是矛盾的就是辩证法。辩证法是对认识规律的概括，但不是所有的认识规律都是辩证法。辩证法是关于作为主体的人及其社会关系和自然条件认识方法的集中概括。辩证法是人的意识中的一个重要的要素，即辩证思维的概括，是人性升华和人的本质发展的主导因素。个体人的发展是与其意识中的辩证思维相统一的。马克思对辩证法批判性和革命性的强调和突出，是基于当时的社会历史背景和革命的需要，这是符合辩证法的本性的。但对革命性与批判性的重视与对和谐社会与人的和谐发展并不冲突，马克思主义的辩证法理论从来都是不缺乏和谐诉求的。

马克思辩证法理论所内蕴的和谐维度体现在人类的解放和发展的价值追求之中。实践是人的实践，因而实践问题是人的问题，"'实践'所意指的乃是人的'本源性'的生命存在和活动方式"，它"是人独特的、具有本体论意义的生存方式，或者说，'实践'是一个与'人的存在'内在相关的生存论本体论概念。"② 因此，从实践出发来理解人，解放人，解决人的存在和发展的问题，是哲学关注的重点。"辩证法"在古希腊时期的含义是对话和论战，是以揭露论断中的矛盾，然后克服这些矛盾求得真知，因而辩证法要解决的是存在或者本体的问题，本体论则是辩证法的真理内容，辩证法应该是关于本体论的辩证法。马克思的辩证法以人的本源性的生命存在和活动方式——人的实践活动为根基，也就是说马克思的辩证法探讨的是人的存在这一本体的，即"把实践概念把握为一个关于人的本源性的生命活动及其历史发展的生存论的本体论概念，认为实践活动在根本

---

① 黑格尔：《小逻辑》，贺麟译，商务印书馆 1980 年版，第 132 页。

② 贺来：《辩证法的生存论基础——马克思辩证法的当代阐释》，中国人民大学出版社 2004 年版，第 139 页。

上是人的最为基本的生命存在和生命活动方式，实践观点的重要性就在于它为全面地理解人的现实生命及其历史发展提供一种基本的理论观点和思维方式。"马克思的辩证法所表达的应是人在生存实践活动中关于人的存在的理解，"辩证法在本质上就是对人的自由生命的自觉的理论表达"①，这样，马克思的辩证法就内蕴了人的自由自觉的发展的维度，体现了其在实践基础上对人的关注。马克思的辩证法虽然强调了其"改造世界"的功能及其批判性和革命性特征，但是它根植于实践基础，追求人的存在的理想状态，努力把人从现存的异化状态下解放出来，使辩证法具有了向未来敞开的和谐旨趣。因此，要为辩证法确立本体论根基的话，一定是要回到人自身，回到人的存在的基础——实践活动中去挖掘。

马克思把扬弃异化的使命落实到共产主义上，共产主义是理想的和谐社会。在人类的历史上，对和谐社会的追求和设想的不乏其人，从柏拉图的理想国，到中国儒家的"大同"社会，再到空想社会主义的美好设想，建立和谐的社会成为人类一直以来追求的理想，但终因缺乏坚实的理论根基和科学的理论支撑而成为梦想。马克思的共产主义学说则是建立在辩证法的和谐诉求基础之上的，既蕴含着丰富的和谐诉求，又建立在科学的方法论基础之上。在《共产党宣言》中马克思与恩格斯对于空想社会主义给予了肯定，"它们关于未来社会的积极的主张，例如消灭城乡对立，消灭家庭，消灭私人营利，消灭雇佣劳动，提倡社会和谐"等，也为启发工人的觉悟提供了宝贵的材料，只是那些主张都还带有纯粹空想的性质。而共产主义学说则是建立在唯物史观基础上的，建立在马克思主义科学论证基础上的，是人类社会发展的必然，马克思认为："资产阶级历史时期负有为新世界创造物质基础的使命：一方面要造成以全人类互相依赖为基础的普遍交往，以及进行这种交往的工具，另一方面要发展人的生产力，把物质生产变成对自然力的科学统治。资产阶级的工业和商业正为新世界创造这

---

① 贺来：《辩证法的生存论基础——马克思辩证法的当代阐释》，中国人民大学出版社2004年版，第138、216页。

些物质条件，正像地质变革创造了地球表层一样。只有在伟大的社会革命支配了资产阶级时代的成果，支配了世界市场和现代生产力，并且使这一切都服从于最先进的民族的共同监督的时候，人类的进步才会不再像可怕的异教神怪那样，只有用被杀害者的头颅做酒杯才能喝下甜美的酒浆。"①

　　马克思在《共产党宣言》中把共产主义描述为："代替那存在着阶级和阶级对立的资产阶级旧社会的，将是这样一个联合体，在那里，每个人的自由发展是一切人的自由发展的条件。"恩格斯认为这句话准确表达了他和马克思对共产主义的理解。在马克思看来，共产主义革命不同于以往的任何社会革命，它要"消灭私有制和消灭劳动本身"②，消灭"劳动本身"就意味着在共产主义社会里真正实现了人的自由自觉的劳动。马克思恩格斯所论述的共产主义强调阶级和剥削被消灭的条件下，生产的目的完全是为了人的自由发展，劳动既是为了满足他人的生活和发展，也是出于自由个性发展的需要，马克思强调未来的自由者联合体是"以每个人全面而自由的发展为基本原则的社会形式。"③ 就是说，在未来的共产主义社会中，人与人之间是互相关爱、互相协作、互相依存的，每个人的自由发展都是对方自由发展的前提和条件，彼此之间不是对立和斗争的关系，这样才是人的真正自由自觉地发展，才是和谐地发展和存在。正如马克思在《1844年经济学哲学手稿中》对共产主义的特征的表述："共产主义是私有财产即人的自我异化的积极的扬弃，因而是通过人并且为了人而对人的本质的真正占有；因此，它是人向自身、向社会的即合乎人性的人的复归，这种复归是完全的，自觉的和在以往发展的全部财富的范围内生成的。这种共产主义，作为完成了的自然主义＝人道主义，而作为完成了的人道主义＝自然主义，它是人和自然界之间、人和人之间的矛盾的真正解决，是存在和本质、对象化和自我确证、自由和必然、个体和类之间的斗争的真正解

---

① 《马克思恩格斯选集》第 1 卷，人民出版社 1995 年版，第 304、773 页。
② 《马克思恩格斯选集》第 1 卷，人民出版社 1995 年版，第 294、118 页。
③ 马克思：《资本论》第 1 卷，人民出版社 1975 年版，第 649 页。

决。"① 人的本质和本性的充分的体现即为人道主义，但在异在化状态下，科学和社会的进步不仅不能促进人道主义，反而阻碍人道主义。因此，马克思共产主义设定在人类彻底解放、异化被彻底扬弃的基础上，真正实现对人的本质的占有，这就要求人与人、人与自然之间的矛盾在人的对象化活动中得到彻底的解决，实现人的真正和谐地发展。马克思立足于资本主义全面冲突和异化的现实，为化解人与自然、人与人、人与社会之间的矛盾提出的共产主义社会的美好设想，不仅体现了辩证法的和谐诉求，而且实现了把辩证法的和谐诉求落实到了共产主义的实现中，最终真正解决人类面临的冲突和斗争。

马克思的辩证法理论不仅体现了和谐的维度，而且有对辩证法的对立同一的相关阐述，马克思指出："两极相通，北极和南极相互吸引，女性和男性也相互吸引，而且也只有男女这两极差异相结合，才会产生人。"② 马克思在论述矛盾理论的时候也有表达辩证法的和谐维度，并体现在解决矛盾的方式上，马克思指出："两个相互矛盾方面的共存、斗争以及融合成一个新范畴，就是辩证运动。"也就是说，矛盾的同一性是矛盾双方的相互联系、相互贯通、相互依存和相互转化的趋势，马克思又说："对立面互相均衡，互相中和，互相抵销。这两个彼此矛盾的思想的融合，就形成一个新的思想，即它们的合题。"③ 可见，马克思尽管强调辩证法的革命性和批判性，但都是在矛盾的对立统一中来谈论矛盾的，矛盾的基本属性依然是同一性和斗争性。在马克思的辩证法理论中，矛盾双方是对立统一的关系，二者既相互对立又相互依存，既相互联结又相互转化，一方以对方为中介和转化的条件，并形成新的统一体，这就是辩证运动。

在对未来人的和谐发展进行设想时，马克思指出："交往、联合以及仍然以交往为目的的叙谈，对他们来说是充分的；人与人之间的兄弟情谊在他们那里不是空话，而是真情，并且他们那由于劳动而变得坚实的形象

---

① 《马克思恩格斯全集》第 3 卷，人民出版社 2002 年版，第 297 页。
② 《马克思恩格斯全集》第 3 卷，人民出版社 2002 年版，第 110 页。
③ 《马克思恩格斯选集》第 1 卷，人民出版社 1995 年版，第 144、140 页。

向我们放射出人类崇高精神之光。"① 马克思在《资本论》第一卷中提到了一种更加注重协作、协调和动态平衡的解决矛盾的方法，他指出："我们看到，商品的交换过程包含着矛盾的和互相排斥的关系。商品的发展并没有扬弃这些矛盾，而是创造这些矛盾能在其中运动的形式。一般说来，这就是实际矛盾赖以得到解决的方法。例如，一个物体不断落向另一个物体而又不断离开这一物体，这是一个矛盾。椭圆便是这个矛盾借以实现和解决的运动形式之一。"② 马克思对于可能运用和谐的手段解决的矛盾，从不会放过这样的机会与可能，当他在 1872 年在力主运用阶级斗争的方式夺取政权时，不忘提及"我们知道，必须考虑到各国的制度、风俗和传统；我们也不否认，有些国家像美国、英国，——如果我对你们的制度有更好的了解，也许还可以加上荷兰，——工人可能用和平手段达到自己的目的。"③ 这不仅体现马克思的人道主义精神，也表达了其辩证法的和谐旨趣。

二、恩格斯辩证法理论的和谐意蕴

恩格斯在晚期探讨辩证法理论的成果《自然辩证法》，确定了辩证法的研究对象，把辩证法明确定义为关于自然、社会和人类思维的一般规律的科学，他指出："辩证法的规律是从自然界和人类社会的历史中抽象出来的。辩证法的规律无非是历史发展的这两个阶段和思维本身的最一般的规律。它们实质上可归结为下面三个规律：量转化为质和质转化为量的规律；对立的相互渗透的规律；否定的否定的规律。"④ 关于恩格斯的辩证法的规律和范畴学说是西方马克思主义者常常对其诟病的原因，认为自然辩证法缺少人学的维度。但其实恩格斯关于辩证法的论述并不是针对辩证

---

① 《马克思恩格斯文集》第 1 卷，人民出版社 2009 年版，第 348 页。
② 《马克思恩格斯文集》第 5 卷，人民出版社 2009 年版，第 124 页。
③ 《马克思恩格斯全集》第 18 卷，人民出版社 1964 年版，第 179 页。
④ 《马克思恩格斯选集》第 4 卷，人民出版社 1995 年版，第 310 页。

法的研究对象的，他的理论主要是针对 17、18 世纪形而上学孤立、静止、片面观察问题的特征，提出了辩证法是关于普遍联系的科学、是关于一切运动最普遍规律的科学。

恩格斯的辩证法思想中的和谐维度主要体现在他的自然辩证法理论以及对形而上学的批判当中。他认为古希腊哲学家原始的、朴素的、但实质上是正确的世界观是由赫拉克利特表述出来的，即："一切都存在，而又不存在，因为一切都在流动，都在不断地变化，不断地生成和消逝。"他认为，这种观点虽然是正确的，但随着自然科学研究的进展，人们逐渐习惯了"把自然界中的各种事物和各种过程孤立起来，撇开宏大的总的联系去进行考察，因此，就不是从运动的状态，而是从静止的状态去考察；不是把它们看作本质上变化的东西，而是看作永恒不变的东西；不是从活的状态，而是从死的状态去考察。"这种考察的方法本来是自然科学中的，被移到哲学中去之后，就形成了形而上学的思维方式。形而上学主张的"事物及其在思想上的反映即概念，是孤立的、应当逐个地和分别地加以考察的、固定的、僵硬的、一成不变的研究对象。他们在绝对不相容的对立中思维；他们的说法是：'是就是，不是就不是；除此以外，都是鬼话'。在他们看来，一个事物要么存在，要么就不存在；同样，一个事物不能同时是自身又是别的东西。正和负是绝对互相排斥的；原因和结果也同样是处于僵硬的相互对立中。"但是，"在进行较精确的考察时，我们也发现，某种对立的两极，例如正和负，是彼此不可分离的，正如它们是彼此对立的一样，而且不管它们如何对立，它们总是互相渗透的；同样，原因和结果这两个概念，只有应用于个别场合时才适用；可是，只要我们把这种个别的场合放到它同宇宙的总联系中来考察，这两个概念就联结起来，消失在关于普遍相互作用的观念中"，这与形而上学完全不同，"因为辩证法在考察事物及其在观念上的反映时，本质上是从它们的联系、它们的联结、它们的运动、它们的产生和消逝方面去考察的。"[①]他在致考茨基的信中认

[①] 《马克思恩格斯选集》第 3 卷，人民出版社 1995 年版，第 733、734、735、736 页。

为缺少辩证法的人们总是在这里看到原因，在那里看到结果，但却从来看不到它是一种空洞的抽象。他在《自然辩证法》中谈到平衡和运动的时候，认为天体运动过程中平衡和运动都是相对的，平衡处于运动之中，运动也处于平衡之中。"任何特殊的相对的运动，即这里的一个运动着的天体上的个别物体的全部个别运动，都是旨在确立相对静止即平衡的一种追求。物体相对静止的可能性，暂时的平衡状态的可能性，是物质分化的本质条件，因而也是生命的本质条件。"[①]而这里物体的相对静止和平衡状态是由和谐性来保证的。恩格斯在《致彼·拉·拉甫罗夫》一信中针对达尔文的进化论思想，认为达尔文的"生存斗争"、"自然选择"的证明方法"只是对一种新发现的事实所作的初步的、暂时的、不完善的说明。在达尔文以前，现在到处都只看到生存斗争的那些人（福格特、毕希纳、摩莱肖特等）所强调的正是有机界中的合作，植物怎样给动物提供氧和食物，反过来动物怎样给植物提供碳酸气和肥料"。他认为这两种见解都有其道理也都有其片面性，"自然界中物体——不论是死的物体或活的物体——的相互作用中既有和谐，也有冲突，既有斗争，也有合作。因此，如果有一个所谓的自然研究家想把历史发展的全部多样性的丰富内容一律概括在'生存斗争'这一干瘪而又片面的说法中，那么这种做法本身就已经判决自己有罪，这句空话即使用于自然领域也还是值得商榷的。"恩格斯以此表达了对片面强调自然界斗争性的反对。

恩格斯辩证法思想的和谐维度还体现在他关于对立统一学说之中。恩格斯批判地吸收了黑格尔的"具体的同一"的思想，认为斗争与同一应该结合起来发生作用，单纯地强调斗争或者单纯地强调同一，"这两种见解在狭小的界限内都是有道理的，然而两者也都同样是片面的和褊狭的。自然界中无生命的物体的相互作用既有和谐也有冲突；有生命的物体的相互作用则既有有意识的和无意识的合作，也有有意识的和无意识的斗争。因此，在自然界中决不允许单单把片面的'斗争'写在旗帜上。但是，想把

---

① 《马克思恩格斯选集》第 4 卷，人民出版社 1995 年版，第 363 页。

历史的发展和复杂情况的全部多样性的丰富内容一律概括在'生存斗争'这一干瘪而片面的说法中，是极其幼稚的。"①恩格斯还对同一做了进一步的阐释，他指出："对于同一的真正意义加以正确的了解，乃是异常重要之事。为达到这一目的，我们首先必须特别注意，不要把同一单纯认作抽象的同一，认作排斥一切差别的同一。这是使得一切坏的哲学有别于那唯一值得称为哲学的哲学的关键。"②恩格斯认为不能把抽象的同一性放在实践中，也不能把同一和差异看作是不可调和的对立物，二者只是各占一边的两极，"这两极只是由于相互作用，由于把差异性纳入同一性之中，才具有真理性。"他在给施米特的信中谈到研读黑格尔的《本质论》时看到他"揭示了抽象的对立是站不住脚的，人们刚想抓住一个方面，它就悄悄地转化为另一个方面……我记得，正是同一和差异的这种不可分离，最初是怎样折磨我的，尽管我们每前进一步都不能不碰到这个问题。"在恩格斯看来，唯物辩证法的基本原则在于世界的普遍联系性和永恒发展性，一切事物都内在地包含着差异和对立，又都相互联系和相互依存，他指出："辩证法根据我们直到目前为止的自然科学实验的结果，已经证明了：所有的两极对立，都以对立的两极的相互作用为条件；这两极的分离和对立，只存在于它们的相互依存和联结之中，反过来说，它们的联结，只存在于它们的分离之中，它们的相互依存，只存在于它们的对立之中。这样一来，无论是排斥和吸引的最终抵消，还是一种运动形式最终分配在物质的这一半上，而另一种运动形式分配在另一半上，因而无论是两极的互相渗透，还是绝对的分离，这些都不成为问题了。"矛盾对立面之间的转化与融合是事物内部矛盾运动的必然结果："一切差异都在中间阶段融合，一切对立都经过中间环节而互相转移，……辩证的思维方法同样不知道什么严格的界线，不知道什么普遍绝对有效的'非此即彼'，它使固定的形而上学的差异互相转移，除了'非此即彼！'，又在恰当的地方承认'亦此

---

① 《马克思恩格斯选集》第4卷，人民出版社1995年版，第621、372页。
② 黑格尔：《小逻辑》，贺麟译，商务印书馆1980年版，第249页。

亦彼!'并使对立通过中介相联系;这样的辩证思维方法是唯一在最高程度上适合于自然观的这一发展阶段的思维方法。"① 在恩格斯看来,事物的发展也是"非此即彼"和"亦此亦彼"的统一。就像"真理和谬误,正如一切在两极对立中运动的逻辑范畴一样,只是在非常有限的领域内才具有绝对的意义……只要我们在上面指出的狭窄的领域之外应用真理和谬误的对立,这种对立就变成相对的,因而对精确的科学的表达方式来说就是无用的;但是,如果我们企图在这一领域之外把这种对立当作绝对有效的东西来应用,那我们就会完全遭到失败;对立的两极都向自己的对立面转化,真理变成谬误,谬误变成真理。"②

恩格斯把人与自然之间的关系看作是对立统一的,尤其强调人与自然之间关系的和谐。在他看来,人与自然之间是相互依存的关系,人类不断地与自然界之间进行物质和能量的交换,人类在改造自然的同时也创造了自然,"只有人才办得到给自然界打上自己的印记,因为他们不仅迁移动植物,而且也改变了他们的居住地的面貌、气候,甚至还改变了动植物本身,以致他们活动的结果只能和地球的普遍灭亡一起消失。"这体现了人对自然界的巨大的影响作用,恩格斯看到了这一点,而且看到了资本主义带来的人类对自然的疯狂掠夺造成的恶果,他一再地警示人类自然界对人类的报复同样是冷酷无情的,他指出:"我们不要过分陶醉于我们人类对自然界的胜利。对于每一次这样的胜利,自然界都对我们进行报复。每一次胜利,起初确实取得了我们预期的结果,但是往后和再往后却发生完全不同的、出乎预料的影响,常常把最初的结果又消除了。"他告诫人们:"我们每走一步都要记住:我们统治自然界,决不像征服者统治异族人那样,决不是像站在自然界之外的人似的,——相反地,我们连同我们的肉、血和头脑都是属于自然界和存在于自然之中的;我们对自然界的全部统治力量,就在于我们比其他一切生物强,能够认识和正确运用自然规律。"

---

① 《马克思恩格斯选集》第4卷,人民出版社1995年版,第322、713、349、318页。

② 《马克思恩格斯选集》第3卷,人民出版社1995年版,第431页。

他列举了"美索不达米亚、希腊、小亚细亚以及其他各地的居民，为了得到耕地，毁灭了森林，但是他们做梦也想不到，这些地方今天竟因此而成为不毛之地，因为他们使这些地方失去了森林，也就失去了水分的积聚中心和贮藏库。"他认为这样的事情的发生让人们越发认识到自身的活动带给自然的影响和后果，"而且也认识到自身和自然界的一体性，而那种关于精神和物质、人类和自然、灵魂和肉体之间的对立的荒谬的、反自然的观点，也就越不可能成立了"。① 在恩格斯看来，人与自然的关系具有一体的性质，人与自然的关系是通过劳动的中介而发生的，并通过人与社会的关系表现出来，因此，要保持人与自然之间的和谐共生的关系，就要进行社会关系的变革，在合理的生产方式和社会制度下，"社会化的人，联合起来的生产者，将合理地调节他们和自然之间的物质变换，把它置于他们的共同控制之下，而不让它作为一种盲目的力量来统治自己；靠消耗最小的力量，在最无愧于和最适合于他们的人类本性的条件下来进行这种物质变换。"② 恩格斯认为在这样的社会条件下，国家的政治权威和社会生产的无政府状态都将消失，"人终于成为自己的社会结合的主人，从而也就成为自然界的主人，成为自身的主人——自由的人。"③

从马克思开始辩证法向生活世界回归，辩证法植根于实践基础之上，追求人类的自由、解放、全面、和谐的发展，辩证法的和谐诉求得以真正确立和表达。马克思的辩证法植根于实践基础，贯穿在主体的人的创造性活动、自身的异化与分裂活动以及扬弃异化追求自由和谐发展活动的统一过程之中的是辩证法的和谐诉求。为了实现人的自由、全面发展与社会的和谐发展的诉求，出于革命和实践的需要，马克思突出了辩证法批判、革命的特征和功能，这是人类解放事业的客观要求，也是时代赋予马克思的神圣使命。马克思为了完成无产阶级革命，实现人类的解放与自由发展，只能强调辩证法的批判性与革命性，使"无片面性弊病的"辩证法向斗争

---

① 《马克思恩格斯选集》第 4 卷，人民出版社 1995 年版，第 274、383、384 页。
② 《马克思恩格斯文集》第 7 卷，人民出版社 2009 年版，第 928 页。
③ 《马克思恩格斯选集》第 3 卷，人民出版社 1995 年版，第 760 页。

性倾斜。因此，凸显辩证法的革命性是为了实现人的自由、全面、和谐发展，最终实现共产主义这一和谐美好的社会才是马克思的理想和终极的目标。马克思主义的辩证法真正表达和确立了辩证法的和谐诉求。在马克思恩格斯的辩证法思想当中虽然强调了革命性和批判性，亦不乏对辩证法和谐诉求的经典表达和理论诠释，这些对于我们今天凸显辩证法的和谐诉求，化解人类面临的冲突和危机具有重要的理论价值和意义。

第 三 章

社会主义实践中辩证法的和谐诉求

马克思的辩证法理论被后来的马克思主义者们进行了丰富和发展，由于人的异化状态仍然没有消除，无论是列宁还是毛泽东，都在人类解放和推翻资本主义的目标之下，突出了辩证法的批判性和革命性特点。但他们的目标都是为了构建和谐的共产主义理想社会，实现人的自由、全面的发展。随着和平与发展的时代主题的转换，邓小平的辩证法理论不仅与实践的发展相契合，而且在实践中，丰富和发展了马克思主义的辩证法理论，彰显了辩证法的和谐诉求。

第一节　列宁对马克思主义辩证法的丰富和发展

一、对立统一学说

在马克思和恩格斯之后，列宁结合俄国社会主义革命和建设的实践，进一步丰富和发展了马克思主义的辩证法理论。列宁突出了对立统一规律在辩证法中的核心地位，他提出："可以把辩证法简要地规定为关于对立面的统一的学说。这样就会抓住辩证法的核心。"[①] 在《黑格尔〈逻辑学〉

---

① 《列宁选集》第 2 卷，人民出版社 1995 年版，第 412 页。

一书摘要》中，列宁尤其强调了同一性在对立统一规律中的地位和作用，他提出："辩证法是一种学说，它研究对立面怎样才能够同一，是怎样（怎样成为）同一的——在什么条件下它们是相互转化而同一的，——为什么人的头脑不应该把这些对立面看作僵死的、凝固的东西，而应该看作活生生的、有条件的、活动的、彼此转化的东西。"即是说，辩证法是旨在追求对立面如何实现同一的学说，对立面之间不是僵死的、绝对对立的关系，而是活生生地可以相互转化的。列宁认为："对立面的同一，就是承认（发现）自然界的（也包括精神的和社会的）一切现象和过程具有矛盾着的、相互排斥的、对立的倾向。要认识在'自己运动'中、自身发展中和蓬勃生活中的世界一切过程，就要把这些过程当作对立面的统一来认识。"因此，他在《谈谈辩证法问题》中指出："统一物分为两个部分以及对它的矛盾着的部分的认识，是辩证法的实质。"①

二、对发展观的丰富

列宁赞成黑格尔"在对立面的统一中把握对立面"的思想，他在1920年总结十月革命胜利之后的工作时强调在实践中应该灵活应用辩证法，强调对立面的统一。而且他在《谈谈辩证法问题》中有三个地方谈到了矛盾对立面的"统一"问题，辩证的矛盾不能等同于直观中的矛盾，不是两个部分外在的对立构成的矛盾，而是在反思中把握到的矛盾。不是两个部分之间的简单的相互矛盾，而是同一事物的自我矛盾，肯定自身之时也包含着否定因素，否定自身之时也包含着肯定的因素，当否定代替了肯定，即否定之否定，就再次出现了肯定，从而实现现实生活中不断超越的开放式的进步。

列宁在《谈谈辩证法问题》和《黑格尔〈逻辑学〉一书摘要》中都

① 《列宁专题文集 论辩证唯物主义和历史唯物主义》，人民出版社 2009 年版，第 132、149、148 页。

有一再强调发展是对立面的同一和斗争。他在谈到主观主义和辩证法的区别时指出:"在（客观）辩证法中，相对和绝对的差别也是相对的。对于客观辩证法说来，相对中有绝对。对于主观主义和诡辩论说来，相对只是相对，因而排斥绝对。"① 列宁把辩证法概括为关于对立面统一的学说，他的《哲学笔记》就是围绕辩证法的"核心"和"实质"，深入研究了对立面怎样才能同一，如何同一，对立面的同一和斗争的关系，以及对立统一学说在辩证法体系中的地位和作用。列宁认为辩证法理论的内容来源于对人类认识的总结，辩证的思维方式就要求人们用对立统一的观点去认识世界和分析事物，列宁在读黑格尔的《逻辑学》时对黑格尔关于辩证法的思想评价指出:"概念的全面的、普遍的灵活性，达到了对立面同一的灵活性，——这就是实质所在。主观地运用的这种灵活性＝折中主义与诡辩。客观地运用的灵活性，即反映物质过程的全面性及其统一性的灵活性，就是辩证法，就是世界的永恒发展的正确反映。"在这里，列宁把辩证法看作是关于事物永恒发展的规律，而且强调客观地运用对立面同一的灵活性。他认为:"辩证法的特征的和本质的东西不是单纯的否定，不是徒然的否定，不是怀疑的否定、动摇、疑惑，——当然，辩证法自身包含着否定的要素，并且这是它的最重要的要素，——不是这些，而是作为联系环节、作为发展环节的否定，它保持着肯定的东西，即没有任何动摇、没有任何折中。"在这里，列宁认为否定是辩证发展环节的一个要素，而且是非常重要的要素，因为"简单的、肯定的论断就是不完全的、无生命的、僵死的。"而"'辩证的环节'则要求指出'统一'，也就是指出否定和肯定的联系，指出这个肯定存在于否定之中。从肯定到否定——从否定到保存着肯定东西的'统一'，——否则，辩证法就要成为空洞的否定，成为游戏或怀疑。"

　　列宁从发展观内部发展了唯物辩证法，创造性地提出了辩证法的实质和核心问题，并一再强调，辩证法是"关于对立面统一的学说"。列宁虽然说过"发展是对立面的'斗争'"，但是，他并没有否认矛盾同一性在发

---

① 《列宁选集》第 2 卷，人民出版社 1995 年版，第 557 页。

展中的作用和地位，他认为"有两种基本的（或两种可能的？或两种在历史上常见的？）发展（进化）观点：认为发展是减少和增加，是重复；以及认为发展是对立面的统一（统一物之分为两个互相排斥的对立面以及它们之间的相互关系）。"他又进一步进行了说明："按第一种运动观点，自己运动，它的动力、它的泉源、它的动因都被忽视了（或者这个泉源被移到外部——移到上帝、主体等等那里去了）；按第二种观点，主要的注意力正是放在认识'自己'运动的泉源上。"因此，列宁对于对立面斗争的突出，是从发展的动力的意义上来说的，而发展的目标并非对立面的斗争，而是二者的相互转化，他继续解释说："第一种观点是僵死的、平庸的、枯燥的。第二种观点是活生生的。只有第二种观点才提供理解一切现存事物的'自己运动'的钥匙，才提供理解'飞跃'、'渐进过程的中断'、'向对立面的转化'、旧东西的消灭和新东西的产生的钥匙。"因此，对立面的斗争是促进对立面转化，促进旧质的消亡和新质产生的动力，在这个意义上，列宁指出："对立面的统一（一致、同一、均势）是有条件的、暂时的、易逝的、相对的。相互排斥的对立面的斗争是绝对的，正如发展、运动是绝对的一样。"

三、列宁辩证法理论的和谐维度

列宁对于马克思辩证法的继承与发展主要出于革命的需要，强调和突出了对立面的斗争，但也没有否定对立面的统一，他曾指出："发展是对立面的统一（统一物之分为两个互相排斥的对立面以及它们之间的相互关系）。"① 在他对社会主义本质的理解中和社会主义建设的实践中都渗透着这一思想和主张。在列宁看来，社会主义的本质应该是消灭阶级和剥削，在公有制基础上实现人的自由和全面的发展，因此，社会主义就要努力发

---

① 《列宁专题文集 论辩证唯物主义和历史唯物主义》，人民出版社 2009 年版，第 132、141、149 页。

展生产力，为人的自由全面的发展创造物质条件。他曾在《苏维埃政权的当前任务》一文中指出："在任何社会主义革命中，当无产阶级夺取政权的任务解决以后，随着剥夺剥夺者及镇压他们反抗的任务大体上和基本上解决，必然要把创造高于资本主义的社会结构的根本任务提到首要地位，这个根本任务就是：提高劳动生产率。"[1] 他对社会主义发展中的对抗和矛盾进行了区分，并指出："对抗和矛盾完全不是一回事。在社会主义下，对抗将会消失，矛盾仍将存在。"[2] 他提醒人们在理解"对立面"的关系时要反对绝对化的倾向，他说："主观主义（怀疑论和诡辩论等等）和辩证法的区别在于：在（客观）辩证法中，相对和绝对的差别也是相对的。对于客观辩证法说来，相对中有绝对。对于主观主义和诡辩论说来，相对只是相对，因而排斥绝对。"[3]

　　列宁能够根据实践的需要及时调整战略的重点，即由革命斗争转变为和平发展。辩证法是人们通过实践来认识和考察外部世界的科学方法，而不是像黑格尔主张的理念自身运动的内在逻辑。"客观地运用的灵活性，即反映物质过程的全面性及其统一性的灵活性，就是辩证法，就是世界的永恒发展的正确反映。"在强调对立面统一的同时反映了其坚定的唯物主义立场。"万物之间的世界性的、全面的、活生生的联系，以及这种联系在人的概念中的反映——唯物地颠倒过来的黑格尔；这些概念还必须是经过琢磨的、整理过的、灵活的、能动的、相对的、相互联系的、在对立中统一的，这样才能把握世界。要继承黑格尔和马克思的事业，就应当辩证地探讨人类思想、科学和技术的历史"[4]，这就突出了整体的观点、联系的观点。列宁在《哲学笔记》中对于读到黑格尔的《逻辑学》中的论矛盾自身的运动时，指出，"普通的表象抓到的是差别和矛盾，但不是一个向另

---

① 《列宁选集》第 3 卷，人民出版社 1995 年版，第 490 页。

② 《列宁全集》第 60 卷，人民出版社 1990 年版，第 281—282 页。

③ 《列宁选集》第 2 卷，人民出版社 1995 年版，第 557 页。

④ 《列宁专题文集　论辩证唯物主义和历史唯物主义》，人民出版社 2009 年版，第 132 页。

一个的过渡，而这却是最重要的东西。"①在读了黑格尔《逻辑学》的观念篇后概括了"什么是辩证法？""概念的相互依赖，一切概念的毫无例外的相互依赖，一个概念向另一个概念的过渡，一切概念的毫无例外地过渡。概念之间对立的相对性……概念之间对立面的同一。"他又随之强调："注意，每一个概念都处在和其余一切概念的一定关系中、一定联系中"②辩证的东西＝在对立面的统一中把握对立面。

从列宁以后的马克思主义辩证法的发展主线来看，其消极的影响是主要的，辩证法开始走向简单和贫乏。辩证法作为逻辑和认识论，被仅仅归结为几个规律和范畴，尤其是斯大林对列宁对立面统一思想的背离，强调辩证法就是"对立面的斗争"，把辩证法完全归结为方法，辩证法的体系和范畴被取消和畸形化，辩证法完全丧失了其完整性、统一性、丰富性、开放性。1938 年斯大林在《论辩证唯物主义和历史唯物主义》中提出并坚决捍卫"对立面斗争"这一哲学命题，严重地扭曲了马克思主义辩证法的核心思想。这篇文章被收入《联共（布）党史简明教程》（以下简称《简明教程》）的第四章第二节，并成为这本书的灵魂，被称为有名的"四章二节"。他把马克思主义的辩证法由"对立统一"、"对立面的统一"变成了"对立斗争"和"对立面的斗争"，在他看来，一切矛盾的解决都只需要斗争，而无需统一与融合。他指出，不难了解，把辩证方法的原理推广去研究社会生活和社会历史，该有多么巨大的意义；把这些原理应用到社会历史上去，应用到无产阶级党的实际活动上去，该有多么巨大的意义。他认为，要想政治上不犯错误，就要执行无产阶级的不调和的阶级政策，而不要执行使无产阶级利益同资产阶级利益相协调的改良主义政策，不要执行使资本主义"长入"社会主义的妥协主义政策。显而易见，斯大林严重歪曲了马克思主义的辩证法，并且严重地断章取义，把无休止的斗争看作是事物发展和矛盾解决的唯一途径。斯大林后来还搞了以"残酷斗争、

---

① 《列宁专题文集 辩证唯物主义和历史唯物主义》，人民出版社 2009 年版，第 133 页。
② 列宁：《哲学笔记》，人民出版社 1993 年版，第 167 页。

无情打击"为主题的政治大清洗运动，他曾在《简明教程》中激昂地宣布：
"党的历史教导说，工人阶级的党不同自己队伍中的机会主义者作不调和
的斗争，不打垮自己队伍中的投降主义者，就不能保持自己队伍的统一和
纪律，就当不了无产阶级革命的组织者和领导者，就当不了社会主义新社
会的建设者。"① 甚至在苏联的《简明哲学词典》里把"对立面的斗争"列
为单独的词条，清除了"对立面的统一"、"对立统一"等辩证法的概念。
斯大林的斗争哲学理论是与当时实行的计划经济体制相适应的，他以此强
制性的理论来力图实现其违反社会生活规律的体制。

第二节　毛泽东对马克思主义辩证法的发展和运用

　　毛泽东思想是在中华民族的和谐文化传统基础上形成和发展起来的，
也是马克思主义与中国的具体实践相结合的产物。毛泽东从中国的革命实
践和人民解放出发，他的辩证法理论中体现的和谐诉求主要体现在他的政
治理论之中。毛泽东辩证法思想的和谐诉求不仅是一种价值取向，更是一
种实践追求。毛泽东的辩证法思想中蕴涵着深刻的和谐诉求，《论十大关
系》、《关于正确处理人民内部矛盾的问题》、《矛盾论》、《实践论》等著作
的发表是重要的标志。"统筹兼顾"这个和谐哲学处理问题的基本方法论
原则，就是在《关于正确处理人民内部矛盾的问题》中提出来的。

一、政治和谐思想

　　马克思主义辩证法在与中国革命和建设结合的初期就获得了生命力。
毛泽东吸取了前苏联学者的研究成果，在马克思主义辩证法基础上，主

---

① 《联共（布）党史简明教程》，中央编译局编译，人民出版社 1975 年版，第 395 页。

要是列宁的辩证法基础上，形成了比较完备的"对立统一"的辩证法学说，在一定程度上纠正了斯大林的错误。毛泽东在中国哲学辩证法的基础上，与马克思主义的辩证法会通与契合，丰富和发展了辩证法理论，赋予了马克思主义辩证法以中国的和谐精神。他提出的"一分为二"、"相反相成"，都是二者相契合的产物。辩证法在毛泽东这里不仅是一种思维方式和认识论，还是其革命策略的思想基础。他在列宁辩证法思想基础上与中国的古代辩证法思想和现实相结合，对马克思主义的辩证法进行了创造性地发展，把辩证法用于政治理论、军事领域，构建了军事辩证法、辩证的方法论，社会主义矛盾学说，提出了辩证法的新规律，认为"新陈代谢是宇宙间普遍的永远不可抵抗的规律"，"事物的内部都有其新旧两个方面的矛盾，形成为一系列的曲折的斗争"，这样，"经过不同的飞跃形式，一事物转化为他事物。"

在中国革命实践中，毛泽东形成了他独特的基于政治和谐的辩证法思想。在革命的指导方针上，他非常重视革命过程中各个阶级团结的力量，在《中国社会各阶级的分析》一文中他强调："中国过去一切革命斗争成效甚少，其基本原因就是因为不能团结真正的朋友，以攻击真正的敌人。"尤其是在抗击日本侵略的战争中，更加需要团结、合作，而不是分化和斗争，"只有经过共产党的团结，才能达到全阶级和全民族的团结，只有经过全阶级全民族的团结，才能战胜敌人，完成民族和民主革命的任务。"① 在革命的手段和途径上，毛泽东也非常重视团结与合作的作用，他认为："在抗日统一战线时期中，斗争是团结的手段，团结是斗争的目的。"② 在这里，斗争作为团结的手段，而抗日阵营的和谐与团结才是毛泽东视为抗战胜利的保证。他指出："共产党人的任务就在于揭露反动派和形而上学的错误思想，宣传事物的本来的辩证法，促成事物的转化，达到革命的目的。"③

---

① 《毛泽东选集》第一卷，人民出版社 1991 年版，第 323、3、278 页。
② 《毛泽东选集》第二卷，人民出版社 1991 年版，第 745 页。
③ 《毛泽东选集》第一卷，人民出版社 1991 年版，第 330 页。

在社会主义实践中，毛泽东的政治和谐主张主要表现在通过和谐的手段完成无产阶级专政革命的任务和目标。他强调"国家的统一，人民的团结，国内各民族的团结，这是我们的事业必定要胜利的基本保证。"毛泽东在社会主义建设时期为了实现政治上的和谐与人民的团结，强调对矛盾的性质进行正确地区分，他认为"人民内部的矛盾，是在人民利益根本一致的基础上的矛盾"，这种矛盾与敌我对抗性的矛盾是有着本质区别的，"凡属于思想性质的问题，凡属于人民内部的争论问题，只能用民主的方法去解决，只能用讨论的方法、批评的方法、说服教育的方法去解决，而不能用强制的、压服的方法去解决。"在《关于正确处理人民内部矛盾的问题》一文中，他指出："在一九四二年，我们曾经把解决人民内部矛盾的这种民主的方法，具体化为一个公式，叫做'团结——批评——团结'。讲详细一点，就是从团结的愿望出发，经过批评或者斗争使矛盾得到解决，从而在新的基础上达到新的团结。按照我们的经验，这是解决人民内部矛盾的一个正确的方法。"可见，毛泽东不仅强调政治上的团结、和谐的重要性，而且对于怎样实现和谐以及实现怎样的和谐也有相关的论述，他说："革命时期的大规模的急风暴雨式的群众阶级斗争基本结束，……在这个时候，我们提出划分敌我和人民内部两类矛盾的界限，提出正确处理人民内部矛盾的问题"。①

毛泽东对政治和谐的凸显是与马克思主义辩证法理论相一致的，也是与中国古代的辩证法传统一脉相承的。政治的和谐是构建和谐的社会的一个基本的前提，而能够实现人的自由全面发展的、"每个人的自由发展是一切人的自由发展的条件"的共产主义必定是和谐的社会，因此，毛泽东的政治和谐是与马克思的和谐社会诉求相一致的。也是与中国传统的和谐思维相一致的，中国古代，和谐社会理想本身就体现为一种政治的诉求，政治的和谐在某种程度上决定了其他方面的和谐，决定了社会的和谐。

---

① 《毛泽东文集》第七卷，人民出版社 1999 年版，第 204、209、210、216 页。

二、对矛盾同一性的发展

马克思主义的辩证法在列宁之后得到了发展，但在斯大林和毛泽东这里，辩证法出现了不同的发展状况，马克思的辩证法经过前苏联的"体系化"之后，其所具有的世界观变革的意义完全被抹杀了，堕入了先讲物质的统一性，后讲人和历史的误区。斯大林对辩证法的理解就突出了斗争的作用，他认为"从低级到高级的发展过程不是通过现象和谐的展开，而是通过对象、现象本身固有矛盾的揭露，通过在这些矛盾基础上活动的对立倾向的'斗争'进行的。"毛泽东是反对斯大林这样的主张的，在 1957 年他指出："斯大林有许多形而上学，并且教会许多人搞形而上学"，他"讲事物的内在矛盾，又只讲对立面的斗争，不讲对立面的统一。按照对立统一这个辩证法的根本规律，对立面是斗争的，又是统一的，是互相排斥的，又是互相联系的，在一定条件下互相转化的。"①

毛泽东创造性地发挥了马克思主义的辩证法，并直接继承了列宁的辩证法思想，在 1937 年写下了《矛盾论》，第一次详细系统地论述了矛盾的同一性和斗争性的关系问题，对矛盾的同一性理论作了发展，他指出，"第一，事物发展过程中的每一种矛盾的两个方面，各以和它对立着的方面为自己存在的前提，双方共处于一个统一体中；第二，矛盾着的双方，依据一定的条件，各向着其相反的方面转化。这些就是所谓同一性。……原来矛盾着的各方面，不能孤立地存在。假如没有和它作对的矛盾的一方，它自己这一方就失去了存在的条件。……没有生，死就不见；没有死，生也不见。"②他认为："同一性、统一性、一致性、互相渗透、互相贯通、互相依赖（或依存）、互相联接或互相合作，这些不同的名词都是一个意思，说的是如下两种情形：第一、事物发展过程中的每一种矛盾的两个方面，各以和它对立着的方面为自己存在的前提，双方共处于一个统

---

① 《毛泽东文集》第七卷，人民出版社 1999 年版，第 194 页。
② 《毛泽东选集》第一卷，人民出版社 1991 年版，第 327—328 页。

一体中；第二、矛盾着的双方，依据一定的条件，各向着其相反的方面转化。"① 毛泽东在读《辩证法唯物论教程》时曾经做过这样的批注："辩证法就是在对立中把握同一，在同一中把握对立，坚持对立与同一二者是一体的，不可分割的关系。"从而突出了辩证法和事物发展中对立面的同一具有的地位和作用。他认为对立面之间的斗争是绝对的，而由对立走向同一也是必然的，他指出："由对立转到同一：战争是双方对立，同一是双方和平；国家是双方对立，同一是国家消灭。因为处在一个过程中对立互为条件，经过斗争克服对立，所以能变成同一性。"② 这就把辩证法的基本属性确定为对立和同一，而对同一的强调再次明确了辩证法的中心任务是在对立中把握同一。在世界战争和中国革命的时代背景下，新民主主义革命与社会主义革命的时代主题与时代精神都是斗争与革命的，马克思主义的批判的辩证法、革命辩证法成为毛泽东革命实践的理论基础，因此，在他的《矛盾论》中强调："事物的矛盾法则，即对立统一的法则，是唯物辩证法的最根本的法则。列宁说：'就本来的意义讲，辩证法是研究对象的本质自身中的矛盾。'因此，我们在研究这个法则时，不得不涉及广泛的方面，不得不涉及许多的哲学问题。如果我们将这些问题都弄清楚了，我们就在根本上懂得了唯物辩证法。这些问题是：两种宇宙观；矛盾的普遍性；主要的矛盾和主要的矛盾方面；矛盾诸方面的同一性和斗争性；对抗在矛盾中的地位。"③

　　我们看到，尽管毛泽东对于实现人的自由、全面发展的社会主义目标的认识是与马克思和列宁的主张一致的，但是，在中共八大决定从革命向建设任务转变之后，包括毛泽东在内的中国共产党的一些干部，在思维方式上还是不能及时地调整。长期革命斗争所形成的偏重阶级斗争的思维方式没能及时地转变过来，毛泽东更一度认为矛盾规律是宇宙的永恒规律，把这一思想推向了极端。毛泽东在列宁关于同一性是相对的、斗争性是绝

① 《毛泽东选集》第一卷，人民出版社 1991 年版，第 327 页。
② 《毛泽东哲学批注集》，中央文献出版社 1993 年版，第 79、80 页。
③ 《毛泽东选集》第一卷，人民出版社 1991 年版，第 299 页。

对的思想的基础上进一步发展了矛盾理论，在他看来，斗争性既存在于事物发展的量变过程中又存在于事物发展的质变过程中，并最终通过质变而实现矛盾的解决，而同一性只存在于量变过程中。毛泽东认为矛盾的斗争性是绝对的，是因为斗争性是无条件的；同一性是相对的，是因为同一性是有条件的。他把同一性只当作斗争性的一个动因，斗争性是绝对的，同一性是相对的，否认同一性的绝对性，而把斗争性绝对化，到后来发展到极端，就只讲斗争性而否认同一性了。比如"凡是敌人反对的我们都要拥护，凡是敌人拥护的我们都要反对。""不是东风压倒西风，就是西风压倒东风"，"共产党的哲学就是斗争哲学"，等等，这对我国的理论界产生了重大的影响，把斗争看作了事物发展的唯一可能。以至于 1964 年杨献珍提出"辩证法就是要研究对立面是怎样能够同一的"而遭到了批判。

20 世纪 50 年代到 70 年代，我国的"左"的错误就是只看到矛盾的对立，看不到矛盾双方的统一性，看不到矛盾双方的相互作用和相互关联。而把研究矛盾双方的统一当作修正主义来批判，这是对矛盾属性的片面理解。1956 年 9 月，中共八大针对中国社会的主要问题这样论述："我们国内的主要矛盾，已经是人民对于建立先进的工业国的要求同落后的农业国的现实之间的矛盾，已经是人民对于经济文化迅速发展的需要同当前经济文化不能满足人民需要的状况之间的矛盾。"也就是说这一时期的主要矛盾决定了"党和全国人民的当前的主要任务，就是要集中力量来解决这个矛盾，把我国尽快地从农业国变为先进的工业国。"[①]辩证法作为马克思哲学的灵魂，在 20 世纪 80 年代之前被僵化、抽象和教条化，尤其是受到苏联的教科书模式的影响，学界对辩证法的研究限于马克思辩证法的规律和范畴，而且严格遵守唯物主义和唯心主义、辩证法和形而上学严格区分的标准和原则，即马克思辩证法是唯物的，是与形而上学对立的，并主要针对唯心主义和形而上学展开批判。马克思主义哲学成为了由唯物论、辩证法、认识论、历史观、辩证唯物主义和历史唯物主义构成的僵化的体

---

① 《建国以来重要文献选编》第九册，中央文献出版社 1994 年版，第 341—342 页。

系。辩证法不是内蕴于马克思主义的，而是独立的，"唯物辩证法的基本规律和基本范畴是：对立统一规律，质量互变规律，否定之否定规律，以及本质和现象、形式和内容、原因和结果、必然和偶然、可能和现实等范畴"①，唯物辩证法从理论来源上被概括为马克思对黑格尔辩证法的"颠倒"和费尔巴哈唯物主义的组合。辩证法的研究不能关注对辩证法本性的研究，严重背离了马克思辩证法本身，丧失了马克思辩证法对人的自由解放和人之为人的超越维度。辩证法也成了"变戏法"，变成了"强化的教条主义"②，变成了空泛的知识。

第三节　邓小平对辩证法和谐维度的展开

一、发展的辩证法

20 世纪 80 年代开始，辩证法随着"认识论大讨论"开始了认识论转向，人们开始以"思维和存在的关系问题"与辩证法相联系进行哲学的研究。从思维和存在谁为第一性和思维与存在有无同一性的角度来研究辩证法，就出现了主观的辩证法和客观的辩证法之分。主观的辩证法主要涉及的是认识论的问题，客观的辩证法探讨的是与本体论相关的问题，都不能把思维与存在的关系问题贯彻进去，只有"把辩证法同哲学基本问题统一起来，从思维和存在的关系问题去定义和解释辩证法理论"，才能"真正揭示辩证法理论的世界观、认识论和方法论的统一。"③ 也就是要在认识论反思中把握马克思辩证法，而不能把辩证法看作是纯粹的自然界运动和发展的规律，更要看到辩证法在人类认识和改造世界的过程中所体现出来的

---

① 艾思奇：《辩证唯物主义历史唯物主义》，人民出版社 1978 年版，第 66 页。

② ［奥］卡尔·波普尔：《猜想与反驳》，上海译文出版社 1986 年版，第 475 页。

③ 孙正聿：《辩证法理论的当代反思》，《教学与研究》1997 年第 2 期。

能动性。因此，辩证法的研究应该重点把目光着眼于人类认识的基础"实践"中，于是随着"实践唯物主义"研究的开始，人们开始把实践确立为马克思辩证法的根基，开始认识到马克思的辩证法思想是在分析资本主义社会的种种矛盾、对立的过程中形成的，并不是通常简单地理解的把黑格尔的概念的辩证法扩展到自然界。马克思的辩证法作为世界观理论的基本功能就是用辩证的思维方式去看待和解决人与世界、思维与存在之间的矛盾。它是用以协调和理解人与世界之间关系的方法论，它要探讨人与世界、思维与存在之间的矛盾问题，并回答人与世界、思维与存在如何在矛盾运动中实现统一的问题。人对世界的认识是应该随着社会实践的历史演进而不断发展的，辩证法本身的发展也是一样。辩证法只有与人类的生存实践紧密的契合，才能焕发出强大的生命力。

邓小平对于辩证法理论的发展是与社会主义的发展问题密切相连的，他指出："我们的生产力发展水平很低，远远不能满足人民和国家的需要，这就是我们目前时期的主要矛盾，解决这个主要矛盾就是我们的中心任务。"[1] 因为，"社会主义的优越性归根到底要体现在它的生产力比资本主义发展得更快一些、更高一些，并且在发展生产力的基础上不断改善人民的物质文化生活。"所以，"发展才是硬道理"[2]。他强调社会主义的发展要坚持两手抓，两手都要硬的方针，"要在大幅度提高社会生产力的同时，改革和完善社会主义的经济制度和政治制度，发展高度的社会主义民主和完备的社会主义法制。我们要在建设高度物质文明的同时，提高全民族的科学文化水平，发展高尚的丰富多彩的文化生活，建设高度的社会主义精神文明。"[3]

邓小平准确地把握了时代的主题，把辩证法应用于当代中国的社会主义实践，丰富和发展了马克思主义的辩证法。他指出："社会主义的本质，是解放生产力，发展生产力，消灭剥削，消除两极分化，最终达到共同富

---

① 《邓小平文选》第二卷，人民出版社 1994 年版，第 182 页。

② 《邓小平文选》第三卷，人民出版社 1993 年版，第 63—64、375 页。

③ 《邓小平文选》第二卷，人民出版社 1994 年版，第 208 页。

裕。"他对时代的特征作出了正确的判断，多次强调"和平与发展是当代世界两大主题"，发展问题尤其是核心问题。他认为，从现实来看，和平与发展成为时代的主题，尽管当今世界局部地区偶有硝烟，恐怖事件时有发生，冲突和暴力依然存在，但是渴望和平与谋求发展的呼声不断高涨，有利于和平的因素不断增多；尽管不同的国家和不同文明之间存在着冲突和纷争，但是无论是官方的还是民间的联络随着全球化的进一步发展，都在不断加强，合作的领域和范围也在不断拓展。这就在世界范围内为不同国家、不同社会制度之间的交流、沟通与合作创造了良好的外部环境，更为各国用和平的方式解决自己内部的矛盾，发展本国经济提供了有利的条件。第一次世界大战和第二次世界大战间隔只有 20 年，第二次世界大战到现在已过半个多世纪，这中间一直没有发生大规模的战争，与不间断的谈判、沟通、协商是分不开的。从中国的现状来看，随着新中国的成立，社会性质的变化，社会主要矛盾的转变，不再需要激烈的斗争和革命来解决矛盾，虽然受经济社会发展程度的制约和历史遗留问题的影响，社会冲突和动乱的潜在威胁依然存在，社会发展和国内具体矛盾的化解以及国际竞争的挑战都很严峻，但这些矛盾基本属于根本利益一致基础上的矛盾，都很少具有对抗性质。另外，由于历史上极"左"思想的影响，往往形成了容易夸大矛盾斗争性的思维方式，并在现实中把"斗争"片面地视为"你死我活"的利益争夺和阶级斗争，这显然是不适合当今时代发展潮流的，也是不适应我国构建社会主义和谐社会的要求的。他曾经讲过："粉碎'四人帮'以后，特别是党的十一届三中全会以后，我们对国际形势的判断有变化，对外政策也有变化，这是两个重要的转变。""过去我们的观点一直是战争不可避免，而且迫在眉睫。""这几年我们仔细地观察了形势，……我们改变了原来认为战争的危险很迫近的看法。"[1]邓小平认为："现在世界上真正大的问题，带全球性的战略问题，一个是和平问题，一个是经济问题或者说发展问题。和平问题是东西问题，发展问题是南北问题。概括起

---

[1]　《邓小平文选》第三卷，人民出版社 1993 年版，第 127 页。

来，就是东西南北四个字。"① 在1990年邓小平在分析国际问题时认为："现在旧的格局在改变中，但实际上并没有结束，新的格局还没有形成。和平问题没有得到解决，发展问题更加严重。"

二、和谐的发展观

邓小平看到了生产力要素结构变化带来的长远、深刻、重要的影响，意识到信息革命把世界联系得更加紧密的事实，看到了经济上各国之间相互合作、相互交融、相互渗透的趋势和必要性，在中国社会主义实践中创造性地发展了辩证法思想。一方面全世界的人们饱受战争的苦难，在进行不懈的反战斗争之后，迫切要求和平；另一方面，生产力要素结构的变化带来的是世界各国经济发展的问题。邓小平指出："世界各国的经济发展都要搞开放，西方国家在资金和技术上就是互相融合、交流的"，他特别强调"发展经济，不开放是很难搞起来的"。② 因此，他说："我们的对外开放政策，本世纪内不能变，下个世纪的前五十年也不能变。"③ 邓小平看到了和平与发展的时代带给中国的机遇，不仅为中国的发展提供了比较安定的环境，也为借鉴和利用国外的先进技术和管理模式，实现跨越式发展提供了条件。显然，基于时代主题的改变和实践性质的转变，思维方式的变革是应该与之同步的。在当今时代，不仅要更加关注事物之间联系的紧密性、复杂性和多样性，还要注重对解决矛盾方式的调整；兼顾斗争性作用的同时，更要关注同一性的作用。邓小平虽然没有留下关于辩证法的专门著作，但是他立足于中国的社会主义实践，创造性地发展了马克思主义的辩证法理论；他虽然没有关于辩证法理论的具体论证，也没有提出具体的范畴和体系，但是他解决发展问题的逻辑已经相当可贵，他的辩证的思维方式与实践的发展非常契合。邓小平的辩证法思想体现了中国传统辩

---

① 《邓小平文选》第三卷，人民出版社1993年版，第105页。
② 《邓小平文选》第三卷，人民出版社1993年版，第353、367页。
③ 邓小平：《会见香港核电投资有限公司代表团时的讲话》，《人民日报》1985年1月20日。

证法的和谐诉求和时代的特色，他有很多朴实却蕴含着深刻的辩证法精神的话语，他说过，"中国的发展离不开世界"，因为中国要发展就"必须大胆吸收和借鉴人类社会创造的一切文明成果"。在邓小平看来，中国过去极"左"思潮的影响使人们过多强调解决矛盾的办法是统一、同一、综合，但却是一个消灭一个、一个吃掉一个的斗争哲学的解决方式，忽略了统一、同一在矛盾运动和解决矛盾中的作用。如果说过去时代的主题是斗争和革命的话，那么在新的历史时期，很多矛盾是非对抗和人民内部矛盾以及经济建设中的矛盾。即使是意识形态之间的矛盾，也应该求同存异、和平共处，这并不是放弃斗争的妥协，只是在目标上追求的不再是以往的一方消灭另一方，而是要促进矛盾的合理运行，并实现双方的共同发展。邓小平认为冷战思维已经不符合当今的时代需要，"处理国与国之间的关系，和平共处五项原则是最好的方式。"① 因此，与时代的主题相适应，中国共产党的工作重点也转移到经济建设上来，过去那种处处、时时讲阶级斗争，不讲宽容与和谐的思维方式，不仅在当时是错误的，现在就更加不适应时代的发展。

党的十六届四中全会在邓小平改革开放创造性思想结晶的基础上适时提出的建设社会主义和谐社会的构想，构建社会主义和谐社会的深层理论根据无疑要在辩证法的视域内受到关注。中国共产党领导的 28 年革命所运用的正是马克思辩证法的斗争性方面，当时，中国社会凸显的也是斗争方面。邓小平实行改革开放政策，三十多年的改革开放最大限度地实现了人与人之间矛盾的化解，消灭了人与人对立的经济和政治基础，给一切人都创造了全面发展的社会前提，开辟了实现人际和谐的现实前景，为辩证法的运用和发展开辟了新天地。改革开放和建设中国特色社会主义的实践使我们对过去矛盾辩证法向斗争性倾斜反思的同时，更要重新审视辩证法和谐诉求的理论和现实的根基。

综上所述，在马克思之后的社会主义建设过程中，列宁根据革命实践

---

① 《邓小平文选》第三卷，人民出版社 1993 年版，第 96 页。

的需要创立了矛盾辩证法，毛泽东提出了《矛盾论》，这都是彰显斗争性的辩证法，不仅是当时革命实践在思维方式上的反映，也是革命的必然要求。伴随着人类实践呈现出新的特点，在信息化和全球化背景下，生产力高度发展，人与人之间的联系越来越密切，这给人类的生存和发展提供了广阔的空间和前景。人们不再是为了简单的生存进行动物般的争夺，和平与发展成为时代的主题。在国际交往中坚持的是对话交流与和平共处的原则，追求的是双赢与互利合作的发展目标，人们处理矛盾和纷争的途径，不再是鲁莽的争斗，动辄你死我活，通常是在协商中获得一种最佳的解决方案。在我国，社会的主要矛盾已经不是阶级矛盾，无产阶级革命的历史使命已经完成，和谐稳定成为社会发展的目标。邓小平高瞻远瞩，立足于现实和中国社会主义实践，开始对历史上过分强调对立和斗争的哲学进行反思，提出了"改革开放"和"一国两制"的伟大构想，这是一种旨在追求和谐与发展的理念。"科学发展观"与"构建和谐社会"理论的提出，表达了人类实践对于辩证法和谐维度的诉求，人类实践要求"恢复辩证法的全面深刻而无片面性弊病的本性"，并在人类实践的基础上从对立走向和谐。所有这些表明，马克思以后，辩证法一度被误解和误用，开始脱离人的发展，把对立斗争扩大化了，辩证法的和谐诉求被严重遮蔽。伴随时代主题的变换，人类对和平与发展的渴望唤醒辩证法的和谐诉求。中国在社会主义实践中成功的案例就是辩证法和谐诉求在实践中的体现与实现。

第 四 章

凸显辩证法和谐诉求的现实要素

在当今世界，时代主题已经发生了转换，由斗争与革命转变为和平与发展，这是人类历史发展的必然，资本主义的暂时性和以物的依赖性为特征的人的存在方式的暂时性表明，凸显革命和斗争的历史，只是人类发展的特定阶段。当今时代，一方面，资本主义暂时性的危机不时显现，人类要求摆脱物的依赖性为特征的异在化状态的愿望越发强烈；另一方面，第二次世界大战结束以后，世界由两极化格局转入多极化的世界，由冷战转入了和平与发展的时代，和平与发展成为时代的主题。和平与发展的时代主题不仅反映了人类精神的历史嬗变，也要求作为时代精神精华的哲学思维方式发生转变，辩证法的和谐诉求被现实所召唤，更为人的全面自由和谐发展而凸显。

第一节　时代主题与辩证法和谐诉求的契合

马克思在谈到哲学与时代的关系问题曾经指出："任何真正的哲学都是自己时代的精神上的精华"①。任何时代都有属于自己时代的主题，集中反映这一时代主要矛盾和主要问题，而作为时代精神精华的哲学即要与这

---

① 《马克思恩格斯全集》第 1 卷，人民出版社 1995 年版，第 220 页。

一时代的主题相契合，在思维与存在的关系问题上反映和适用于这一时代的主题。真正地体现出"问题就是公开的、无畏的、左右一切个人的时代声音。问题就是时代的口号，是它表现自己精神状态的最实际的呼声。"①

一、渴求和谐发展的时代

马克思的共产主义理论是立足于对资本主义制度的批判，因此，关于社会主义理论的本质是在对资本主义非人性状况的否定和批判中形成的。马克思在《1844年经济学哲学手稿》中论述共产主义的时候认为共产主义是对私有财产的积极扬弃，也就是对人的自我异化的扬弃，是通过人的努力并且为了人的解放而对人的本质的真正占有。因此，共产主义使人真正实现了向人自身的复归。马克思在揭示了未来共产主义社会人的本质的同时，也深刻批判了资本主义的异化前提和物化本质。虽然资本主义的存在是暂时的，以对物的依赖为特征的人的异在化存在状态也是暂时的，但是这需要一个过程。马克思在1859年《〈政治经济学批判〉序言》指出："无论哪一个社会形态，在它所能容纳的全部生产力发挥出来以前，是决不会灭亡的；而新的更高的生产关系，在它的物质存在条件在旧社会的胎胞里成熟以前，是决不会出现的。所以人类始终只提出自己能够解决的任务，因为只要仔细考察就可以发现，任务本身，只有在解决它的物质条件已经存在或者至少是在生成过程中的时候，才会产生。"②全球化进程的加速使金融资本在世界经济体系中如鱼得水，新自由主义更加找到了自己有利的位置，似乎新自由主义的幸福诺言就要实现了，第二次世界大战之后，伴随着第三次科技革命带来的原子能、计算机技术、生物技术等新技术的发展和应用，资本主义似乎更加旺盛的发展了，因此，20世纪90年代初，弗朗西斯·福山发表了《历史的终结和最后的人》，大肆宣扬社会

---

① 《马克思恩格斯全集》第40卷，人民出版社1982年版，第289—290页。
② 《马克思恩格斯选集》第2卷，人民出版社1995年版，第33页。

主义终结论，鼓吹未来世界是资本主义的自由市场和议会民主政体的全球化时代。历史并没有终结，在不久的现在，世界性的金融危机一方面证明了全球自由市场资本主义梦想的破灭，随着世界金融危机的爆发，资本主义生产无限扩大的趋势和被剥削的亿万劳动群众的购买力相对缩小之间的矛盾开始显现出来，很多国家开始采用"国有化"来拯救危机，甚至在西方的很多地方，马克思的《资本论》被争相购买；另一方面，这场危机也显示了现代西方资本主义的生活方式的危机，即"占有"式的人的存在方式发展到了极致。从 20 世纪 60 年代以来，西方资本主义从"生产型的资本主义"过渡到了"消费型的资本主义"，人们越来越被"物欲"所驱使，似乎人的全部的生命的意义和目标即是获取最大限度的物质享受。在当今时代，尤其是面对世界性的金融危机，我们不禁要回到马克思当年对资本主义的批判当中去反思。我们发现，马克思对资本主义的批判实质上是对资本主义社会中人的存在方式的批判，对其生产方式的批判是与对其中人的存在方式的批判密切相联的。马克思认为"工人只有当他对自己作为资本存在的时候，才作为工人存在；而只有当某种资本对他存在的时候，他才作为资本存在。资本的存在是他的存在、他的生活，资本的存在以一种对他来说无所谓的方式规定他的生活的内容。"[1] 这表明资本主义生产方式与人类的存在的异化之间的关联，是资本主义的生产方式规定了人的基本的存在方式，而且由于资本主义的规定性，自然也就失去了诗意的感性的光辉，成为了"纯粹的有用性"，无法展示其丰富性和全面性而发生了普遍的异化。马克思认为资本主义时代只是人类在走向自由自觉的存在的一个过渡，现实也证明了资本主义的繁荣的暂时性，马克思预言，伴随着资本主义生产方式的发展，资本主义"以物的依赖性"为基础和特征的存在方式会发展到极致状态。

与资本主义的暂时性相适应，物的依赖性为特征的人的存在方式也是暂时的。21 世纪冲突问题的凸显：全球化的负面效应让人类不断品尝全球

---

[1] 《马克思恩格斯文集》第 1 卷，人民出版社 2009 年版，第 170 页。

化给人类带来的冲突苦酒。全球化时代工业化的成就与经济的增长方式基本属于粗放型增长方式，这种方式在生产要素质量、结构、使用效率和技术水平不变的情况下，依靠生产要素的大量投入和扩张实现经济的增长。这种经济增长方式的实质是以数量的增长速度为核心实现经济增长，消耗较高，成本较高，产品质量难以提高；经济效益较低，经济结构不合理、重开发轻保护、重建设轻管护、使生态恶化的范围扩大，程度加重，生态环境整体功能下降，抵御自然灾害的能力减弱。它的后果在现实生活中直接导致了一系列问题的发生，不仅有经济问题、生态问题，还相应带来了民族问题、文化问题、宗教问题，这些问题的出现不仅阻碍了经济本身的发展，而且威胁到人类的可持续发展，加剧了人类社会的异化与冲突。

资本主义的暂时性与以物的依赖性为特征的人的存在方式的暂时性，以及新的时代凸显新的冲突都表明了时代主题正在悄然发生着转换，和平与发展成为时代的主题，人类进入了追求和平、追求发展的新的时代。

二、和平与发展的时代需要和谐与合作

半个多世纪以来，时代主题发生了深刻的变化，和平与发展成为当今时代的主题。第二次世界大战之后虽然形成了两极对峙的格局，但是大规模的战争不但没有爆发，反而这样的趋势越来越小，世界人民都在呼唤着和平与发展。对和平的渴望，是因为人们饱受了太多战争的苦难，对发展的盼望，是因为人们希望过上富足的生活。20世纪90年代，两极格局宣告结束，世界多极化格局得到进一步发展，世界各国要求发展、合作的愿望越发强烈，和平与发展已经成为时代不可逆转的潮流。20世纪下半叶开始，伴随着科学技术发展进入新的时期，全球范围内正在发生着一场以相对论、量子论、宇宙学、信息论、分子生物学、耗散结构论六大科学和微电子技术，生物工程技术、激光及光学技术、光导纤维与通讯技术、能源技术、海洋技术、空间技术和新材料技术八大技术为主要内容的新科学技术革命。这场新科技革命凸显了科技对于生产力发展的作用，科技成为

了生产力中最突出的要素，这不仅提升了科技的作用，而且对经济运行的固有姿态和生活的各个方面带来巨大的变化。

第一，资本主义调整了获取利润的方式。在新的科技革命的影响下，资本家不再像以往那样残酷地剥削和野蛮地压榨工人，而是更加注重发展科技，提高生产的水平和效率，融入到国际经济的合作之中，在市场中谋求更大的份额，获得更大的利益。在获得最大利益的前提下，资本家为了缓和工人的不平和斗争，维护统治地位和生产的秩序，会拿出部分额外的利润改善工人的生活，甚至效仿社会主义实行一些福利政策，调动工人和科技人员的积极性。

第二，斗争形式变成了相互的合作与渗透。资本主义改变了侵略的策略，不再是赤裸裸地殖民和瓜分，而是利用市场经济、科学技术、信息产业把世界各国紧密联系起来，他们往往凭借自己的经济、科技和综合国力上的优势，在跨国经济活动中获取最大的利益。当前势不可挡的经济全球化的趋势，不仅是资本主义，世界各国的经济、金融、贸易都在这样的相互合作和渗透中合作、交流、交融。在这样的趋势和环境中，各国之间的竞争和维护各自利益的斗争也是相当激烈的，但这种斗争却是必须在合作之中完成的。在全球化的背景中，各国之间的利益是相互连接的，一方的发展往往需要另一方的发展或者存在为前提，常常是斗则俱亡，和则两立。因此，相互合作，共同发展已经成为了各国乃至各个企业和个体之间存在和发展的前提。

第三，世界性战争爆发的可能性缩小，总体形势趋于缓和，各国共同利益增多。在当今时代，全球的经济联结为一个整体，爆发大规模的世界性的战争是不得人心的，也是对资本主义国家和跨国公司没有好处的。任何一个跨国公司都不会主张对自己的子公司所在的国家发动战争而损害自身的利益，而跨国公司的子公司又往往是分布在很多国家的。虽然世界范围内大的战争爆发的可能性在减少，因为霸权主义和民族主义的存在，小的局部的战争和冲突是不可避免的，但是总体上多极化的格局已经形成，霸权主义是不得人心的。各国之间的政治、经济、科技的斗争和竞争可能会越发激烈，但是这种斗争大多数都需要在合作、协商、渗透和融合中来进行和完成，几乎很少可能因此爆发战争。

基于辩证法在实践中生成并在实践中的不断发展，当今时代，尤其是近一百年来的变化达到了难以想象的程度，辩证法也必定要随着时代的发展而不断发展。在当今全球化的背景下，许多问题和争端都只有在对方发展中才能实现自身的发展，即互利共赢，形成强强联合，而不是弱肉强食。在过去的民族史和地域史的孤立条件下，矛盾和问题缺乏沟通，往往用斗争甚至战争的方式来解决，随着全球化的形成，人们之间，国家之间，民间组织之间，交往越来越频繁，沟通越来越方便，共同利益越来越多，这就极大地增加了用和谐方法解决矛盾的可能性。

三、现代科学需要和谐的思维方式

人们总是运用表象、概念、判断、推理，通过各种思维方式来反映客观事实，而不同时期占主导地位的思维方式又是不同的，往往与一定的时代背景、科技发展相关联。辩证法从芝诺到黑格尔，一直是作为追求"真知"的认识方法而存在的，也一直被限定在主客二分的认识论框架之内，作为思维方式的辩证法，总是对客观事物做主观的描述，而描述结果的概念体系表现出最主要的性质就是两极对立。从古希腊开始到康德、黑格尔，人们总是喜欢用"二分"的方式描述概念，不仅是在日常生活，似乎在理论领域也是这种"二分"的两极方式更加有利于简化复杂的任务。思维学家帕金斯（Perkins）曾指出："把原来不是极性的事物变成对立的两极是有它方便之处的。把像直觉和理性这样的概念简单地并列在一起，就会简化两者的含义，并且使人忘记那些拥有双方特征的事例。……把事物——对立起来，这种方法是非常肤浅的，它只抓住了我们文化中词汇之蕴义的表面特征。"① 西方人认识事物的主客体截然二分的特点，使得他们

---

① 帕金斯：《创造心智的最佳活动》，广州人民出版社 1988 年版，第 209 页。

重视对自然科学的研究，因而自然科学得到了迅速发展。从亚里士多德开始形成的逻辑思维，强调概念、判断、推理的严密性，建构了一个非常严密的逻辑演绎推理体系。后来培根在16世纪到17世纪创立了归纳逻辑，罗素在18世纪末19世纪初创立了以归纳为方法、以经验为前提、以数理逻辑为工具的现代逻辑实证主义。这种重实验、重逻辑分析、重实证和经验以及归纳演绎推理的思维方式使得西方民族在对待事物时，善于分析和求证，并且偏重于局部分析和理论体系的建构，尤其是在对自然的研究中更加表现出了严谨精确的求实精神和理性精神。这种逻辑思维方法在近代尤其受到西方人的推崇，他们习惯于把自然作为直接的研究对象，并把一切对象包括人在内还原为自然物来研究，在把一切对象赋予物的特性的前提下，用自然科学研究的观察、实验和论证的方法对这些客观对象进行理性研究，探索自然现象内在的规律性，从而进行征服自然和改造自然的活动。在此基础上形成的文化精神具有理性和求真的科学性特征，主张万物皆自然，人是自然的一部分，认为实现对物性的认识就可通晓对人性的认识，把人完全"物化"了。事实上，人的主体投入完全失去了意义，突出的是"以物为本"，而不是弘扬人的个性的"人本"精神。同时，在这样科学精神的主导下，又把人和自然人为地对立起来，人成了站在自然界对面冷静思考、观察和分析的征服者，把人和自然看作是永恒对立的，两者处于永恒的竞争和较量之中，形成了人们把精神和物质对立起来的思维方式。

西方科学和哲学发展总是相互影响的，古代是以采用思辨和逻辑方法的整体论思维方式占主导地位，近代则是以采用分析和实验方法的还原论思维方式占主导地位，用定量化的方法描述现象之间的线性因果关系，强调现象的划分及其构成。西方凭借这两种思维方式，在科学技术上取得了一定的成就，但古代整体论应该属于一种原始的、模糊的了解事物统一性的直觉思维方式；近代的还原论又因注重对事物局部的分析而丧失了对事物整体的把握。可见，这两种思维方式都各自存在其局限性，不能很好适应科技和哲学进一步发展的要求。重分析、讲论证、求严密的思维方式虽然对人类探索、利用和改造自然界，以及近代科学的进步起到了积极的作用，但是对立性的思维倾向很容易带来思维的固定性和片面性，造成人与自然的对立，人与人的对立，人与社会的对立，造成人文精神的失落。文艺复兴的启蒙恢复了理性主义和主体主义的传统，并以"绝对知识"的名义把人置于绝对主体的地位。近代以来的哲学家，在人与自然的关系上片面强调人与自然的斗争，否认二者的同一关系，人类虽然获得了对自然征服和统治的短暂胜利，但却破坏了自然的本性，破坏了自然与社会的和谐发展，遭到了自然的报复。在人与社会的关系中，欧洲传统的哲学家更多强调对立和斗争的方面，比如英国的近代唯物主义哲学家霍布斯主张，国家产生以前，是"一切人对一切人的战争"状态，人们之间彼此是绝对对立、势不两立的，人对人就像狼一样。

19世纪康德—拉普拉斯的星云假说、赖尔的地质渐变论、能量守恒定律、细胞学说和达尔文的进化论等确立了对立统一规律的辩证思维的科学基础。人们认识客观世界开始主要通过研究自然界辩证发展的过程及其联系，其中批判思维和创新思维交互发生作用。科学中内在的这种批判精神和革命性力量，促进了科学不断发展。马克思主义的唯物辩证法即是产生于这一时期，同时也是资本主义矛盾上升时期，阶级矛盾相当尖锐，分析问题和解决问题的思维方式多是两极性的，采取的方法则是阶级分析和矛盾分析。然而，随着科学的进步与发展和时代的变化，互助共进的协作精神在人类作为整体探索自然和自身奥秘的历史性进程中越来越受到重视，20世纪以来，系统论、控制论、耗散理论、协同论、量子力学和相对论的发展，尤其是进入全球化时代以后，随着人类对客观世界的认识不断深入，人们越发深刻体会到，黑白分明、简单明了、谈锋犀利的分析思维驾驭不了日益复杂化、层次化、系统化的科学知识。比如在势不两立的广义相对论和量子力学面前，西方哲学就一筹莫展。处于对立状态的要素之间矛盾的解决除了一方吃掉另一方，如果从系统优化的角度出发，也会出现和谐发展的可能，现代科学更加需要和谐性的思维方式。法国哲学家也是现代西方哲学的第一个流派、实证主义的创始人奥古斯都·孔德把研究社会的秩序确定为他的"社会静力学"的研究对象，认为人类社会发展的最高阶段是以"和谐"、"秩序"、"进步"为特征的社会。社会应该是一个有机的整体，不是个人的堆积，各个部分之间是分工与合作的关系。实证主义的另一个代表人物斯宾塞也在他的社会有机体理论中表述了和谐思想，他认为，社会有机体如同单个的有机体一样，机能的均衡引起了结构的均衡。诚如恩格斯所言："随着自然科学领域中每一个划时代的发现，唯物主义也必然要改变自己的形式；而自从历史也得到唯物主义的解释以后，一条新的发展道路也在这里开辟出来了。"[①] 科技的发展要求思维方式的变革，随着自然科学的进步和人类实践方式、时代特征的改变，唯物主义也必然要改变自己的形式，辩证法自然包含其中。我们应该在运用唯物辩证法的基础上，认真研究和挖掘我国传统的和谐思维的宝贵精髓，对马克思主义辩证法加以充实和发展，从而能够系统的、多极的、非线性地阐述和解决当今时代科学、哲学领域的复杂性问题，以适应科学技术和现代哲学发展的需要。

第二节 辩证法和谐诉求的时代价值

一、现代人存在焦虑之超越

工具理性带给了现代人存在的焦虑。人类在以物的依赖性为基础实现了个体的独立性之后，随之而来的是功利主义和工具理性带来的人的单面性，人的物化带来了人与自然、人与他人、人与社会、人与自身全面的冲突和危机，"技术和技术理性一方面成为人不得不臣服和依赖的上帝，另一方面成为扼杀和束缚人的主体性和自由的异化力量，成为人为了自由而

---

① 《马克思恩格斯选集》第 4 卷，人民出版社 1995 年版，第 228 页。

不得不与之抗争的'恶魔'。这是科学技术发展和技术理性统治给人造成的那一超越的'二难境遇'"。① 当代人陷入了生命中不能承受的"存在的焦虑"之中，"人意欲凭借日益更新的技术这种有限的工具而达到自身的完善与完满，彻底摆脱人之孤独和有限存在境遇。这样一来，人就面临着二律背反的难题：作为有限的工具，技术可以改善人的具体存在状态，在一定条件下有助于人的自由和全面发展，但是它却无法达到使人进入完善完满境地的无限目的，无法改变人之为人的本质的存在状态；如果人不满足于这一有限的目的，一定要运用技术这一有限的手段实现无限的目的，就必须改变技术作为有限手段的性质，使之变为一种超人的和自律的力量，成为一种可以把人提升为神的力量，但是，这样一来，又根本打破了个人自由与技术理性二者同步协调发展的状态，导致技术理性和人本精神之间的张力和冲突。"② 为了解除和超越这种"存在的焦虑"，后现代主义哲学家德里达、福柯、利奥塔等试图通过解构传统理性主义的逻辑中心主义实现对人之主体性的消解，但是对一切的消解很容易把人带入另一种不知所从的茫然境地。在人们面对"生存的焦虑"感到痛苦和无奈的时候，有人把宗教的救赎纳入到人类解救之途，但是我们不可回避的现实是人类因宗教信仰而引发的冲突恰恰说明了其与人的理性精神之间的对立。实际上，这些主张最终往往又回到了他们最初批判的形而上学，他们所建构的总体概念，仍然停留在传统的哲学思维框架内，对多元性和异质性的强调，对理性和神性的解构，只是以一种主体性代替了另一种主体性，都不能真正改变"在绝对不相容的对立中"思考的方式。

辩证法不应只是工具，而应该是在实践根基之上，与人的实践活动相一致的哲学思维方式。我们的任务应该是，立足于新的时代，吸收马克思主义的合理内核，完善和发展马克思主义，而不是一味地为马克思主义进

---

① 衣俊卿：《20 世纪的文化批判：西方马克思主义的深层解读》，中央编译出版社 2003 年版，第 14 页。

② 衣俊卿：《20 世纪的文化批判：西方马克思主义的深层解读》，中央编译出版社 2003 年版，第 14 页。

行辩护。辩证法以人类的实践为根基，理应立足于人的生命本性，不仅在本质上具有批判、超越的维度，而且可以使人自觉地面对人的生存本性，在自身生存的历史中以和谐的思维方式超越对立和人的生存焦虑。因为，世界是由人的实践活动不断塑造而成的，并不是外在于人的自在的存在，因而世界的矛盾也就内在地蕴含于人的实践活动之中，世界的变化发展也自然是由人的实践活动来参与和推动的。

二、人类社会冲突之化解

和平与发展是时代的主题，世界从总体上是和平与稳定的，但是局部的冲突却是从未间断的。恐怖事件时有发生，个别国家的战乱依然继续，各种纷争不断，即使稳定的国家也有不稳定的因素在潜伏。随着全球化的进一步深入，世界各国人们之间联系的加强，彼此之间更多了千丝万缕的联系，冲突和敌对的情绪不仅仅局限于一国之内，往往会在全世界蔓延，而且冲突也不再是简单的警察武装可以解决的，强权政治早已行不通。另外，伴随着"20世纪以来，尤其是在现代，随着高度工业化而出现的烟雾、酸雨、肆虐的沙尘暴、污染的空气、严重的水荒、恶化的水源、枯竭的资源、短缺的能源以及恶性膨胀的城市和不断扩大的沙漠等"[1] 问题，还有"20世纪80年代以来人类在享受新技术革命带来的高度物质文明的同时，也忍受着诸如核武器、克隆人、安乐死、艾滋病、环境污染、物种灭绝、霸权主义、恐怖主义、邪教迷信等社会疾病所带来的无尽痛苦。"[2] 凸显了全球化背景下人类要面临的危机、冲突、问题和挑战。塞缪尔·亨廷顿(Samuel Huntington)于1993年美国《外交》杂志上发表《文明的冲突?》(*The Clash of Civilizations?*)，打破了过去从政治、经济、霸权的角度谈论国际冲突的模式，而是把目光投放到古老的文化传统，他认为未来的冲突

---

① 刘冠军：《马克思主义哲学视野中的和谐发展图景及其实现路径》，《自然辩证法研究》2002年第6期。

② 刘光、步雷：《论和谐》，《山东社会科学》2002年第3期。

将是文化的冲突，尤其指出儒家文明与伊斯兰文明的互援将对西方文明产生威胁，又以"文明"作为核心范畴界定了当今世界后冷战的新格局。中国人民大学张立文也把21世纪人类所面临的千头万绪、错综复杂的冲突概括为："人与自然的冲突，人与社会的冲突，人与人的冲突，人的自我心灵冲突，各文明之间的冲突，并由此而引起的生态危机、社会危机、道德危机、精神危机、价值危机。"①

纵观人类文明的发展史，斗争性思维方式主导下强势的西方文明一直以来总是试图用一种文化传统、一种价值观念、一种思维方式乃至一种生活方式强加于世界各国人民。进入21世纪，随着全球一体化进程的加快，世界各国都加速进行自我调整，利益集体重新组合，以往的霸权主义相对衰落，多种经济形态、多种文化共存的多极世界的格局逐渐形成，在竞争中加强了合作，武力对抗更多被对话与协商取代，斗争性思维更多被和谐意识取代。另外，带给人们灾难的恐怖事件和局部地区的战乱以及生态危机也在全球范围内蔓延，渴望世界和谐的呼唤愈发强烈，建构和谐世界越来越成为人类的共同愿望，整个世界发展的潮流表现为要和平、求合作、促发展的态势。这表明全球化时代人类在享受信息化、现代化带来的便利的同时，更加需要彼此的依赖与合作，来共同面对全球性的冲突与不和谐问题的挑战；面对全球化时代的冲突和危机以及诸多不和谐因素的凸显，人类需要理性阐释，并给予有效的回答和应对。

显然，世界多极化、经济全球化、文化多样化凸显的问题不可回避，但人类已进入探索宇宙文明新时期，金戈铁马的时代早该结束，无论东西方的人民都反对战争，自由和平是人们的普遍向往，和谐的人文精神的全球化发展成为人类的普遍诉求，这也是不争的事实。那么，人们究竟要以怎样的思维方式来指导自己的行为化解和平时代的冲突与矛盾呢？国内外学者纷纷指出，要从古老华夏文化的精粹——儒家经典中寻找答案，以它的和谐旨趣顺应时代进步的潮流，解决时代难题。和谐哲学"作为当代时

---

① 张立文：《和合学概论》，首都师范大学出版社1996年版，第2页。

代需要的哲学形态"① 被学者们纷纷认同和论证，被视为当代中国时代精神的精华。这一哲学形态深刻体现了马克思主义哲学的本质精神与中国传统的和谐文化的融通与契合，使马克思主义哲学的本质精神在新的时代背景下得到丰富和发展，也令中国的传统和谐文化在新的时代主题下获得了新的存在形态。著名的英国历史学家 A.J. 汤因比指出，"只有一个社会——我们的西方社会"的"文明的统一"的"这样一种文明统一的理论是一个错误的概念，近代西方历史学家受了他们的社会影响而误入了这一歧途。"② 继而，他还就"走向社会和谐的不同途径"进行了探讨，认为，"人类已经掌握了可以毁灭自己的高度技术文明手段，同时又处于极端的政治意识形态的营垒，就人类社会健康发展的迫切需要而言，最重要的精神就是中国文明的精髓——和谐。"③ 认为儒家和谐思想对全球化时代的矛盾与冲突有融合与化解的重要价值。汤一介先生在谈到儒家和谐思想对于现代社会正面价值的时候也指出："如果人们能更加重视儒家的'普遍和谐'的观念，并对它作出适应现代生活的诠释，并使其落实于操作层面，应该说对今日和将来社会的发展是非常重要的。"④ 张立文教授从中华民族传统学术文化宝库中开发出"和合"思维，并建构了"和合学"的理论思维体系，提出以"和生、和处、和立、和达、和爱"五大原理来化解 21 世纪人类所面临的危机与冲突。

人类在对不和谐的现状和传统的价值理念进行深刻反思之际，不禁通过马克思关于共产主义理论描述的自由全面发展的"自由人联合体"设想、体察到了唯物辩证法的和谐维度；马克思运用辩证思维提出了世界历史思想，通过交往主体之间的借鉴和互助，沟通与融合促进世界的一体化发展，这是一种以和谐思维促世界发展的理念，它作为一种思维方式和生

---

① 毛卫平:《和谐哲学:当代中国时代精神的精华——兼论马克思主义哲学与中国传统"和"文化》,《中共中央党校学报》2008 年第 6 期。

② 汤因比:《历史研究》(上),曹未风等译,上海人民出版社 1997 年版,第 45 页。

③ 汤因比:《历史研究》(下),曹未风等译,上海人民出版社 1997 年版,第 412—414 页。

④ 汤一介:《儒学与二十一世纪》,华夏出版社 1996 年版,第 250 页。

存理念，应时代之约而彰显其现实的价值，它代表着人类对全球化的反思，也是一种对于人类走向和谐的觉悟，马克思辩证法和谐维度的彰显必将为人类的和谐生存、和谐发展注入新的活力与动力，为人类的实践活动提供新的理论范式。而基于全球一体化和价值追求多元化对于和谐理念的理论探源与现实诉求，唯物辩证法与中国传统的和谐思维相契合形成辩证和谐观不仅具备了现实的基础，而且在理论上成为可能。在革命与战争的时代主题下，在暴力革命的需要下，突出辩证法的对立、斗争性，以一方战胜另一方的方式解决矛盾，这是有其合理性的。当时代主题和时代精神都发生了变化，实现了和平与发展的转换之后，哲学的形态也衍生为和谐哲学，辩证法和谐维度的展开不仅是哲学发展的内在需要，也是解决人类面对的种种难题的现实需要。化解人类面临的冲突和问题需要以和而不同、共生共荣、共同发展为基本原则和价值取向以及思维方式。把存在看作永无止境地向着理想状态不断生成的过程，才是真正的辩证法。在这个意义上来说，辩证法是永远不会停下来的开放的思维方式，因而绝对的真理是不存在的。传统的哲学把辩证法看作是一种在矛盾和对立中进行思考的法则，而人们的思维往往趋向于确定性，总是不愿意进入矛盾和对立状态的，从矛盾、对立中超脱出来更非常态思考所能达到，要做到这一点就要凸显辩证法的和谐维度。

实践是马克思主义哲学的核心范畴，他把人的实践活动看作是现存世界的深刻基础，把对象世界看作是向人的生成，人是通过实践活动自我创造的结果。马克思的辩证法理论是与人的实践活动密切相连的，立足于人类的生存实践，为了实现人的自由全面的发展，努力摆脱人的生存的异在化状态，化解人类面对的冲突和问题。在现时代，就要彰显马克思辩证法的和谐维度，从而实现人与自然、人与社会、人与自身的和谐的发展。胡塞尔在《欧洲科学危机与超验现象学》中写道："我们的任务是去理解哲学的、特别是近代哲学的、历史发展的目的，同时也认清我们自己：我们是这种目的的承担者，我们通过我们自己个人的努力，参与实现这种目的。我们在不断进行批判的时候，总是把整个历史的复合体视为一种个人的复合体，并从中最终看出我们所需承担的历史任务。我们不是从外部、从事实(仿佛我们本身所经历的这一时间的变迁只是一种外在的因果系列)来识别这种目的，而是从内部来识别它。"①辩证法的发展历程就是沿着人类生存实践的脚步，以人的发展为主线，不断完善，不断发展，不断发现真正属于人类的任务，不断实现和谐诉求。

概言之，在当今世界，时代主题已经发生了转换，由斗争与革命转变为和平与发展。但人类面临的冲突和矛盾却是依然存在的，而且随着经济全球化进程的发展，各种差异和矛盾日益凸显，经济上的竞争，争取民族自由和独立的要求，各种不同文化或者宗教的差异甚至冲突，环境污染，核问题等都是和平与发展时代要解决的问题。面对这样复杂的时代潮流和局面，沿用以往的解决问题的思维方式是不适合的，当然也不是谋求发展的最佳方式和手段。辩证法作为关于发展的学说，也是关于对立统一的学说，它强调发展历来有两种路径，一种是对立和斗争，一种是统一与融合。在革命实践的前提下凸显辩证法的斗争性是必要的，在和平与发展的时代理应凸显其和谐的诉求，以和谐的思维方式解决冲突、化解矛盾，在承认矛盾和差异的基础上，解决矛盾和冲突，保持总体上的平衡与和谐，这样有利于促进事物的发展和新事物的生成，是符合当代发展潮流和人类生存实践需要的。在当代凸显辩证法的和谐诉求，不仅是现时代发展的客观需要，对于人类的和平与发展也具有深刻的理论价值和现实意义。

---

① 胡塞尔:《欧洲科学危机和超验现象学》，上海译文出版社 1988 年版，第 83 页。

第五章

辩证法和谐诉求的当代阐释

辩证法的和谐诉求是根植于人类生存实践基础上的辩证法发展的价值追求。在和平与发展的时代主题的呼唤下，辩证法必然要彰显其和谐的维度，成为新的时代发展的哲学理论根据。这需要我们在理论上对辩证法的和谐维度进行深入的思考，对传统的辩证法理论进行批判、反思和审视的同时，阐释辩证法和谐诉求的表现形态，论证辩证法的和谐诉求产生的合理性与合法性，探究辩证法的和谐诉求在含义、特征、内容、范畴等方面带来的变化，以及对于当代人类发展所具有的现实意义和理论价值。

第一节　辩证法和谐诉求的内涵与特征

一、辩证法和谐诉求的内涵

辩证法的和谐诉求首先表现为一种和谐的思维方式，它崇尚和谐、维护和谐、追求和谐的理念和原则，并使之内化为人们的行为习惯，成为解决问题的主导思维取向。辩证法的和谐诉求主张从和谐的角度去分析和看待事物，在对待和探究事物的发展时从和谐的视阈出发，以追求和谐为基本原则和价值导向。它意在揭示事物发展中的和谐、有序、互补与协调的规律性特征，从而实现事物的和谐发展。辩证法的和谐诉求是一种具有开放性、丰富性、和谐性的关于事物发展的思维方式，因此它的内涵也具有开放性和丰富性的特点；它表达人类在生存实践的基础上，在创造性的活动、主体异化和分裂活动与扬弃异化追求和谐发展活动的过程中的价值追求；它的萌芽与辩证法的生成相伴随，并在马克思的辩证法理论中得以确立和真正表达；当今时代辩证法的和谐诉求充分彰显，表现为马克思辩证法和谐旨趣与中国和谐思维精华的契合，是个体独立性与整体性并重，科学理性与直觉感悟相得益彰，求同存异与和而不同相互补充，重事物之理与重人生之道相互观照的辩证的和谐观；它是更具理性的和谐，是与感性和谐思维相区别的在更高层次上确立的辩证的和谐观念；它主张以肯定自然与他者的方式来肯定自身，实现新的和谐；它不是对矛盾辩证法的否定，只是更加凸显了对事物发展目标和最终归宿的和谐诉求；它旨在不平衡中把握平衡，在动态的相对平衡中促进事物的发展；它强调在观察和分析问题的视域上，彰显和谐旨趣，以和谐为切入点，以"和谐"作为基本原则和价值取向；它要求在实践中突出矛盾的统一性、和合性、互补性、有序性与和谐性在事物发展中的作用。

　　辩证法的和谐诉求强调事物发展变化指向于相互生发、相互依赖的有机统一的和谐状态。和谐是事物本质中对立面的统一，是事物存在和发展的一种状态，反映了矛盾统一体在其发展过程中对立面之间所表现出来的协调性，一致性、完整性，平衡性，和谐是矛盾同一性的表现形式之一。此外，辩证法的和谐诉求内涵中还包含着更多的范畴和概念，比如，良性斗争、仇必和解、中庸之道、适度存在、和而不同、抑强扶弱、和实生物、阴阳和谐、均衡互制、各安其位等。辩证法的和谐诉求并不是追求表面的和谐，而是要深入到事物的内部，深入到事物发展的进程中，探究矛盾双方和系统运行中的统一性、平衡性和互补性在事物发展中的作用及其作用的规律。辩证法的和谐诉求要求解决对立和冲突的方式是，通过充分挖掘对立双方相对性和对偶性的基础上，确定冲突、对立的范围，在这一范围内寻求其共同性、互补性、互生性，从而将冲突和对立放在一个大的整体或者系统内，促进其和谐的共生、发展。

任何事物的发展都不是简单绝对的对立和简单的统一，辩证法对和谐的诉求在于对立面和诸要素之间主次层级的结构的有序运行状态，绝不是简单的平面化状态的和谐。这种和谐有序的等级层次状态既是和谐的表征，也是事物进一步和谐演进的基础，它不是杂乱无序或者绝对同一，只有主次有序、层级井然才是事物和谐的常态。因此，辩证法的和谐诉求旨在在事物发展中以建构合理的等差序级结构中追求与获得和谐。"斗争"与"和谐"皆起源于矛盾，并在哲学意义上表现为矛盾的"对立"和"同一性"，因此，和谐并不排斥矛盾，矛盾是和谐的前提。正是因为有事物内部或者事物之间的相互依存、相互渗透和相互联系才可能有和谐，毫无关联的事物之间和谐无从谈起；正是因为事物内部和事物之间存在着相互对立、相互排斥和相互否定，存在着差异，才有相互补充和相互超越原有事物和状态的可能，才有可能实现和谐。可见，和谐是与矛盾发展的过程相伴随的，并对新事物的产生具有至关重要的作用。矛盾的发展需要和谐，当矛盾发展过程中同一性占主导地位时，矛盾双方的和谐可以巩固和完善统一体，促进事物的发展；当矛盾发展中斗争性占主导地位时，维持矛盾的双方的统一体的存在也需要和谐；当矛盾的双方在经历了斗争之后趋于相互转化时，仍然需要和谐来促进新事物的产生。只有在研究事物之间、事物内部之间矛盾的运动和发展变化的规律，才能更加有效地发现实现和谐的途径和方法以及促进和谐的手段。

二、辩证法和谐诉求的定性阐释

辩证法的和谐诉求在当代凸显出来，它不仅在内涵上更加丰富了，而且也内在地要求辩证法的规律和范畴凸显和谐的特征。

（一）和谐与矛盾的同一性

辩证法的和谐诉求日益凸显，关于和谐，作为哲学范畴，反映了事物发展的平衡、协调、秩序性特征，是矛盾同一性的一种状态，是事物相互依存的状态。辩证法的和谐诉求要"转变矛盾的对立、斗争的思维方式，而要从协调、平衡、共处的统一性的视角去观察和处理问题"。①

古今中外的思想家和哲学家们都有强调矛盾双方同一性的作用。古希腊哲学家毕达哥拉斯学派认为天体之间是和谐的，天体的运动是被一定数量的比例关系构成的"和谐"支配的，他最早提出了"和谐"的思想。恩格斯对此评价说："数服从于一定的规律，同样，宇宙也是如此。于是宇宙的规律性第一次被说出来了。"②赫拉克利特从客观事物本身出发阐述了对立面之间的和谐与同一关系。17世纪德国唯心主义哲学家莱布尼茨认为世界的本原是不可再分的单子，最高级的单子是全智全能的上帝，上帝成了原始的同一，是一切单子产生和消灭的力量。他认为每个单子虽然是彼此孤立的，但上帝在创造单子之时就已预定安排好了每个单子的发展过程，使一切单子都可以和谐发展，从而使整个世界的事物之间相互协调地发展。德国古典哲学家谢林设定了"绝对同一"的精神实体从而构建了以"绝对同一"为核心的唯心主义哲学体系，他认为差别和矛盾是有条件的、相对的，而"绝对同一"是绝对的、无条件的，是主体和客体、自由和必然的根据，是世界的本原。中国古代的史伯和晏婴不仅提出了"和"的范畴，而且对"和"、"同"的关系进行了论述，提出"和实生物"、"同则不继"的观点，表明了对"和"与"和谐"的认识，认为和谐是事物矛盾方面的相反相成和相济。这些关于和谐和同一性的论断虽然各有其局限和不足，但是表达了哲学家与思想家们对和谐的认同与诉求。但是，这样的关于和谐的理论是缺乏哲学基础的，他们都没能把和谐视为对立统一的最佳状态，因而也无法正确地、科学地认识和谐。

矛盾的同一性既有矛盾双方的相互依存，又有相互转化，和谐是矛盾双方协调发展的阶段，对抗阶段是和谐的结束。和谐不是否定斗争，它是以内在的对立和差别为前提的。矛盾双方是统一的，但不是同一的，这要

---

① 李楠明：《和谐思维与辩证法理论的创新》，《光明日报》2005年8月23日。
② 《马克思恩格斯全集》第20卷，人民出版社1971年版，第527页。

与以往的绝对同一，整齐划一相区分。矛盾的统一体包含着矛盾的双方和矛盾双方的统一性和对立性。是否承认矛盾对立面双方是统一的，这是辩证法和形而上学、诡辩论的区别之一。否认矛盾对立面统一的存在也就意味着否认矛盾，离开对立面的统一，就不可能理解矛盾。讲到矛盾的统一，必然对矛盾的对立问题不可回避，矛盾的对立是指矛盾双方之间的相互区别、本质的差别，还指矛盾双方之间的相互排斥和相互斗争。这里，矛盾的斗争性是矛盾对立性的一个方面，只有对立性才与统一性相对应。辩证法的和谐诉求在当代体现在对立统一规律中，更加突出了对"和谐"的追求，对立统一追求的最佳状态即为和谐。

（二）矛盾的对立性与斗争性

要真正认识辩证法和谐诉求在当代所具有的特征，还要正确区分关于"对立"的含义。斗争虽然是对立的重要特征，但并不完全等同于对立，矛盾的斗争性只是对立性的一种表现形式。"斗争"只是矛盾双方相互作用、相互排斥的一种特殊形式，或者是矛盾双方对立发展的高级阶段。对立有时候表示矛盾双方的差异性，有时候表示矛盾双方相互作用、相互排斥的关系状态，有时候就是特指矛盾，因而矛盾双方之间的关系可以用对立来表达，却不能都用斗争来说明。严格来讲，斗争性不能算作矛盾的基本属性，把其概括为同一性和斗争性是不够准确的。如果把斗争性概括为矛盾的基本属性，那么就意味着在实践中任何矛盾都要用"斗争"来解决，这不适合解决非对抗性矛盾，在现实中也是不可行的。矛盾的统一是对立的统一，矛盾的对立也是统一的对立。马克思的辩证法从来都是认为矛盾的对立和矛盾的统一是不可分的，二者同为矛盾的基本属性。马克思指出："对立——如果一个事物具有对立，那末它就同自身处在矛盾中，而且它在思想中的表现也是如此。例如，一个事物是它自身，同时又在不断变化，它本身有'不变'和'变'的对立，——这就是矛盾。"①

---

① 《马克思恩格斯全集》第 20 卷，人民出版社 1971 年版，第 672—673 页。

矛盾双方对立面的斗争性是矛盾统一体发生变化的动力，同一性则是矛盾统一体得以存在和发展的内在根据。如何正确把握事物的矛盾对立双方的斗争性，促进事物不断转化，同时承认其质的稳定性，即矛盾对立双方的同一性，谋求事物的生存和发展，需要正确把握斗争性和同一性各自的绝对性和相对性的辩证关系。斗争性和同一性都具有相对性，又都具有绝对性。同一性的相对性是说，同一性是有条件的、暂时的、具体的。矛盾对立的双方互为前提、相互依存需要有一定的条件才能共处一个统一体之中，这个统一体在矛盾斗争的作用下被破坏后又将被新的统一体取代。同一性不仅表现出暂时性，而且任何矛盾的同一性都是表现为具体事物和具体过程的同一性。同一性的绝对性是说，同一性也是无条件、永恒和普遍的，因为无论在事物的质变还是量变过程中，矛盾的双方之间都是相互联系、相互依存的，而从事物发展的永恒性来看，矛盾的同一性和斗争性在事物的永恒发展过程中一直是普遍存在并发生作用的。斗争性的相对性是说，斗争性也是有条件的、暂时的和具体的，同一性是斗争性的必要的和根本的条件，斗争性如果突破了同一性的条件，那么斗争性也就将不会存在，而在具体的事物或者过程来看，矛盾的斗争性也是暂时的和特殊的。斗争性的绝对性是指斗争性的无条件性、永恒性和普遍性，即无论矛盾双方处于统一体中还是破裂时期都是存在着斗争的，而任何事物都是处于不断转化和发展中的，在这些过程中都是存在着斗争的，因此从这个角度来说矛盾的斗争性也是永恒的和普遍的。否认同一性的绝对性，只肯定斗争性的绝对性，只适合于特定的历史时期，在变化的历史条件下一味强调斗争的绝对性，将会导致灾难性的后果。我国在历史上对待人与人、人与自然的关系问题上就出现了这样的状况。曾一度把自然看作征服的对象，提出"与天斗，其乐无穷，与地斗，其乐无穷"，完全忽略人和自然的同一关系，造成了自然环境的恶化和生态平衡的破坏。

（三）和谐与对立统一的关系

结合事物发展过程中矛盾双方同一性与斗争性的相互作用以及质量互

变状态的分析，可以洞见和谐与对立统一之间的关系。事物的发展总是要经过相对平和和稳定的量变状态以及相互斗争和冲突的质变状态，并且随着矛盾的解决，旧的矛盾统一体被新的统一体所取代，事物发展进入到统一的阶段。和谐也就将出现于这一阶段，矛盾双方相互联结、相互促进、相互借鉴实现共同的发展，原来矛盾统一体中的对立和斗争将被新的统一体中的对立所取代，原来统一体中的差异和非对抗的因素将被一致或者融合所代替。这就是辩证法和谐诉求在对立统一规律中的体现。也就是说，和谐是体现为对立面统一这一状态之中的，而且是最佳状态的表现。在这个矛盾的统一体中，各个要素之间结构、层次、力量和作用保持在平衡与协调的状态，也将进一步促进新的更高一级的统一体的形成。事物发展的这样的过程，并没有排斥矛盾的对立性和斗争性，只是更加注重对立和冲突的化解，积极利用有利的一致与协调性，更加注重追求以协调的方式实现对立的统一。

辩证法和谐诉求的凸显深化和发展了对对立统一规律的认识。关于对立统一规律在唯物辩证法当中有很详细的论述，诸如对立统一的内容、矛盾双方的地位和作用、矛盾的普遍性和特殊性、矛盾的同一性和斗争性及其相互关系等。但是对于矛盾统一性状态下的矛盾双方的关系却少有展开来探讨。辩证法和谐诉求的凸显使人们开始重视矛盾统一状态下矛盾双方地位、作用和关系的分析，并且更加追求和谐这一事物发展的最佳状态。这就使矛盾的对立统一中的统一性得以展开，克服了过去只片面强调斗争性和对立性的弊病。另外，和谐的诉求也要在对立统一规律的视域内来凸显，否则容易使和谐走向形而上学。要在对立统一中来理解和谐，把和谐作为对立统一的最佳状态来追求，把和谐视为差异的一致和对立面的统一。但要注意和谐表现着事物矛盾运动过程中的一个阶段的状态，而不能把和谐视为贯穿于事物发展过程的始终，一味追求单纯的和谐。

（四）和谐与人的自我统一

辩证法和谐诉求的凸显克服了以往那种把辩证法的理论和原则变为永

恒的、固定的、僵化的模式和工具的状况，突出了辩证法的人学本质。那种把辩证法视为教条的、可以随意套用的公式的理论模式不仅失去了辩证法本身的批判维度，也失去了人学的价值理想和追求。辩证法在本质上是一种关于人的价值理想，它的功能就在于通过对人的异在化状态的既成形式的批判和超越，实现人的自由、全面、和谐的发展。因此，辩证法的和谐诉求与辩证法的革命和批判的功能是不相冲突的。人的全面和谐的发展一直是辩证法的和谐诉求，它激励着人类不断地进行着创造性的活动，不断地批判、超越和否定着现实，为了真正实现人的价值和本性而不懈努力着。人对自由、全面、和谐发展的追求也是人的无限本性的表现，辩证法的和谐诉求并不否认矛盾和异化的存在，相反地，正是因为看到了人的创造活动和异化状态相伴随，人的有限本性和无限本性相矛盾的事实，才会有对人的异化和异化的扬弃孜孜以求和谐的价值理想。黑格尔的"正、反、合"三段式中的每一正、反、合都是矛盾的扬弃，这其中既包含着和保存着矛盾又否定和超越了矛盾，"合"中包含着正反的相互联系和相互依存，是矛盾的最终调和，从而消除了矛盾和对立的"绝对"，黑格尔最终把它落实到"绝对精神"。马克思主义辩证法实现了实践转向，辩证法在实践的基础上生成和发展，并以人的自由、和谐发展为价值追求。辩证法的和谐诉求就是追求主体的人不断克服异化，促使矛盾得到融合，这一活动本身就是追求和谐。和谐作为辩证法的否定之否定的结果，也是否定之否定规律的实质。辩证法的和谐诉求用和谐规律丰富和诠释了否定之否定规律，更加准确地表述了事物发展的内在统一性，能够更加体现主体发展的价值追求。

（五）把认识作为实践的环节

辩证法的和谐诉求内在地隐含着这样的要求，即把认识作为实践的环节，而不是把实践作为认识的环节。辩证法的和谐诉求要求主体能动地对待客体，把人的主体实践活动作为客体产生和变化的根源，否则就会把实践限定在认识的领域，成为对客观事物单纯的真实的反映，这样就使人的认识走向了歧途，无法发挥主体人的主观创造性和能动性，和谐诉求也就无法得以实现。如果按照传统的认识论的理解，把实践作为认识的环节，实践就单纯地成为了联结主观和客观的桥梁和纽带，认识也就成为了对客观世界的纯粹的反映和描述，这样实践也就失去了辩证法基础的意义，人的能动性无从发挥。从辩证法的和谐诉求出发来看待人类的认识，它不仅仅是一种生理或者心理现象，更是在人类社会历史长期发展的过程中形成的全部历史经验的总结和精华，是一种长期以来形成的思维方式。它要求与人类的历史实践活动相联系，体现出巨大的历史感和时代内涵，这样才能突出意识的能动和创造性的特点。这也是马克思早在《费尔巴哈提纲》当中表达的思想的延续，他把对客体进行现实改造的实践视为认识论的基础。人在改造客观对象的同时把活动的结构内化为自身的认知模式，反过来在作用于客体，使客观世界向着有利于人的方向发展。因此，把认识纳入到实践的环节体现了从马克思实践哲学的视角，以此来理解辩证法的和谐诉求更加凸显了人与自然、人与社会、人与人和谐发展的辩证关系。

第二节　辩证法和谐诉求的内容之规定

我们过去比较注重世界运动发展变化规律的形式，即辩证法的三大规律，尤其比较重视对立统一规律，这是事物发展纵的方向联系。人们大多忽视了关于事物间的横向联系。但是随着自然科学的发展，大批新兴的学科、交叉学科、横断学科的出现，对事物内部的结构、事物之间的相互关系乃至世界的普遍联系，仅从对立统一关系去认识和把握往往难以实现深入机理的认识，对事物联系的复杂性、多样性的揭示也是不够的。辩证法的和谐诉求主张拓展对矛盾运动的认识，深化对解决矛盾方法的研究，更加强调从事物复杂多样的相互关联中来认识矛盾和解决矛盾，更加重视事物的相互关联性和同一性在事物发展中的作用。把自然科学如信息论、系统论、耗散结构、突变理论、混沌学、控制论等学科中的成果转化为思维方式和思维能力，来丰富和发展马克思主义的辩证法，丰富和发展对立统一规律。

一、凸显和谐的对立统一

辩证法的和谐诉求的重要使命就是要人们认识到和谐是人们解决矛盾的一种方式，它可以取代一部分斗争，要给社会发展和人们解决日常矛盾提供和谐的理念和手段。和谐理念的核心是要摆正自我的位置，承认事物存在的多样性和差异性，一切以我为中心，容不得与自己不同的多样性和差异性存在就永远也不可能有真正的和谐，这是辩证法和谐诉求的认识前提。它反对"非此即彼"的斗争性、绝对对立的思维，而强调矛盾双方的平等性亦此亦彼的思维方式。思维方式是人在思维中再现研究对象的方式，是人们组织感性材料，并形成一定的观点、理论，用来指导人们行为的认识方式。对立性的思维方式强调矛盾双方的对立、斗争是事物发展的源泉和动力，以"对立面的斗争"作为自己的价值追求目标。和谐的思维方式是承认差异，是一种不同的因素在各种关系网络中共生共存的状态。由于人的形式逻辑思维往往是因果连续的思维路线，会沿着直线，不轻易转折也不会轻易跳跃，而是按照既定路线进行分析、推理和验证，即使当事物发展面临矛盾主次转换时，依然保守性地、惯性地按照原来的路线进行。总是固执于矛盾一方的正确而与另一方坚决对立，看不到矛盾双方在必然性历史进程中的平等地位。只看到矛盾的一方，而把另一方完全对立起来是不全面和不正确的思维路线，往往容易导致偏差，而把对立和统一简单调和的观点，同样也是在搞模糊的平衡，并不能真正做到在继承基础上的发展与创新。辩证法的和谐诉求主张在对立统一中以建设性的态度促进发展，从整体和系统的角度看待矛盾的双方，这样就会发现矛盾的双方同等重要，只是在不同的条件下，矛盾双方的主次关系是不同的。传统的辩证法尽管不像形而上学那样极端，也主张矛盾双方的主次关系是可以相互转化的，但是在处理和对待问题时还是会觉得矛盾的一方更主要，另一方次要，主要的方面决定次要的方面，基础的决定上层的，内容决定形式，结构决定功能，而被决定的一方仅仅有反作用。辩证法的和谐诉求主张矛盾的双方是相互依存的，缺少了哪一个方面就不成其为整体了，因此双方的地位同等重要，矛盾的同一性不仅包括矛盾双方的相互依存和相互转化，还包括对立的双方直接同一，而传统意义的对立统一学说往往忽略了这个层面。

辩证法和谐诉求在当代凸显的特征就在于，它在以"和谐"作为基本原则和价值取向的前提下，在认知事物和处理问题时，和谐将贯穿于认识主体认知和实践的全过程。即是说，在面对矛盾冲突的时候，既不采取一方战胜一方的办法，也不采取双方各自退让的路径，而是实现双方的融合统一，"当两种愿望融合统一的时候，就意味着我们找到了一种解决矛盾的新方法。这种方法可以使双方的愿望都得以实现，而没有任何一方需要被迫做出任何牺牲。"① 认知主体的头脑里要形成和谐的认知图式和价值理念，并决定着认知主体的实践活动的进程和路线。在认知和实践中，会突出矛盾的统一性、和合性、和谐性在事物发展中的作用，强调和合创生的原则，处处以维护整体的动态平衡、创生新的和谐体为目的。在观察和分析问题的视域上，彰显和谐维度，以和谐为切入点，这决定了认识主体所观察到的事物的本质属性和变化规律是趋向于和谐的，这就使认识主体在理性认识的支配下从既有的和谐取向出发去从事认识和实践活动。这种和谐的视角让认识主体在解析事物发展中更加突出和谐的作用，更容易把和谐作为着眼点，因此会更加有利于事物向和谐发展。追求和谐并不是那种盲目地理想化地把和谐看成是一种无差别和无矛盾的境界，而是要善于在和谐中把握差异、对立、斗争和冲突，在差异、对立和冲突中追求和谐，这是辩证法和谐诉求把平衡性、互补性与和谐性作为处理和对待矛盾问题

---

① 格雷汉姆主编：《玛丽·帕克·芙丽特——管理学的先知》，经济日报出版社 1998 年版，第 43 页。

的基本原则和价值标准的内在的理论基础。

二、"和而不同"的创新思维

它建立于相反相成的哲学基点之上，强调矛盾双方共存的同一性的重要性。"和而不同"蕴含着深刻的辩证法精神，是中华民族长久以来形成的处理人与外部世界以及人与人、人与自身关系的原则和处事态度。它充分体现了中华民族的和合精神，提倡厚德载物、包容万物、兼收并蓄、淳厚中和的理念。在中国儒家文化中，"和"是指矛盾双方的均衡与和谐，"同"则是矛盾双方的简单同一。最早提出"和而不同"的是孔子，他在《论语·子路》中说，"君子和而不同，小人同而不和"。意为君子能够听取别人的意见，又不盲目苟同，力求公允，这是"和而不同"；而小人则从不提出自己的见解，只知随声附和，却不是真正的和，这叫"同而不和"。在孔子那里主要讲的是交友的伦理原则。关于"和"与"同"，进一步追溯，"和"作为一个范畴在更早的文献《左传·昭公二十年》中，把"和"比喻为做羹汤，要用水、火、酱、盐、梅来烹调鱼、肉，依个人的口味适量调和，这是一个好厨师的绝活，更隐含着深刻的哲学意义。关于"和"与"同"的关联，在《国语·郑语》中记载：当郑桓公问史伯"周其弊乎"，史伯回答，西周最大的弊端就是"去和而取同"，他说，"夫和实生万物，同则不继。以他平他谓之和，故能丰长而物归之；若以同裨同，尽乃弃矣"。在这里，"同"有混同和雷同之意，"和"不仅指内部的多样性，还反映了整体的生动与活泼，表现为生生不息和创新发展，因此说，聚集不同的事物而获得平衡称作"和"，"和"能产生新事物，为"和实生物"；同样地，在"和"中的个体还要体现各自的不同，才能彰显其存在的价值，如果都是整齐划一、一味求同，那就会失去在"和"中积极参与的意义，就是"不和"了，那么由此而形成的整体也就难以求得发展，"难以为继"了，也就是把相同的事物叠加起来，即"以同裨同"，不能产生新事物。

这里还要区分和谐思维方式与思维方式的和谐性，在强调人的思维方式的和谐性的时候，不应将和谐庸俗化为一团和气，还要强调思维方式的创新性。之所以古人讲求"夫和实生万物"，是因为他们要避免"同则不继"状况的发生。"和而不同"既倡导和谐，又彰显个性化，个体总是以整体的和谐作为自己实践的参照系，它既是自己个性彰显的出发点，又是个体价值实现的归宿。这里的"同"和"不同"是存在着深刻的辩证关系的，对不同的追求正是基于对同的深刻认识，虽然个体追求的具体目标是不同，但终极的目标却始终是事关全局的同即和谐。这里的不同彰显的个体性绝非是恶性的膨胀，它应该是对全局科学分析之后，对自己所应立足的领域、位置和序列科学认识的基础上的非盲从和屈从的一种追求，这种个性的彰显，在处理矛盾的时候，不是一味趋同，更不是你死我活地斗争，而是要努力实现共赢，各得其所。

因此，倡导和谐绝非"绝对同一"，而是更加强调"和而不同"的思维方式，这里重点在于理解"和"与"和谐"的含义，以及"同"与"不同"的区别。狭义的"和"是指协调与和谐，广义的"和"则是指从整体出发，在充分发挥个体性的前提下融合、适应以致和谐；同则是统一、同一之意，"不同"则是不沿袭过去，不混同于一般，不雷同于已有的模式，这里的"不同"就是在突出"创新"之意，为了谋求事物的发展，而不导致僵化的同一，就必须在追求和谐的前提下，在追求和谐的终极目标指引下，张扬个体性，求新、求异、求创新。辩证法的和谐诉求既非主张矛盾双方斗争到底的斗争性思维方式，也非盲目地因循守旧与模仿追求简单和绝对同一的形而上学的思维方式，而是在追求终极与整体和谐前提下求发展与创新的一种关于发展的思维方法。

三、对传统和谐思维的扬弃

辩证法的和谐诉求不是要片面强调调和，以往我们对唯物辩证法的片面理解，往往过分强调矛盾的斗争性，而忽略了矛盾同一性在事物发展中的作用，许多人一提到和谐就认为要搞调和，这二者是有区别的。所谓的"调和主义"是指那种否认矛盾双方的对立和斗争，孤立、片面地追求无差别和无原则的同一。辩证法的和谐诉求强调统一，但绝不是要无视矛盾和排斥对立，而是以承认对立和差异为前提，强调和谐。以往过分强调了斗争和对立，现时代我们需要安宁和稳定的生活，需要和谐和有序地发展，因此要彰显辩证法和谐的部分。

辩证法的和谐诉求不是简单的回到传统的和谐思维，而是对传统和谐思维的批判性超越，是一种辩证的现代和谐。现代的和谐应该是感性与理性的统一，是对事物有序、协调、均衡发展状态的一种价值追求，是整体内部各个要素之间相互协调、相互依存、相互促进的状态。传统的和谐是一种靠主观体验和直觉思维从整体上把握事物的思维方式，它对事物的认识主要是直觉体悟，疏于分析而重视综合和反观自求。这虽然有利于从整体上认识对象的全貌，但因带有一定的自发性和非逻辑性，导致对事物的认识往往停留在表面的层次，很难达到对事物本质的认识。因此，南开大学的韩强教授提出中国传统思维是一种"直觉的辩证法"[1]，并指出了它的感性特征对于中国现代化进程的阻滞作用。比如易学象数思维方式是易学的基本思维方式，也是中华思维方式的代表和元点。这种思维方式重视整体性特征，重视功能关系，重视循环和变异，重视感性形象，但是对形体的结构、事物的抽象本质和求异创新都比较轻视和忽略。象数学家在解《周易》的时候，反映的仍然是整体思维的特征。《说卦传》和象数学家总是把看似不相关联的作为独立个体的卦象、物象建立起普遍的联系，有机地连在一起，把纷繁复杂、不相联系的宇宙万物整合为一个整体或者系统。李约瑟认为："当希腊人和印度人很早就仔细地考虑形式逻辑的时候，中国人则一直倾向于发展辩证逻辑。"[2]

中国传统的和谐思维方式表现为中庸，强调事物存在和发展的合理限度，这就容易掩盖或者回避矛盾，常常会在对待矛盾的时候寻求对立面的

---

① 韩强：《直觉的辩证法——中国哲学思维的特征》，《南开学报》2004 年第 5 期。

② 李约瑟：《中国科学技术史》第 3 卷，科学技术出版社 1978 年版，第 337 页。

妥协、折中、调和。古代的思想家主张人与人、人与社会、人与自然的和谐，提出的"天人合一"、"天地相合"的思想，比如，老子讲的"天地相合，以降甘露"；《庄子·天道》中的"与人和者，谓之人乐；与天和者，谓之天乐"，都在强调人与环境之间的和谐关系。这对于今天解决人与自然之间的矛盾和危机，实现二者的融通互利；实现经济的可持续发展与社会的协调有度；实现人际关系与人的自我身心的协调；实现各种文化之间的良性互动与交流都具有重要的启示作用。但我们要看到，传统的和谐思维方式片面夸大和突出了矛盾的同一性，单一地追求矛盾双方的统一、协调与和解，虽然也有关于"和而不同"的提法，但是过多地强调的还是"同"，即对"一律"的强求，而真正的"和"理应是对多样性的统一的追求。现代的和谐并非传统的单一的、简单的和谐，而是建立在对立面分析的基础上的，力求对立面相互借鉴和利用基础上的和谐，既不是绝对的排斥，也不是折中的调和，而是追求最大双赢基础上的相辅相成的和谐。另外，还要区分传统的和谐思维与现代东亚社会仍然起作用的儒学的和谐思维，必须要承认，在现代社会起作用的儒学思想已经浸润了现代性的因子。

四、目标和谐与手段和谐的统一

辩证法的和谐诉求与矛盾的辩证法并不是对立和冲突的，它表现为对事物发展目标和最终归宿的一种和谐的倾向。在和平与发展的时代，辩证法的和谐诉求不断凸显，不仅体现为对目标和谐的追求，更加体现为和谐诉求贯穿在事物发展的过程中，成为发展的一种形式或动力。通过对辩证法和谐诉求的历史考察，我们认为，和谐一直是辩证法的本有维度，贯穿于人类发展的始终，是人们永恒的价值追求。虽然矛盾辩证法最终的目的也是要促进事物的和谐发展，但是，"矛盾辩证法"的思维方式更加突出斗争和对立的作用，让人误解为"斗争哲学"，同时也把追求斗争的胜利作为最终的目的和归宿了。

辩证法的和谐诉求并未彻底否定革命性与否定性的作用。事实上，在事物发展过程中，为了追求最终的和谐，给和谐发展扫清障碍，往往是需要通过斗争和对抗的，即使凸显辩证法的和谐诉求亦不排斥这一点。和谐是一种动态过程中的平衡状态，因而，追求和谐的思维方式是旨在不平衡中把握平衡，在动态的相对平衡中促进事物的发展。凸显辩证法的和谐诉求并把"和谐"界定为目标，反映的是人类在思维方式上对事物发展状态的一种终极追求。辩证法的和谐诉求并不排斥矛盾，不是对过去强调革命和批判、对立和斗争的一种颠覆和否定。凸显辩证法和谐诉求的首要意义是要对传统的片面强调否定和对立为特征的辩证法理论给以恰当的分析和评价，从社会发展和人类认识的必然性上对辩证法的革命性和斗争性给以积极的肯定。它承认矛盾和斗争在社会发展的初级形态上是必要的和不可避免的，即使在当今的时代，矛盾和斗争仍然不可回避，在许多问题上坚决斗争，使用铁的手腕依然是十分必要的，现在提出构建和谐社会也是针对目前复杂矛盾而言的。传统的矛盾辩证法依然有效，只是现时代的发展在呼唤着辩证法的和谐维度。我们要明确的一点是，辩证法的和谐诉求仍然是唯物的，它更加强调从实际出发、尊重事实；辩证法的和谐诉求仍然是辩证的，它更加注重用联系和发展的观点看问题。辩证法的和谐诉求尊重差异、承认矛盾，但不激化矛盾和回避矛盾，而是以和谐为价值取向，致力于和谐和发展，最终的目标是和谐。

在对辩证法和谐诉求的理解中，还要明确的是"矛盾哲学"与"斗争哲学"之间没有必然的、直接的联系。毛泽东的《矛盾论》也并没有直接产生斗争哲学，而且相反地纠正了王明的"一切斗争，否认联合"的与统一战线相悖的错误路线，之后又纠正了王明的"一切联合否认斗争"的错误路线，形成了"又联合，又斗争"的全面、正确的政治路线，对于党内的矛盾要坚持"团结—批评—团结"的原则来解决，以"惩前毖后，治病救人"代替"残酷斗争，无情打击"的对待犯错误同志的错误的做法。可见，《矛盾论》阐明和主张的是统一性和斗争性相结合的观点，"斗争哲学"则是后来的"以阶级斗争为纲"提出的产物，是辩证法被误用的结果。

辩证法的和谐诉求倡导和谐思维，但绝不否认辩证思维。辩证思维与和谐思维是具有一致性和共同性的，辩证思维要求从矛盾和矛盾对立的双方的联系中去观察和把握事物，而不是孤立和片面地看问题。和谐思维是以建设性态度在对立统一中促进发展的一种辩证的思维方式，它追求一种高质量的矛盾的解决方式，不是强调矛盾的同一性而无视矛盾的斗争性，而是主张求同存异，焕发各个矛盾主体的活力，从而推动矛盾整体有序地向前发展。辩证法的和谐诉求是与那种把辩证法绝对化、片面化，用绝对斗争性的思维方式处理和解决矛盾的观点不相容的，辩证法的和谐诉求绝不要求放弃斗争，而是以追求和谐为价值取向，承认矛盾、尊重差异，不回避矛盾、不激化矛盾，化解矛盾，从而在和谐思维的支配下，用建设性的态度实现人与人、人与社会、人与自然及人与自身的和谐。

辩证法的和谐诉求不仅体现为对目标和谐的追求，更体现在事物发展进程中和发展的手段上的和谐。辩证法的和谐诉求所倡导的和谐观与形而上学的和谐观有着根本的不同，它不是否认矛盾、掩盖差异的"纯粹"的和谐，而是正视矛盾、化解矛盾，最大限度地减少矛盾引起的对抗性的冲突，追求事物的和谐与发展。辩证法的和谐诉求不否认矛盾对促进事物发展的动力的作用，只是，在今天这样的时代我们更加重视"和"对事物发展的推动力量。辩证法的和谐诉求在承认矛盾斗争性的同时强调矛盾的统一性、强调矛盾双方合二为一的包容性，更加强调彼此的相互借鉴与取长补短。和谐是对立统一规律在事物发展到一定阶段的外部表现，矛盾的对立统一的最佳状态即是和谐。这就要求把握矛盾的统一性和斗争性相互依存和相互转化的尺度，矛盾的对立统一，即矛盾双方的相互依存、渗透、贯通、联系与相互否定、对立排斥、对立、分离倾向保持在合理的尺度范围内即为和谐。所谓把握尺度就是要区分对抗性矛盾与非对抗性矛盾，并采取相应的方式方法区别对待，寻求解决事物矛盾的最佳途径，找到即使不采取对抗的方式也能更好解决矛盾的途径。因此，辩证法的和谐诉求绝不是否定矛盾，也不是否认事物之间的斗争性关系，更不是对"对立统一规律是辩证法核心"学说的否定，相反地，是对这一学说的发展和在实践中的正确灵活地运用。要区别矛盾自身所具有的同一性和斗争性与处理和解决矛盾的方式方法问题。矛盾的双方具有的同一性和斗争性是事物本身固有的客观存在，而无论是征服、占有、对立、斗争，还是协调、平衡、融合都是人们在主观上对待和解决矛盾时自觉采取的主观态度、方法和行为，而究竟要采取怎样的方式方法又是由矛盾本身的性质决定的。不能把事物内部矛盾的统一性和斗争性做机械和片面的理解。采取协调和平衡的方式解决矛盾，并非是否定斗争，实践已经证明，这种以协调为原则的方法是解决事物矛盾的有效途径。事实上，在解决矛盾的对话、谈判、协调中是存在着斗争的，只是这种斗争存在的状态不是带有暴力和强制色彩的，而多数是较为温和的求同存异的斗争。当然，偶尔的暴力和强制性的斗争也是为了确保整体的平衡与和谐。斗争的目标是最终的和谐，具体形式是包容、兼顾、协调和必要的妥协，原则是和谐与共赢。因此，要区分哲学意义上的矛盾斗争性与生活意义上的具体斗争形式。

第三节　科学的发展观：辩证法和谐诉求的中国诠释

按照马克思与恩格斯对未来社会的构想，共产主义社会应该是生产力高度发展，真正实现了人与自然、人与社会、人与人的和谐发展的一种理想的社会状态。在他们看来，共产主义社会的最高价值就在于能够实现人的自由全面的发展。"人类跨入 21 世纪以来，和谐发展愈益成为世人关注的一个全新社会发展主题。超越'人定胜天'的狭隘眼界，实现人与自然、个人与社会的和谐发展，已经成为新世纪人类的共识。从社会发展的基本方式看，科学发展观即是和谐发展观，它不仅秉承了马克思主义的理论真谛，其中更是凝聚着人类社会发展的全部经验和智慧。"① 科学发展观是中

---

① 康渝生：《以人为本的和谐发展——刍议科学发展观的理论底蕴》，《学理论》2008 年第 12 期。

国共产党作为构建社会主义和谐社会的方法论而提出的，它是马克思主义发展观的继承和发展，是和平与发展时期辩证法和谐诉求在发展观上的具体表现形式。

一、科学的发展观

党的十六届三中全会中提出了"坚持以人为本，树立全面、协调、可持续的发展观，促进经济社会和人的全面发展"。胡锦涛又在党的十七大上强调科学发展观的第一要义是发展。发展是事物走向和谐的必要保证，发展也是事物走向和谐的出路和步骤。当今时代，发展不是在损害对方的前提下达到自己的目的，而是在共同发展中实现自身更好的发展。列宁认为，关于发展观在哲学史上有两种观点，一种是认为发展是重复，是数量的减少和增加；另一种则认为发展是对立面的统一。前者是形而上学的发展观，后者是辩证的发展观。形而上学的发展观忽视了运动发展的动力、源泉和动因，列宁称之为"僵死的、平庸的、枯燥的"发展观和片面的发展观。古代的朴素的辩证法只能从经验层面去描述意识现象的流变，不能用概念的逻辑去表达事物运动的本质，单纯的描述"存在"运动、变化和发展，无法实现思维与存在的统一，因而只能是自发的和朴素的发展观。黑格尔虽然能够达到思维与存在在哲学层面的统一，然而这种统一却是建立在"无人身的理性"的基础上的，是"概念的自我发展"，是思维能动性的抽象化发展，只能是片面的发展学说。因而，在马克思以前的辩证法都没能实现发展原则和统一原则的统一。马克思辩证法内在地包含了发展原则和统一原则，他不是片面的关于发展的学说，而是关于思维和存在相统一的发展学说。科学发展观的提出是马克思主义发展观在当今时代的丰富和发展，它的内在的理论根据体现了辩证法的和谐诉求。"面向 21 世纪的社会发展需要征服的，不仅仅是基本粒子，也不仅仅是遥远的太空，更重要的是人类征服自身。我们面临的最大对手不是别人，恰恰是我们人类自己。这就要求人类必须从自我迷信中觉醒，代之以自我协调和自我控制，走有节制的、自主的、多样性选择的社会发展道路。这就是面向 21 世纪的社会发展意识，也是关系到人类前途的历史使命。"①

马克思主义辩证法理论中关于人与人、人与自然以及人与自身各个方面和谐的思想对于我们建设和谐的社会主义具有重大的现实指导意义。社会主义的本质决定了社会主义必然致力于人的幸福、人的根本解放和人的全面而自由的发展，人类社会的科学发展要坚持"以人为本"。马克思辩证法的和谐诉求的彰显更为全球化背景下人类面临的矛盾冲突的解决指明了方向，成为科学发展观和构建和谐社会的坚定的理论基础。实现人类的全面、协调、可持续地发展是人追求自由、全面、和谐发展的人的无限本性的体现。以仁爱的精神去对待他人、社会和自然，实现人的自由和幸福，实现人类的和谐、持久地发展，这是人的无限本性的永恒追求，也是辩证法和谐诉求的价值目标。衡量社会进步的尺度不能是单纯的物质财富的增加、生产规模的扩大和政治制度的更迭，最为根本的尺度应该在于是否真正有利于人的价值的实现，在于是否为人的全面和谐地发展创造了符合的环境和空间。科学发展观中"以人为本"的人的全面发展，人与自然关系的和谐发展、人与社会关系的和谐发展是辩证法和谐诉求的表达。

二、人的自由全面发展

科学发展观的核心是"以人为本"。无论是构建社会主义和谐社会还是未来共产主义社会的实现，其最终的目标都是为了实现人的自由、全面与和谐的发展。通过对辩证法和谐诉求的历史考察我们发现，辩证法的和谐诉求一直以来表达的都是主体的人通过自我调节的能动性的实践活动，自我分裂的异化活动和自我扬弃异化的活动，在创造现实的人和人的对象世界的历史运动中实现人的自由、全面和谐发展的价值追求。贯穿于辩证法发展的历史，贯穿于人类发展的历史的主线都是在人类生存实践活动基

---

① 高清海、郗正：《别了，传统理性主义时代》，《天津社会科学》1993 年第 3 期。

础上，为了消除人的异在化状态而最终实现人的自由和谐的发展。人不同于其他的生物，生物的生存要全部的依赖于自然的选择，它的本能就是顺应自然，而人的发展主要依赖于自身。人对自然也有依赖，但人对自然还有能动的作用，人可以按照自己的目的根据环境和条件通过自身的实践活动作用于自然，因而具有了超越现存感性世界的本性。从生物的角度，人作为有限的生命个体就需要满足现实的需要，因而是有限的存在物；但是作为理性的存在，人的不断超越现实、实现自我发展的特性又决定了人是无限的存在物。人在实现自己的有限性需要的时候必然与人追求人的全面发展为特征的无限价值本性之间发生冲突和分裂，导致异化的出现。因而，人类的历史迄今为止就是一部分人的创造性活动与人的异在化状态并存的历史。追求人的自由和谐发展、扬弃人的异化成为了辩证法和谐诉求的内在根源。

德国古典哲学用矛盾的概念来解析人的自我异化和分裂，但这种矛盾却是源于悖论，它不是建立在人的实践活动的基础上，因而无法反映人的活动的内在本性，它只是一种理性思维的异化。黑格尔曾经指出："'理性'是世界的主宰，世界历史因此是一种合理的过程。"① 费尔巴哈努力将人和人的本质还原，虽然成功颠覆了黑格尔的唯心主义，但他抽象的"爱"的原则无法实现人类摆脱异化实现自由、和谐、全面发展的价值追求，也无法真正实现"以人为本"，他们所讲的人只是抽象的人，而非现实中的人。马克思以实践为根基突出了人的现实性，他指出："我们的出发点是从事实际活动的人。"②"这里所说的人们是现实的、从事活动的人们，他们受自己的生产力和与之相适应的交往的一定发展——直到交往的最遥远的形态——所制约。"③ 马克思还进一步强调指出："创造这一切、拥有这一切并为这一切而斗争的，正是人，现实的、活生生的人，而不是'历

---

① 黑格尔：《历史哲学》，王造时译，商务印书馆1999年版，第9页。
② 《马克思恩格斯选集》第1卷，人民出版社1995年版，第73页。
③ 《马克思恩格斯选集》第1卷，人民出版社1995年版，第72页。

史'。"① 最后，马克思通过对资本主义的批判建构了他的人的解放和自由发展的理论和构想，把共产主义看作对人的自我异化的积极扬弃，看作是人向人自身的复归，认为只有共产主义才能实现人与人、人与自然之间矛盾的真正解决。

科学发展观的核心"以人为本"就是对马克思主义关于人的发展理论的继承和发展，就是辩证法和谐诉求的凸显和延续。"以人为本"不仅诠释了社会主义发展的主体特点，而且为社会主义科学发展指出了正确的方向。"以人为本"诠释的就是辩证法的和谐诉求，它内蕴于人的创造活动和扬弃异化的活动之中。人的生存和发展的活动都是在追求和谐中完成和实现的，人的自我调节活动、人的创造活动、人的扬弃异化的活动都是为了获得和谐、保持和谐而做的努力。但是由于人的价值追求的无限性和生命个体的有限性之间的分裂决定了人的异在化状态的长期存在，因此人的真正和谐发展的实现是一个漫长的追求的过程。和谐的真正实现就意味着人的有限性与无限性的统一，人的活动内在本性的统一；这就意味着人对自然不再是单纯地占有，而是在改造自然的过程中实现自身的价值；个人的发展不是以他人为手段，而是以他人为目的。所有这些都是在人的有意识地自我调节下完成和实现的。这种和谐是在人的创造性活动基础上更高级的自觉的和谐，它不同于原始的低级的自发的和谐。

三、人与自然的关系

思维系统与社会实践总是紧密联系在一起的，二者是一种相互促进的关系，在社会实践中形成了一定的思维系统，思维系统又指导着社会实践，并在社会实践中得到巩固和发展。哲学理应给人提供一个人生活于其中的世界图景，而且这个世界应该是趋于人性化和适宜于人类生存的，我们要追求的是适合于人的生存和发展的世界应该是怎样的，而这些当然不

---

① 《列宁全集》第 55 卷，人民出版社 1990 年版，第 19 页。

能去纯粹的思维的世界里找寻，而应在人类的生存实践活动中去找寻。人不仅作为自然的人，而且作为认识自然界的认识者，不仅身在自然界之中，而且受到自然的制约。如何处理人与自然的关系，是人类生存实践的内容之一。如果把人和自然的关系绝对对立起来，那将是一种危险的人类的生存方式。人和自然的关系是伴随着人类的诞生而出现的问题，关于人与自然的关系有着双重的内涵，人和自然既有本原和派生的关系，又有改造和被改造的关系。马克思指出："全部人类历史的第一个前提无疑是有生命的个人的存在。因此，第一个需要确认的事实就是这些个人的肉体组织以及由此产生的个人对其他自然的关系。"[1] 而关于人与自然的关系在不同的时期和不同理论中是有不同的观点的。但总体看人与自然的关系是由最初的原始的和谐走向了人类中心主义。自然本体论从还原的思维方式出发主张人与自然之间，以自然为中心，人统一于自然。在资本主义社会之前，人与自然的关系基本是处于蒙昧的、低级的和原始的和谐状态的。由于生产力低下和神创论的影响，人对自然充满了恐惧和敬畏，人统一于自然。古代中国的"天人合一"与西方古代的神主导下的万物和谐一体的思想即反映了这种最初的粗陋的和谐。这种主张的缺陷就在于完全忽略了人对于客观世界的能动的价值，只关注自然对人的派生关系，把世界看作单纯的事实的世界。伴随着西欧的近代工业文明，人与自然的关系也发生了根本的转变，科学的发展提升了人改造自然的能力和水平，实证科学中的方法论"被培根和洛克从自然科学中移植到哲学中以后，就造成了最近几个世纪所特有的局限性，即形而上学的思维方式"[2]。当人们开始用这样的思维方式孤立地考察人与自然的关系时，人与自然之间的关系也在发生着变化，二者出现了激烈的冲突，人从原始的和谐统一之中跳出来而成为中心，充当着世界主人的角色，任意地支配和征服着自然。相应地也出现了人类中心主义的理论，比如功利层面的人类中心论、生态伦理学层面的人

---

① 《马克思恩格斯选集》第 1 卷，人民出版社 1995 年版，第 67 页。
② 《马克思恩格斯选集》第 3 卷，人民出版社 1995 年版，第 360 页。

类中心论和哲学人类学层面的人类中心论等的解说。①

　　人类中心主义的后果就是带来了巨大的生态危机，也带给人类严重的生存危机。人们开始关注和寻求人与自然和谐发展的解救之途，"人类如果想使自然正常地存续下去，自身也要在必需的自然环境中生存下去的话，归根结底必须得和自然共存。"②作为毫无片面性弊病的关于发展的学说的辩证法的和谐诉求开始日益获得了彰显。从马克思的辩证法理论出发，尤其是从辩证法的和谐诉求出发来考察当代人与自然的关系，既不能回到原始的低级的和谐，也不能走人类中心主义的老路，而要运用马克思主义的辩证法理论，从和谐的视角去科学地分析人与自然的关系，获得二者和谐发展的路径。

　　首先，要正确把握人与自然的关系，就要把握二者之间关系建立的基础，即从人的改造世界的活动出发，这是人与自然之间关系和谐发展的深刻基础。正如马克思所说，只有把人看成不同于自然的东西，二者的对立统一才是有意义的。在马克思看来，关注人的辩证法所考察的自然，不是等待人去开发的人之外的自然，而是人的本质和力量的确证，是人的对象性存在物，是人自己的"他在"，自然与人是内在统一的。人类历史也不再是客观的宏大的世界史和自然史的部分，而是与世界史相等同的，在现实生活中世界史与人类史是不能分开的，自然史与生活史是同一的。人的认识也成为人的生活的一种形式，而且成为贯穿于其他一切生活形式的人的最基本的生活形式。人的认识不再是可以摆脱主观性而一味追求客观的绝对真理的过程，也不是在生活之外远离生活的，而是内在于生活的。此种认识已经具有了存在论的意义。马克思说："在思辨终止的地方，在现实生活面前，正是描述人们实践活动和实际发展过程的真正的实证科学开始的地方。关于意识的空话将终止，它们一定会被真正的知识所代替。"③因此，人固然是自然发展的产物和自然的存在物，但是由于能够能动地对

---

① 　参见丁立群：《人类中心论与生态危机的实质》，《哲学研究》1997 年第 11 期。

② 　汤因比、池田大作：《展望二十一世纪》，国际文化出版公司 1985 年版，第 40 页。

③ 　《马克思恩格斯选集》第 1 卷，人民出版社 1995 年版，第 73 页。

待自然而成为自然系列的顶点。人的出现使世界二重化了，人通过自身的实践活动改变了主观和客观、主体和客体、自在世界与属人世界、事实和价值的关系，而所有这些反映着人与自然之间的新型的关系都是人的实践活动的产物。因此，只有从人的实践活动出发，才能真正把握人与自然之间的辩证关系。

其次，人的创造性的实践活动使人在与自然的关系之中处于主导的地位，人在创造自身的同时，也在改变着对象世界。自然在人化的过程中，逐渐按照人的规律而发生改变，并融合于社会领域之中。自然发展固然有其本身的规律性，但是事物的发展往往又是多种因素作用的结果，必然之中包含着诸多偶然性。因此，人的创造性的实践活动可以通过有意识地调节和引导活动掌握自然界的发展和变化，使其朝着有利于人的方向发展。人类历史已经证明人的实践活动可以对自然产生巨大的影响。因此，辩证法的和谐诉求凸显在和平与发展的时代，彰显于人与自然关系激烈冲突的今天，如何追求人与自然和谐的发展，关键还是在于如何调节人的实践活动，调整人的活动对于自然作用的方式和导向。为了实现人与自然的和谐发展，我们一天天地学会更正确地理解自然规律，学会认识我们对自然界的习常过程所作的干预所引起的较近或较远的后果。正如罗马俱乐部的报告中指出的那样，要想解决生态失衡、环境污染和资源枯竭的问题，零增长决不是出路，重点在于人类主体素质的提高，人类必须要自我控制，以免创造活动最终否定自身。正如恩格斯指出："我们不要过分陶醉于我们人类对自然界的胜利。对于每一次这样的胜利，自然界都对我们进行报复。每一次胜利，起初确实取得了我们预期的结果，但是往后和再往后却发生完全不同的、出乎预料的影响，常常把最初的结果又消除了。"人来自于自然，他还可以反作用于自然，这种相互作用形成了一种动态的辩证的关系。在这一关系问题上就要突出和谐的维度与诉求，才会使其朝着健康、有序、和谐与持续的方向发展。

再次，基于人与自然的相互依存的关系，在现代人类发展的历史背景下，凸显辩证法的和谐诉求，实现人与自然关系的更高级的和谐。人与自然的关系既不能像自然本体论认为的那样突出自然的优先地位，也不能像人类中心主义那样过分突出人的地位和作用，人与自然之间是一种相互依存的关系。人来自于自然，更依存于自然，恩格斯指出："我们连同我们的肉、血和头脑都是属于自然界和存在于自然之中的。"人与自然相互依存的关系内在地蕴含着和谐发展的诉求和发展的必然趋向。对人与自然相互依存关系的认识不同于自然主义的历史观，恩格斯指出："认为只是自然界作用于人，只是自然条件到处决定人的历史发展，它忘记了人也反作用于自然界，改变自然界，为自己创造新的生存条件"。这样的人"是一些现实的个人，是他们的活动和他们的物质生活条件，包括他们已有的和由他们自己的活动创造出来的物质生活条件。"因而，马克思得出这样的结论："个人怎样表现自己的生活，他们自己就是怎样。因此，他们是什么样的，这同他们的生产是一致的——既和他们生产什么一致，又和他们怎样生产一致。"① 因此，人与自然统一于社会之中。基于人与自然的相互依存的关系，在现代化背景下的社会主义实践中实现人与自然的和谐发展，是辩证法和谐诉求的应有之义。它要求人类以文明的态度去对待自然，对自然有效地利用和适度地改造，以和谐的原则优化和改善人与自然的关系，摒弃人类中心主义的价值观，"人类必须开始对自然采取一种新的态度，它必须建立在协调关系之上而不是征服关系之上。"② 辩证法的和谐诉求在人与自然关系问题上体现为对人类和谐的生产方式与和谐的生活方式的追求。人与自然要和谐共生，既满足自身的生活，又不破坏生态平衡。这种和谐与古代的人统一于自然的原始的和谐是不同的，它是凸显辩证法和谐诉求的一种更高级的人与自然的和谐，是充分弘扬了人对自然的主体地位、人道地对待自然、自然统一于人的和谐关系。

---

① 《马克思恩格斯选集》第 1 卷，人民出版社 1995 年版，第 67—68 页。
② 梅萨洛维克、佩斯特尔：《人类处于转折点——给罗马俱乐部的第二个报告》，梅艳译，生活·读书·新知三联书店 1987 年版，第 148 页。

四、人与社会的关系

传统哲学把社会的形成和发展看作是一个自然历史过程，遵循着客观的必然的规律；植根于人类实践活动基础之上的唯物史观认为社会发展要遵循的唯一规律就是主体的实践活动规律。而在人类主体实践活动发展的历史中，一直贯穿始终的理应是辩证法的和谐诉求，人类通过自身的实践活动，从未放弃过对自身和谐发展、对和谐的理想社会的追求和努力。马克思指出，社会关系实际上决定着一个人能够发展到什么程度。在人类社会发展初期，在以血缘关系为纽带构成的原始共同体中，无论个人还是社会，都不可能得到自由而充分的发展，因为原始的个人同社会的关系与这样的发展是相冲突的。资本主义的发展打破了限制个人交往的血缘关系、等级差别，社会形成了普遍的物质交换、全面的关系、多方面的要求以及整体能力的体系。正如马克思所说的那样，资本主义社会在产生出人的自我异化和人与人之间异化的普遍异化的同时，个人关系和个人能力的普遍性和全面性也同时产生出来了。他认为，这种物的联系虽然有其弊端，但总要比原始的单个人之间没有联系要好，至少要比原始的以自然血缘关系和统治与被统治的服从关系为基础的地方性联系要好。在马克思看来，"人的本质不是单个人所固有的抽象物，在其现实性上，它是一切社会关系的总和。"①他认为，人和社会的关系反映着人的自我价值和人的社会价值的关系，马克思早在《青年在选择职业时的考虑》中就曾指出："在选择职业时，我们应该遵循的主要指针是人类的幸福和我们自身的完美。不应认为，这两种利益会彼此敌对、互相冲突，一种利益必定消灭另一种利益；相反，人的本性是这样的：人只有为同时代人的完美、为他们的幸福而工作，自己才能达到完美。"②就是说，人的自我价值的实现只有与人的社会价值的实现相联系，才是真正的实现，才是有可能实现的。反过来，

---

① 《马克思恩格斯选集》第 1 卷，人民出版社 1995 年版，第 56 页。
② 《马克思恩格斯全集》第 1 卷，人民出版社 1995 年版，第 459 页。

人的社会价值的实现也会制约着人的自我价值的实现。按照马克思的分析得出结论，人类的史前时期是无法提供给人和谐、自由发展的条件与可能的，尤其是资本主社会"使人和人之间除了赤裸裸的利害关系，除了冷酷无情的'现金交易'，就再也没有任何别的联系了……把人的尊严变成了交换价值，用一种没有良心的贸易自由代替了无数特许的和自力挣得的自由。"① 在对资本主义无情批判的基础上，马克思、恩格斯在《共产党宣言》中提出了共产主义社会的美好理想，提出"代替那存在着阶级和阶级对立的资产阶级旧社会的，将是这样一个联合体，在那里，每个人的自由发展是一切人的自由发展的条件。"② 可见，共产主义社会是马克思设想的最和谐的理想社会，在这样的社会中人才会真正实现自由、和谐的全面发展。

　　构建和谐社会与和谐世界的理念是符合时代发展潮流和趋势的，也是符合我国的国情与发展的需要的，更体现了马克思主义的价值追求和社会理想。当今时代，在和平与发展的时代背景下，无论是在国际交往还是在对待发展的态度上，人们更倾向于选择对话和交流的方式来解决问题，而不是采取斗争和削弱对方来实现自己的利益；在交往中往往以互利合作与双赢为目标，追求共同的发展。我国的社会主要任务和发展的目标是经济发展和促进社会的稳定和谐发展。一般来讲，思维方式的性质总是与所处社会的性质相适应的，在现时代继续以斗争性思维为主导就会发生偏差，反思我国以及社会主义运动的历史，人类思维方式的片面性与很多重大失误的发生是不无关联的。当代中国特色社会主义社会已经发展到消灭了阶级对立的时代，全球化的历史进程又大幅度地提升了各民族和国家通过交往解决矛盾纷争的可能性，构建和谐社会和和谐世界已是人心所向和大势所趋。作为人类思维和智慧最高形态的辩证法既应该反映时代的潮流和历史的必然趋势，又要从注重对立斗争而走向和谐共赢。全球化时代的和平与发展的主题客观上要求符合时代发展的和谐观，而科学的发展观就是在

---

① 《马克思恩格斯选集》第1卷，人民出版社1995年版，第275页。

② 《马克思恩格斯选集》第4卷，人民出版社1995年版，第730页。

马克思主义辩证法基础上，结合中国社会发展的实际，凸显和谐诉求的辩证法理论的创新和发展。在人与人、人与自然、人与社会之间的关系问题上，强调和谐共生与可持续发展的理念，消除人的发展与社会发展所面临的冲突与危机，从而实现人的发展与社会发展的全面、和谐与可持续。科学发展观的发展理念、发展思路和对发展方向的把握将为和谐社会的构建提供有力的理论支撑。只有用科学的发展观来指导我国的社会主义实践，才能促进人与自然关系的和谐发展，实现人与人之间融洽地相处，人与社会之间的和谐共生，经济基础与上层建筑、生产力与生产关系之间的最佳适应状态，才能努力使各种冲突和矛盾问题朝着良性的方向发展并最终获得解决，实现人类的全面、协调和永续的发展。科学发展观的内涵深刻体现了辩证法的和谐诉求，它把"以人为本"作为核心，把人的全面、自由、和谐的发展作为追求的目标和宗旨；按照"统筹兼顾"的发展原则，全面、综合地协调各种关系和冲突，化解矛盾，实现经济社会的又好有快的发展，进而实现人类社会的可持续发展与和谐发展；科学发展观不仅深入到社会发展的系统之中，在突出人的主体发展和谐的价值追求的前提下，更加关注人类生存于其中的生态系统的协调与和谐的发展状态，突出和强调了人与自然共处的这一整体内部关系的联系性与协调性。所以，我们只有以科学发展观为统领，才能更好地进行社会主义和谐社会的建设。

第四节　用科学发展观指导社会主义和谐社会的构建

　　贯彻和落实科学发展观与构建社会主义和谐社会，是党中央提出的在新的历史条件下建设中国特色社会主义的战略指导思想，就二者的关系而言，科学发展和社会和谐是内在统一的，没有科学发展就没有社会和谐，没有社会和谐也难以实现科学发展。所以，在当今学习实践科学发展观的时候，我们就应辩证的理解二者的统一关系，用科学发展观来指导社会主义和谐社会的建设。因为科学发展观是统领我国经济社会发展全局的，也是统领社会主义和谐社会建设的，科学发展观是构建社会主义和谐社会的指导原则。这即是说，无论是作为一种社会状态，还是一种价值目标，和谐社会的建设最终都要靠落实科学发展观来实现。

一、科学发展是实现社会和谐的基础

社会和谐是中国特色社会主义的本质属性，构建社会主义和谐社会是贯穿中国特色社会主义事业全过程的长期历史任务，而这一任务的提出又与传统的发展理念所造成的种种社会不和谐状况直接相关。传统的发展观用经济的发展来代替社会的发展，用经济总量的增长作为衡量社会进步的尺度。在这样发展观念的支配下，一方面，市场的经济冲动力取得了支配地位，而道德约束力和社会公正则被忽视，由此引发了社会矛盾的冲突，使社会公平问题成为焦点问题；另一方面，为了追求经济发展的速度，不惜高投入，造成了资源的浪费和生态环境的破坏，从而使人与自然的关系，处于对立之中。由此，一些人产生了错误的认识，把效率和公平对立起来，把经济生产与保护环境对立起来。其实，造成人与社会、人与自然不和谐的原因并不在于生产和发展经济本身，而在于过去错误的发展理念和发展方式。按照历史唯物主义的观点，社会是一个有机的整体，但生产力是社会发展的最终决定力量，只有在经济发展的基础上，才能为政治、思想文化和社会事业的发展提供必要的物质保证。所以，科学发展观的第一要义就是发展，而社会要和谐，首先就要发展。这是因为：第一，只有经济的发展，才能为社会的和谐与安定有序提供物质前提。我国社会当前的主要矛盾是人民日益增长的物质文化生活需要和落后的社会生产之间的矛盾，而要解决这一矛盾就必须以经济建设为中心，大力发展生产力。改革开放三十多年来的经验证明，如果没有经济建设的成就和人民生活水平的提高，我们就不能渡过种种困难的局面，就没有人民安居乐业的生活，也就没有人民对中国特色社会主义的拥护。很难想象在贫穷落后、衣食无着的情况下，社会能够安定有序，人们能够和谐相处？第二，过去存在的不和谐问题也只能通过科学发展来解决。现在有一种错误的认识，似乎公平和效率是对立的，要讲效率就要牺牲公平，而讲公平就要否定效率。当然二者之间确实存在内在的张力，但并不是截然对立的关系。问题是怎样理解公平和效率？从科学发展观的角度看，效率不仅包括经济效益还包括生态效率和社会效率，相应的公平也是经济公平、生态公平和社会公平的统一，这样理解的公平和效率，要求尽量以最小的的不公平换取最大的效率，以最小的效率损失换取最大的公平。过去的发展理念对公平和效率的理解太片面化了，以致在发展经济时忽视了社会事业的建设。但问题是，社会事业的建设，住房、医疗、教育、就业、提高劳动者的报酬，等等，都需要国家财政的强有力支撑，这只有靠经济的发展，才能得到逐步地解决。所以，和谐社会的建设不是要不要发展的问题，而是怎样科学的发展才能保证社会和谐的问题。

二、科学发展观揭示了构建社会主义和谐社会的主体价值导向

"以人为本"是科学发展观的核心，它要求必须把最广大人民群众的根本利益作为党和国家一切工作的出发点和落脚点，做到发展为了人民、发展依靠人民、发展成果由人民共享。而这也正是构建社会主义和谐社会的本质要求，揭示了和谐社会内在的主体价值导向。第一，它揭示了和谐社会建设的内在目的。在马克思看来，人是物的主体本质，所以，共产主义意味的是人的解放，"完成了的自然主义＝人道主义，而作为完成了的人道主义＝自然主义，它是人和自然界之间、人和人之间的矛盾的真正解决"。[①] 这即是说，和谐意味的是人的自由全面的发展。而要实现人的全

---

① 《马克思恩格斯全集》第 3 卷，人民出版社 2002 年版，第 297 页。

面发展的目的，就必须反对"物本"的倾向。近代以来，资本主义商品经济的发展，逐渐形成了个体本位的社会格局，人日益走上了独立自主的发展道路，但人的这种独立性却是以对物的依赖性为基础的，物的关系代替了人的其他社会关系，人被物所支配。由此产生了市民社会的"孤独的私人"，导致了人与自然、人与社会的分裂和对立。社会的不和谐从根源上来说，就是人物化的结果。所以，科学发展观坚持"以人为本"，就是要确立"人是人的最高本质"这一信念，从而把异己的客观力量变为人自主活动的条件，和谐的实现才是可能的。第二，它揭示了和谐社会建设的依靠力量。发展依靠人民说明了人民群众才是社会主义建设的主体，所以，要尊重人民的主体地位，发挥人民首创精神，切实保障人民各项权益和当家作主的领导地位。而要确立人民的主体地位，就必须反对"民本"的错误观念。"民本"思想是英雄史观的体现，仅仅是统治阶级自上而下的重视群众的思想，在"民本"观念中，人民只是客体而不是主体，是统治阶级为了维持其统治而加以利用的工具。它只能导致"官"和"民"的二元分化，促使"官本位"和"青天意识"的流行，从而把人民作为客体来对待。如果以这种观念来指导发展，就会把人民群众当作要拯救、需要怜悯的对象，就会损害人民当家的权益，即使物质生活充裕，人民也不会心情舒畅，更谈不到民主法治、公平正义、诚信友爱、充满活力、安定有秩的和谐局面。第三，它揭示了和谐社会建设的最终归宿。随着社会主义市场经济的发展，利益主体日益分化，形成了各种利益博弈的局面。利益的分配要讲规则，而规则的确定不能单从经济效益着眼，还要考虑生态的成本和社会的成本，不能使少数人享有发展的成果，而使大多数人背负发展的成本。资源和环境都是全社会的，为社会全体成员所共有，而不是少数人的专利。并且人民群众是生产劳动的主体，所以，发展的成果应由广大人民群众共享，这就需要关注民生，重视弱势群体的权益，着力解决人民最关心、最直接、最现实的利益问题，加强社会事业的建设，汲取国外现代化建设的教训，只有如此，才能真正体现社会公平，从而消解社会矛盾冲突，使社会安定和谐。

三、科学发展观指明了构建社会主义和谐社会的根本途径

科学发展观的基本要求是全面、协调、可持续的发展，这也正是和谐社会建设急需解决的问题。当今存在的诸多不和谐因素，如社会事业发展滞后，城乡、地区发展的不平衡，资源和环境的破坏，其实就是片面的、不协调的、不可持续的发展造成的。所以，只有遵循科学发展观的要求，才能化解这些矛盾，达到和谐社会建设的目的。

第一，全面发展是实现社会和谐的前提。按照唯物辩证法的道理，发展中存在着不平衡性的现象，有着主要矛盾和次要矛盾之分和矛盾的主要方面和次要方面之别，因而要求人们在处理问题时做到两点论和重点论的统一。这即是说，既要抓住重点，又要统筹兼顾。否则重点就变成了一点，就会导致片面性。当前存在的一些问题其形成的重要原因之一，就是片面发展造成的。如"一手硬、一手软"、"一腿长、一腿短"，就是只注重了经济发展，而忽视了其他方面的建设造成的。而要解决这些问题就必须提倡全面发展。正因如此，改革开放以来，我党根据不同的历史状况，相继提出了经济建设、文化建设、政治建设、社会建设，形成了四位一体的总体布局，认识到经济建设虽然是基础，但却不能用经济发展代替社会发展。当经济的发展走入市场经济的轨道后，相应的在政治上也要走民主、法治的道路，而经济体制和政治体制的改革又必然带来思想观念的更新，所以要提倡社会主义的核心价值体系和先进文化。而所有的这些变化最终都要体现在社会的运行机制和生存方式上，因而要关注民生，加快社会事业的建设。可见，发展必须是全面的，只有全面的发展，才会有社会的和谐状态。这就需要我们转变僵化的片面看问题的形而上学思维，否则必使发展陷入顾此失彼的不和谐状态。

第二，协调发展是实现社会和谐的根本条件。全面发展就内含着协调发展之意，全面发展和协调发展都在于解决发展中的不平衡现象，只不过协调发展更注重结构的合理，部分之间的平衡和运行机制的顺畅。从系统的观点来看，只有结构合理，组成系统的各个部分才能有效地发挥自己的

功能，从而产生整体性的合力。我国在过去的发展中，存在着诸多的结构不合理和部分的不协调现象，如城乡的二元结构、各个区域发展的不平衡，上层建筑和经济基础的某些方面和环节的不相适应，粗放式的发展方式使速度、结构和效益不相统一，经济发展与人口、资源的矛盾等，这些不协调现象不但干扰了社会的正常运行机制，而且引发了激烈的社会矛盾，产生着新的社会不公，使社会出现了不和谐的声音，不能安定有序的发展。所以，要使社会又好又快有秩的发展，就要解决城乡、区域发展的不平衡，尽快转变经济发展的方式，解决经济发展与政治、文化、社会事业建设不同步的某些方面和环节的矛盾，使结构合理，机制顺畅，各个部分协调，从而达到作为一个有机整体和谐平衡发展的目的。

第三，可持续发展是实现社会和谐的保证。人与社会的和谐又离不开人与自然的和谐，不仅因为自然提供了人生存的生产和生活的资料，而且人与自然的关系本质上是人与社会的关系，是人与子孙后代的关系，并且体现着人自身的本质力量，对象化的活动内涵着人文明发展的文明程度。正如马克思所说："自然界，就它自身不是人的身体而言，是人的无机的身体。"[①] 因而，科学发展观提倡走可持续发展之路，正确处理人的长远利益和眼前利益的关系，局部利益和整体利益的关系，认为只有人与自然友好相处，保护生态环境，才能保证发展世世代代永续进行，否则，破坏了人与自然的和谐，使环境不再适合人类的生存，使生产不能正常的进行，也就不会有真正意义的社会和谐。

总之，社会主义现代化建设的过程，既是科学发展的过程，又是和谐发展的过程，二者是内在统一的，是一个过程的两个方面，统一于全面建设小康社会的伟大实践中，所以，只有用科学发展观作指导，才能完成构建社会主义和谐社会的历史任务。

---

① 《马克思恩格斯选集》第 1 卷，人民出版社 1995 年版，第 45 页。

第 六 章

协调生产关系与构建和谐国企，
完善社会主义市场经济体制

东北老工业基地的振兴是一个复杂的系统工程，涉及经济、政治、文化和社会生活的方方面面，是全方位的社会结构的变革，而在这种变革中，既要根据东北的实际情况，又要有正确的指导思想和工作方法，这就是用科学发展观为指导原则，从构建和谐社会的视角去全面考虑东北老工业基地的振兴问题，以达到生产力和生产关系、经济基础和上层建筑的协调发展。在这一过程中，确立和谐的思维具有特殊重要的意义，因为，只有人与自然、人与社会、人与自身的和谐统一，才能给东北的经济建设提供发展的持久动力和良好的内外环境，才能使经济和社会平衡发展，才能达到重振东北老工业基地的目的。

第一节　东北老工业基地的历史和现状

东北地区包括辽、吉、黑三省，土地面积有 79 万多平方公里，近 1 亿 1 千万人口，在这片广袤的土地上，蕴藏着丰富的自然资源，巨大的存量资产，良好的产业基础和明显的科技优势。东北老工业基地是新中国工业的摇篮。新中国成立初期，在当时党的优先发展重工业的赶超战略下，国家以东北为重点进行了大量投资，在新中国成立初期的 156 项重大建设项目中，辽宁占 24 项、吉林占 12 项、黑龙江占 22 项，加起来占项目总数的40％。经过"一五"时期的大力建设，安排在东北地区的58项苏联援建重点工程项目陆续施工，同时地方建设项目的多项配套工程也开始施工建设，到1957年东北已经基本建成特色鲜明的重化工业基地。如以长春第一汽车制造厂为核心的长春汽车城、以富拉尔基重型机械厂为中心的机械加工城，还有鞍山钢都、沈阳飞机城、哈尔滨的机电企业群，等等，东北地区的工业在全国举足轻重。在此期间，不论是基本建设投资，还是科技人才调动，国家都给东北地区予以大力支持。①

　　经过几十年的发展，东北形成了较为完整、有着相当规模的以能源、原材料、装备制造等为主的工业基地。为我国建立独立、完整的工业和国民经济体系作出了重要贡献，是我国改革开放前工业经济的重要基础。从新中国成立到1978年，东三省的人均GDP仅次于京、津、沪三大直辖市，一直在全国处于领先地位，辽宁的GDP当时大约是广东的两倍。可见，东北老工业基地历史上在我国经济发展中的举足轻重的地位。

　　但是，自改革开放以来，尤其是20世纪90年代我国走向社会主义市场经济体制建设之后，东北老工业基地的发展却明显滞后，落后于全国其他地区的发展。甚至成为国民经济发展的制约力量。在2004年，广东的人均GDP已是辽宁省的两倍。而东北三省的人均GDP排位在1994年至2004年10年间分别由第1、第7、第4下降至第8、第14、第10位。这种经济发展的缓慢除了有国家政策导向的原因外，即国家经济发展重点南移。在让一部分地区先富起来的区域发展战略指导下，国家把发展的重点放在了交通和对外交往条件较好的东南沿海地区，先是深圳，继之东南沿海和上海浦东，而东北则被冷落。东北经济的早年优势本就是国家大量投资和扶持的结果，一旦失去国家的重点扶持，发展的缓慢自是情理之中的事情。然而，这只是外因。更为主要的是东北经济类型的特殊性，即东北地区是原有计划经济体制统治时间最长、贯彻最为彻底的地区，受计划经

---

① 　参见石建国：《中国工业化的路径转换与东北工业基地的兴衰》，《中共党史研究》2009年第3期。

济体制影响最深，它体现了所有计划经济体制的辉煌成就，也集中了所有计划经济体制的弊病，当计划经济体制向市场经济体制发生转轨之后，东北老工业基地的发展就面临重重的阻碍和困境。众多学者对这一点都有明确的认识和深入的探讨。如中国银监会副主席史纪良先生在"振兴东北老工业基地金融高层论坛"上的演讲中，就对东北经济发展的困境作出了准确的概括。"随着国家改革开放和社会主义市场经济体制的建立和不断完善，东北老工业基地体制性、结构性问题日益显现出来。主要表现为，经济发展活力不足，所有制结构较为单一，产业结构调整缓慢，一些资源型城市接续产业亟待发展。加之，企业办社会历史包袱沉重，人员就业压力大。这些矛盾和问题已经成为新形势下东北老工业基地进一步发展振兴的主要障碍。"① 其他学者也有类似的看法。综合各位研究者的观点，我们可以把东北老工业基地发展面临的困境和问题具体概括为如下的方面：

第一，体制性障碍严重，转轨艰难。东北地区的经济管理体制是在新中国成立初期的计划经济时期形成和确立的。"一大、二公、三纯"的计划经济模式使东北的国有大中型企业比例较高，截至 2001 年年底，东北三省共有国有大中型企业 1394 个，其中大企业 709 家，其固定资产原值、工业总产值、工业利税分别占东北工业总体的 85%、76.64%、73.57%。由于国有资产比重大，加之，重化工业的产业结构和资源型企业多，因而国家控制比较严格，企业还没有成为真正意义的市场主体。以吉林省为例，截至 2007 年，还有 20% 的企业没有改制，30% 以上的企业出资人没有到位，40% 的企业承担办社会的职能。并且要素市场发展不充分，信贷资金的市场化分配和劳动力流动性过低，说明计划经济体制仍然在东北占有重要的地位，使东北老工业基地市场化取向的改革面临重重阻碍。国有经济成分大、企业规模大、能源、原材料和装备制造的产业结构特点，使改制的条条框框的限制多，成本高，不是一般企业或个人能够轻易完成的，因而，东北老工业基地向市场经济转轨的脚步就异常缓慢，步履

---

① http://finance.sina.com.cn/roll/20040302/1550652570.shtml.

维艰。

第二，所有制结构单一，经济发展活力不足。因为企业制度相对落后，市场化程度低，缺乏独立的经济利益和激励机制，不能成为市场竞争的主体，使国有经济活力不足成为我国存在的普遍现象。相反，非国有经济比例较大的地区，企业的市场化程度高，市场的竞争压力大，企业就活力充足，经济发展的速度也就较快。东北地区国有经济比重大，而其他市场主体发育则较慢，仍以吉林为例，外商及港澳台商投资不足，其资产仅占企业总资产的 10％左右，比全国平均水平低 10.2％，个体和私营经济发展水平就更低。所有制结构单一，国有经济比例大，外资企业少，民营经济不发展，已成为当前东北经济发展的突出特点和制约经济发展的瓶颈，尽管经过多年的改革，已初步改变了所有制单一的局面，但计划经济体制的影响还深深存在，国有经济的比例还大大超过全国其他地区，尤其是国有大中型企业还是基本按照原有的模式在运作，并没有根本改变和真正走向市场，造成企业缺乏活力和竞争力，自我积累与发展能力差，致使大批企业停产和亏损，众多职工下岗失业，不但削弱了整个东北地区经济发展的活力，使经济发展缓慢，而且使社会不稳定因素增加，大大延缓了向市场化转轨的步伐。

第三，资金缺乏，融资困难。振兴东北老工业基地要以提升国有企业竞争力为中心，而要提升企业竞争力，就必须调整产业结构和产品结构。东北地区是我国的老工业基地，大中型国有骨干企业大多兴建于 20 世纪 80 年代以前。在计划经济年代，企业无权也无力对设备进行改造，改革开放后，由于经济衰退，也没能对技术设备进行更新改造。致使设备普遍老化，技术落后，企业发展的能力和竞争力严重不足。据资料统计，到 2003 年，东北企业的设备役龄在 20 年以上的约占 23.8％，30 年以上的占 9.2％，因而企业亟须进行系统的更新改造。但是，产品结构和产业结构的调整需要投入大量资金，而东北地区又属于不良资产和不良贷款比例较高的地区，由于企业的效益差，自身资金积累能力较弱，导致企业债务负担不断加重，经营条件不断恶化。据民盟中央调查组 2003 年对辽宁和黑龙江两省的调查，辽宁省地方国有及国有控股企业 1507 户中，资不抵债企业为 308 户，平均负债率为 135%。黑龙江省地方国有企业资产负债率为 83%，资不抵债的国有企业为 36.7%，亏损面高达 49.9%。近年来，东北地区银行不良贷款居高不下，呆坏账比例较高，贷款规模受到严格限制，致使企业融资困难，无力进行系统的更新换代。由此形成了依靠政府向老基地企业输血的局面，而不能自我积累、自我发展和自我创新，缺少资金投入已成为制约东北老工业基地快速发展的瓶颈。

第四，资源枯竭，缺乏接替产业，亟待产业转型。东北地区是以钢铁、能源、机械、化工、汽车等为主导产业群的工业基地，资源型产业占有很大的比重。在新中国成立初期，东北依靠自然资源优势建立了相对雄厚的国有工业体系，为东北地区乃至全国经济的发展作出过突出贡献。但由于粗放型的发展方式，对自然资源过度的开采，使资源逐渐趋于枯竭，开采成本也越来越高，企业的效益也越来越差。以黑龙江的大庆为例，大庆油田曾是国民经济的重要支柱，新中国成立五十多年来累计给全国提供了 17 亿吨石油，占全国石油总产量的 50%。但现在油田的可采储量只剩下 30%，仅有 7.45 亿吨。而许多国有煤炭企业面临着同样的局面，黑龙江的鹤岗、鸡西、双鸭山、七台河，辽宁的阜新等煤炭生产基地都面临着资源枯竭或即将枯竭的局面。但是，这些资源型产业又都结构单一，以生产原材料为主，既缺乏深加工的技术结构，又缺乏接续性产业的发展，因而企业的发展难以为继，面临重重困境，亟待产业的转型和接续性产业的发展。

第五，企业历史包袱沉重，下岗职工人员多，就业压力大。由于东北的国有大中型骨干企业都是在计划经济时期形成的，而"大而全"是当时企业所追求的目标，企业承担了办社会的责任。这就造成了，一是机构臃肿，冗员较多，各种非生产性的机构大量存在，使企业变成了小社会。东北地区国有企业办社会的机构有 7183 个，职工 49.1 万人，企业办社会的补助支出 153.8 亿元人民币。二是当初为了解决企业职工子女的就业问题，企业办了各种"大集体"，这些大集体企业技术水平落后，产品缺乏竞争力，主要依靠企业的扶持，因而大多亏损。东北有 4655 户厂办大集体企业，其中亏损和停业的占 70.4%，2002 年总体亏损额高达 11.6 亿元人民币，大集体资产总额 818.5 亿元，负债总额却有 836 亿元人民币。[①]这些历史遗留问题，给企业背上了沉重的负担，自身发展能力被极大的制约，无法与一身轻的非国有企业平等竞争。此外，东北企业还有这样的特点，规模大、劳动力集中，尤其是资源型企业，职工和家属占据了城市人口的大部分，一家几代都在同一企业工作，一旦企业经济效益不好，下岗和再就业问题，就成为企业和社会的极为严峻的问题。这些年来，由于企业效益不好和企业改制的进行，造成职工的大量下岗，由于社会保障制度还不够健全，职工和企业以及政府的冲突时有发生。据统计，辽宁 2003年国有和集体企业离岗职工有 150 万人，城镇失业登记 83 万人。黑龙江城镇各类下岗失业人员达 149 万人。而这种情况在资源型城市尤为突出，以阜新为例，2002 年下岗人员 15.2 万，占全市人口的 20%，实际失业率为 30.6%。稳定就业的需要，使国企改制和经济结构的调整面临两难的选择，成为制约企业发展的重要因素之一。以上对东北老工业基地的发展历史和现今面临的困境进行了一个简要回顾和分析。其目的是根据东北企业的特点和存在的问题，有针对性地去寻求解决问题的方法和制定政策措施，以明确建设和谐东北经济的道路和途径。

第二节　东北老工业基地振兴的首要任务

根据马克思主义的原理，经济是全部社会生活的基础，社会的和谐首先在于经济生活的和谐，而经济生活的和谐又存在于生产力和生产关系的

---

① 王洛林、魏后凯：《东北地区经济振兴的战略思考和政策措施》，《经济研究》2006 年第 5 期。

辩证的相互作用的关系中，只有生产关系适合生产力的发展状况，才能促进经济建设的顺利发展。而生产力本身也有一个如何协调发展的问题，只有生产资源和生产要素优化组合，才能形成先进的生产力，才能使经济发展又好又快，具有可持续性，这又反过来会进一步要求完善生产的组织形式和管理体制。马克思主义的这一基本原理是我们分析东北老工业基地经济建设的指导思想。通过上面对东北老工业基地发展现状的分析，我们可以看出，存在的问题其实可以归结为两大方面，一是调整生产关系方面的问题，即国企改革，建立和完善社会主义市场经济体制的问题；二是调整生产力方面的问题，即贯彻科学发展的理念，使发展方式转变和调整经济结构的问题。针对东北老工业基地的具体情况，国企改革是发展经济的首要任务。正如人民日报的评论员文章所说："东北的国有企业技术设备老化严重，迫切需要技术改造。但是这些年技术改造花了大钱，许多企业却陷入了'不技改等死，搞技改找死'的怪圈，技术改造完成之日，就是企业亏损之时。一个重要原因，就是企业机制未改。巨大的投入，崭新的设备，在旧体制的土壤上，结出的仍是苦果。说来也许不信，在东北的一些国有企业里，人事、工资、分配制度还未改革，大锅饭、铁饭碗依旧。先改制、后改造，成了这次东北调整改造的新选择。"[1]

我国经济体制改革三十多年走过的路程可以分为两个时期，20 世纪80—90 年代是在原有计划经济体制框架内的改革，即有计划的商品经济阶段，改革的思路是放权让利，利用物质利益的刺激来调动广大劳动者的生产积极性。改革的形式是在农村实行联产承包责任制和城镇企业的租赁承包。应该说，在农村，联产承包责任制由于同农村的较低水平的生产力发展状况是适应的，责、权、利落到了实处，因而改革取得了很大成效，物质利益的刺激机制发挥了作用，使农业生产很快发展起来。但是，城镇

---

[1] 江绍高、皮树义：《"雄鸡"高歌看东北，振兴东北老工业基地》，《人民日报》2003 年11 月26 日。

国有企业是社会化大生产的形式，放权让利的改革并不能使企业真正成为独立的主体，因而企业也没有独立的经济利益，物质利益的刺激也就不能真正发挥作用。相反，它却造成了企业内部利益的扩大化和企业行为的短期效应。这说明在计划经济体制框架内的改革是行不通的，改革的深入发展需要经济体制的根本转变。

20 世纪 90 年代以后，改革的发展进行到第二个时期，即体制创新时期。在党的十四大上，经济体制改革的目标被确定为建立社会主义市场经济体制。市场经济本质上是主体经济，它意味着企业必须独立自主，自主经营，自负盈亏，成为市场竞争的独立主体。这是社会主义市场经济体制得以建立的核心和根本。但企业要成为独立的主体，就必须对生产资料具有支配权。只有形成企业的财产权，企业才能面向市场，根据市场的需要来配置资源，安排生产。才有独立的经济利益，对财产的增值、保值负责。才能在充满机遇和风险的竞争压力环境下，去拼搏进取，最大限度地发挥积极性、主动性和创造性。可原来的计划经济理念没有"公有制有多种实现形式"的意识，对大中型企业一律采取国有制的形式，由于企业没有生产资料的财产权，因而不能成为市场竞争的独立主体。在计划经济条件下，企业并不是真正意义的企业，而只是听从指令进行生产的工厂。所以，要建立社会主义市场经济体制，要使企业成为真正的市场主体，就必须进行产权制度的改革，改变公有制的具体实现形式，按照现代企业制度的要求，区分开终极所有权、企业财产权和经理的经营权，以使产权明晰，职责明确，管理科学。尤其是终极所有权和企业财产权的分离，才能使企业真正成为独立的主体。体制创新阶段的改革正是按着这样的思路来进行的，通过股份制改造、抓大放小、国有股减持、混合所有制、企业的兼并和重组等多种形式来落实企业的财产权，以使企业作为独立的主体而走向市场。

正是在 20 世纪 90 年代体制创新的过程中，东北企业由于特殊的历史条件而落伍了。东北企业绝大多数都是国有大中型企业，能源、原材料、装备制造、重化工业、军事工业、汽车工业、造船等又都是关系国计民生的重要行业，是社会主义公有经济的重要基础，因而不能像小企业、轻工企业那样说改就改。另外，东北企业作为国有企业是国家投资创办的，所有制结构单一，终极所有权和企业财产权也很难分开，这就决定了国家对企业的严密控制，增添了改制的难度。加之，东北大中型企业劳动力数量大又特别集中，改制如果造成大批职工的分流、下岗和失业，将引发群体事件，造成巨大的社会影响，威胁安定有秩的改革局面。出于种种考虑，国家对东北企业的改制工作始终持慎重的态度，严格控制。因此，东北企业也始终按着原有的模式在运作，当其他地区和其他企业进行着轰轰烈烈的改革而走向市场经济体制建设时，东北企业却只是旁观，只做些不影响根本的修修补补，没有按照市场经济发展的要求，彻底地转变体制，使企业成为市场配置资源的独立主体。落后于市场经济的发展，置身于市场经济体制的改革之外，正是造成"东北现象"的根本原因。"市场化程度低，经济发展活力不足：所有制结构较为单一，国有经济比重偏高。这是东北最突出的体制性矛盾。东北要振兴，急需体制创新，打造市场经济的体制基础。"①温家宝在2007年考察辽宁时也强调指出：实现老工业基地的振兴最根本的是靠改革。可见，要振兴东北老工业基地就要走体制创新之路，加快国有企业的产权制度改革，使企业真正成为市场的主体，从而为企业走向市场奠定体制基础。中央制定的"振兴东北老工业基地"的战略，提供给了东北这样的机遇，抓住机遇，加快国企改革，走市场经济之路，就成为东北经济发展的首要任务。

加快国有企业改革，奠定市场经济的体制基础，最根本的就是进行产权制度改革，十六届三中全会首次提出的"建立现代产权制度"，备受各界关注，也给东北国有企业的改革提供了契机，指出了方向。现代产权制度的提出，一针见血地指出了完善社会主义市场经济体制的基石问题。这意味着产权会出现大流动、大交易和大重组。所以，产权制度改革的基本

① 江绍高、皮树义：《"雄鸡"高歌看东北，振兴东北老工业基地》，《人民日报》2003年11月26日。

思路就是使产权股份化和多元化，这就意味着使产权流动起来。如吉林大学中国国有经济研究中心主任徐传谌先生在回答记者采访时就说过：东北地区国有企业产权结构过于单一，国有股"一股独大"，同时由于国有股、法人股不能自由流通，从而造成了产权流转的凝固化，阻碍了国有经济的战略调整和国有企业战略重组的步伐，解决这一问题的关键是加快实现产权的自由流动。根据这一基本要求，目前进一步加快和规范东北地区国有企业的股份制改造，实现真正的公司化运作，并通过推进产权交易市场的建设，最终实现国有股和法人股的自由流通，从而加快国有经济的战略调整和国有企业的战略重组步伐。①

产权的多元化和产权的自由流动、重组，要根据不同企业的情况，采取不同的方法。如黑龙江省的思路就是，将全省现有的 1233 户大中型国有及国有控股企业分成三类，优势企业多种形式做大做强，一般竞争性企业采取混合所有制，劣势企业退出重组。这即是说，对于优势企业要大力推进资产的联合重组，打破行政区划和地区的限制，按照市场经济的规则，优化资源配置，推动钢铁、汽车、化工、装备制造、机电等重点行业进行跨区域性联合重组，构建一批专业化分工明确、竞争力较强，产业分工外部化的大型企业集团。对于自然资源垄断行业的企业，也应积极鼓励外商投资和非公有资产介入，逐步解决国有资产"一股独大"的局面。而对于处在竞争性领域的国有企业，不再采取内部闭封的股份制改革形式，而是实行外部开放的股份制改革形式，通过拍卖、租赁、招商引资等多种方法和途径，逐步使产权多元化，使国有资产逐渐减持，从而实现多种所有制成分的混合所有。对于处于劣势地位的企业则应破产、拍卖，引进优良资产进行兼并，以达到退出重组的目的。对于破产重组企业，要解决好下岗分流职工的再就业的安置工作。通过技能培训增强再就业的能力。而对于优势企业和处于竞争领域的企业，则应搞好主辅分离、辅业改制和加快分离企业办社会的职能，尤其是厂办大集体的问题，以使企业能够轻装

---

① 参见 http://www.jl.xinhuanet.com/xhsjzkjl/2003/2004-04/05/content_1917131.htm。

上阵。

这次改革不同于东北老企业历史上的任何一次改革，它是东北老工业基地走向社会主义市场经济体制的根本变革。因而具有不同于以往的全新特点。第一，改革的对象发生了全新的变化。过去的"抓大放小"，其实是"保大放小"，即中小企业改了，但大企业基本没动。而这次改革的对象是大企业。第二，改革的核心内容也发生了全新的变化。过去的股份制改革，在形式上建立起公司制，但所有制结构和运作机制并没有根本改变，还是"一股独大"，而这次则是调整所有制结构，改变企业的运作机制。第三，改革的途径也与以往不同。过去是封闭式的内部改革，没有产权的外部流动。而这次则是开放式招商引资，涉及的是产权的自由流动问题。第四，改革的方式也发生了变化，过去产权交易的方式是少数人说了算，暗箱操作，导致国有资产的流失。而这一次是产权交易进入市场，公开、公平的出让国有产权。第五，产权交易的主体也发生了变化。原来国有企业的改制重组多由企业主导，企业并不是财产的所有者，而只是委托人，因而极易导致国有资产的流失和贬值。新的改革则以出资人为主导。

产权制度的改革使得现代企业制度得以真正建立，使企业能够成为一个真正独立的市场经济主体，这就为东北老工业基地的振兴扫除了体制性的障碍。因为产权制度的改革其目的是使产权明晰、职责明确、管理科学。这样就会建立起有效的激励机制和约束机制，使企业按照现代企业制度的模式来运作。所以，只有使产权自由流动起来，改变"一股独大"的局面，使终极所有权和企业财产权相分离，企业才能具有生产资料的支配权，才能自主决策、自主经营、自负盈亏。从而在竞争的压力下，充分调动起生产的积极性，建立起自我约束、自我发展的良性机制。也只有如此，才能焕发出东北老工业基地的新的活力，按着现代经济发展的规律，顺利、协调、有序的发展。和谐发展的经济才会成为构建社会主义和谐社会的基础。

第三节　变企业管理为资产管理，走宏观调控之路

　　社会主义市场经济体制的建设除了产权制度的改革、建立现代企业制度这一核心内容外，还涉及如何处理企业和政府的关系问题。这一问题与产权制度改革相关联，但又有一定的区别。具体来说，产权制度改革其目的是谋求各市场主体之间利益关系的清晰化，确定对国有资产承担责任的真正主体，在资产结构上使终极所有权和企业财产权分离。因而责任主体不一定就是资产所有者，他可以不享有完全的产权，可以只是资产的使用者和受益者，但一定要对自己的经营行为和经营后果负责。而体制改革要解决的是政府和企业之间的关系问题，即双方之间权力划分的问题，把一个作为政府附庸的企业变为一个现实的独立的市场主体是体制改革的目标。换言之，产权制度的改革是建立社会主义市场经济体制的重要组成部分，但不是全部，它只是为企业成为自主的主体提供了前提和可能的条件，但要把这种可能变为现实，还需要改变政府管理企业的方式，这就是体制改革的任务，而这一任务就是把直接的、微观的管理，变为宏观调控，把用行政命令的管理，变为用经济手段和法律手段的调控。显然，当政府还紧紧抓住企业不放时，企业是不能真正成为独立主体的。

　　那么政府为什么要走宏观调控之路？从经济和谐发展的角度看有两个原因：其一是在传统的国有产权制度下，产权属于全体社会成员所有，即全民所有制，而全民则由国家来代表，即国有制，而国家所有则体现为政府的管理，政府的管理又落实在某个部门和行业的管理，在这样层层的代表下，产权变得非常不明晰，没有一个责权利相统一的主体，即产权主体的缺位，由此，国有资产的增值保值无人负责。企业由于没有独立的经济利益，也就没有生产的积极主动性。国务院发展研究中心副主任张文魁先生就认为：产权对于企业的效益是至关重要的，只有当"剩余索取权"和"剩余控制权"的配置一致时，才有利于企业效率的提高。而降低代理成

本是关键。对于中国企业而言，主要问题是"委托—代理"的问题，即没有具体行使权利的真正的委托人（所有者），所有管国有企业的人或者机构其实都是代理人，所以，代理成本过高和道德风险等问题无法解决。而这种代理成本过高的现象在东北尤其严重。① 由此可见，在过去体制下政府对企业的直接管理，其实是管了一些不该管、也管不好的事。其二是市场经济具有盲点，市场的失灵现象根源于市场主体的微观理性和宏观理性的矛盾，私人企业的短视和唯利是图使其不具有宏观理性，这就影响着经济的和谐发展。所以，要在国有资产的委托和代理中，将宏观经济目标融合进政府和企业家之间的契约合同协议中，国有企业的市场行为要体现国家宏观调控的要求。只有如此，才能使微观理性和宏观理性相统一，才能防止由于追求私利而导致的经济的混乱现象，使经济和谐有序的发展。② 这即是说，过去政府用行政手段直接管理经济虽然是不对的，也造成了不好的结果，但不能因此就对经济撒手不管，从一个极端走向另一个极端。资本主义市场经济发展初期阶段的自由竞争所导致的生产的盲目性和混乱状态，以及最近西方新自由主义经济政策所引发的金融危机，都说明了国家对经济干预的必要性。所以，既不能不管，又不能管得太死，只有在这种矛盾的辩证关系中，才能理解宏观调控的意义。宏观调控作为社会主义市场经济体制建设的重点，其实早已提出。但为什么在东北老工业基地的振兴中，它还具有特殊重要的意义呢？这是因为，东北国有企业比重大，国有资产"一股独大"，在这种情况下，政府就必须紧紧抓住企业不放。国家是投资者，所以国家就必须直接管理企业的生产。而企业不是独立的主体，它对政府是紧密依赖的关系，等、靠、要就成为企业的思维定式和惯常行为。尽管政府也改变了一些行政手段的方式，力争要用经济的手段来管理企业，但对"企业的管理"模式决定了，政府是不可能退出对经济领域的直接干预的。而企业虽然总嫌"婆婆"多，但离开了这个支柱就不

---

① 参见房琳琳：《振兴东北：做活产权乃关键》，《科技日报》2004 年 2 月 10 日。
② 参见王金玲：《在发展创新中构建和谐国企》，《理论界》2008 年第 2 期。

会走路，最后还要主动找"婆婆"。东北企业的这种状况使宏观调控只流于表面，并不能真正落实。所以，东北的体制改革必须寻找新的方法和途径，来理清政府和企业的权力划分关系。

产权制度的改革为理顺政府和东北企业的关系提供了契机。随着产权的多元化和国有资产"一股独大"局面的改变，企业逐渐独立自主，市场机制的内在要求，使政治经济二元分化的过程开始形成。马克思在《黑格尔法哲学批判》中就曾对资本主义市场经济的发展所导致的政治经济二元分化的过程做过分析和说明。在马克思看来，在前资本主义的人的依赖关系时期，政治和经济是一体化的，政治渗透在社会生活的每一方面，经济的决定作用被政治因素所掩盖，政治强制着经济。随着资本主义的发展，经济开始摆脱政治的控制，日益独立，形成了市民社会和国家的分离，这是历史意义的巨大进步，是资产阶级完成政治革命的前提，人的发展也由依赖关系时期进入到以物的依赖性为基础的人的独立性的时期。[1] 我们现在的历史发展阶段虽然不同于资本主义发展的早期，也不可能对经济放任不管，但市场经济固有的内在机制是相同的，政治和经济的分化趋势也是不争的事实。当企业走向独立自主之后，必然要求根据市场的实际情况来安排生产，进行资源的合理配置，以取得最大的效益。因而自主决策是现代企业生产的最基本要求。这样，政府就再不能像过去那样在微观的层次上直接去决定企业怎样进行生产经营活动。但政府又不能放任不管，因为，第一，宏观理性的要求。企业是以经济效益最大化为目标的，但效益不仅是经济效益，还有社会效益和生态效益，是三者的统一，这种"负外部性"企业是不考虑的，但政府要考虑。第二，企业财产中，国有资产虽然不再是"一股独大"，但毕竟还占有相当的份额，国有资产也有一个增值保值的问题，而政府作为全民资产的"代理人"，自然要为资产的增值保值负责。第三，企业员工是国家的公民，政府要对员工的权益、利益和发展价值负责。所以，在改制过程中，当员工利益受损时，通常都要找政

---

[1]　参见《马克思恩格斯全集》第3卷，人民出版社2002年版，第42页。

府，由政府和改制企业协调解决。以致有的政府官员抱怨，企业把利益拿走了，但却把安排分流下岗人员推给了政府。为了防止这种情况的出现，政府也必须监管企业。这样，政府就处在既不能直接管，又不能不管的两难境地，如何解决这一矛盾呢？即使用什么样的方法把国家的宏观调控落到实处呢？怎样宏观调控呢？珠海的"变管企业为管资产"的做法提供了很好的思路。珠海采取的是"国家所有，分级管理，授权经营，分工监督"的国有资产管理体制框架，形成了独具特色的"三层架构"管理体制和分级负责授权经营的经营机制。

第一，"三层架构"的国有资产经营管理体制。第一层架构是按照政企、政资、政事三分开和管人、管事、管资产三结合的原则，设立珠海市国有资产经营管理局。国经局既有政府的相应行政职能，又有国有产权代表的经营职能，具有很强的调控能力。第二层架构是将市属经营性国有资产纳入四家资产经营公司和三家授权经营主体。第二层的设立使具有政府职能的国经局不再直接管理企业，明晰了各层在国有资产管理体系中的责任和权利。第三层是明确了国有企业作为行使法人财产权的市场经营主体地位。国有产权的所有者代表对企业的监督和控制，只能依照《公司法》，以产权为纽带，通过公司董事会来行使权利。这就使国有企业真正成为市场主体，不再是政府的附属物。三层架构的建立其目的是实现由经营国有企业向经营国有资产的转变。在承认企业作为独立法人的前提下，政府作为全民资产的代表，在法律规定的权限内，参与企业的经营。

第二，建立国有资产经营监督约束的机制。监督约束机制是调整管理体制的重要组成部分。当珠海建立了国有资产的管理体制之后，在监督约束机制上也进行了新的调整。其特点是纵横结合以横为主，内外互动以外促内。在纵向上，在国有资产管理机构中设立监督部门，并且向下延伸至企业，向上与政府监督机关衔接。在横向上，建立企业的事先防范、事中监控和事后查处三个环节的监控系统，将工作重心从事后查处向事前防范转移。尤其是着重抓好健全财务总监制度和改善内部审计环境两项工作。其一，强化财务总监制度。即由产权代表单位向其所属企业派驻财务总监。这种做法的好处：一是独立性，作为一种外派岗位，克服了企业内部监督部门在这方面的缺陷；二是防范性，通过参与企业重大项目的调查研究和决策过程，及时提出修正意见；三是实时性，作为一种长驻岗位，通过对监督对象和内容进程全过程的现场跟踪和实时监督，克服了外部监督机构在这方面的不足。其二，切实改善内部审计工作环境。开展交叉审计，越级审计和延伸审计，树立内部审计机构的权威。

第三，建立与市场经济相适应的人才激励机制。按照现代企业制度的要求，产权明晰是为了职责明确，以建立科学有效的约束机制和激励机制。在这方面珠海的做法是，其一，薪酬激励。包括基本年薪、效益年薪和奖励年薪三部分；其二，股权激励。即企业经营者在完成事先约定的经营目标后，在规定期限内获得一定数量企业股份的激励方式；其三，技术要素参与分配。①

珠海的探索给我们提供了这样的启示，长期以来，我们只注重搞好搞活国有企业，而不是经营好"国有资本"，把国有企业作为了国有经济的唯一存在形式。这正是政府直接管理企业的根源。但当产权多元化之后，国有资产也只是众多产权形式中的一种，政府作为全民资产的代理人其角色发生了变化，政府不再是生产的直接领导者，而是投资人，是众多投资人中的一员，它因投资而享有终极所有权，但却不是法人财产权，它作为投资人只能通过影响企业的董事会来参与企业的经营活动，换言之，它同其他投资者的地位是平等的，尽管是比较重要的投资人，享有更多的话语权，但它只能同其他投资人平等协商，而不是领导和被领导的关系。这种角色的转换决定了观念和行为的变化，从观念上来说，要认清国有经济在产权多元化的时代其主要存在形式是企业中的国有资产。正是国有资产体现着企业的国有经济的性质，国家也正是通过对国有资产的管理来对企业的经营活动施加影响，把国家对企业的宏观理性的要求和对职工权益的保

---

① 参见中共哈尔滨市委政策研究室：《构建新体制，引入新机制是我市老工业基地调整改造的首选》，《工作研究》2007 年第 14 期。

护纳入企业的经营活动中。从行为上说，强调国有资产的"经营"，其实质就是强调"国有资本"的概念。国有资本就是用来投资形成国有资产的资源，就是用来"经营"的资产。既然国有资产是政府投入资本形成的，而资本的本性就是增值，因而除了对其进行"管理"之外，更要对其"经营"，要让其产生效益，要使其保值增值。所以，政府的真正职责是"经营"国有资产，是监督和约束企业对国有资产的使用，而对国有资产增值保值作出贡献的人和行为则应采取适当的激励措施。可以预见，随着市场经济的深入发展，政府直接管理经济的职能会逐渐弱化，最终走向服务的职能。但是，政府作为全民资本的代理人的角色是不会变的，它对国有资产的经营作用也是不会变的。可以考虑采用适当的形式把经营国有资产的经济职能从政府的行政管理体系中剥离出去，如成立国有资产管理公司或委托给社会专业组织等，而不是现在的具有行政管理性质的国有资产管理局，由这些公司或组织以经济运作的方式来经营国有资产，而政府的行政管理则专门从事宏观调控和市场监管。只有如此，政府才能从直接的微观层面的对企业的管理中退出来，实现用经济本身的手段来管理经济的目的，也才能真正理顺政府和企业的关系，为企业的发展松绑，由为企业做主转向为市场服务。

从哈尔滨市国资委2008年工作情况报告及2009年工作安排来看，哈尔滨的国企改革正在向加快建立国有资产的管理体系、运营体系和监督体系的方向发展。这正是东北老工业基地改革的方向，只有如此，才能解决体制的矛盾，按照市场经济发展的要求，使企业和政府之间建立起和谐发展的关系。

第四节　建立多元经济成分共同发展的格局

东北的社会主义市场经济体制的建设，除了国企改革这一核心任务外，还要大力发展民营、外资经济、合资经济等非公有制的经济成分，以便建立多种经济成分共同发展的格局，给东北经济的发展增添活力。由于历史的原因，东北的经济成分比较单一，国有企业的比重大，而非公有制经济非常不发展。并且虽然地理条件有优势，同多个国家毗邻，但交往多限于贸易往来，没有充分利用外资来投资、建厂、办企业，所以，外资的利用率不高，外资企业的数量也不多，这体现了东北经济的市场化、国际化程度较低的状况。截至2004年的统计，全国国有经济比重平均是40%，沿海发达省份一般都低于30%，而东北三省却都在70%以上。在利用外资上，东北地区尤其是吉林和黑龙江两省由于区位和观念的原因，外资利用水平一直比较低，2003年辽宁省实际利用外资28.2亿美元，吉林省只有可怜的1.9亿美元，黑龙江省也只有3.2亿美元。而从东北的民营企业来看，规模小、产值低的问题十分突出，截至2006年，与经济发达省份相比，东北私营企业的总户数、总注册资本及户均注册资本，总产值均有较大的差距。在东北的民营企业中，中小企业占多数，户均注册资本辽宁为67万元，吉林为56万元，黑龙江为65.8万元，远低于75.5万元的全国平均水平。再考虑到东北民营企业绝对数量少，产值低，如东北三省销售收入超过5亿元的民营企业只有30个，而浙江同期却有160个，民营企业在东北的经济总量中的比重就显得微不足道。正因东北的民营经济和外资经济不发展，所以，国有企业竞争压力小，这是国有企业体制僵化、活力不足的重要原因。可见，大力发展民营经济和外资经济，在东北的体制改革中，具有十分重要的意义。下面我们分别来论述民营经济和外资经济对于振兴东北老工业基地的作用。

从民营企业的发展看，改革开放以来的事实证明，凡是国有经济比例较大而非国有经济比例较小的地区，经济发展通常较慢，企业的活力普遍不足。而国有经济比例较小，非国有经济比例较大的地区，企业活力则较足，经济发展的速度也较快。纵观大江南北，我们不难发现，民营经济占市场份额较大的地方，是我国的东南沿海地区，而经济发展最快的也恰好是这些地区。这是因为，民营经济形式灵活，产权明晰，有较为有效的约束和激励机制，对市场的反映更敏感，能够更充分地发挥市场对资源的配置作用，因而能够更好地适合市场经济的竞争环境。这就是民营经济同国有经济相比更有活力、发展速度更快的根本原因。所以，在东北老工业基地的振兴中，要大力发展民营经济，并以此来促进国企的改革。具体来说，民营经济的发展对东北经济发展的意义在于：

首先，民营经济是调整国有经济布局，推进国有企业改革的重要力量。老工业基地的突出问题是国有企业比重过高，而减少国有企业的比重，就意味着要增加民营企业的比重。民营企业要作为战略投资法人，进入国有经济退出和收缩的领域，参与国有企业的改造和重组，对国有资产重新进行配置。所以，民营企业在国有经济的布局调整和国有企业改革的过程中，扮演着极其重要的角色。

其次，民营经济是增加国家财政收入的重要来源。当前，从全国的范围看，民营经济在我国所有制结构中已经占有相当大的比重，其产值已占GDP 总值的 50% 以上，为国家财富的积累作出了重要贡献。可以说，国家的税收很大一部分是来自民营企业。东北的民营企业虽然同南方发达地区相比是落后的，未能体现东北资源丰富、产业基础较好、市场极具潜力的优势，但是，东北民营企业仍然是东北财政的重要来源，给东北经济的腾飞和老工业基地的改造，提供了重要动力和支撑，今后，随着东北民营企业的做大做强，这种作用会更加突出。

再次，民营企业是缓解就业压力，保证社会稳定的重要渠道。长期以来，因为国有企业效益不好、劳动力规模大并且集中，东北地区受到职工下岗失业的严重困扰。而民营企业广泛参与经济结构调整和企业重组，不仅扩大了增量，而且盘活了存量，从而为下岗职工的再就业创造了机会。从民营企业自身来说，民营企业具有涉及面广，层次多，在劳动力密集型企业发展较快的特点，可吸纳大量劳动力，尤其是民营企业在容纳劳动力数量最大的第三产业的发展中，占有很重要的地位，因而会为就业和再就业提供大量的岗位。另外，民营企业形式灵活，劳动力流动较快，这在客观上促进了劳动力市场的发育成熟。而就业是民生之本，民营经济对劳动力的吸纳作用，为国企改革减缓了压力，为保持社会的安定局面和改革的有序进行作出了突出的贡献。

最后，民营经济是市场经济体制建设的重要载体，是培育和完善市场经济体制的重要力量。东北之所以计划经济的痕迹重，市场化程度低，国有企业的比重大，民营经济的不发展是重要的原因之一。所以，要在东北地区建立社会主义市场经济体系，加快市场化进程，就必须改变所有制结构过于单一的局面，大力发展民营经济等非公有制经济成分，形成多种所有制结构共同发展相互竞争的区域经济格局。民营经济不仅是市场的产物，是在社会主义市场经济体制建立的过程中，形成和发展起来的，而且它本身的快速发展反过来又加快着社会主义市场经济体系的建设，培育着市场体系的因素，扩大着市场经济的作用范围，使市场化进程日益向纵深方向发展，对推动社会主义市场经济体制的进一步完善，起了重要的作用，从而给经济发展注入了新的生机和活力。①

民营经济既然对振兴东北老工业基地具有这样重要的作用，那么就应该重视和发展民营经济。但是现阶段东北民营企业却起不到这样的作用。因为同国有经济比重过高相对应，东北民营经济的发展则相对滞后，规模小、比重低，尚无法形成市场有效竞争的态势。如吉林省在 2002 年个体私营企业的增加值为 118.3 亿元，仅占 GDP 的 5.27%。而同期浙江的民营企业的增加值为 2440 亿元，占 GDP 的 31.4%。从增加值的总量看，相差二十多倍，从占 GDP 的比重看，相差近 6 倍。尽管这只是 21 世纪初的统计数据，但两者差距之大还是反映了两个地区现阶段的发展状况。那么东北地区为什么民营经济发展滞后呢？2007 年国务院振兴东北办公室召开了"促进东北地区中小企业、民营企业发展座谈会"，代表们就这个问题进行了深入的研讨，发表了如下的见解：

一是思想观念落后。东北地区长期受计划经济传统观念的影响，把注意力过去投向国有大企业，而对发展中小企业、民营企业的重要性和意义

---

① 参见毛健：《东北振兴与民营企业发展》，《经济纵横》2004 年第 8 期。

认识不足，缺乏行之有效的帮助扶持措施和引导机制，也缺乏支持的力度。一些国有企业管理好的团队对民营资本的参与甚至持抵触和反对的态度。另外，从民营企业自身来说，一些企业的经营者也思想保守，创新意识不强，对地方政府紧紧依赖，没有作为市场主体的独立自主意识，没有把企业做大做强的气魄和胆略，抓不住发展壮大的投资机遇，这就限制了企业的进一步发展。思想观念的守旧和落后，已成为制约东北经济发展的重要阻碍因素。

二是民营企业发展的软环境有待改善。因对发展民营企业的意义认识不足，东北地区对促进私营经济和民营企业发展的工作体系不很健全，虽然制定了一些政策措施，但落实起来困难。一些政府部门缺乏服务意识，办事效率不高，审批程序繁杂，时间长。甚至对民营企业另眼相看，视作异类，被民营企业家们称为"中梗阻"现象。与国有企业和外资企业相比，对中小企业和民营企业，在市场准入、财税政策、金融支持、科技投入等方面仍存在着不同程度的限制，这就在客观环境方面限制了民营企业的做大做强和作用的发挥。

三是东北民营企业自身素质较低，缺乏市场经济发展所要求的创新能力。东北中小企业和民营企业，规模小、实力弱，缺乏高素质的科技人才和企业管理人才，难以建立现代企业制度所要求的各种管理和约束机制，也缺乏科技创新能力。虽然东北自然资源丰富，产业基础较好、市场潜力大，但民营企业并不能充分利用这些优越条件，相反还是按照传统的发展方式，生产一些低端产品。因而产品档次、品牌知名度和产品附加值都不高，市场竞争能力不强，企业的管理和劳动用工都不规范，制度建设差，企业的内部管理和外部交往，靠人情关系，通过找"门路"来解决问题。这些不规范的做法，体现了东北传统的"侠文化"、"人情文化"的特点，同现代企业制度的要求相去甚远，这种低素质严重限制着民营企业迈向现代企业发展的步伐。

四是金融环境差，融资渠道狭窄。资金的投入是经济发展的主要推动力量，也是民营企业做大做强的最基础性条件。但是，东北的经济界人士和经济工作的研究学者们在谈到民营企业的发展时，都认为融资难、贷款难和担保难已成为东北地区民营企业发展的瓶颈。"三乱严重"是阻碍民营企业融资的主要问题，即由于东北地区不良资产数额大，企业逃废债务行为多，使东北地区国有银行"慎贷"和"惜贷"，而中小民营企业则难以获得贷款资金。同时东北信用体系不健全，企业的信用记录分散在工商、税务、银行等部门，难以建立统一的信用征集和评价体系，影响了银行贷款的信用调查和决策。而从担保体系的建设看，没有制度化的完善的担保体系建设，担保靠人情关系，而东北传统文化的特点又导致了无论是担保人还是被担保人，虽然讲情义，但不讲规则，不讲信用，所以，极容易发生问题，发生问题后又没有制度保障来解决问题，所以，担保体系的不健全，难以满足企业贷款的需要。到目前为止，东北还没有一家全国性的商业银行，而有效的金融系统能够把社会资金配置给经济领域效益好和回报率高的行业和企业，建设一家跨地区的全国性商业银行，有利于金融体系储蓄和投资机制的良性转换，才能加强对民营企业的资金支持力度。正因为东北资本市场和产权交易市场建设的滞后，使民营企业很难甚至不能直接融资。

正是因为东北民营企业在发展中存在的这些问题，所以，要大力发展东北的民营经济，就需要有针对性的去解决这些问题，才能把东北的民营经济做大做强，成为社会主义市场经济体制建设中的一支举足轻重的力量。具体来说，要加强如下方面的工作：

第一，解放思想、更新观念，认清民营企业的发展对社会主义市场经济体系建设的意义，在政策和措施上加大对民营经济发展的支持力度。为此，要深入贯彻《中华人民共和国中小企业促进法》的精神，进一步协调各部门的工作，把促进民营企业发展的优惠政策落到实处，加强调查研究，及时掌握政策执行时出现的新情况和新问题，不断调整和完善发展民营经济的政策和措施。这是从国家大政方针的角度，给民营经济的发展提供政策环境的保证。

第二，努力营造有利于民营企业发展的软环境。以解决"中梗阻"问题。这就要切实转变政府职能，加强对民营企业的扶持力度，多服务，少干涉，尤其不要乱收费、乱检查和乱评比。应进一步简化审批手续，努力提高办事效率，降低准入门槛，放宽准入政策。切实解决政策透明度差、执法不公正、服务意识淡薄、潜规则和权力寻租等问题。要尊重和保护民营企业的合法权益，提高企业家的政治和社会地位，营造以诚招商、以信待商、以利安商的环境。打造东北诚信政府的形象。此外，还要营造良好、宽松、和谐的舆论氛围。近几年来，一些媒体对民营企业家出现的问题揪着不放，甚至歪曲事实，使社会公众对民营企业抱有偏见甚至敌意。其实，出现的问题不能都怪罪到民营企业家身上。如果没有一个宽松和谐的舆论环境，民营企业就不敢放手发展，民营企业家也不会放心参与国企的改造。

第三，要加强企业家队伍建设，提高企业的素质，培育企业发展的领头人。企业的发展在很大程度上取决于企业家的素质。要加强对企业家的培训和教育，使他们开拓视野，更新理念，增强社会责任感。要使他们树立"诚信、守法、贡献"的意识，坚持诚信为本，守法经营，积极参加公益事业和活动，才能树立企业的正面形象。要有现代企业的管理知识，按照现代企业运行机制的内在规律，建立产权明晰、职责明确、管理科学的体制，才能使企业的生产、经营和销售有正常的秩序，才能为企业的做大做强奠定体制基础。要培育科技创新和尊重人才的意识。在市场经济的环境下，只有提高产品的质量和企业的知名度，才能提高竞争力，为企业的发展赢得更好的机遇。而要提高产品的质量，创出名牌产品和拳头产品，就必须依靠科技的投入和创新，要发展高新技术产业，归根到底依靠的是教育和高级人才的培养。东北民营企业要充分利用东北老工业基地和各高校的科技教育基础，进行产业结构升级改造，发展科技型民营企业。显然，考虑到现今正在进行的经济结构调整和发展方式的转变，东北民营企业只有走新型工业化道路，加强技术创新，才能缓减东北资源面临枯竭和环境污染加剧的状况，建立适应节约型社会发展要求的经济建设新方向。

　　第四，进一步改善东北民营经济发展的金融环境。这就要加快金融体系建设，尤其是资本市场的建设。政府可以出资建立政策性银行，也可以鼓励民间资本建立地方性的民营银行，鼓励有条件的企业积极上市融资，国有银行也要加大对民营企业的贷款力度，设立中小企业民营企业的专项发展资金，以拓宽融资渠道，解决民营企业的融资难问题。同资本市场建设相伴随的是信用体系和担保体系的建设。要引导和规范民间金融行为，提高信用对企业发展意义的认识，打造"无信不立"的社会氛围环境，利用媒体舆论对企业的诚信状况进行监督，并建立起有效的企业信用状况记录制度，尤其是建立起统一的涉及企业信用问题的工商、税务、银行等各部门的企业信用监督和评价体系，并按照企业信用的评价等级来决定对企业的支持力度。只有这种信用制度的建设，才能有效地防止企业的失信行为。对于担保体系的建设，国家已经出台了设立东北地区再担保机构的政策。即通过设立再担保机构，对各类担保机构已担保的信贷风险提供再担保，以增加各级融资担保机构的信用能力和担保规模。通过这种担保体系的制度化建设，规范企业的信用行为和担保机构的行为，最终为东北民营企业的发展提供资金支持和建立良好的金融环境。

　　东北地区的多元所有制经济成分的共同发展，不但要大力发展民营经济，而且要大力发展外资经济，既要"养儿子"，也要"找女婿"。二者对改变东北所有制结构单一、国有企业比重高的局面，对东北发展社会主义市场经济，增强国有企业的活力，都是不可缺少的。尤其在经济全球化的时代，各个国家的发展都不可能闭关自守，都不能离开人类文明发展的大道，需要取长补短，借鉴人类创造的优秀文明成果来发展我们自己。马克思早在一百多年前，就从"世界历史"理论的视角令人信服地说明了这个道理。在马克思看来，人类的历史是同工业和交换的历史联系在一起的，世界历史是生产力和人们之间交往发展的结果，是资本主义生产方式出现之后的事情。因而，历史发展以资本主义为界分为前后两个时期。前资本主义时期是民族历史时期，是人们对自然界的狭隘的关系制约着他们之间的狭隘的关系的时期。由于生产力发展程度不高和交通工具不发达，使人们之间的交往活动处于狭小的范围，这种狭隘的地域性造成了各个民族或国家的自给自足和闭关自守的状态，从而使各个民族走着缺乏联系和交往的孤立发展道路。这就造成了两个结果：一是文明成果的每天重复发现，二是文明成果在某一地区被毁灭之后就意味着它的彻底失传。正因为文明成果得不到广泛传播和利用，所以，在前资本主义时期的民族历史时期，社会发展是缓慢的，各个民族都在按照自己固有的发展轨迹在曲折反复中前行。然而，资本主义生产方式的建立彻底改变了民族历史的进程，生产力的发展以及与此相伴随的交往的发展，使资本主义"首次开创了世界历史，因为它使每个文明国家以及这些国家中的每一个人的需要的满足都依赖于整个世界，因为它消灭了各国以往自然形成的闭关自守的状态。"① 这即是说，资本主义生产的社会化和商品化使生产力以前所未有的速度发展起来，商业、航海业和陆路交通业也得到了巨大发展，这就为资本主义冲破地域的壁垒，向全球扩张奠定了基础。不断扩大产品销路的需要，驱使资产阶级奔走于全球各地，它到处落户，到处创业，到处建立联系，从而创建了一个世界市场体系，把各个民族都卷入到了世界性的竞争之中，整个世界被联为一个整体。

资本主义生产方式区别于前资本主义生产方式的一个显著特征就是它具有的国际的性质，资产阶级社会的真实任务是建立世界市场和以这种市场为基础的生产，而世界市场的建立又是世界历史形成的前提。这样，随着世界市场体系的建立，民族历史也就开始向世界历史转变，各个民族和国家结束了孤立的自我发展的状态，进入到了世界性的相互依存之中，此后，任何民族的发展都离不开同其他民族的交往和联系。各个相互影响的活动范围在这个发展过程中愈来愈扩大，各民族的原始闭关自守状态则由于日益完善的生产方式、交往以及因此自发地发展起来的各民族之间的分工而消灭得愈来愈彻底，历史也就在愈来愈大的程度上成为全世界的

---

① 《马克思恩格斯选集》第 1 卷，人民出版社 1995 年版，第 114 页。

历史。

世界历史的形成使文明成果的相互借鉴和效仿成为历史发展的重要因素。因为世界性的交往和竞争，不但使文明的成果得以普遍交流，从而为保护这些成果创造了条件，而且也使各个民族开拓了视野，使其能够借鉴其他民族创造的成果来发展自己。正是由于文明成果的相互借鉴和效仿，才避免了"每天重新发明"的重复现象，使一个民族或国家可以在科学技术、经济生产、文化建设上，直接借鉴已有的文明成果，选择最利于自己的发展方式。这样，在世界历史形成以后，历史发展的速率大大加快，避免重复和少走弯路正是后发国家之所以能够赶上甚至超过先发国家的根本原因。正因如此，当我们考虑一个国家或一个地区的发展时，就要避免"民族历史"的眼光，而要从"世界历史"的视角观察问题，即看到在世界历史的条件下，各个国家或地区的发展都受到双重因素的影响，既受自身的生产力和生产关系矛盾运动的历史发展基本机制的影响，又受世界整体的相互依存和相互作用的影响，换言之，一个国家内部的矛盾运动是在世界历史的大范围内进行的，是同世界整体的发展交织在一起的。只有从这样的观察方法出发，我们才能认清在东北地区发展外资经济的深刻意蕴。

国有企业改制改造，除需"苦练内功"外，借助国际资本的力量，是促进国有体制的转轨和结构转型的重要途径。其作用表现在：

第一，外资的进入有助于弥补资金缺口，增加资本积累，促进经济增长，创造新的就业机会。国企改造需要大量的资金，虽然国家的投入仍然是资金来源的主渠道，但仍不足以解决资金缺乏的问题。引进外商投资，争取国际的低息贷款和对发展项目的资金支持，以及同国外资本的联合，不失为一种很好的解决资金不足的方法。另外，国企改革将导致大量职工下岗，外资办企业也有利于分流一部分职工，给职工的就业提供岗位，解决困扰国企改革的难题。

第二，外资的进入有助于提高国有企业的技术水平和技术创新能力。东北装备制造业技术水平低，创新能力差，影响了竞争能力的提高。如吉林独立核算的工业企业已安装使用的设备中，技术状况达到国际先进水平的只占 15%—20%。属于国内先进水平的只占 25%，属于国内一般水平和落后水平的达 60%。而外商投资，一方面，通过引进先进设备、技术含量高的中间投入品和先进工具，直接促进产业技术水平的提高；另一方面，通过设立研发机构、为配套企业提供技术支持、资助研究开发等带来的"技术外溢"，间接促进产业技术水平和创新能力、竞争能力的提高。

第三，外商的进入有助于完善国有企业的管理结构。管理机制不建全是东北国有企业发展中面临的一个重要问题。外资的进入将从两个方面促进国有企业管理机制的完善。一是通过外资企业的示范作用。外资企业通常采用同市场经济发展要求相适应的组织形式和管理机制，国有企业可以借鉴。二是通过与国有企业的联合重组，促进企业转换经营管理机制。

第四，外资的进入在促进经济发展的同时，还将提供数量可观的税收，从而增强政府提供公共产品的能力。并且外资的引进能够更好地促进生产的国际化，使生产适合经济全球化的趋势，了解国际生产、技术、管理发展的动态，使产品同国际接轨。在提高产品的国际竞争力的同时，发展外向型经济，利用外资的品牌效应和销售渠道，扩大产品的出口，使东北企业走向国际市场。

由此可见，东北经济的发展和国有企业重组改造不能"闭门造车"，鼓励外资在更广的范围内和更深的程度上，以更大的规模参与东北地区的经济发展，是东北经济建设的必然选择。而随着社会主义市场经济体制的深入发展以及加入世贸组织过渡期的结束，将给外资经济的发展创造更多的条件，以改变东北外资经济发展落后和外资利用不充分的局面。从长远发展来看，东北的振兴如果不形成一批具有国际竞争力的优势产业，振兴就不能落到实处，而这些优势产业的形成要更多地依靠国内、国外民间资本的大规模进入，为此必须实行全方位的战略开放，目前应考虑采取如下的措施：

第一，外资可以更多地进入装备制造业领域。东北地区的装备制造业曾经是国家重要的产业力量，虽然现在的发展面临着技术落后、设备老化等一些问题，但仍然具有人才资源丰富、科研力量较强的优势，与其他地区相比，有着与国际资本对接的更好的条件。外商也完全能够在这一领域内找到更好的投资机会和发展前景。

第二，外资可以更多地进入垄断特征较为明显的服务业领域。东北地区的服务业比较落后，尤其为生产服务的服务业更加落后，随着国有服务垄断行业改革的推进，外资在为生产服务的服务业领域，如金融、电信、物流、保险等行业，将获得愈来愈大的发展空间。

第三，允许更多的外资银行进入东北，鼓励外资参加国有企业的重组改造，鼓励外商直接投资建企业，尤其是具有高技术水平和高附加值的企业。另外要完善国家鼓励边境贸易的税收优惠政策，扩大东北地区与周边国家的经贸合作。在条件适合时，应开展自由贸易区的试点工作。

总之，外资的进入有助于形成东北国有企业和外资企业共同发展的"双赢"局面，为此，一方面从我们自身来说，要进一步改善投资环境，放宽招商领域，吸引外资加快向符合国家产业政策的领域拓展。并且要把发展外资经济同产业结构调整结合起来，更多地引进先进技术、管理经验和高素质人才，以达到搞活国有企业，提升企业的竞争力的目的；另一方面，从外商投资者方面来看，外商尤其是大型跨国公司要从战略的高度，积极参与东北国有企业的改造重组，把具有先进技术水平和更大价值含量的加工制造环节以及研发机构转移到东北，做好长远发展的打算，避免投资的短期行为。[①]

当结束本章时，我们可以作出这样的结论，东北老工业基地的振兴虽然是一项复杂的系统工程的任务，千头万绪，但是，其中的主线，要抓的主要矛盾还是体制改革，邓小平早就指出过，改革是发展生产力的必由之路。这一点特别适合东北的情况。东北的现实就是计划经济的影响特别深

---

① 　参见 http://www.runsky.com/homepage/n/china/s/dby/news/userobject1ai484087.html。

远，而计划经济体制又从没彻底变革过，这正是东北经济衰退，东北国有企业活力不足，缺乏竞争力的根本原因。所以，要构建东北的和谐社会，就必须首先使经济发展走上和谐之路，构建和谐国企，经济的和谐发展是社会和谐的基础。古语就讲，只有风调雨顺，才能国泰民安。而要使东北经济和谐发展就必须变革计划经济体制，走市场化之路。这是使东北经济和谐发展的前提。那么，怎样使企业走向市场呢？这就是使企业成为市场竞争的独立主体，自主决策、自主生产、自负盈亏，自我发展。要做到这一点，就必须进行产权制度改革，使产权多元化，实现终极所有权和法人财产权的分离，使企业走产权明晰、职权明确、管理科学的现代企业制度建设之路，显然，企业管理机制和运行机制正常有序，企业才能和谐协调的发展。有序是和谐的保证。但是，国企的产权制度改革只是为国企成为独立的主体奠定了前提基础，扫除了体制性的障碍，仅此还不足以使国企能够真正走向市场。国企要真正成为市场的主体，还必须理顺与政府的关系，在企业的经营和政府的管理之间建立起和谐、合理的正常关系。显然，这种和谐关系的建立，才能合理地划分开企业和政府之间各自的权限，使经济发展的和谐由企业内部扩展到社会的管理机制。这就必须转换政府的管理角色，由企业的直接领导者转变为资产的出资人，由管理生产变为经营资产，这就是承认了企业的法人财产权和企业管理生产的权利。这样才能使管理行为由微观转向宏观，由行政手段转向经济和法律的手段，使企业真正作为市场生产的独立主体而存在。但是，市场经济体制的建设又不仅仅是国企自身的事情，还要其他市场主体参与，和谐本身就意味着和而不同，只有在多元共同发展的协调关系中，才有真正意义的和谐。换言之，产权制度的改革和管理体制的改革，虽然解决了国有企业和谐发展的内在机制，但国企的发展还需要外部环境，只有其他市场主体的积极参与，相互取长补短，形成共同促进的竞争关系，才会使国企的发展充满活力，促使产业结构不断升级换代，技术水平不断提高，也才能带动其他市场主体的不断发展。才能把和谐由国企自身扩展到整个体制范围。所以，要大力培育其他市场主体，形成多种所有制成分多元共同发展的格局。本着这样的思路，我们从产权制度改革、政府管理体制改革和民营经济、外资经济的发展三个方面，说明了构建和谐东北经济在社会主义市场经济体制改革方面应做的工作，其核心内容是调整、理顺生产关系，以构建和谐东北经济发展的体制机制。

第 七 章
转变发展方式，走新型工业化之路

要实现东北老工业基地的振兴与东北经济的和谐发展，不但要解决体制机制的问题，而且要调整产业结构，转变经济的发展方式，走全面、协调、可持续的经济发展之路。如果说体制改革调整的是生产关系，协调的是不同市场主体的利益关系，是人与人之间和谐关系的体现，以实现发展体制机制的和谐有序，以此来调动企业和广大职工的生产积极性。那么，转变方式涉及的则是生产力的问题，是生产力本身发展形式的调整，调整的是生产各要素的优化组合配置，是劳动者、劳动资料和劳动对象组合关系的理顺，本质上是人与物、人与自然和谐关系的体现，以达到更好地利用资源，建立符合客观规律发展趋势的生产程序和生产过程的目的。显然，生产力和生产关系两方面的调整，体制改革和转变发展方式，对于东北老工业基地的振兴来说，都是不可或缺的。正如吉林大学经济学系纪玉山教授在"新浪产权"的访谈中所说："技术与制度二者并不是相互独立的，而是互相联系、互相促进的。有效的制度安排是刺激技术创新的内在动力，而微观个体的技术创新又是推动制度创新的重要原因，也就是说，一个更理想的生产函数并不是单纯的技术内生或制度内生，而是技术与制度互动共生的模型。也正如詹森和梅克林指出的，'企业的生产函数决定于权力的规定和统制契约的法律或博弈规则。在现有的技术和知识条件下，企业可达到的最大的产出就不再仅仅取决于物质上的可能，企业的生产函数还取决于企业赖以经营的契约缔结和产权关系。'而且，诺斯通过在整个社会层面展开的研究表明，知识的积累和技术的进步，必须依赖于一个有效的社会组织和社会制度的刺激和保护。"①

在我国过去的发展中，却没有很好地把二者结合，总是"单打一"，没有形成共生的合力。在改革开放的初期，面对的是一大二公三纯的计划经济模式，由于不适合生产力发展的要求，严重压抑了企业和广大劳动者的生产积极性，干多干少一个样的"吃大锅饭"现象，使低效率成为经济发展的顽疾。由此，人们形成了这样的共识，体制问题是困扰经济发展的最主要的问题，要振兴经济就必须走改革开放之路，破除计划经济体制。于是，在改革开放的初期，经济工作主要围绕着体制的变革而进行。尽管当时的改革还是不彻底的，还是在计划经济框架内的改革，但是经济活动的本质却是体制变革问题，要走有计划的商品经济之路，以解放和发展生产力。并简单地认为，只要体制理顺了，其他问题会迎刃而解，经济会很快发展起来。到了 20 世纪 90 年代，人们才认识到，经济的发展还有一个转变发展方式的问题，（当时叫作经济增长方式），即经济活动本身的技术手段和产业结构的问题，由此提出了要"两个轮子"一起转，在体制改革的同时，加大技术改造升级的工作，调整产业结构。由粗放式的发展走向靠技术投入的集约型的发展。但是，当时这一任务的提出，还是外源性的，还是西方发达国家向后工业社会发展给我们带来的压力造成的，所以，同转变增长方式的认识相伴随的是新型工业化道路的提出，是对知识经济、信息经济和可持续发展的宣传。都是同西方发达国家的情况相关，而不是我国经济发展自身的、内在的、必然的和迫切的要求。表现了人们并没有充分认识到原有的经济发展理念的严重危害和转变发展方式的必要性。加之，当时经济体制的改革正进入到体制创新的关键阶段，股份制、抓大放小、混合所有制的企业产权制度改革热火朝天地在全国紧锣密鼓地进行，南方的中小企业依靠外向型经济和民营经济的发展还表现的生机勃勃，因而对转变发展方式问题并没有给以充分的重视，相反，体制创新仍

---

① 纪玉山：《大力发展民营科技企业，振兴东北老工业基地》，《长春市委党校学报》2006
年第 1 期。

作为唯一的重点成为经济工作的中心，"两个轮子一起转"，其实，只是一个轮子在转。从东北的情况来说，我们倒是在技术设备的升级改造上下了一番工夫，国家投入了巨额资金来改造东北的落后的产能，但是，虽然技术设备有了一些改进，但产业结构并没有得到根本调整。更为重要的是，如我们上一章所分析的，在体制没有转变的情况下，技术设备的改造并不能根本改变东北经济衰退的局面，相反，还会产生新的负面作用。最终东北经济的发展还是回到了体制创新的轨道上来。通过以上的分析我们可以看出，改革开放三十多年，在经济的发展上，我们的工作重心始终是在体制机制的改革上，而对经济发展方式的调整则重视的不够，这虽然是当时的历史条件决定的，人们只能在不同的历史发展阶段去解决面临的主要矛盾。但是，由于发展方式调整的不及时，也使当今的经济发展面临严重的问题。可以说，调整产业结构，转变发展方式已成为当今经济工作的主要矛盾。换言之，当体制的改革告一段落之后，主要矛盾就发生了转移，体制机制的理顺为技术的创新和产业结构的调整提供了制度的保证，那么，如何利用这种机制保证来使经济活动更加合理、科学、和谐的发展就成为必须完成的任务，以发挥生产关系对生产力的促进作用。

第一节　调整产业结构，走技术创新之路

调整产业结构是同转变经济发展方式密切关联在一起的，是转变发展方式的最基础性的工作。"调整优化结构，是振兴老工业基地的重要任务。结构不合理是老工业普遍存在的问题，长期直接影响着经济总量、经济效益、财政收入、社会就业和人民生活，制约着改革发展稳定等突出矛盾问题的有效解决。党中央、国务院的《关于实施东北地区等老工业基地振兴战略的若干意见》，把结构调整作为振兴的重要任务。国务院去年颁布的《东北地区振兴规划》提出，要以老工业基地振兴为主线，提高自主创新

能力，促进结构调整和优化升级。东北老工业基地振兴的主要任务，包括发展现代农业、国有企业改革、振兴装备制造业、资源枯竭型城市转型等等，都有结构调整的问题。"[1]

传统的发展理念是以经济的增长代替社会的发展，用经济总量的增长作为衡量社会进步的尺度。即把经济的增长与社会的发展等同起来，把物质财富生产的多少看作是社会繁荣、进步和生活幸福的标志。在这种发展理念的支配下，就形成了以追求经济总量的增加为目标、以加快经济发展速度为手段的发展模式。在这种发展模式中，经济总量的增加和经济发展速度的加快，都需要生产要素的大量投入，由此形成了高积累、高投入、高消耗、高污染，但又低效率的粗放型的发展特征。这种发展理念和发展模式在 20 世纪 70 年代之前，在西方国家中占主导地位，被称作传统工业文明的发展观。这种发展模式由于西方国家在一定时期内所带来的物质财富的增加和物质生活的丰富，对新兴的后发的国家具有很大的吸引力和示范效应，加之新兴国家在发展的初期也总是具有要求经济快速发展的要求和在起步时结构简单、基础差、面临建设工业基础的任务等，这就形成了要靠要素大量投入的特点。所以，这种粗放型的发展模式就普遍为新兴国家所采取。如20世纪70年代南美国家的现代化就普遍地采取这种发展的模式。

但是，这种发展模式却存在着很大的问题。首先，它造成了有增长而无发展的状态，由于经济结构不合理，比例不协调，经过一个阶段的发展后，经济秩序就出现紊乱，生产就开始衰退，后劲不足。其次，造成了资源的浪费和枯竭，环境被严重破坏，生态失衡，使发展不可持续。再次，发展不平衡。原来基础较好、交通便利、自然资源较为丰富的地区，借助于投资和政府的扶持，很快发展起来。而绝大多数的地区，尤其是传统的农业地区则背负了发展的成本，没有享有到发展的成果。最后，它还造成了严重的两极分化，先发展起来的地区和个人，逐渐把财富聚集在自己手中，而广大的地区和人民则生活几乎没有改善，从而引发了严重的社会问

---

[1]　韩长赋：《调整经济结构，转变发展方式》，《求是》2008 年第 12 期。

题，使矛盾纷争加剧，社会动荡不安。巴西现代化发展道路的教训，就证明了这种发展模式的弊端。西方国家早已发现了这种发展模式的毛病。在20世纪70年代中、后期，就提出了可持续发展观，要求保护生态环境，实现人与自然的和谐共处。在此基础上，90年代又提出了以人为中心的社会全面发展观，否定了把经济的增长等同于社会的发展的理念，提出了经济与社会同步发展的思想。但是，资产阶级的利益关系决定了他们并不能把这些理念真正付诸实施，也不可能真正解决发展的问题。

在吸取其他国家发展经验教训的基础上，根据历史发展的新情况和我国的具体国情，第三代领导集体提出了科学发展观，这就为我们更新发展理念，转变发展方式提供了指导原则。使我们能够更好地认识转变发展方式的必要性和迫切性。目前的发展理念不再是单纯追求 GDP 的增长，不是单纯追求经济发展的高速度，不是"又快又好"，而主张"又好又快"。一字的颠倒，体现了发展理念和指导思想的变化，即要求理顺速度、效益和比例的关系。按着新的理念，速度是前提。经济的发展总要通过一定的速度体现出来，虽然不再为了速度而速度，它也不再是衡量经济发展的核心内容，但是，经济的发展总要有一定的速度。效益是核心。这即是说，不能再简单地以经济总量的增长作为目标，而要考虑是用什么方法来取得经济发展的？投入和产出的关系是怎样的？要尽量用少的要素投入，获得尽量多的经济成果。这就是要转变粗放式的发展方式，走靠科技投入和劳动者素质的提高的集约型的发展道路。最后，比例是基础。比例即是经济结构和产业结构的问题。经济的发展为什么能有较快的速度和较好的效益？其基础是结构的合理，只有结构合理，才能有正常的经济秩序，才能使生产各要素优化组合，产生好的效益。所以，只有认清和处理好三者之间的关系，才能使发展全面、协调、可持续。单纯靠要素的大量投入，虽然能取得一时的高速度，但不能使发展持久，更不会取得好的效益。这种新的发展理念有助于我们认清过去发展中存在的问题，明确今后发展的思路。

我国在改革开放后，由于受当时历史条件的限制，采取的也是传统工业化的粗放式的发展方式，也是靠投资来使经济快速发展，以追求经济总量的大幅增加。由于三十多年来我们把主要精力用在了体制机制的改革上，对调整发展方式重视的不够，虽然经济建设取得了巨大的成就，但也付出了高昂的代价，积累了严重的问题。在其他新兴国家出现的问题，在我们国家也不同程度的存在，有些问题还比较严重，使调整产业结构，转变发展方式已成为当前亟待解决的问题。就东北的具体情况来说，现在存在的问题：

第一，产业结构不合理。2005 年东北三省的第一、第二、第三产业与长三角（沪、苏、浙）相比的数据是，第一产业实现产值 2133.1 亿人民币，占全国的比重是 9.39％，长三角是 1628.6 亿，占全国比重是7.17％。第二产业，东三省产值 8482.7 亿，占全国比重 9.84％，长三角产值 21965.6 亿，占全国比重 25.48％。第三产业，东三省产值 6514.1 亿，占全国的比重 8.86％，长三角产值是 16474.1 亿，占全国比重 22.45％。[①]从这组对比数据中可以看出，东北三省除第一产业的产值和比重高于长三角外，第二、第三产业无论是产值还是占全国的比重，都远远落后于长三角地区。而第一产业的相比较优势和第二、第三产业的落后，恰恰说明了东北产业不合理的状况和发展的落后。因为，按着产业发展的规律，在发展初期的农业化阶段，第一产业占主导地位，而随着工业化的进行，第二产业将超过第一产业上升为主导地位。而随着工业化的进一步发展，第三产业又将超过第二产业，占据主导地位。长三角就开始体现了这种"三、二、一"的产业发展规律，第三产业无论是产值还是占全国的比重都开始接近第二产值。而东北三省第一产业的比重同其他地区相比大，甚至超过了长三角地区，说明农业在东北经济的发展中，占有十分重要的地位。而第三产业发展又非常不充分，说明东北的现代化水平和科技发展水平较低。并且从三个产业在全国中所占的比重看，没有哪一个产业有明显的优势。说明东北经济发展整体水平较低。从第一、第二、第三产业自身的比较来看，第二产业占绝对的主导地位，说明东北三省仍处于传统的工业化

---

① 参见《2006 年：中国东北地区发展报告》，中国网 2006 年 12 月 11 日。

的发展阶段。

第二，产业结构层次不高。农业科技贡献率低于全国水平，农产品进出口额过低。科技创新能力不足是东北地区农业生产长期存在的主要问题之一，也严重制约着东北农业经济的发展。2005年东北地区科技进步对农业的贡献率为45%，低于全国48%的平均水平，更是远低于世界发达国家70%的水平。从农产品的对外贸易来看，2005年东北三省农产品出口额仅为41.6亿美元，占全国的比重为15.1%。进口总额19.6亿美元，占全国6.8%，均远低于山东一省的水平，同东北三省作为我国重要的商品粮生产基地和农业发达地区的地位是不相配的。

第三，工业的产业结构层次低，高新技术产业发展落后。东北地区是我国重要的能源和原材料产地，其工业以钢铁、石油、采掘、化工、装备制造等传统产业为主。所以，传统产业的比重居高不下，例如黑龙江省，以采掘业为主的工业结构不仅未能改观，反倒有加强的趋势，到2000年，黑龙江采掘业产值占工业产值的比重由1985年的27.2%，上升为43%。近年来，部分城市资源濒临枯竭、传统产业也由于竞争力差、效益不高而逐渐丧失其原有市场，逐渐衰退。目前，东北地区除石油天然气开采业、石油加工业和黑色金属冶炼及加工业三个行业外，其余的行业市场占有率均在10%以下。传统产业比重高且竞争力差、原字号产品比重大，深加工比重小，组件生产规模大，自主创新少，使东北产业结构层次水平低，亟待升级改造。而高新技术产业又因资金和技术等方面的因素而发展缓慢，新兴电子、通讯、新兴机电等产业的发展严重滞后，不能成为主导力量。2005年，在全国高新技术产品的进出口中，东北三省进口总额38.7亿美元，占全国比重仅为1.9%，同前几年相比，不但没有增加，反呈下降趋势。出口更少，总额为28.5亿美元，占全国的比重也只有1.3%。从改革以来增长率大于1的产业个数来看，广东、山东、福建等省都在20个以上，并且都是新兴产业，而东北三省加起来才有5个，并且都为传统产业。可见，东北三省产业结构低下，高新技术发展能力落后的现状。

第四，第三产业发展不充分。传统的国有企业具有办社会的职能，

"大而全"使社会服务业实际成了企业生产的后勤保障区。这不但制约了第三产业的发展，而且降低了第三产业的社会化程度，使第三产业不能做大做强。从第三产业自身的结构来看，传统服务业的比重大，而现代服务业的比重小，尤其是信息服务业、现代物流业、科技研发业、中介服务业、社区服务业、金融、保险服务业，以及文化、教育、医疗、养老等新兴服务业发展更是滞后，而第三产业又是容纳劳动力最多的产业，第三产业发展的不充分，必使劳动力向第一、第二产业集中，这又加剧了发展劳动力密集型企业，以解决就业问题与自主创新、走集约型发展道路的矛盾。从发达国家的经验和产业发展的规律来看，产业的科技水平越高，人们的物质生活水平越高，收入水平和可支付能力最大，对服务的质量和服务的范围的要求就越高，第三产业就会越发展，就会超过第二产业而上升到产业的主导地位。所以，第三产业的发展程度是社会文明发展程度、经济发展水平的直接标志。而东北地区第三产业发展的滞后，是东北经济发展落后、产业结构不合理以及产业结构层次低的最主要的因素和体现。

东北地区产业结构的现状，直接影响着东北经济的和谐发展和老工业基地的振兴，而对产业结构的调整和升级优化，又是贯彻、落实科学发展观，转变发展方式的关键。所以，东北老工业基地的振兴不但有体制机制的改革问题，而且还需要产业结构的升级换代，只有"两个轮子"一起转，东北经济才能和谐顺利的发展。

根据产业结构的具体情况和科学发展观的要求，东北老工业基地产业结构的升级优化需要完成的工作是：

第一，加快发展高新技术产业和新兴产业，走自主创新之路。在当代经济的发展过程中，科学技术已成为第一生产力。科学技术虽然不是生产力的独立要素和实体性要素，而是知识形态的一般的生产力，但科学技术却能够渗透在生产力的三个实体性要素之中，通过提高劳动者素质、改进劳动工具、生产人工合成的新材料以及提高科学管理水平，从而对生产力的发展起到第一位的推动作用。科学技术的发展不仅直接提高着生产力的发展水平，而且符合节能环保，走可持续发展之路的现代生产发展的趋势。如软件产业的发展，由于软件无限复制的特点，所以，一本万利，附加值高，同时又几乎不消耗能源和资源，对环境没有破坏作用。正因如此，在新的发展理念中，提倡建立集约型的发展模式，就是要靠科技的投入和劳动者素质的提高。显然，这是避免发展的巨大的资源和环境的代价，使发展具有可持续性的切实保证，也是落实科学发展观，转变经济发展方式的关键。从国际的竞争关系来看，西方发达国家尤其是美国，高新技术产业的产值已超过传统产业，占 GDP 的 60% 以上。因而西方发达国家已从传统的工业化的发展日益走向后工业化的知识经济和信息经济的发展。如果我们不走发展高新技术产业和新兴产业之路，经济发展就缺少新的支撑点，产品就缺乏竞争力，我们就将被西方国家远远落在后面。所以，当今的竞争就是科技的竞争、人才的竞争。从国内的情况来看，这些年来，高新技术产业和新兴产业发展不快，企业生产科技含量不高，重复建设着传统产业的项目，不但水平低，质量差，而且造成了大量的产能过剩。在外向型经济中，由于自主创新不足，不掌握核心技术，企业的利润绝大部分被外商投资者拿走，而我们只能拿廉价的加工费。这次国际金融危机对我国外向型实体企业的冲击，就说明了不走自主创新之路，我国的经济发展就会受制于别人。正因如此，党中央提出了科教兴国的战略，在十七大上又提出了建立创新型国家的要求，这就指明了东北老工业基地的产业结构的升级换代，必须把发展高新技术产业和新兴产业作为调整的重要内容和主要方向。

那么如何来发展东北地区的以高新技术产业为主体的新兴产业呢？这就要走自主创新之路，用高科技引领产业发展，打造优势产业的集群，大力培育新的经济增长点。一是引进资金和项目，大力建造工业园区和高新技术开发区。要重点引进科技含量高、附加值高、符合发展方向的具有先进技术水平的项目，如电子信息技术、先进制造技术、航天航空技术、生物工程技术、新材料技术和高效节能环保技术等，对引进的技术要在消化、吸收上下工夫，通过消化、吸收，提高自主创新的能力，以发挥出高新技术开发区对经济发展的示范和带动作用。二是以项目带动产业的发展，以产业形成产业集群，在东北老工业基地良好条件的基础上，将优势产业链做大做强，以推动产业结构升级换代，并带动相关产业的结构调整，从而提高主导的优势的产业的核心竞争力。三是要建立高水平的研发机构，把产学研结合起来、连成一体，充分发挥东北高校多、教育力量强和老工业基地科研资源丰富的优势，建构科技创新和创业的新型平台。加快科技成果的转化，开发出具有自主知识产权的新产品，形成东北企业自己的品牌优势。通过不断地研发和创新，提升产业的内涵和质量。四是大力发展第三产业，尤其是符合信息化发展方向的现代服务业，如信息服务、科技研发、市场中介、电子通讯、办公自动化、金融保险、文化产业、旅游等产业，这不但能够提供大量的就业岗位，而且能够形成新的产业生长点。①

调整产业结构不但有一个向高新技术新产业发展的问题，而且还有一个用高新技术改造传统产业，以走新型工业化道路的问题。"推动结构优化升级，既要注重增量调整，也要注重存量调整；既要注重外延扩大，也要注重内涵提升；既要做好'加法'，也要做好'减法'；既要抓好当前，也要谋划好长远。"②

首先，要用高新技术改造传统产业，不能再走靠大量要素投入的传统工业化老路，而要走新型工业化之路。即科技含量高、经济效益好、资源消耗低、环境污染少、人力资源优势得到充分发挥的工业化道路。这就需要以符合发展方向的信息产业来改造传统产业，并把技术设备更新、工艺创新和产品创新作为主要内容，建立生产要素优化配置的动态调节机制，促进生产要素向优势产业流动，使高效率产业做大做强，以实现生产要素的合理配置，使产业结构得到优化，企业的生产能力和创新能力得到提高。

其次，通过加大增量的投入来带动产业结构的调整。以增量投入带动存量调整是东北老工业基地产业结构优化的一个重要方法。这种增量投入

---

① 参见 http://special.dbw.cn/system/2005/11/02/050172851.shtml。

② 韩长赋：《调整经济结构，转变发展方式》，《求是》2008 年第 12 期。

不能再像过去的企业技术改造那样，以更新设备，提高产能为目的，而是投向有特色的、符合环保生产要求的优势企业，以达到调整产业结构的目的。东北三省都已作了规划，确定了产业结构调整重点要发展和扶持的产业以及调整存量的具体思路。如黑龙江省提出，要做大做强优势产业群，集中力量搞好重型机械制造、石油化工、能源、粮食、医药和林业六大基地的建设，并在此基础上进行区域联合，与东北其他省份整合资源，对相同、相近、相关的产业进行强强联合，以优势互补。此外，不能再单纯的招商引资，进行重复建设，而是要把招商引资与引进技术、引进人才结合起来，引导创新要素向优势产业集中，科技人才向优秀企业流动，从而能使这些企业在产业调整中发挥主导作用。吉林省调整的思路则是，在大力发展现代农业和积极发展第三产业的基础上，全面提升和优化第二产业，建立全国新型的工业化基地。重点建设新兴材料、光电子、生物制药、汽车和以农产品为原料的加工业五大基地。在此基础上，进行工业的轻重结构调整，使工业结构轻型化，让重工业向轻工业延伸，向消费领域靠拢。辽宁则提出建设装备制造业和重要原材料工业在全国领先的两大基地，并重点发展高新技术、农产品加工、现代服务三大产业。这样，东北三省就形成了通过科技创新促进结构调整、用市场化来推动产业化和集中力量发展优势、特色产业以带动产业的优化升级的调整思路。

再次，通过财税金融政策引导结构调整。财政金融政策是政府对经济进行宏观调控的主要手段，财政金融政策的实施要符合产业结构调整的要求，以对结构调整起到引导作用。要大力扶持有市场、效益好、保护环境和节约能源、资源的产业和有后发优势的新兴产业，给予贷款、税收、融资、建设用地等方面的支持和优惠，而对于产能落后、产能过剩、高耗能、重污染、低效益的产业则坚决不予支持，利用信贷、税收和财政政策限制其发展，坚决不上新的这类项目，对原有的生产企业则要根据实际情况，必要时坚决关、停、并、转，从而达到产业结构优化升级的目的。

最后，对淘汰的产业要妥善处理。对落后产能的淘汰，不能做放弃的简单处理，因为这毕竟涉及大量的存量资产，也涉及大量人员的下岗分流问题。这部分落后产能虽然相对于优势产业和新兴产业来说存在着设备和技术老化以及效益不高等问题，但比农村的现有生产力的发展状况还是水平要高得多，因而要根据实际情况区别对待。对高污染和高消耗、严重破坏环境的企业，要看改造的效果，如果改造的效果和价值不大，则要坚决关、停。这不能吝惜，发展不能以环境和资源以及人的健康为代价，是取舍的最根本的原则。而对于劳动力密集型和技术设备落后的企业，则应考虑技术转移，通过兼并联合、设立子公司、建立分厂等形式向农村或城乡结合部转移，尤其涉及城乡相关联产业和农产品加工产业，更要如此。这样做的好处是，第一，加快城乡的一体化发展，培育农村的新产业。第二，提高农村现有生产力的水平，使农村走上工业化、专业化和市场化的道路。第三，解决下岗职工的就业问题，劳动力密集型产业虽然不是今后产业的发展方向，但却是现今不可缺少的，尤其在第三产业不发展的情况下，劳动力密集型产业还是容纳就业岗位最多的地方。而这部分产业向城乡结合部的转移，能有效缓解产业的升级改造和解决就业的矛盾。第四，有利于城市集中力量搞好优势产业和新兴产业的发展，向技术密集型和资本密集型结构的优化升级。第五，整合城乡资源，将资源优势转化成产业优势，带来资产、技术、资金在城乡间的合理流动和配置。[1]

当然，东北老工业基地的产业结构调整还有农业产业和接续产业的问题，我们将在下面的章节中详加阐释。

第二节　走可持续发展之路，建立人与自然的和谐关系

过低碳生活，走可持续发展之路，现今已成为世界性的共识。自 20

---

[1]　参见刘杰斌：《统筹城乡发展对振兴东北老工业基地的关联效应和路径》，《辽宁大学学报》2005 年第 4 期。

世纪 60 年代以来，西方的一些研究者就开始反思当时的以经济总量的增长为目标的并把经济的增长等同于社会的进步的发展方式所带来的对资源的过度开发和使用，以及对生态环境的破坏问题。1962 年，美国女科学家蕾切尔·卡逊发表了引起轰动的环境科普著作《寂静的春天》一书，在书中描绘了一幅由于农药的污染给生存环境带来的破坏的可怕景象，惊呼人们将由此而失去"阳光明媚的春天"。这部著作的出版标志着人类关心和反思生态环境问题的开始，它向人类发出这样的警告：不要陶醉于物质财富的增长和物质生活的充盈，不适当的生产活动可能给人类自身带来意想不到的负面严重后果。在《寂静的春天》发表 10 年之后的 1972 年，另一本从人与自然关系的角度论述人类发展方式的著作《增长的极限》一书问世，这本书引起了全球思想界更大的震动和更广泛的反响。《增长的极限》是美国的以丹尼斯·米都斯为首的研究小组提供给罗马俱乐部的研究报告，也是罗马俱乐部自 1968 年成立以来的第一份研究报告。20 世纪 70 年代，正是西方发达国家经济高速增长和空前繁荣的所谓"黄金时期"，针对在西方发达国家广泛流行的增长文化和盲目的乐观情绪，《增长的极限》用大量的数据和明晰的逻辑，阐发了这样一种思想，即由于我们星球的有限容积和资源，人类的扩张不是无限制的，必会走向我们星球所无法承受的极限，所以，要控制人口的增长，减少对生产的要素的投入，以达到保持现有均衡的"零增长"。报告指出："如果在世界人口、工业化、污染、粮食生产和资源消耗方面现在的趋势继续下去，这个行星上增长的极限有朝一日将在今后一百年中发生。"① 尽管"零增长"的论点引起了激烈的争论，产生了不同的意见分歧，但是，关于地球资源有限性的观点和生产的持久、均衡发展的观点以及对人类发展前景的深刻忧虑和反思都深深打动了人们，引发了人们对环境保护的深深思索，从而为可持续发展思想的提出奠定了基础，促进了西方绿色运动的发展。正是在学界、官方和民间对环境问题日益关注、讨论和环境保护运动日益蓬勃发展的背景下，

---

① 丹尼斯·米都斯等：《增长的极限》，吉林人民出版社 1997 年版，第 19 页。

1972 年联合国在瑞典的斯德哥尔摩召开了有 113 个国家和地区参加的人类历史上的第一次人类环境大会，形成了后来称之为"斯德哥尔摩协作精神"的《人类环境宣言》，这是人类关于环境与发展问题反思的第一个里程碑，直接促进了可持续发展思想在 80 年代的提出。在 20 世纪 80 年代联合国成立了世界环境与发展委员会，该委员会于 1987 年向联合国大会提交了《我们共同的未来》的研究报告，对可持续发展作出了正式界说："既满足当代人的需求，又不对后代人满足其自身需求的能力构成危害的发展"。这一界说后来被联合国所接受和认同，形成了全球共识的关于环境保护和人类发展关系的可持续发展理论。1992 年在巴西的里约热内卢又一次召开有 183 个国家和 70 个国际组织参加的联合国环境和发展大会，102 位国家元首或政府首脑到会发表讲话。会议通过了《里约热内卢环境与发展宣言》和《21 世纪议程》，使可持续发展思想得到世界最广泛和最高级的政治承诺。"以这次大会为标志，人类对环境与发展的认识提高到了一个崭新的阶段。大会为人类高举可持续发展旗帜，走可持续发展道路进行了总动员，使人类迈出了跨向新的文明时代的关键性一步，为人类的环境与发展矗立了一块重要的里程碑。"① 此后，联合国又在一系列会议上，从不同的角度、不同的方面继续强调这种可持续发展的思想，推动着环境保护运动不断向纵深发展。

在西方对可持续发展思想的探讨过程中，对造成生态失衡的原因也进行了本质层次上的哲学分析。西方生态伦理哲学把其归结为"人类中心主义"的错误意识，即从工业文明以来，人类极大地提高了改造自然的能力，改变了人对自然的隶属关系，在对自然的关系上，人成为主体。而当人成为主体之后，就改变了此前人对自然的态度和行为。在前现代化的农业文明时期，人依附于自然，对自然充满着敬畏，把自然作为本体，作为人类赖以生存的母体。而当人成为主体之后，则反过来要主宰自然，把自

---

① 中国环境与发展国际合作委员会、中共中央党校国际战略研究所编：《中国环境与发展：世纪挑战与战略抉择》，中国环境科学出版社 2007 年版，第 6 页。

然作为征服和占有的对象，作为满足人欲望的工具和手段。人为了自己的私利，利用科学技术和强大的生产能力而肆意破坏和掠夺自然，从而造成了环境的破坏和生态的失衡。所以，强调主体性的现代文化意识和强调理性意识的技术万能论，正是"人类中心主义"产生的理论原因，而"人类中心主义"又直接导致了对自然的征服和占有的态度和行为，因此，必须反对现代性文化的"人道主义僭越"，树立自然同人具有同样价值的意识，祛除"人类中心主义"和"自我中心主义"，以自然为中心，承认其他生物存在的价值，才能为最终解决环境保护和可持续发展问题奠定思想理论的基础。

西方生态伦理哲学对生态失衡原因的哲学探索，强调了环境保护的意义，批判了人类对自然征服占有的态度和行为，对我们规范自身的活动，避免人类实践的异化行为，同自然保持和谐共处的关系，是有一定意义的，这种理论在西方思想界也有一定的市场。但从马克思主义哲学的角度来分析，西方生态伦理哲学的观点却是站不住脚的，是似是而非的，没有抓住问题的本质。

马克思的哲学是实践主体哲学，从实践哲学的观点看来，人以自己的活动来确定自己的存在，而人的活动是积极改造对象世界的活动，因为自然不能满足人，人必须通过活动来改变世界。只有在这种活动中，人才使自己的本质力量对象化，从而确证人类自身，才创造了物的属人的价值，才证明了人是类的存在物。因而，在人与自然的关系中，人是主体，世界是人活动的结果。正如马克思在批判费尔巴哈的直观地看待自然界的错误观点时所说："他没有看到，他周围的感性世界决不是某种开天辟地以来就直接存在的、始终如一的东西，而是工业和社会状况的产物，是世世代代活动的结果，……这种活动、这种连续不断的感性劳动和创造、这种生产，正是整个现存的感性世界的基础，它哪怕只中断一年，费尔巴哈就会看到，不仅在自然界将发生巨大的变化，而且整个人类世界以及他自己的直观能力，甚至他本身的存在也会很快就没有了。当然，在这种情况下，外部自然界的优先地位仍然会保持着，而整个这一点当然不适用于原始的、通过自然发生的途径产生的人们。但是，这种区别只有在人被看作是某种与自然界不同的东西时才有意义。此外，先于人类历史而存在的那个自然界，不是费尔巴哈生活其中的自然界；这是除去在澳洲新出现的一些珊瑚岛以外今天在任何地方都不再存在的、因而对于费尔巴哈来说也是不存在的自然界。"① 因此，我们不能单就自然界来谈论自然界，更谈不到自然界的独立价值，其实，自然界的价值只有相对人才是存在的，价值是一种主客之间的关系，是客体的属性满足主体需要的关系，自然界本身是无所谓独立价值的。"凡是有某种关系存在的地方，这种关系都是为我而存在的；动物不对什么东西发生'关系'，而且根本没有'关系'；对于动物来说，它对他物的关系不是作为关系存在的。"② 西方生态伦理哲学脱离开人的活动，就自然而谈自然的生态系统，强调自然界的独立价值，甚至认为自然的价值高于人的价值，其实质是否定人作为主体的存在，否定人对世界的积极改造作用，而主张一种人统于自然、服从自然的"天人合一"的原始和谐。在马克思看来，人作为主体的存在和对世界的积极改造，正是历史进步和人类发展的体现，这不是退步而是进步，人从依赖关系阶段发展到以物的依赖性为基础的人的独立性阶段，虽然使人陷入深深的物的统治之中，但这却是人的发展的一个里程碑，是向人的解放目标迈进的一个必经阶段。正所谓异化和异化的消除走的是同一条路。只有如此"才形成普遍的社会物质变换，全面的关系，多方面的需求以及全面的能力的体系。"③ 才能为向自由个性的发展创造条件。人与自然固然要和谐共处，但不是退回到"田园诗"般的原始和谐中去，不是"零增长"式的不发展，"留恋那种原始的丰富，是可笑的，相信必须停留在那种完全空虚之中，也是可笑的。"④ 因此，人与自然的和谐应该是在积极改造自然的基础上达成的与自然的更高级的和谐。

---

① 《马克思恩格斯选集》第 1 卷，人民出版社 1995 年版，第 76—77 页。
② 《马克思恩格斯选集》第 1 卷，人民出版社 1995 年版，第 81 页。
③ 《马克思恩格斯全集》第 46 卷上册，人民出版社 1979 年版，第 104 页。
④ 《马克思恩格斯全集》第 46 卷上册，人民出版社 1979 年版，第 109 页。

西方生态伦理哲学固然具有保持人与自然关系的良好意愿，但由于否定人的主体性的理论出发点不对，因而对产生生态问题的原因就认识不清，对问题的本质也就不能把握和揭示，相反却误导了人们，干扰了人们对问题的清楚认识。其实，马克思主义的实践哲学既坚持人的主体性的原则，反对那种使人依附自然的错误，又反对那种过分夸大人的主体性，而对自然征服和掠夺的态度。从马克思主义的观点看来，"人类中心主义"所导致的人与自然关系的分裂，是人的异化关系的体现，是片面的把对自然的拥有和占有作为生存目的的结果。资本主义的发展虽然促进了个体化的进程，使人逐渐成为独立的主体，但却把人的独立性实体化，把独立性阐释为孤立性，造成了人与人关系的疏远和分离，由此形成了孤独的个体。这种与社会分离的孤独的个体，在马克思看来就是市民社会的私人，自私自利，一切以自我为中心，把社会生活理解为"一切人反对一切人的战争"，并由此把个人的享受作为生存的目的，把拥有和占有理解为活动的本质，这就导致了主体性的膨胀，为了一己私利而要去主宰世界。这就必然导致人与自然关系的分裂，导致对自然的征服和掠夺。正是这种异化，才使孤独的个体、市民社会的私人，把为了人并且通过人对人的本质和人的生命、对象性的人和人的作品的感性占有，仅仅理解为直接的、片面的享受，仅仅被理解为占有、拥有。只有"当物按人的方式同人发生关系时，我才能在实践上按人的方式同物发生关系。因此，需要和享受失去了自己的利己主义性质，而自然界失去了自己的纯粹的有用性，因为效用成了人的效用。"① 由此可见，在马克思那里，正是资本主义私有制的社会关系所带来的人的物化现象以及私欲的无限膨胀，才是人与自然不能和谐相处的根本原因，而不是什么主体性的问题。所以，既要坚持主体性，又不能走向私欲膨胀的孤独的个体主体，要把主体性放在主体间性的关系中来理解，既反对人依附自然的原始和谐，又反对夸大人的主体性的"人类中心主义"，才是理解马克思主义实践哲学关于人与自然和谐关系的两个

---

① 马克思：《1844 年经济学哲学手稿》，人民出版社 2000 年版，第 86 页。

基本原则。由此出发，才能把握生态平衡和可持续发展问题的本质。

既然对生态环境破坏的根源是资本主义社会关系所带来的孤独个体的异化活动，那么，生态保护的本质就不是人与自然的关系问题，人与自然的关系只是一个表征、一个载体，它背后体现的是人与社会的关系，是人与人的利益分割关系，这才是问题的本质。马克思主义历来认为，物的关系承载的是人的社会关系。"只有在社会中，自然界对人来说才是人与人联系的纽带，才是他为别人的存在和别人为他的存在。只有在社会中，自然界才是人自己的人的存在的基础，才是人的现实的生活要素。只有在社会中，人的自然存在对他来说才是自己的人的存在，并且自然界对他来说才成为人。因此，社会是人同自然界完成了的本质的统一"①。可持续发展之所以定义为当代人的发展不能影响子孙后代的发展，其实反映的就是人与人的关系，当前利益与长远利益的关系。西方生态伦理思想之所以是空想的愿望，不能真正解决实际问题，就是只从人与自然的关系出发，没有认识到问题的本质，不同国家、不同地区、不同部门和行业的利益纷争才是环保问题的根源。也只有从这种人的社会利益关系出发，去解决这些利益冲突的矛盾，我们才能真正找到走可持续发展之路的途径。所以，马克思主义不是不讲人与自然关系的和谐，恰恰相反，马克思主义是从更深的社会本质关系的层面来讲人与自然的和谐统一。这种统一是人的实现了的自然主义和自然界的实现了的人道主义，是对私有制和私人利益关系的彻底否定，只有在这种社会本质和谐的状态下，人与自然的和谐关系才能真正实现。"作为完成了的自然主义等于人道主义，而作为完成了的人道主义等于自然主义，它是人和自然之间、人和人之间的矛盾的真正解决，是存在和本质、对象化和自我确证、自由和必然、个体和类之间的斗争的真正解决。它是历史之谜的解答，而且知道自己就是这种解答。"②正因为马克思主义的实践哲学蕴意着更深刻

① 马克思：《1844年经济学哲学手稿》，人民出版社2000年版，第83页。

② 马克思：《1844年经济学哲学手稿》，人民出版社2000年版，第81页。

的对人与自然和谐关系的理解，所以，它是我们在现代化建设过程中走可持续发展之路的理论指导和根据。

我国在改革开放后也非常重视可持续发展问题，在 20 世纪 80 年代就与世界同步提出了保护环境、走可持续发展道路的战略，把环境保护作为了一项基本国策。在 90 年代又强调了转变经济增长方式，走集约型发展道路对保护生态资源的意义并加快了环境立法进程以及实施可持续发展战略的行动计划和措施。在 21 世纪，科学发展观又把可持续发展作为基本内容来重点重申，提出了建立资源节约型、环境友好型、人与自然和谐相处的社会的主张，并把节能减排作为生产的重点来抓，促进了环境保护工作的深入发展，在今天，过低碳生活已成为舆论宣传的重要内容，并具体落实在日常生活中。

但也应该看到，我国并没有完全避免"先污染后治理"的传统工业化发展道路。我国改革开放三十多年来走了一条跨越式的发展道路，使发达国家在上百年的发展中分阶段出现的环境问题，在我国则集中出现，这就使我国目前的环保工作面临十分严峻的局面。如果说生态问题的出现在历史上与农业的过度开发有关，那么在当代则是工业化造成的结果。而环境污染则与历史无关，直接就是工业化带来的后果。就这一问题产生的具体原因，有的学者作了如下的分析："环境污染形势严峻，与我国发展阶段密切相关：一些深层次环境问题的解决并没有取得突破性进展，产业结构不合理、经济增长方式粗放没有根本转变，环境保护滞后于经济发展的局面没有改变，体制不顺、机制不活、投入不足、能力不强的问题仍然突出，有法不依、违法难究、执法不严、监管不力的现象比较普遍"。[①]

从东北的情况来看，问题更为严重。要认清东北环境保护的严重局面，就要首先了解东北的自然环境状况和产业结构及生产的状况。

第一，东北有着丰厚的自然资源。由于地理纬度高，在传统的农业文

---

① 丁宁宁、葛延风主编：《构建和谐社会——30 年社会政策聚焦》，中国发展出版社 2008
年版，第 342 页。

明时期，人烟稀少，经济不发达，自然资源开发利用得少，在新中国成立的初期阶段，东北是我国自然条件较好的地区。东北石油、矿产资源丰富，土地肥沃，森林覆盖面积大。因而成为社会主义建设的重要的能源、原材料、商品粮基地。由于我国的工业化起步晚，起点低，又要赶超发达国家，所以走了一条靠高投入、高消耗以追求高速度和总量的高增长的发展道路，而东北的重工业结构又决定了深加工能力不足，东北主要是作为原材料和初级产品提供的基地而存在的，生产了全国 40% 的石油、15% 的钢铁、30% 的造船产值和 25% 的汽车产量。加之，大小兴安岭地区是我国面积最大、森林积蓄量最多、国有林业最集中的地区，吉林、黑龙江两省的松嫩平原和三江平原又是我国重要的商品粮生产基地，辽宁的阜新、黑龙江的鸡西、鹤岗、双鸭山、七台河等是国家重要的煤炭生产地区，这些产业的快速发展和开发，使东北的自然资源被过度的开采、利用和消耗，虽然给国家的建设提供了重要的动力和支持，但在今天，资源供给能力已严重下降，黑土地退化、草地沙化、矿产资源城市的生态恶化和出现了一大批资源逐渐枯竭的城市，使东北不再是自然资源丰厚的地区，相反，自然资源的严重欠缺已成为制约东北经济发展的主要因素之一，迫使大批产业和企业不得不转型，突出了发展接续产业、深加工产业和新兴产业的问题。据统计，黑龙江森工林业可开采资源比新中国成立初期下降了 97.3%，省属 40 个国有林业局已有三分之二的企业无林可伐，可采木材不足 500 万立方米。在矿产资源方面，黑龙江 33 个矿井中 16 个枯竭，已被国家批准破产。而四大煤炭基地，大量关井，矿难事故不断。大庆油田从 2002 年起结束了 27 年稳产年均 5000 万吨以上的产量，每年平均递减 200 万吨左右，预计到 2012 年将减少到 3000 万吨以下。而吉林和黑龙江的黑土地每年以 20 厘米的速度在消失，按此速度再过 30 年黑土地将不复存在。辽宁的有色金属资源储量也大都进入衰减期。可见，资源的过度消耗已使东北进入到了资源的"饥荒"时代。[1]

---

[1] 翟英：《东北老工业基地生态建设面临的问题与对策》，《人口学刊》2008 年第 4 期。

第二，雄厚的工业基础，是我国的重工业基地。在计划经济时期，国家把重工业发展的重点放在了东北，经过项目和资金的大量投入，建立了装备制造业、重化工业、汽车、造船、机电、锅炉、汽轮机、轻合金、机械制造、石油化工等较为完备的重工业体系，塑造了东北的辉煌。但是，这种重工业体系也带来了重度的污染。如果说东北的环境问题，首先是因为自然资源丰厚的特点所带来的自然资源的过度开发造成的生态平衡的破坏和资源的枯竭，那么，东北重工业优势的特点则带来了环境的深度污染。据统计，与1988年比，1993年东北煤、石油等对大气有严重污染作用的一次能源生产的产值比重上升了8%，高碳的电力工业产值上升了23%，冶金上升了41%，而对空气尤其是水质有严重影响的石化工业则上升了35%。这就大大加剧了环境污染的负荷。[①] 尽管在东北的重工业生产过程中，也不断加强治污工作，但由于正外部性和负外部性相比并不对称，所以，治理的速度远远赶不上污染的速度，我们实际走了一条边生产、边治理、边污染、并且污染程度愈来愈重的恶性循环之路。正因如此，东北的环境污染已十分严重，工业废气、化学排放物和工业垃圾已造成了空气、水源和城市环境的严重染污，辽河、松花江的水污染事件以及渤海湾的富营养化的污染，都在警示人们东北生态失衡的严重情况。截至2008年的统计，流经城市的90%的河段受到不同程度的污染，75%的湖泊出现富营养化，30%的重点城市饮用水源地水质达不到三类标准，46%的城市空气质量达不到二级标准、酸雨污染程度在加重，化肥、农药的使用使黑土有机含量比20世纪60年代下降一半。这种环境的污染不但制约着东北经济的发展，使生产的成本日益加大，而且也严重威胁着人民的生活与身体的健康。正因如此，中国工程院向国务院提交了一份战略发展报告，报告显示，东北地区的生态环境已到了临界状态，接近了"红线指标"，如果再如此下去，将出现严重的后果。

第三，走向市场经济体制后出现的新问题。如果说资源的问题、环境

---

① 参见曲格平：《中国的工业化与环境保护》，《战略与管理》1998年第2期。

污染的问题还同东北的历史情况以及计划经济时期的发展有关，那么，当东北走向市场经济体制后，又出现了新的情况，加重了生态环境的恶化。东北地区原来国有企业比重大，市场化程度低，民营经济和外资经济都不发展。当走向市场经济之后，中小企业快速发展起来，市场经济的弊端也充分体现了出来。市场经济具有盲目性，"看不见的手"利用企业唯利是图的本性，引导资源向最盈利的产业配置，但这种配置却不一定是最优配置，往往导致企业一拥而上，恶性竞争，重复建设，产能过剩，浪费了大量资源。加之，中小民营企业，起点低，技术水平落后，对资源不能充分利用，相反，环保投入少，造成的污染较为严重。另外，市场经济条件下，中小企业缺乏宏观理性，只顾自己短期的、眼前的经济利益，而对于社会的、生态的效益及其长远的可持续性发展的利益则大多忽视，从而引发了较严重的资源开发和环境污染的问题。更有甚者，在新兴产业项目的建设和招商引资过程中，一些企业只顾赚钱，只顾快速的致富，不惜引进高消能、重污染、严重破坏环境的被南方或国外淘汰的、不允许生产的项目，结果给生态带来了严重的问题。正如有的学者分析的那样："东北老工业基地正处在市场经济转型过程中，市场经济本身会产生许多外部不经济效应。并且，很多时候会出现市场失灵现象，具体表现在：首先，环境资源由于产权不存在或不安全，人们没有良好的预期而引发的短期行为；其次，环境资源市场竞争不足，没有价格或价格偏低，使价格机制难以有效引导资源的优化配置；再次，从经济学角度看，环境污染具有负外部性，环境保护具有正外部性，而大多环境资源是公共物品，使用和消费不具有排他性，使市场机制的作用很难发挥出来；最后，环境资源的利用及影响是一个长期的过程，而在市场经济条件下，人们更重视眼前利益，忽视长远利益，使环境和资源保护变得更为困难。从市场机制的特点看，市场可以一定程度地引导资源流向，但其对资源只能起基础性配置作用，难以达到优化配置的程度，更难使资源配置达到帕累托最优，反而易于失控，引起环境恶化。而且环境污染和生态破坏的许多问题具有潜在性、渐进性和长期性，而后果一旦出现，治理将付出极高的代价，有些甚至无法补偿和逆转。所有这些，都是市场所不能很好预测或有效解决的。"①

从以上的分析我们可以看出，东北环境保护问题面临的困境主要是，自然资源的过度开发所带来的生态失衡和工业化生产所造成的环境污染，而东北老工业基地的振兴、走可持续发展之路，就要针对这两方面问题产生的原因，有的放矢地去制定行之有效的政策和措施。国家发改委东北振兴司司长文振富先生在答记者问时讲到："我们追求的目标是老工业基地的全面振兴，而不单纯是经济发展，因此，要确保经济的发展是可持续的，确保生态环境不受到破坏，确保人民的生活水平和生活质量不断提高。否则，无论经济发展有多快，我们都说，不能意味着振兴是成功的。"② 这即是说，人与自然关系的和谐，是东北老工业基地振兴中的一项重要内容，建构和谐东北，首先要建构资源节约型、环境友好型的社会，人与自然的和谐相处是社会和谐的前提。如果生态环境是恶劣的，资源是贫乏的，不但经济发展不上去，即使经济有了较快的增长，但人们每天呼吸着污浊的空气，喝着混浊的水质，住在遍布垃圾的脏乱环境之中，每天被噪音所刺激，被风沙所困扰，被臭气所熏染，被化学食品所威胁，这种发展又有什么意义？这又能谈到什么和谐社会？所以，建立宜居的环境，使环境友好与经济发展同步，是社会和谐的前提，是人民生活幸福的重要内容，也是可持续发展的体现。正因如此，在东北老工业基地的振兴过程中，我们就再也不能走过去的单纯经济发展的老路，认为经济的发展和物质财富的生产就会自然带来社会的进步和人民生活的幸福，而是要把生产与资源生态统一起来，使经济发展能为创造更美好的家园和更幸福的生活服务。

具体来说，东北的环境保护工作要解决如下方面的问题：

首先，从对存量的改造角度看，造成东北资源枯竭和环境污染的主要原因是传统工业化的发展方式，这种发展方式从环境保护的角度看，是

---

① 张德四、胡晓军：《关于东北老工业基地振兴中的环境保护问题》，《理论探索》2006年第 4 期。

② http://www.gov.cn/wszb/zhibo352/content_1444252.htm.

资源投入——经济增长——扩大污染的单向发展模式。所以，经济增长越快，资源消耗就越大，污染就越严重。因而，调整产业结构，改变经济发展方式，用高新技术改造传统产业，加大节能减排的力度，淘汰产能过剩和产能落后的企业，坚决取缔高消耗和高污染的企业，走靠技术投入的集约型发展道路，就成为东北老工业基地走可持续发展道路的必然选择。只有切断了造成生态破坏的源头，才能为最终解决环境问题奠定基础。当然，在现实中用高新技术改造传统产业并不容易做到，面临种种困难和具体的问题，但毕竟这是发展的方向，我们只有按着转变发展方式和调整产业结构的目标去努力，才能有希望真正解决生态的问题。就当前的具体工作而言，要加大环保改造的资金投入力度，在节能减排上下工夫。一方面要提高环保的标准，加大监控的力度，对高耗能、高污染的行业和企业要下决心进行整顿，该停的就要停、该关的就要关，该改的就要改。对于只讲经济效益的市场主体而言，必要的政府强制措施是不可缺少的。政府要根据环保的法律规定真正做到一票否决，限期整改。否则因生态保护长期性、渐进性的特点，一旦形成后果再整治，就十分困难了；另一方面，要运用市场的利益机制，使正外部性的效益要大于负外部性的效益，如果像当前这样，环保的技术改造的资金投入，远远高于制造污染和破坏资源所付出的代价，那么，企业是没有动力去进行整改的。因此，要制订一套切实可行的措施和方法，使企业能在环保上获得益处，在破坏和污染上受到严厉的惩罚，才会使企业自觉地把环保生产作为自己的责任和义务。对于已经受到污染的环境逐渐枯竭的资源，更要加大治理和保护的工作。现在渤海湾的环境治理，辽河、松花江的水污染治理，都已列入了国家的规划。并且，国家已开始编制大小兴安岭林区生态保护与经济转型规划，致力于保护东北整体的生态环境。因为，大小兴安岭这片森林不仅保护着东北大平原和内蒙东部的呼伦贝尔大草原，而且它的生态功能也影响着华北，甚至东北亚。所以，保护大小兴安岭的林业资源就不仅仅是局部的或只是林业的问题，而一个全国性的全局的问题，因而国家下决心使大小兴安岭的林业经济转型，从开采为主转向以生态为主导的林区经济发展轨道上来。当国家致力于东北老工业基地的环境保护问题时，作为东北的地方政府也不能在振兴中只讲 GDP，要把治理污染和保护资源作为振兴东北的百年大计来抓。

其次，从增量的建设来看，要走以高新技术产业带动的新兴产业之路。从本质上说，绝大多数的高新技术产业尤其是信息化产业，体现着未来经济发展的方向，不但经济的附加值高、效益大，而且消耗能源和资源少，污染低，有利于可持续发展和环境保护。去过西方发达国家的人都有一个体会，即空气清新，月光明亮，环境和卫生条件好。其原因在于，高新技术产业已开始代替传统产业成为经济发展的主导力量，他们已淘汰了那些高污染、高耗能的产业，并把技术水平落后冒着黑烟的产业都转移给发展中国家，以换取自己的良好环境。所以，我们不能相信西方所谓的"好心"，不能再走传统的发展之路，用牺牲环境和资源来换取经济的增长。当然，有些新兴产业和项目也会带来高污染，"1987 年，日本环境厅研究尖端技术对环境的影响，结果表明：高科技产业及产品可能会给环境带来较严重的污染。但是，这种高科技带来的高污染因其干净的'外表'，使人们认识不足，防范不力，更谈不上治理。例如全球最大的 IT 产业聚集地美国硅谷，有机溶剂废液泄漏污染地下水的事故震惊世界。"① 正因如此，我们在发展高技术新兴产业时，就要掌握两个原则：一是要坚决说"不"。第一，在招商引资过程中，对那些外商带来的高耗能、高污染的项目，要坚决说"不"，这些所谓的"新项目和新产业"，可能是早被淘汰了的，在当地并不允许生产的，结果拿到了我们这里，由于一些企业只为了眼前的利益，而不顾环境，这些项目被我们采用后带来了严重的后果。东北在招商引资的过程中，这样的教训非常多。第二，有些项目和产业确属于高新技术产业范畴，但其潜在的对环境的危害却非常大，如上面所举的美国硅谷的例子，这些项目和产业是东北老工业基地振兴中急需

---

① 张德四、胡晓军：《关于东北老工亚基地振兴中的环境保护问题》，《理论探索》2006年第 4 期。

的，由于生产能力和技术水平落后，产业结构调整的任务压力巨大，急需引进国外的资金和先进的技术设施，而这些高新技术产业和项目就恰好满足了东北振兴的这种要求，因而东北企业也就不再顾忌可能对环境造成的污染和危害，而大量采用。这就需要我们在引进这些高新技术时，要熟悉这些高新技术的生产流程，我们的专家要加强研究和评估，要把对环境危害的因素考虑进去，要做好事前的预防工作，把可能造成的危害减到最小。要制定好法规和标准，如果确实超出了法规和标准要求，对危害治理投入的成本过大或无论怎样预防和治理也减轻不了污染的产业和项目，也要坚决说"不"，不能因是高新技术和新兴产业就不顾及环境，无原则的采用，在高新技术的新形态下，重走以破坏生态为代价而换取发展的老路。第三，对不符合环保设计的项目也要坚决说"不"。这些新兴产业项目可能本身不具有高污染性，但它的发展的后果却可能间接地产生对附近重要生态资源的污染。如旅游产业是环保产业，不具有高污染性，但如果地点设置不当，过于靠近居民的饮用水源地，游人带来的垃圾污染也可能间接地破坏水质的卫生，影响到居民饮用水的安全。对于这样的不符合环保设计的项目，也必须坚决予以取缔。据黑龙江省环保局介绍，在2004年，黑龙江省环保局就否决了一个在哈尔滨新确立的水源地——磨盘山附近建设"冰雪度假村"的项目，尽管项目投资额高达9亿多美元，能带动相当的就业和相关产业的发展，但却选址不当，威胁到哈尔滨居民的饮用水安全，不符合环保设计的要求。因此，黑龙江省环保局坚决不予批准，对这个项目说"不"。① 发展高新技术产业和新兴产业除了说"不"这一原则外，还要掌握的另一个原则，就是发展那些低消耗、污染小、不是资源依赖型而是以生态为主导的能够清洁生产的新兴产业。东北三省有着相对丰富的自然资源，辽宁的大片海滨、吉林、黑龙江的黑土地、大草原、大森林和大片湿地，这就为更新产业结构，发展生态型的新兴产业提供了条件。吉林与黑龙江两省在2000年和2001年相继宣布建设"生态省"，要

---

① 参见 http://www.qingdaonews.com/content/2004-03/15/content_2802020.htm。

大力发展生态旅游、冰雪旅游、森林绿色食品加工和森林药材等产业，而辽宁也要利用海滨的自然优势，开展休闲度假、海岛观光等旅游产业项目。具体来说，黑龙江省正在开发生态农业、畜牧业和生态旅游等产业。黑龙江省的大小兴安岭有丰富的林业资源，可以利用这些林业资源来发展森林旅游、度假避暑和森林绿色食品加工等新兴产业。过去这些产业都是作为副业存在的，没有被充分利用和发展，甚至称不上产业。而在今天，当森林的砍伐让位于林木的种植和保护后，这些产业的地位得到了极大的提升，并成为新兴产业发展的主流。大小兴安岭有着丰富的坚果、山珍、药材和植物果实资源，这些资源不但有极高的经济价值，而且对身体的健康有极高的绿色药用价值，因而发展这些产业是经济和环保的双赢局面。而吉林省则提出建设绿色农产品加工、现代中药和生物制药、光电子信息等高新技术基地。吉林省是我国最大的商品粮生产基地之一，农业基础好，农产品丰富。可以充分利用这些有利条件，在农产品的深加工上做文章，开发出绿色环保的品牌。在粮食生产的过程中，利用农科院的技术力量，开发出具有绿色食用价值、观赏价值和较高经济价值的新品种，把生态农业与观光旅游农业统一起来，形成新的产业发展方向。除此之外，要对低端的初级的农产品进行深加工处理，生产出更富营养、更方便食用和有更高经济价值的高端产品，为农业发展开拓新的经济增长点。另外，吉林的长白山地区是我国中药药材最丰富的地区，有着许多经济价值极高的珍贵药材，如人参无论产量还是品质在全国都是首屈一指，所以利用这些天然资源进行药品生产，发展现代中药和生物制药工程，就成为吉林新兴环保产业发展的重要内容。在东北新兴产业的发展中，尤其要提到的是旅游产业。东北的自然生态环境较好，森林、海滨和冰雪，同全国其他地区相比，有自己的特色。加之东北的地理纬度低，夏天天气凉爽，是休闲避暑的好地方。而冷天的冰雪景色在全国也是绝无仅有，加之冬季滑雪等体育项目的开展和冰灯、雪雕等冰雪艺术品的制作，对全国其他地区尤其是南方地区的人们颇具吸引力。东北正可以利用这些天然的良好资源来大力发展旅游产业。而旅游产业又是与建设和谐社会、维护生态平衡矛盾最小的产业之一，消耗的自然资源最小，污染最轻，且经济效益高。所以，发展旅游产业是改变东北的重工业比重大、第三产业发展不充分的重要途径和方法。在东北的产业结构调整中，旅游产业的发展对走节能、减排、建设环境友好型的社会的道路，具有特殊重要的意义。上海财经大学的丁浩员就认为，东北的产权结构的调整和优化应当以旅游产业的发展作为切入点。"东北是一个生态环境相对全国较为优越的地区，从发展生态旅游出发，对东北地区产业结构改革、经济发展都有很大的好处：一是加快旅游业的发展，也有利于促进东北地区观念转变，增强东北地区与国内外发达地区的联系与协作，进一步扩大对外开放、招商引资、增强交流，加快技术创新；二是旅游业的发展必然带动客流、资金流、商品流、信息流的快速增长，使区外流入购买力扩大；三是旅游业必然带动餐饮业、旅馆业、商业、娱乐业、交通运输业、甚至文化产业的发展，促进基础设施和通信设施的改善；四是东北是重工业基地，传统产业比重过大，产业结构不合理，这些是制约东北经济发展的主要因素，发展旅游业（即发展第三产业）能改变人们习惯的重工轻商的观念，增加对第三产业能起到的促进第一、第二产业发展的认识，从而充分发挥第三产业的联动作用。而这些正是改善投资环境、吸引外部资金必然做好的前期工作。"① 所以，在东北老工业基地的振兴中，必须把旅游资源的开发和旅游产业的发展真正融入到生态环境的建设中，使之成为东北产业结构优化升级和生态环保建设的重要组成部分。

再次，在重工业城市和资源型城市中，要大力发展循环经济和接续产业，以延伸产业链，对资源进行综合利用。所谓循环经济是指产品清洁生产、资源循环利用和废气物高效回收为主要特征的生态效益好的经济发展形式。即 3R 生产模式，它要求减量化、再使用和资源化，这就不同于传统的资源—产品—废弃物的单向流动的经济，而是按照自然生态系统的模式建立起物质不断循环利用的经济运行方式，组织成一个资源—产品—废

---

① 丁浩员：《论东北的产业结构调整》，《现代商业》2010 年第 4 期。

弃物—再生资源的物质流动过程。这是一种既减少污染，又节约能源和增加资源利用率的环保型的经济发展方式，对东北老工业基地的结构调整和解决高消耗、高污染的问题有重要的作用，因而在东北振兴过程中，尤其是在人口集中、资源消耗大的重工业城市，发展循环经济刻不容缓。当前辽宁省是国家确定的发展循环经济的试点省份，据新华社记者的采访，辽宁在企业内部循环和生态工业园区循环方面已取得了初步的成就。600 家国有大中型企业中的 350 家已进行了清洁生产改造，降低了原材料、能源消耗和排污强度，使节能减排的环保生产取得了良好的效果。如中国最大的钢铁企业之一，鞍钢的工业用水的回收率达到 91%，含热能的气体和废渣都达到了零排放。长期被当作生态负担的煤矸石，如今已成了阜新电力工业发展不可或缺的原材料，一望无际的矸石山开始变废为宝，2006年建成的阜新煤矸石热电厂二期工程和当时在建的阜新清河门煤矸石金山热电厂，每年消耗煤矸石 400 多万吨，这就取得了巨大的经济效益。而空气污染曾十分严重的沈阳在 680 多家工业企业搬迁到新工业区后，即使在煤烟污染程度最重的冬季，空气质量优良的天数也达到了 75%以上。如今，辽宁省已建成的 25 座污水处理厂中，有 10 座建设了中水回用系统，实际日处理中水 40 多万吨，主要用于工业、城市河道景观和绿化用水，不但节约了水资源，而且产生了良好的经济效益。[1] 不但辽宁作为国家循环经济的试点省份在搞循环经济建设，黑龙江和吉林两省也把发展循环经济纳入生态省的建设之中。这两个省开展了以企业为单元的建立"点"的小循环、以行业为单元的"线"上的中循环和以城市为单元的"面"上的大循环的试点模式，力争把点、线、面结合起来，形成系统的循环经济体系。如大庆油田在石油开采中要产生大量污水，石油开采后又要回注大量清水以保持地层压力平衡。过去是把污水排掉，再购买清水回注。既污染环境，又耗费了大量资金和水资源。现在大庆兴建了多个污水处理厂，把采油的污水净化后重新注回地下，取得了保护环境、节约资源和经济效益

---

① 参见 http://news.xinhuanet.com/newscenter/2005-07/18/content_3232756.htm。

的多重效果。吉林通化钢铁公司对生产排出的废渣重新进行提炼、筛选和利用，将含铁的废料重新进行加工，仅此一项既可年创效益 1400 多万元，同样减轻了环境的负担和增加了资源的利用率，取得了环保和经济效益双赢的效果。目前，东北三省不但对工业废弃物进行回收利用，而且也注意到了对生活废弃物的回收和利用，正在逐步建立废电器、废纸、废塑料、废电池等各种生活废弃物回收处理系统，以达到合理利用不可再生资源与提高可再生资源利用率的目的。

走循环经济之路，是坚持科学发展观，走可持续发展之路的有效途径和方法，尤其对于东北这样的重工业基地，高能耗和高污染已严重制约着东北经济的发展，所以，只有大力发展循环经济才能实现低开采、高利用、低排放的生态生产目的。而要发展循环经济，第一，要依靠科技的进步，因为只有科技的进步才能为发展循环经济提供支撑，资源利用率的提高主要要靠科技的进步来实现。因此，必须建立各类循环经济的技术开发中心和研发机构，以促进技术成果的转化。第二，建立健全发展循环经济的法规制度，对污染排放超过国家制定的标准的企业，以及使用有毒、有害原料生产或排放有毒、有害物质的企业，要依法强制实施清洁生产审核、监督实施回收和再利用方案。如韩国在 1992 年实施了"废弃物预付金制度"，德国在 1996 年也通过了《循环经济和垃圾处理法》，以法规的形式强制企业进行清洁生产、回收和再利用废弃物。第三，政府要开展节能减排的技术和产品的推广，支持和引导循环经济发展的技术攻关、引进和创新工作，制定和完善循环经济发展的标准体系和运行机制，以达到资源综合利用和开发、促进环保产业健康发展的目的。

东北老工业基地的振兴不但有个发展循环经济的问题，而且还有个在资源枯竭城市发展接续产业的问题。发展接续产业有多重的意义，它既是产业结构调整的重要内容，因为原有的产业生产衰退之后，调整产业方向，发展接续产业就成为亟须解决的问题；又是走可持续发展之路，进行环保生态生产的重要方面。资源枯竭城市的生产，通常都是资源依赖型的，高消耗、高排放，所以，才使发展不可持续，而接续产业的发展就是针对这些问题的；同时，接续产业的发展还关系着社会秩序的安定，职工的生活和就业，人民的安居乐业是构建和谐社会的稳定器，所以，东北老工业基地的振兴以及和谐社会的建构，都离不开资源枯竭城市的接续产业的发展。

资源型城市是随矿产资源和林业资源的开发而兴起的，并以资源开发为主导产业结构的城市。在工业化发展的初期阶段，为了给工业化提供能源和原材料，许多国家都是优先发展资源性产业，从而形成了资源型城市。而当能源和原材料逐渐枯竭后，这些城市都面临产业结构转型、发展接续产业的问题。这是一个世界性的普遍存在的问题，我们国家也不例外。尤其是东北地区的资源型城市不但数量多，而且类型全，在经济发展中占的比重也比较高。在全国 118 个资源型城市中，东北共计有36 个，占全国的三分之一。60 个典型的资源型城市中，东北就有 25 个，占了近一半。如辽宁的本溪、抚顺、阜新等，吉林的敦化、珲春、白山等，黑龙江的大庆、伊春、加格达奇、鸡西、双鸭山、鹤岗、七台河等。此外还有众多的资源型县区和矿区镇。此外，原材料和能源型产业在东北地区工业总产值中占有较大比重，2001 年，东北三省的采掘业和原料工业在工业总产值中的比重高达 51.93%，其中黑龙江省的比重最高，为67.46%，辽宁省次之，为 51.79%，吉林省最低，但比重也达到 32.4%。可见，资源生产在东北的重要地位。新中国成立后六十多年的发展，东北的资源型产业为国家的社会主义建设事业作出了历史性的巨大贡献，为国家建成工业化的体系提供了巨额的资金、巨量的能源和原材料。但是，资源性产业的生命周期是受到资源储量严格限制的，随着资源的开采，储量会逐渐减少，最后走向枯竭。东北地区的资源型产业走的又是以消耗大量自然资源为代价的外延型经济发展的典型道路，不但石油储量和开采量逐年递减，而且区域性的原始森林也消耗殆尽，矿产资源更是趋于枯竭，尤其是吉林和辽宁两省的大部分煤矿都已进入了资源开采的末期。这就使资源性城市的发展面临重重困境。第一，产业结构单一，使发展难以为继。过去的发展中，城市过于依赖主导性的资源的生产，其他产业几乎没有什么发展。而主导性的资源生产又以初级产品为主，所以，采掘业和原材料工业的比重大，而加工业的比重小，且大都处于产业链的前端，加工程度也较低。这样，一旦资源趋于枯竭，生产成本就会大幅提高，而开采产量则会下降，整个城市由于过于依赖主导自然资源的产出，生存就面临困境，几乎所有资源枯竭型城市都面临这样的问题。第二，城市功能不健全。资源型城市大多把资源开发看成是必然的劳动地域分工的任务，因而把资源产业作为唯一的专门化发展方向。城市的发展其实是围绕资源生产而建立的，城市不过是企业生产的后勤保障基地。因而社会化程度不高，功能不全，尤其是第三产业规模小，现代服务业的发展非常不充分，不能给主导产业和城市的发展提供有力的支持。第三，可持续发展面临的任务重，困难大。资源生产对环境的破坏程度较大，对大气、水质、生物链条都有较严重的影响，加之，在发展的初期对可持续发展认识不足，对环境的保护不力，使资源型城市大都面临着生态方面的种种问题。而当资源逐渐枯竭后，生产成本提高，效益下降，资金入不敷出。所以，资源型城市面临的治理环境问题要远远大于其他城市。第四，就业和社会保障问题突出。资源产业大都是国有大企业，在计划经济年代，国有企业承担着社会的职能，要解决职工家属和子女的就业问题，因而吸纳了大量的社会富余人员，造成了隐性失业问题严重的局面。而当主导资源产业衰退后，企业面临着停产、甚至破产的问题，对人员的需求急剧下降，使大批职工下岗、失业。而这些人员由于技能单一，素质不高，再就业困难，这就使资源型城市面临的失业、就业问题非常突出。而由于几代人在同一产业工作，一旦产业衰退，生活就极其困难，使社会保障工作任务非常沉重。第五，地方财政困难。在计划经济时期，东北为国家的建设无偿地提供了大量资源，而地方财政本身的积累并不多，资源型城市由此丧失了自身发展接续产业的积累条件。改革开放后，大批此前曾为国家发展作出巨大贡献的产业和企业，已相继进入了资源开发的中后期，生产成本大幅上升，效益锐减。同时，技术的改造和环境治理的任务又非常重，这就使资源型城市的财政面临收入递减和支出增加的双重压力，资金不足，入不敷出是资源型城市的发展都普遍面临的问题。正因如此，资源型城市发展接续产业已是刻不容缓。

所谓接续产业就是通过对传统产业实施技术改造，实现由原来的初级加工向深度、精细加工的延伸和接续，以提高产品的附加值和竞争力，或延伸产业链，发展相关的新兴产业，以寻求新的经济增长点。那么，东北应如何发展接续产业呢？国家发改委东北振兴司司长文振富在"东北地区资源型城市吸纳就业、资源综合利用和发展接续替代产业专项工作会议"上阐述了如下的思想：资源型城市转型既要治标又要治本，对于资源已经枯竭的城市，国家出台了包括财力性转移支付在内的一系列政策，从长远看，关键是建立资源开发补偿机制和衰退产业援助机制，而近期则要抓好产业的转型。国家现今设立了发展接续产业的项目资金，体现了国家对资源型城市可持续发展的高度重视，要尽快开展项目申报工作。资金安排不搞地区平衡，而是要根据项目质量和成熟程度。项目要突出特色，项目实施要服务于转型规划，能够充分吸纳就业和为主导产业服务。[①] 文振富的讲话体现了国家对发展东北接续产业的指导性意见：

第一，发挥国家和政府的主导作用。资源性城市接续产业的发展既离不开自身的努力，也需要国家的大力坚持。西方国家在资源型城市的转型过程中，也大都采取了政府的高额财政投入和补贴行为，而我国除了设立接续产业发展的项目资金外，还正在协调有关部门推动建立资源型城市可持续发展准备金制度和设立资源型城市可持续发展专项贷款。通过扩大中央预算内投资补助资金规模、对资源型城市转型的支持、指导和推动林区生态移民工程等工作，发挥出国家在东北资源型城市转型过程中的主导作用。

第二，要根据具体的实际情况，科学规划，主动寻求新的经济增长点。如大小兴安岭和长白山，虽然可砍伐的森林资源减少了，但林下资源

---

① 参见 http://www.sdpc.gov.cn/gzdt/t20090221_262514.htm。

却很丰富，还有迷人的森林景观，发展接续产业空间巨大。长白山有大量的矿泉水、石材、矿产和中草药，可以开发森林食品作为转产的方向，养殖经济作物、培植各种菌类作为新的经济增长点。再如在矿产资源的开发中，有很多新资源和伴生资源可以开发利用。鸡西煤矿有丰富的伴生矿，舒兰煤矿也具有丰富的油母页岩，但目前利用程度较低，是接续产业发展的重要方面，具有可观的经济发展前景。在接续产业的发展过程中，一是要注意以生态为先，不能再走"先染污、后治理"的老路；二是要注意产业的多样化，要在原来主导产业的基础上，再形成一些产业做支柱，把单一的资源产业转变为多元的产业经济，才能避免一旦资源枯竭发展就难以为继的局面。

第三，采用高新技术，延长产业链，在精、深发展上下工夫。如已经进入衰退期的油田产业，要改变原有的开采和利用方式，通过高新技术的采用，提高资源的利用水平，以延长产业的生命周期。尤其要对资源进行综合利用，对资源进行深加工，生产出产业链高端的产品，以提高产品的附加值。如大庆油田，有雄厚的技术设备和人力资本基础，前期投入的成本巨大，是不可能完全退出资源产业生产的序列的，只能在现有的基础上，利用良好的技术、设备、人力资本的优势条件，通过技术创新，走资源深加工的道路。它的接续产业的开发，也只能围绕着为主导产业服务的资源加工的方向发展。

第三节　走产业化、城镇化和市场化的社会主义新农村建设之路

构建和谐东北，振兴东北老工业基地当然包括东北的社会主义新农村建设问题。农业是国民经济的基础，发展现代农业不但保障着国家和广大人民群众的粮食安全，而且它还给工业建设提供了重要的原材料、人力资

源、消费市场和就业岗位，所以，工业的发展是离不开农业的支持的。东北老工业基地的振兴与东北社会主义新农村的建设是相辅相成的，既要发挥工业对农业的反哺作用，城市对农村的引导和辐射，以打破产业分割，加快城乡的产业融合，实现城乡的产业互补，又要统筹城乡的发展，统一城乡的土地市场和劳动力市场，解决城市边际消费下降、工业品缺乏消费出路、产品积压和城市第三产业大量闲置等问题，以实现农村对老工业基地产业结构调整的支持作用。

农业在东北经济的发展中具有特殊重要的地位。同全国其他地区相比，东北的第二、第三产业的发展近些年来都不占有优势，只有第一产业的发展强于其他地区。这就体现出农业在东北经济发展中的特殊重要意义。东北是我国重要的商品粮、绿色食品和畜牧业基地，东北地区的土地面积是 127.07 万平方公里，仅占全国土地总面积的 8.3%。但东北的耕地面积却有 2972.6 万平方米，占全国耕地面积的 21.0%，人均耕地更是全国平均水平的 1.56 倍，可见，东北具有发展农业商品粮的优越条件，常年粮食产量约占全国粮食总产量的 13% 左右。辽宁、吉林、黑龙江三省的主要农作物玉米和大豆的产量分别占全国的 32.7% 和 39.1%，在全国商品粮大县排名前 10 名中的 9 个县都在东北地区。吉林、黑龙江两省的人均粮食占有量，分别居全国的前两位，区际粮食商品率亦高达 55.7% 和 55.1%，区域商品粮亦占全国的 30% 左右。除商品粮之外，绿色食品和牧畜业的生产，也在全国有重要地位。由于东北得天独厚的自然条件，黑土地土壤质量好，有机含量高，农产品品质好，生产环境清洁，发展纯天然、无污染的绿色食品有巨大的优势。至 2007 年，绿色食品生产企业已有 500 多家，占全国的 50% 以上。而肉、奶等产品又非常丰富，黑龙江省的乳产品产量占全国的 25.4%，居各省之首。吉林省的肉类人均占有量也排在全国第一位。[①]

---

① 参见宋凤斌：《积极发展东北现代农业，扎实推进社会主义新农村建设》，《科学新闻》 2007 年第 19 期。

尽管东北有着农业发展的较好的基础和优越的农业发展的自然条件，但也应该看到，东北的现代农业的发展水平还不高，基本上处于传统农业的发展阶段。这从东北的耕地面积和它的粮食产量在全国占有的比重上就体现了出来。东北的耕地面积占全国总耕地面积的21%左右，而且土质非常好，一望无际的大片肥沃的黑土地是其他地区所没有的，但粮食的产量却不高，只占全国粮食总产量的13%左右，这就同它拥有的条件非常不相称。可以说，同其他地区尤其是南方省份相比，东北的农业不是靠科学种田和管理的水平，不是靠精耕细作，而是靠土质的优良和适于大面积耕作的土地规模来取得农业发展效益的。这既表明了东北目前农业发展水平不高的事实，又说明东北农业经济还有巨大的发展空间和潜力。东北农业的发展目前存在的问题是：

第一，产业化程度低，没有形成专业化、市场化的运作。现代农业和传统农业的一个最根本的区别，就是产业化的发展程度。改革开放以来，农村的土地联产承包责任制，虽然适合了当时低下生产力的发展水平，调动了农民的生产积极性，但毕竟不是现代农业的发展方向。一块很大规模的土地，由几户或十几户农民分种，把整块土地分割成几小块，各自独立经营，不但不能分工协作，形成规模效益，而且使先进的农机设备不能使用，这就严重阻碍着生产效益的提高。所以，只有按着工业化的思路，进行产业化的经营，走规模化生产的道路，才能使资源合理配置，才能形成专业化的分工协作，使农业形成市场化的拉动机制，从而使农业生产走上市场化、商品化的发展道路。

第二，生产方式落后，农业的科技水平不高。现代农业和传统农业除了产业化、市场化这一区别之外，另一个根本区别就是高新技术在农业中的运用。"21世纪是生物技术世纪，生物技术与信息技术、空间技术、新材料技术、新能源技术等的结合，正在引起新的农业革命，即从传统农业走向现代农业。现代农业的主要标志是高技术产业化。目前，在发达国家已经进入后现代阶段即知识农业阶段，相比之下，我们的差距很大。如果东北不加速发展高新技术并加速产业化，我们与发达国家的差距将会更大，将给我们带来更大的威胁。"① 而东北的实际情况却是，尽管我们有了一些先进的农业机具，但农业的机械化程度并不高。农业机械主要在国营的大农场使用，而广大的农村并没有改变传统的手工工具的生产方式，还在使用着"秦锄汉犁"式的耕作方式，这种落后的生产形式严重制约着生产力水平的提高和东北农业经济的发展，也同东北老工业基地向现代产业发展的方向不相匹配。

第三，城乡二元结构明显，农村城镇化水平低。东北农村由于历史的原因，村屯坐落零散，无论是路边还是深山老林，几户、十几户、几十户的散户和小屯落随处可见，城镇化的水平非常低。在农村由于以传统的农业为主，城镇工业和商业非常不发展，乡镇企业几乎达不到规模化经营的程度。所以，在东北就出现了这样的景象：一边是在大城市中，重工业、国有大企业集中，高楼林立，人们过着城市化的商业化的生活，上班挣工资，享受着"城里人"的医疗、住房、教育、养老等社会福利待遇；另一边在农村，日出而作，日落而息，靠着种粮和房前屋后的自留地，过着缺乏商业化、城镇化、工业化的传统农业经济的生活。这种城乡明显的二元结构，造成了城乡发展不能统筹，乡镇工业、民营经济不发展和第三产业发展滞后的局面，不但阻滞了农村走向现代化的脚步，使农业生产长期不能走上产业化、规模化和市场化发展的道路，而且也不能给城市的发展提供强有力的支持，相反，却使大量的农村剩余劳动力拥向了城市，给城市的产业结构调整和安排就业岗位，带来了许多新的困难。

第四，乡镇财政亏空问题严重，影响了农村社会事业的发展。粮食增产、农民增收和农业增效本来是农业经济发展的目标，只有在此基础上才能建立和谐发展的社会主义新农村。但是，尽管这些年来农业生产连年丰收，农民的可支配收入也有了较大幅度的提高，国家也通过减免税赋的形式来支持农村的发展，但是，同城市相比，农民与城镇职工收入的差距不

---

① 宋凤斌：《积极发展东北现代农业，扎实推进社会主义新农村建设》，《科学新闻》2007年第 19 期。

但没有缩小，反有扩大的趋势。另外，由于历史的原因和东北乡镇工业不发达，因而县、乡、村经济实力不强，资金筹措能力弱。绝大多数县财政是典型的"吃饭型"财政，有的甚至是"要饭型"财政。而乡镇维持运转都存在困难。据统计截至 2005 年，哈尔滨市乡镇负债累计近 19 亿元，平均每个乡镇负债 1000 多万元，有的乡镇负债高达 3000 多万元，没有财力用于新农村建设的投入，影响了农村社会事业建设的进行。吃水难、就医难、上学难、养老难的问题没有从根本上得到解决。

我们分析了东北农村经济发展面临的主要问题，其目的是有针对性地为解决这些问题找到切实可行的方法和措施。而解决这些问题就勾画了东北农业经济发展和社会主义新农村建设的主要思路和框架。具体来说，东北的农业经济的发展要做到：

第一，走产业化之路，转变东北农业发展方式。产业化的发展经营模式是现代农业的核心内容，也是农业走市场经济发展之路的基础。而要走农业产业化之路首先就要培育发展壮大农业的龙头企业，以市场发展潜力大、辐射带动力强、现有技术实力雄厚并有良好发展前景的企业为核心，采取兼并、联合、重组、招商引资等形式，形成一批规模更大、更有带动和辐射力的大企业集团和产业群。按照形成产业带，延长产业链，打造特色优势产业基地的思路，科学制定农村产业发展规划，合理调整优化农村经济布局。要走产业化之路，不但涉及产业的主体问题，而且还涉及产业发展的内容，这就是要有品牌意识，发展优势特色产业和产品，形成在国内甚至在国际市场有较高知名度的品牌，从而树立企业的形象。在产业化的基础上，要实行并逐步完善"公司十合作组织十农户"紧密相连的产业化格局，整合资源，把一家一户的小农经济生产转变为专业化联合的方式。其实，产业化总是同专业化结合在一起的，只有产、供、销、运输、贮藏、加工一条龙的托拉斯式的生产，才能把产业做大做强，才能提高生产的效率并更好地抵御风险，也才能达到更好地优化资源的目的。产业化、专业化又总是同规模化联系在一起的，甚至可以说，规模化是产业化、专业化的前提。而在当前东北农村，土地流转承包就是一种规模化生产的尝试。黑龙江省市科联主席刘世佳认为："要在尊重农民意愿、坚持农民承包土地30年不变的基础上，在有条件的地方建立更加开放的、有利于土地产出效率最大化和符合市场经济发展的新的土地流转机制，使一部分农民从土地中转移出来，把土地转移到科学种田水平高、懂经营会管理的一部分素质高的农民手中，实行规模化经营，增强农业竞争力，提高效益水平。发展农机作业合作社是解决这个问题的重要措施，是实现农业现代化的重要途径。"① 即通过土地流转承包，促使土地集中开发和适度规模经营，促进土地向产业化生产基地集中。而产业化、专业化、规模化又意味着农业发展必然要走市场化之路，这就需要建立一批特色优势明显、符合市场规范的大型专业批发市场，并以此为基础建立起包括劳动力、资金、信息、生产要素等在内的市场体系。此外，还要大力发展专业合作组织、中介机构和经纪人队伍，才能促使农业经济的发展尽快走上市场化发展之路。

第二，走科教兴农之路，发展高科技的产业、生态产业。在高科技产业的发展中，要抓好现代农业园区的示范带头作用，推进农业生产科技化。应由农业科技研究部门牵头，建设包括现代循环农业示范园区、现代农业科技示范园区和现代农业信息化示范园区等在内的农业高新技术园区的建设，以用现代农业科技改造传统农业，提高农业科技自主创新水平。除了高新技术的应用和示范外，还要加大对新品种的研发工作，运用现代育种技术，加快主要粮食作物超高产量品种和优质畜禽品种的培育工作。如哈尔滨在2009年，实施测土配方施肥面积360万亩，辐射带动面积1300万亩，试验、示范和推广了56个农业科技项目，项目新技术覆盖面积为6716万亩次，建立和完善了畜禽良种繁殖体系、畜禽遗传资源保护利用体系、种畜禽质量检测监测体系和种畜禽品种改良与推广体系这四大体系。预计到2012年，培育和引进100个主要农作物新品种，农业科技贡献率提高3—5个百分点，畜禽良种率达到90%；到2020年，引进

---

① 刘世佳：《转变增长方式要注重经济结构调整优化》，东北农网，2009年11月2日。

推广新品种及其配套技术 200 个，使全市农村良种及先进种养技术覆盖率达到 100%。此外，在应用高新技术方面，还要加快新型农业技术服务体系的建设。要依托专业的农业科研机构和大专院校的技术和人才的力量和优势，组建农业科技专家服务团，构建为农民普及农业科技知识、推广农业新技术、新成果、新品种的科技服务平台，加快科技入农户工程。[①] 在此基础上，走生态农业之路。农业的高新技术化和生态化无疑是今后农业生产发展的方向，为此，在畜牧业的生产上，要达到国家级无公害畜产品和 HACCP 体系认证标准，实施畜牧业生产规模化和标准化提升工程。在农产品的生产上，实施绿色有机食品品牌创建工程，进一步增加品牌农产品的市场份额，增加绿色有机食品的品种和耕作面积，以及绿色食品原料标准化生产基地。把东北建设成国家的绿色和有机食品生产基地。

在农业科技化的过程中，还要注意抓好农田水利设施与农业生产机械化的建设工作。农业的高新技术在新品种上的应用虽然是不可缺少的，但是农业的基础设施建设却是最基本的。而农田的水利工程和农业机械化工程就是这样的基础设施建设工作，它是用现代科学技术和装备全面改造传统农业的关键。水利是农业的命脉，所以要有计划的建设一批农田水利大项目，如黑土区的水土流失综合防治工程、水土保持生态修复工程、清洁型小流域试点工程、饮用水安全工程和病险水库的除险加固工程等。完成一批大中型灌区配套改造工作。如旱田保灌工程、旱田节水灌溉工程、沿江、沿河的灌区整合工程和泵站更新改造工程等。还要建设一批抗旱防洪除涝工程，如续建、新建堤防工程、重点水利水毁工程的修复和堤防消险加固和升级达标工程等。显然，水利工程的改造是走生态农业的另一方面的重要内容。生态农业不但有一个生产绿色食品的问题，而且还有一个保护农业生态的问题。生态农业与农业生态是不可分割的联系在一起的。尤其东北近年来，草原面积减少，土地荒漠化速度加快，黑土层流失严重，

---

① 哈尔滨市农业委员会：《关于 2008 年以来"三农"工作情况的汇报和下一步工作的总体设想》，2009 年 4 月 28 日。

森林资源锐减，河流污染日益严重，气候逐年恶化，春旱连年发生。这种生态环境的变坏已严重威胁东北农业生产的进行。加强农业生态建设已经到了刻不容缓的地步。而水利工程的建设正是恢复和保护农业生态环境的最基本内容和最有力的措施。

在农业生产机械化方面，要重点提高"三个比重"。一是提高大型农机具比重。东北土地连片，适合大型农机具耕作，而大型农机具的多少，又标志着农业机械化的发展水平。因此，农机补贴要向大型、先进的农机具倾斜，鼓励建设农机园区，生产大型农机具，以提高农机总动力。二是提高连片深松整地作业比重。在土地轮耕的基础上，要以打破犁底层为目标，提高用大机具深松整地的面积，以为粮食的丰产打下基础。三是提高农作物机械收获比重。吉林省提出到 2013 年争取实现粮食生产全程机械化，而黑龙江省提出的目标则是：到 2012 年基本实现水田全程机械化，到 2020 年玉米、大豆等主要农作物生产基本实现全程机械化。

第三，统筹城乡发展，走农村城镇化之路。东北农村的城镇化水平很低，城乡二元结构明显。造成这种状况的根本原因是东北农村的第二、第三产业不发展，没有现代的工业经济和商业经济，也就不会有农村走向城镇化的过程。所以，要解决城乡的二元结构和加快城镇化的步伐，就需要统筹城乡发展，大力发展农村的工业经济和商业经济，尤其是现代服务业。

首先，实施中心城镇的辐射带动作用，加快城乡关联产业和涉农产业的发展。由于近些年来，我国经济的快速发展和财政收入的增加，城市已经具有了反哺农村的能力。加之，城市大工业的产业调整和升级改造，也需要统筹城乡的发展，把现有的劳动力密集型和产能过剩的资源向农村转移，从而建立产业拓展区、快速发展区和特色产业区为重点的统筹城乡工业一体化的工业新布局。所谓产业拓展区是指位于中心大城市周边的市、县，这是中心大城市产业扩散与转移的重要的承接区。此区将重点建设次级中心和工业基地，通过经济技术开发区或经济开发区等形式来发展城乡关联产业，以承接城市的劳动力密集型产业和涉农产业，并促进产业升级。按其功能和发展优势特征又可分为转移工业承接区和交通廊道发展带。所谓快速发展区指在空间上处于产业拓展区以外的地区，以建立现代城镇中心地体系为目标，在区内优先建立少数重点镇，加强交通与通讯网络建设，改善城乡联系的条件和农村工业发展的环境，它是农村城镇化的重要体现。它要依托中心城市人才密集优势和科研开发潜力，与都市圈优势产业形成互补，把资源优势转化成产业优势，形成产业发展轴。而特色发展区是通过沿交通廊道发展产业—城镇中轴线，整合产业聚集区，形成拥有一定经济规模、功能配套，重点特色鲜润、集约布局的各市县郊区的工业片区。主要发展零部件制造业、食品加工制造业、农副产品精深加工、新型建材等产业，以加快民营经济和乡镇企业的发展，逐步扭转城乡差距扩大的趋势。并通过劳动技能的培养，有序转移农村剩余劳动力。

其次，利用资源优势，加快农副产品加工产业的发展。农业是工业的重要的原材料产地，具有自然资源的优势。在发展农村工业的时候，首先就要在农产品的深加工上做文章，利用天然的特色资源，开发农村市场，把中小城镇的工业品市场锁定在农村，开发适销对路的产品，要更多地以国内农产品替代进口农产品作为消费品和原材料。要打造特色产业开发线、商贸流通线和旅游观光风景线。发展"一村一品"、"一乡一业"块状经济，培育一批特色专业村屯，在此基础上，科学判断国内外市场形势，理清思路，调整结构，重新谋划农村的农副产业加工产业的布局。按着生产专业化、布局区域化、服务社会化、管理企业化、经营一体化的产业生产目标，做大做强一批优势特色鲜明的产业，培育出地区的龙头企业，并形成产业集群和延长产业链，以发挥出东北农产品加工的整体优势。如哈尔滨就准备利用地区的农产品资源优势，打造不同特色的农产品加工产业的龙头企业和产业链。像以蒙牛、龙丹、完达山等一批乳品企业为龙头，打造以养殖为基础，以专业化服务体系为依托，以绿色环保为质量保证的奶业生产产业链；以宾县、木兰、阿城肉牛加工企业为龙头，以建设优质肉牛基地为依托，良种繁殖和疫病防治为保障的肉牛生产产业链；以呼兰正大、巴彦、通河加工企业为龙头，以完善禽类的饲养、繁育和防疫为保障的禽类生产产业链；以五常、方正、牡丹江的精洁米加工为主的，以良种工程、农业机械化工程和节水环保工程为保证的优质稻米加工产业链；以依兰、哈尔滨市郊加工企业为龙头，以北大荒优质大豆为原料，以提高综合机械作业水平为保证的大豆加工产业链；以山区和半山区的食用菌、山产品为原料，以综合利用资源、立体开放为依托，绿色产品技术为保障的山产品加工产业链，等等。在这些农产品加工产业的发展中，要大力吸引工商资本、民间资本和外商资本的参与，引导资金投向农村，以完善农村的金融体制改革。此外，还要建立以批发为中心，集贸零售为基础的农产品流通体系，从而促进农村的商品经济的发展和提高市场化的水平。

再次，依托地域优势和资源优势，大力发展旅游、现代服务等第三产业。东北农村第三产业的发展严重滞后，科技、信息、中介、文化、医疗、教育、农业生产经营服务等都明显供给不足，这是农村城镇化程度低的另一个重要原因。而城市第三产业则大量闲置，所以，引导第三产业下乡，发展农村的现代服务业，是统筹城乡发展的重要内容。在农村第三产业的发展中，把旅游产业做大做强有特殊重要的意义，因为东北有较好的旅游资源，不但有与多个国家接壤的地理优势，还有海滨、森林、草原、湿地、冰雪等国内外知名的旅游品牌。利用夏季旅游避暑的优越条件和冬季冰雪的景观，搞好旅游开发，增添新的旅游项目，以及借助赴俄罗斯、朝鲜等国外游，来增加旅游产业的收入。此外，要把农村的旅游产业作为第三产业发展的重要内容，把漂流、登山、垂钓、农业观光、农耕体验、"农家乐"旅游等，作为吸纳农村劳动力就业、促进农民增收的新增长点。无疑，旅游产业的发展会带动资金流、商品流和交通、通信、餐饮等现代服务业的发展，从而促进农村的城镇化发展水平。

最后，实施惠民利民的民生改善工程，促进农村社会事业的发展。农村的社会事业建设是构建和谐东北农村的关键内容，也是关系广大农民切身利益的大事，只有在经济发展的基础上不断改善农村的自然环境和社会人文环境，才能体现社会主义新农村的面貌和建设成果。具体说来，一是要加快农村道路建设。城乡的一个重大差别就是在道路上。乡村的土路不但在雨天出行不便，而且影响环境的整洁美观。特别是影响了与城市和外界的经济联系和交往。所以，社会主义新农村建设首先启动的就是农村的道路建设。争取达到村村通公路的目标，实现所有乡、镇、村全部由水泥路连通。并建设乡镇的客运站和公交体系，以方便农村的出行和与外界的交往。二是加快农村饮水工程建设。要加强对农村饮水安全知识的宣传，使农民破除传统的饮水不注意安全的观念和习惯，解决好农村饮水安全问题，优先解决部分农村水质中含高锰、高铁、苦咸、缺碘、污染水和地方病区的饮水安全问题，以及枯水期饮水和部分饮用裸露井水的问题，在有条件的地方要大力建设自来水工程。三是加快住房、能源和垃圾处理的建设。要加快改造农村的泥草房，在有条件的地方，要实施村庄资源整合、建设农民集中区的试点工程。并以"硬化、美化、亮化、洁化、绿化"为标准，整治村庄环境，建立固定的垃圾收集站，在乡镇要建立垃圾处理厂，对垃圾进行分类回收和处理。在县和城关镇要建设垃圾无害化处理工程，加强以养殖业、土壤污染为重点的农村污染治理。要加快农村能源建设，建设沼气工程和发展户用沼气池。组建可再生能源技术服务站和技术服务队，开发和利用农业废弃物作为能源原料。四是加快农村教育文化、医疗卫生和社会保障事业的建设。民生建设除了自然居住环境的硬件建设外，更为重要的是要加强社会事业的建设，以建立和谐的社会环境。百年大计教育为本，要真正改变农村的落后局面，就必须提高农民的素质，培育有知识和有文化的新型农民，而这就要靠农村教育文化事业的发展。要加快完善农村教育体系和农村教育管理体制，全面建立农村义务教育经费保障机制，全面免除农村义务教育阶段学生的学杂费，有条件的地方应该实行对农村义务教育阶段贫困生提供教科书、补助寄宿生生活费政策，实施义务教育学校标准化建设工程，推进农村中小学的危房改造和扶持农村中小学建寄宿学校，免费培训农村教师，完成城乡学校间对口支援工作，要制定优惠政策，鼓励师范院校的毕业生走向农村基层，以提高农村的办学能力和教育质量。同时加强县文化馆、图书馆以及乡镇文化站、村文化活动室等多层次的公共文化中心建设。加快广播电视进村入户工程，通过开展农民喜闻乐见的文艺活动，丰富农民文化生活，传播科学知识和先进的文化，抵制封建迷信活动和不文明的陋习，以达到提高农民科学文化素质和移风易俗的目的。医疗卫生条件差、水平低是东北农村的现实状况，治病极其困难和不方便。因此，加快农村卫生事业的建设，以保证农民群众的身体健康，是农村社会事业建设的一项基本任务。要努力建立覆盖农村全体居民的新型农村合作医疗制度，建立和完善农村三级医疗卫生服务网络，加强以乡镇卫生院为重点的农村卫生基础设施和卫生服务能力以及提高医疗水平的建设，保证每个村建有一个规范化的卫生所，免费培训乡村医生，鼓励城市医生到农村基层服务，定期进行农村的巡回医疗工作。除了教育和医疗之外，还要加强和完善农村的社会保障体系和社会救助制度。农村的社会保障体系和救助制度的建设要重点抓好如下的工作，扩大农村低保覆盖范围，逐步提高低保标准，完善和规范农村医疗救助制度，增加大病救助种类，逐步与新型农村合作医疗制度接轨。整合、改造农村敬老院，新建示范辐射型敬老福利中心。完善农村五保供养的管理体制和运行机制，保证五保供养经费来源。建立包括教育救助、住房救助、法律援助、失地农民困难救助等在内的较为完善的农村社会救助体系。

在结束本章的时候我们可以作这样一个总结：通过产业结构调整、走可持续发展之路、社会主义新农村建设这三节的论述，贯彻了用科学发展观来指导社会主义和谐社会构建的思路。东北老工业基地的振兴，不但有经济体制和生产关系变革的问题，而且有生产力如何发展和生产的运行机制的问题。这是一个涉及生产力和生产关系的和谐统一的问题，即在生产力和生产关系辩证的相互作用的过程中，体制的创新为生产力的加速发展提供了制度条件，因而生产力的发展在技术层面和运行机制方面也要作出相应的调整，以利用社会主义市场经济体制的环境，取得经济发展的成果。显然，对于东北老工业基地的振兴来说，体制变革和产业结构调整都是不可缺少的，两者都是重中之重。只有把二者统一起来，才能实现东北经济的腾飞。而在产业结构调整的过程中，还有一个产业结构自身的协调问题，即第一产业、第二产业和第三产业的比例关系和协调发展的问题。

只有协调好这些产业关系，才能为发展打下坚实的基础。产业结构调整的方向是走高新技术的集约型发展之路，这就又涉及传统产业和以高新技术为主导的新兴产业之间的协调关系。只有解决好这种协调统一关系，用高新技术来改造传统产业，才能完成产业结构调整和优化升级的任务。走集约化发展之路，本质上就是走可持续发展之路，这就涉及人与自然的和谐统一关系，只有合理地利用自然资源，保持生态平衡，经济的发展才不会以牺牲资源和环境为代价，才能建立环境友好型的社会。最后，东北老工业基地的振兴和产业结构的调整，都同农业的发展关联在一起，这就又涉及城市和农村发展的协调统一关系，只有统筹城乡发展，使农业生产走上市场化、专业化和高新技术产业化之路，使农村走城镇化的发展之路，才能解决城乡的二元结构的矛盾，才能使城乡一体化地和谐发展。由此可见，在东北老工业基地振兴的过程中，涉及种种矛盾的解决，涉及诸多的和谐统一关系，只有以科学发展观为指导，坚持构建和谐社会的辩证思维，走协调、可持续和平衡发展之路，才能完成振兴东北老工业基地的历史任务。

第 八 章

加快以改善民生为重点的社会建设
是构建和谐东北的基本内容

东北老工业基地的振兴虽然是经济建设的任务，但是经济建设又总是同社会发展关联在一起的，社会发展不但是经济建设的目的，而且给经济建设提供了环境条件，如果没有一个和谐、稳定、有序的环境条件，社会动荡混乱，矛盾冲突激化，利益纷争不断，很难说经济建设会正常进行，并可持续地发展下去。因此，在东北老工业基地振兴的过程中，必须把改善民生，促进社会和谐作为一项基本任务来抓好，以使经济社会建设同步、协调地发展。

社会建设不但给经济建设提供了环境条件，而且它本身就是构建和谐东北的题中应有之意，和谐就是社会建设的价值目标。所以，当我们从和谐社会构建的角度来研究东北老工业基地的振兴的时候，社会建设就是研究的核心内容。换言之，从研究的角度看，和谐东北的构建在狭义上就可以理解为东北的社会建设问题。所以，众多的研究者在说明东北的和谐社会构建问题时，说的几乎都是诸如就业、社会保障、和谐劳动关系、教育、医疗等社会建设问题。

社会建设的内涵主要包括社会事业建设、扩大公共服务、协调社会各阶层和群体间的利益关系、完善社会管理等内容，其目标是促进社会公平和正义，以使社会和谐发展。党的十七大把社会建设作为中国特色社会战略布局的重要组成部分，从"三位一体"建设走向"四位一体"建设，并提出加快以改善民生为重点的社会事业建设，体现了我们党对中国特色社会主义建设规律更加深刻的认识。加快社会建设是构建社会主义和谐社会

190

的本质要求。魏礼群在《加快推进以改善民生为重点的社会建设》一文中认为："加快推进以改善民生为重点的社会建设，抓住了维护和实现社会公平正义的关键，抓住了解决经济社会发展不平衡和影响社会和谐安定问题的关键。构建社会主义和谐社会是贯穿中国特色社会主义事业全过程的长期历史任务，是在发展的基础上正确处理各种社会矛盾的历史过程和社会结果，同时又是十分重要而紧迫的工作。其基本要求，就是要以解决人民最关心、最直接、最现实的利益问题为重点，着力发展社会事业、促进社会公平正义；就是要扩大公共服务，逐步实现基本公共服务均等化；就是要理顺分配关系，增加城乡居民收入，处理好公平和效率的关系；就是要完善社会管理，增强社会创造活力，维护社会安定团结。这样，才能形成全体人民各尽所能、各得其所而又和谐相处的局面。"① 由此可见，构建社会主义和谐社会其内容就是要搞好社会建设。

在改革开放的过程中，由于我们对中国特色社会主义建设规律的认识要有一个过程，因而在经济建设的时候，对社会建设则重视的不够，造成了经济和社会发展的不平衡现象，即"一腿长，一腿短"，使两极分化日益加大，社会矛盾趋向尖锐，群众的不满情绪增加，影响了社会的安定团结和公平正义目标的实现。探究其原因，最根本的一条是当经济体制和经济结构转型后，而社会结构和社会管理体制却并没有相应的理顺，以至于政府不该管的管的过多，而该管的则没有管。这就造成了政府社会角色的错位，导致了社会建设的滞后和混乱。具体来说，经济建设和社会建设具有不同的运行机制和价值目标，经济追求的目标是效益的最大化，它利用市场的竞争机制来配置资源，优胜劣汰，以提高效率。所以，它要求企业成为独立的主体，自负盈亏，自主决策，面向市场进行生产，而不受其他政治的和行政的因素干扰。在这一领域内，政府的作用只是宏观调控，贯彻社会所要求的宏观理性，用经济或法律的手段来规范和引导经济的发展，而不能用行政的命令来支配经济的具体运行过程。但社会建设则完全

---

① 《十七大报告辅导读本》，人民出版社 2007 年版，第 303—304 页。

不同。社会建设追求的价值目标是公平和正义，按照马克思的理解，当市场经济导致政治经济的二元分化之后，作为市民社会的经济领域其实已变成了一个私人利益的领域，代表着个人或小团体的物质利益；而国家作为政治领域则代表的是公众的普遍利益，提供的是公共产品和服务。作为公众一般利益代表的政府，提供公共产品和服务，以弥补市场的"失灵"和"盲点"，才是政府的主要责任和工作任务。所以，社会本质上是一个伦理的领域，是一个涉及全体社会成员的基本权益的实现和基本生存能够得到保证的领域，公平和正义就是它的目标和准则，而这一目标的实现靠的就是政府的行政管理和公共服务的提供。而改革过程中出现的"一腿长，一腿短"的现象，从根本上说，就是没有认识到经济建设和社会建设在目标和运行机制上的不同，把本应由政府负担的行政职责和对公共服务的提供市场化了，按照经济的目标和运行机制去运作，这种公共利益、公共产品、公共服务市场化的结果，就使经济目标和社会目标发生了尖锐的矛盾，使私人利益或小群体的特殊利益开始侵蚀公共利益，社会发展的伦理要求被经济冲动力所取代，以致出现了"看不起病、上不起学、住不起房"等一系列问题和强势集团剥夺弱势集团的权益的严重的社会不公平现象，这正是经济和社会发展不平衡、不协调的根本原因。所以，党的十七大才提出了要加快以改善民生为重点的社会建设，要求政府负起更大的责任，把"以人为本"作为核心，把解决社会公平问题作为当前工作的侧重点。正如沈春辉在《实现社会公平正义是发展中国特色社会主义的重大任务》一文中所认为的，"当前，我国发展面临的主要矛盾和问题是：城乡、区域、经济社会发展不平衡的矛盾更加突出，缩小发展差距和促进协调发展任务艰巨；人民群众的物质文化需要不断提高并更趋多样化、多层化，社会利益关系更趋复杂，统筹兼顾各方面利益的难度加大，收入差距拉大，劳动就业、社会保障、收入分配、教育、医疗、住房、食品安全、社会治安、资源环境等关系群众切身利益的问题比较突出……当前存在的矛盾和问题，突出地表明了新的历史条件下促进和实现社会公平正义的重要性、紧迫性和复杂性，对促进和实现社会公平和正义提出了新的更高的要求。我们必须深刻认识当前我国发展的阶段性特征，从解决影响社会公平正义的突出矛盾和问题入手，正确把握和处理各方面的关系，正确反映和兼顾各方面的利益，在推动发展的过程中，更加注重促进和实现社会公平和正义，使全体社会成员共享发展改革成果。"①

第一节　以创业带动就业，通过经济发展 来促进就业增长

对于就业在改善民生中的作用和对社会建设的意义，2008 年社会蓝皮书（B）作了如下的描述："就业是民生之本、安国之策。历史的经验和教训告诉我们，就业问题是经济和社会发展的核心问题，必须高度重视。就业，对每一个劳动者来说，是他们赖以生存、融入社会、实现人生价值的重要手段，也是他们共享社会发展成果的基本条件。因此，就业是基本的人权，是第一位的民生之本。从经济学的意义来看，就业关系到劳动力要素与其他生产要素的结合，是生产力发展的基本保证；从社会学角度来看，就业关系到亿万劳动者及其家庭的切身利益，是社会和谐的重要基础，因此，就业也是安国之策。党的十六届六中全会把实现社会就业比较充分作为构建和谐社会的九大目标任务之一，就业工作已成为国家发展的重要战略。"②

在传统社会中，是不存在就业和失业问题的，人依靠自己掌握的土地等生产资料进行生产，过着自给自足的生活。就业失业问题的出现是现代社会发展的结果，是商品生产和交换的产物。当人失去生产资料而靠出卖劳动力为生时，就业即参加到一定的社会劳动组织中去，就成为他赖以生

---

① 《十七大报告辅导读本》，人民出版社 2007 年版，第 252 页。
② 汝信、陆学艺、李培林主编：《2008 年中国社会形势分析与预测》，社会科学文献出版社 2008 年版，第 36 页。

存的唯一方式。从这个角度说，就业就是民生之本，人们只有通过就业，才能获得生存和发展的生活资料，才能保证自己和家庭能够获得较好的物质生活条件，从而为其他民生问题的解决，诸如教育、医疗、住房等奠定物质基础。而一旦失业，就失去了生存的基础，失去了物质生活的来源。而大量失业人群的出现，不但影响到社会经济的发展，给社会保障带来沉重的经济负担，而且，人们一旦生存发生了困难，就会导致对社会的不满和怨恨，就会使社会动荡不安，甚至导致造反和革命。所以，现代任何一个国家都极其重视就业问题，把其作为经济和社会发展的核心问题。以至于当代绝大多数政府都把降低失业率，实现较充分就业作为政府的主要的甚至是首要的职能。我国也不例外，尤其对于构建社会主义和谐社会来说，就业不但是民生之本，也是社会和谐的基础和前提。所以，在加快以改善民生为重点的社会建设中，在东北老工业基地振兴的过程中，首先就要抓好就业问题，尤其是下岗职工的再就业问题，才能给东北经济的发展提供一个和谐的社会环境。

我国在解决群众的就业问题上进行了大量的工作和艰苦的努力。在计划经济时期，由于实行了高就业和低工资的政策，显性失业问题并不严重，当时的认识是，失业是资本主义制度的产物，社会主义制度的优越性就在于消灭了失业。而没有认识到，失业其实与社会制度无关，它只是市场经济的产物。当时基于对社会主义优越性的理解，国家采取了"统包统配"的高就业政策，但是这种政策却带来了两个恶果，一是低效率的"吃大锅饭"现象，拿着"铁饭碗"却不干活，出工不出力；二是与低效率相伴随的"隐性失业"现象，国有企业由于安排了大量富余人员的就业，使本应由一个人完成的任务却由多个人来承担，以致造成大量冗员的存在。甚至到了 2000 年，据中国社科院经济研究所的抽样调查统计，国有企业无效工时约在 30%—40% 之间，而以工作时间标准计算，国有企业冗员率仍约有 40% 左右。[①] 可想而知，计划经济时期"隐性失业"问题有多严重。

---

① 参见朱力：《当代中国社会问题》，社会科学文献出版社 2008 年版，第 280 页。

在我国，首次失业成为社会关注的突出问题，是发生在 20 世纪 70 年代末期。由于文化大革命 10 年间企业没有招工，城镇积累了大量富余人员，加之大约 2400 万知青返城，从而形成了大约 3700 万左右的待业人员，给就业带来了沉重的压力。国家采取了举办"大集体"、"小集体"和建立劳动服务公司以及扶持城镇个体经济发展等多种措施，来安置待业人员，从而缓解了就业压力。失业的第二次高潮发生在 90 年代。随着市场经济体制改革的进行，我国的就业制度也发生了根本的变革，由计划经济体制下的政府主导的"统包统配"的模式走向了市场经济体制下的由企业和用人单位主导的符合劳动力市场规律的新型就业制度。而在体制变革和就业制度改革的同时，为了建立现代企业制度，大量企业破产、兼并；为了减员增效，导致大量职工下岗和分流，走向了劳动力市场。应该说，这次失业高潮的发生是市场经济发展的必然，减裁的人员也主要是企业长期"隐性失业"的冗员。而企业为了更好地发展和获得较好的经济效益也必须裁掉这部分冗员，并通过流动起来的劳动力市场来招收企业发展需要的人才，这是市场经济的发展和建立现代企业制度所必需的，也是体制转轨的过渡时期所必须付出的成本和代价。但是，当时市场经济体制还在初创阶段，劳动力市场不健全，社会保障体系也还不完善，加之人们在计划经济体制时期长期形成的观念意识和长久端"铁饭碗"的习惯，当"铁饭碗"被砸碎之后，一时很难适应，由此引发了种种社会群体事件，严重影响了社会的稳定环境，给改革和经济发展带来了沉重的压力。

这种情况在东北尤为突出。东北是国家的重工业基地，国有大中型企业多，国有经济比重高，所有制结构单一，计划经济长期统治着东北地区，因而市场化程度低，体制改革和产业结构调整的任务重。这些情况造成了东北地区就业问题的如下困难：一是作为国家重要的制造业基地，在这一行业中聚集着大量的劳动力，但传统的制造业又非常落后，是产业结构调整和体制改革的重点行业，所以，当 20 世纪 90 年代末至新世纪初，东北开始体制改革和产业结构调整后，职工大量下岗分流，使东北地区失业的情况较全国其他地区都要严重。二是国有大中型企业多，使劳动力非常集中，而国有大中型企业在当时由于体制的原因经济效益都较差，尤其是能源性产业，大多是大中型企业，又是劳动力密集型企业，随着开发进入衰减期，成本逐渐提高，效益越来越差，导致了大量职工下岗。如黑龙江省的林业与辽宁省的矿业、石油等企业都存在这种情况。三是国有经济的比重大使企业的冗员非常多，而分流调整这些冗员正是体制改革的重点，这就使东北的下岗再就业问题显得非常突出。四是由于所有制结构单一，民营经济、外资合资经济、个体私营经济不发展，因而吸纳的再就业的岗位就少，这些年的就业经验证明，国有经济和集体经济发展是缓慢的，对就业的拉动作用也是有限的，不但不能提供多少就业岗位，相反，随着产业结构的调整还要不断向外排放劳动力。就业岗位的提供主要依赖个体私营经济、民营企业、外资企业和第三产业，而单一的所有制结构所造成的其他经济成分的发展不足，就加剧了下岗职工的再就业难度。五是计划经济影响深远，市场化程度低造成了劳动力市场发展不健全和第三产业尤其是现代服务业发展不充分。东北老工业基地国有企业职工下岗问题是在经济体制转型时期出现的非市场化失业状态，这些下岗职工本应在市场经济体制建立和完善过程中，通过劳动力市场来达到再就业。但由于东北的市场化程度低，劳动力市场发育不成熟，就业渠道不畅通，难以发挥市场在配置劳动力资源中的基础和导向作用，国有企业的冗员还要采取"下岗"这一非市场化的失业形式，再就业还主要依赖政府的扶持，出现了政府积极干预强和市场配置弱的"一强一弱"的局面。[①] 市场化程度低还使第三产业尤其是现代服务业的发展滞后，因而对就业的推动作用有限。第三产业是投资成本低，见效快的劳动力密集型产业，因而吸纳的劳动力多。据推算，在资本相同的条件下，第三产业提供的就业岗位将是第二产业的 5 倍。而且按着第一、第二、第三产业发展的规律，劳动力的流动总是首先由第一产业逐渐转移到第二产业，再由第二产业流向第三产

---

① 参见王立云、叶晓平：《解决东北老工业基地再就业问题的思路与对策》，《理论前沿》2004 年第 15 期。

业。这就是说，市场经济越发展，第三产业就越发展，吸纳的劳动力就越多。在发达的市场经济国家，第三产业在全部产业中所占的比重通常都在70%以上，是吸纳劳动力的主导产业。另外，长期计划经济的影响使下岗职工的择业观念陈旧。许多下岗失业职工的"铁饭碗"意识还没有完全消除，不愿意与原单位脱离关系，即使找到新的就业岗位，也想把劳动关系保留在原企业，认为只有在国有企业和政府部门工作才是就业，而到其他经济性质的企业劳动不算就业。因而在劳动力市场上徘徊不前，对新岗位十分挑剔，出现了部分企业、部分岗位用人短缺与大量失业并存的局面。六是产业结构的调整导致了结构性失业的矛盾。所谓结构性失业是指由于国民经济产业结构的变化及其生产形式和规模的变化，劳动力结构不能与之相适应而导致的失业。这即是说，东北传统的制造工业和部分能源产业将随着产业结构的调整而走下历史舞台，随之将会被新兴的"朝阳产业"和信息化技术所改造的新型装备工业所取代。而这些产业对劳动力素质要求较高，吸纳的劳动力主要是新生劳动力中知识新、技能高的人才。而下岗失业的职工本身的素质则较差，相当部分的下岗职工是在企业用工制度的改革中因年龄偏大、文化素质偏低和技术能力较差而被淘汰下来的，据辽宁省统计局对1500名国有企业下岗职工的抽样调查分析，在下岗职工中，30—40岁占总人数的71%，初中以下学历人员占67%，无任何技术等级者占84%。这些下岗人员虽然没有完全丧失工作能力，但工作效率不高，原来从事的多是简单加工和传统制造工业，在原来的"夕阳产业"就不能完全胜任，当离开原来工作后，更无一技之长，因而在高新技术的新兴产业岗位的竞争中，完全没有优势，不能胜任新领域的工作。总之，由于体制转轨和产业结构的升级改造，使东北老工业基地下岗、离职人员多，失业问题严重，就业和再就业工作的难度大，这在当时是困扰东北老工业基地振兴和社会和谐发展的突出问题。据统计，在2002年，辽宁省有失业人员83万多，城镇需就业人员160多万，到2003年则上升到175万多人。吉林省失业人员在1997—2002年间累积99.5万多人，且主要是第二产业的下岗职工。黑龙江省有下岗失业人员60余万，仅哈尔滨一市截至 2004 年就有近 30 万人。东三省的失业率远远高于当时全国的平均水平。①

第二次失业高潮的发生是体制转轨特殊历史时期的结果，东北由于具体的历史条件因而表现得更为突出，影响更大而已。这次失业高潮的特点是国有企业的职工大量分流、下岗和离职，因而解决下岗、离职职工的再就业问题，就成为问题的焦点。由于这次失业高潮的发生具有"非市场化失业"的特征，不是因为个别人或特殊产业、少数企业造成的，而是整个体制变革的结果，因而国家对职工的再就业采取了积极强力干预的政策和措施。1995 年 4 月国务院转发了劳动部《关于实施再就业工程的报告》，标志着再就业工程在全国正式启动。1997 年国务院召开全国国有企业职工再就业工作会议，提出了解决职工再就业的指导性方针。1998 年 5 月，党中央、国务院又召开了国有企业下岗职工基本生活保障和再就业会议，主要是提出了对下岗职工的生活保障和安置问题，要求国有大中型企业成立再就业服务中心，将下岗人员置于"中心"之内，实施"三条保障线"措施。到了 2002 年党中央国务院又下发了《关于进一步做好下岗失业人员再就业工作的通知》，即中发（2002）12 号文件，国务院有关部门依此制定了 8 个配套文件，对下岗失业人员从事个体经营实施优惠的税收政策，促进下岗失业人员再就业资金的管理办法，下岗失业人员小额担保贷款的管理办法等方面作出了规定。与此同时，在东北的辽宁省进行了"并轨"试点，完成了由计划经济体制的就业制度向市场经济体制的就业制度的转变，即随着改革的深入，下岗职工作为失业人员直接进入劳动力市场就业，彻底关闭再就业服务中心，完成下岗和失业的"并轨"，使"下岗"一词也成为历史。通过国家的这些政策和措施，从 1998 年至 2003 年，全国国有企业下岗分流了 2818 万人，国有企业职工从 7500 万人减少到 5000 万人，国有企业冗员问题得到了根本扭转，为企业进入市场经济

---

① 参见东北老工业基地资源型城市发展接续产业问题研究课题组：《构建东北老工业基地和谐社会的稳定器》，《吉林大学社会科学学报》2005 年第 4 期。

的发展创造了条件。并且，通过经济的发展来拉动就业，大力发展民营经济、外资经济和个体私营经济等非公有制经济成分，大力发展第三产业尤其是社区服务业，提供公益性岗位以及规范劳动力市场和建立下岗职业的培育机制等方式，使下岗的 2818 万人中有 1726 万人再就业，而在随后的 2003 年—2006 年 4 年间，就业和再就业又取得了巨大进展，平均年度新增就业人员近 1000 万人，比 20 世纪 90 年代后期的 700 万人多增近 300 万人，其中，有近 2000 万国有企业、集体企业下岗失业职工实现了再就业，这大大缓解了就业问题对体制改革、产业解构调整和构建社会和谐的压力，可以说，国有企业职工下岗再就业的问题虽然没有完全得到解决，但却大大缓解，不再是现今就业难题的唯一突出因素。①

从 2003 年至今，我国的就业工作进入到以企业为主导的市场经济体制阶段。而在这一阶段，实施积极的就业政策，统筹城乡就业，以建立充分就业的长效机制，成为就业工作的主要任务。在新的历史条件下，就业问题出现了不同以往的全新特点：

第一，实现充分就业的意义更加重要，它不仅是一个经济问题，而且也是一个政治问题和社会问题，同构建社会主义和谐社会直接关联在一起。因而不能只从经济的意义来理解就业问题，需要确立就业问题需要综合治理的观念，要把其放在宏观的经济和社会发展的大系统中加以统筹规划和解决。根据国外现代化发展的经验教训，当国民收入进入到 1000—3000 美元的时候，社会发展就既由于此前的发展基础而进入到一个黄金发展时期，又由于利益的分化而进入到一个矛盾的多发期。在这一时期，社会公平和正义问题被凸显了出来，解决两极分化，让大多数人共享发展的成果，是化解社会矛盾，实现平稳、可持续发展的前提条件，而就业作为第一位的民生事业，在缩小贫富差距和享有发展成果方面，具有不可替代的作用。它直接关系到政府角色的定位和职能的转换，

---

① 参见丁宁宁、葛延风主编：《构建和谐社会——30 年社会政策聚焦》，中国发展出版社 2008 年版，第 105 页。

关系到政府的执政能力和政策取向，影响到改革、发展和社会的稳定，是推进以改善民生为重点的社会建设的首要任务。因此，增加就业和控制失业，在这一时期首次被列入全国各地年度经济社会发展的主要指标体系中。

第二，出现了建立城乡统一的劳动力市场的趋势。从 2003 年起，由于城市经济发展的需要，尤其是东南沿海城市民营企业、外资企业发展外向型经济的需要，国家取消了农民工进城务工的诸多限制，使大量农民开始离开土地，进城淘金。由此出现了农民工这一特殊历史时期的特殊群体。农民工的出现，客观上促进了建立城乡统一的劳动力市场的趋势，说明了建立城乡一体化的、规范的市场化的劳动力市场的必要性。统筹城乡的劳动力市场，不但能使城市更好地引领农村的发展，有利于劳动力资源的市场化的合理配置，并促进城市的产业结构的调整和非公有制经济成分的多元化发展，而且对于农村来说，有助于农民开阔视野，改变传统的生存方式，有利于农村家庭的增资创收，从而拉动内需，扩大国内的消费市场。更为重要的是，可以有序转移农村剩余劳动力，加快社会主义新农村建设，使农村尽快走上市场化、专业化、规模化的产业化生产之路，促进农村的城镇化的发展。

第三，国有企业职工的失业将走向常态。虽然在 2003 年之前和随后的一段时间内，国家对国有企业下岗职工的再就业问题进行了努力的解决，大大缓解了下岗分流带来的压力。但并不是说，这一问题已经得到彻底解决，不再是一个问题。相反，在全国基本实现了并轨之后，随着体制改革的深入，国有企业职工的失业问题还将长期存在，并将常态化。尤其近些年来，产业结构的调整和发展方式的转变成为经济建设的首要任务，劳动力密集型的产业将被以高新技术为主导的资本技术密集型的产业所逐渐取代，那些技术含量低仅靠来料加工的外向型企业、产能过剩的企业、高污染高消耗的企业和技术水平落后的国有企业，必将是调整的重点。所以，大量职工的失业，尤其是国有大中型企业职工的失业是可以预见的。在当前和未来的一段时间内，解决城市的国有企业职工和城镇职工的失业问题还将是一个十分沉重的任务。据统计，在 2003 年年底，北京、上海、辽宁、广东等 8 个已实行了并轨后的省市，失业职工虽然比 2002 年减少了 150 万人，但仍有高达 260 多万职工处于失业状态。今后每年全国大约平均还要有 600 多万国有、集体企业职工失业，这将给就业工作带来沉重的压力。① 而在东北这一问题将尤为严重，因为，东北的体制改革进行的较晚，计划经济统治的时期长，当 20 世纪 90 年代后期全国都在进行体制改革时，东北由于历史的原因当时并没有动。所以，当前体制转轨仍然在进行中。这样，东北国有企业职工的失业和再就业问题就受到双重压力的影响，既受当前的产业结构调整的影响，又受本应是 2003 年之前那个阶段的体制转轨导致的下岗失业压力的影响，这就使解决东北国有集体企业职工失业和再就业的压力大于全国其他地区。如仅哈尔滨一个市，在 2004 年进行改制的企业就有 751 户，失业职工近 15 万。到了 2005 年的上半年，仅半年时间，改制转轨企业就增加了 1394 户，失业职工 16.1 万人，比 2004 年全年都多。而哈尔滨松花江电机厂破产重组后，有 4000 多名退休职工与伤残人员移交市劳动和社会保障局托管，3000 多名在职职工与企业解除了劳动关系，还有数百名离退休干部要移交市委老干部局管理。所以，哈尔滨市统计局认为："到年末，将有一大批国有企业职工走向社会，他们的社会保险金管理与发放及再就业等问题，将对我市劳动就业和社会保障工作带来极大的挑战。"② 可见，在就业发展的新阶段，东北的体制改革对国有企业职工失业问题的压力，不但没有减轻，相反却加大了。这是东北不同于全国其他地区的独有特点。

第四，农村剩余劳动力向城市的转移，增添了就业的新压力。近些年来，农民工的出现，固然促进了建立城乡一体化的劳动力市场的必要性，也为统筹城乡发展作出了积极贡献，但大量农村剩余劳动力的进城也给当

---

① 汝信、陆学艺、李培林主编：《2008 年中国社会形势分析与预测》，社会科学文献出版社 2008 年版，第 38 页。

② 哈尔滨市统计局：《上半年我市劳动就业和社会保障情况分析》《统计分析》2005 年第 33 期。

前的就业工作带来了新的压力。应该看到，农民工的出现是现代社会发展的必然现象。在传统的农业社会，劳动力主要集聚在第一产业。而随着工业化的发展和农村的逐渐城镇化，农业生产所需的劳动力将逐渐减少，开始向第二产业和第三产业流动，这就使大量的农村剩余劳动力开始向城市集聚。过去我国是一个传统的农业国家，农村人口占全部总人口的95%以上，新中国成立之后，尽管把经济建设的重点放在了城市，优先发展工业经济，但毕竟发展的速度较慢，容纳的劳动力有限，并且就业岗位比较稳定。在改革开放的初期，这种情况并没有多少变化，加之当时国家对农村劳动力流动的诸多限制，农村劳动力还主要集聚于第一产业。据第五次人口普查的统计，我国农村人口仍然占全国总人口的64%，达8亿多人，其中适龄劳动人员约5亿多，而从事农业劳动的占65%，说明中国农村劳动力仍以农业劳动为主。但在20世纪90年代后期以来，这种情况却发生了极大的改变。一方面，社会主义市场经济体制的建立，使民营企业、外资经济和个体私营经济快速发展，以及第三产业的快速成长，提供了大量的就业岗位，在城乡二元分化的挣钱效应的影响下，使农村劳动力开始快速向城市流动；另一方面，从农村自身的情况来看，中国农村人口约占世界农村人口的25%，中国的农业劳动力则占世界农业劳动力的大约34%。不但农业劳动力的数量多，而且，我国可耕地面积却只有世界的7%。劳动力多，可耕土地面积少，说明农村劳动力大量富余。截至2000年的统计，我国农村剩余劳动力约占当时农村劳动力总数的43%，达1.42亿人，可见农村剩余劳动力数量之多。加之，农村土地面积在不断缩小，劳动力数量却在不断增多，以及农业生产率和生产水平在不断提高，这就使原来潜在的农村剩余劳动力迅速显性化。"农村剩余劳动力在农村没法得到解决，必然使得农村剩余劳动力流向城市。据中国社科院和国家信息中心预测显示，'十一五'期间每年城镇新增劳动力在500万—550万之间。如果农村每年的城市化水平提高1%，就要转移1000万劳动力，我国的农民工数据一般认为有1.2亿人，对城市就业形成较大的压力。如何缓解农村剩余劳动力就业压力，将是我国构建和谐社会所面临的艰巨任务。"①就东北的情况来看，东北是我国传统的商品粮生产基地，农业经济发达，劳动力数量大，并且由于城乡二元结构明显，农村的商品经济不发展，乡镇企业和第三产业发展的都不充分，吸纳的农村剩余劳动力少。农村劳动力主要聚集在第一产业上，以农业生产为主。这些年来，随着农业生产水平的提高和城镇化建设的加快，从事农业生产的劳动力数量也开始大量减少，农村剩余劳动力的问题日益突出。虽然城镇化的发展带动了农村非公有制经济和第三产业的发展，解决了一部分农村剩余劳动力的就业，但吸纳的劳动力毕竟有限，不可能真正解决东北庞大的农村剩余劳动力的出路问题，因而，东北农村剩余劳动力向城市的流动给就业带来的压力，比全国其他地区都大。据哈尔滨统计局的调查数据，2004 年同 2003 年相比，其他产业的就业人员都在增长，只有第一产业的就业人员在下降，并且绝对数量大，比例高。2003 年，第一产业的就业人数是 181.05 万人，而 2004 年则下降为 165.83 万人，比上年减少15.22 万人，下降 8.4%。②吉林省劳动和社会保障厅厅长臧忠生也认为，"第一产业劳动力规模庞大，剩余劳动力问题突出。据统计，截至 2001 年年末，吉林省全省农村劳动力为 640.03 万人，随着农业劳动生产率的不断提高，剩余劳动力呈增加趋势。问题更加严重的是，农村劳动力文化结构偏低，其中小学和初中文化程度居多，为 86.8%，文化程度不高，制约了他们向其他经济领域转移。"③

　　第五，部分群体性就业难问题开始出现，大学生就业难成为新阶段的突出特点。随着精英教育向大众教育的过渡，20 世纪 90 年代末期，大学开始扩招，使大学的入学率逐年增加。到了 21 世纪初，这部分大学生完成了学业，开始走向社会，给劳动就业带来了空前的压力。多数研究专家都认为，大学生就业难将是今后一段时间内解决就业问题的焦点之一。"城镇新成长劳动力初次就业人数持续处于高峰状态。国际经验表明，青年由

---

①　朱力：《当代中国社会问题》，社会科学文献出版社 2008 年版，第 285 页。

②　参见哈尔滨市编计局编：《2004 年我市就业状况分析》，《统计分析》2004 年第 19 期。

③　臧忠生：《优化东北老工业基地就业结构问题的研究》，《理论前沿》2004 年第 2 期。

于缺乏工作经验而容易失业，并且往往是失业大军的主要部分。当前，中国大学生就业问题突出，'十一五'时期，普通高校毕业生人数还将逐年增加，总计达到 2700 万人左右。"① 这即是说，在"十一五"期间，每年将有 500 万—600 万的大学生走向劳动力市场就业，今后随着大学的扩招，这一数字还将逐渐扩大。大学生就业，加上研究生和高中毕业生的就业，使青少年的就业问题将成为新阶段就业问题的突出矛盾。据国家发改委发布的《2006 年就业面临的问题及政策建议》显示，2006 年，劳动力供大于求的矛盾进一步增大，16 岁以上人口增长达到高峰，其中城镇新成长劳动力约 900 万人。而据国家劳动和社会保障部对 90 个劳动力市场监测点的调查，16—34 岁求职者占总求职者人数的 70%。青年、大学生就业难问题凸现了出来。而全国青联在 2005 年的调查也证明了这一点。《中国首次青年就业状况调查报告》的数据表明，15—29 岁的中国青年总体失业率为 9%，远远高于中国当时 6.1% 左右的社会平均失业率，而 72% 的失业青年处于失业一年以上的长期失业状态。可见，青少年就业问题已成为新阶段就业需解决的突出矛盾。

通过上述对新阶段就业特点的分析我们可以得出这样的结论：由于国有企业职工失业问题的长期存在；大量的农村剩余劳力向城市的流动和城镇新增青年；大学生劳动力三种因素的交汇，即所谓"三头碰"现象，使我国新阶段的就业形势非常严峻，有的专家甚至认为，除知青返城和国有企业职工下岗两次失业高潮外，第三次失业高潮也将到来。"今后几年，每年新成长劳动力约 1000 多万人，失业人员 800 多万人，国有集体下岗职工 600 多万人，城镇每年需安排就业的人数将保持在 2400 万人左右。按着经济增长率 8% 和现有经济增长对就业的拉动能力计算，每年新增就业岗位数约为 800 万个，加上自然减员腾出的岗位，城镇就业岗位约为 1100 万个，劳动力供大于求的缺口在 1300 万人左右，城镇登记失业率

---

① 汝信、陆学艺、李培林主编：《2008 年中国社会形势分析与预测》，社会科学文献出版社 2008 年版，第 39 页。

为 5%。"①

面对如此严峻的就业形势，东北和谐社会的构建，就必须抓住问题的关键，采取有针对性的措施，来解决就业问题。

第一，通过经济发展来拉动就业。就业形势严峻的最主要原因是供需比例的不平衡。劳动力的供给远远大于经济发展对劳动力的需求。我国人口数位于世界第一，每年净增人口 1400 万人左右。截至 2000 年，按国际通行的劳动年龄计算，我国有适龄劳动力人口 8.8 亿人，即使按着我们国家的劳动年龄来计算，16—60 岁的适龄劳动人口在 2014 年也将达到 9.3 亿的高峰。相反，经济发展规律显示，就业弹性在不断降低。因此，劳动力供大于求的状况将长期存在。而这一矛盾的解决，最根本的还要靠经济的发展。因为，只有经济的不断发展，才能提供越来越多的就业岗位，据 20 世纪 90 年代的计算，GDP 每增加 1%，就业增长就能提高 0.1%，即大约 100 万人左右。所以，只从就业的角度看，经济增长越高，能吸纳的劳动力就越多，可见，经济增长才是拉动就业的根本途径。因此，我国政府始终将通过经济发展促进就业作为国民经济和社会发展的战略任务，力求在扩大内需的基础上，保持国民经济平稳和快速的发展，并积极调整产业结构，以提高经济增长对就业的拉动作用。但经济的持续高水平的增长是不现实的，只要保持经济的平稳适度的增长，就能有效解决大部分新增劳动力的就业问题。从这个角度看，历史提供给了东北以机遇。东北这些年来随着改制和产业结构的调整，已扭转了经济下滑的趋势，经济开始回升并得到了较快的发展。相信随着东北老工业基地重现辉煌，东北的经济和社会发展将进入良性互动的轨道，经济的发展会为和谐社会的构建和就业等民生问题的解决提供坚实的基础，而社会和谐和人民安居乐业的环境又会反过来促进东北经济的进一步发展。

第二，大力发展就业容量大的第三产业，是解决就业问题的主要方

---

① 汝信、陆学艺、李培林主编：《2008 年中国社会形势分析与预测》，社会科学文献出版社 2008 年版，第 38—39 页。

向。就业问题的解决不但要考虑供给劳动力的数量，而且要考虑经济发展对劳动力的需求。从需求的角度看，就业的弹性在不断降低。所谓就业弹性就是指经济增长对劳动力的吸纳能力。就业弹性系数是 GDP 每增加一个百分点带来的就业增长的百分比的比例。从世界的情况来看，就业弹性都在下降，即经济增长对就业的拉动能力在减弱。我国也不例外，在 20 世纪 80 年代，GDP 每增加 1%，就业增长就提高 0.31%，而到了 90 年代，这一比例就降到 0.1%。[①] 就业弹性下降的原因是经济结构的变化，即随着劳动力密集型产业向资金技术密集型产业的转变，相同资金带来的就业增长自然就少了。这就带来了这样的矛盾：如果仅就就业而言，应该发展劳动力密集型的产业，但是，发展以高新技术为主导的资金技术密集型产业却是世界经济发展的方向和趋势，也是当前产业结构调整的重点。毫无疑问，我们要坚持这一方向不动摇，但在发展高新技术产业的同时，也要统筹兼顾劳动力就业的问题，有计划、有意识的保留和建立一些劳动力密集型企业，以使产业结构的调整与劳动力就业不致发生尖锐的矛盾和冲突。可以考虑把现有的技术水平低的存量资产，向城乡结合部转移，以安排更多的城镇劳动力就业。但在第二产业中发展劳动力密集型企业毕竟不是出路，所以，更为重要的是要大力发展第三产业，产业发展的规律表明：一个国家在由农业国向工业国的转变过程中，第一产业的比重将逐渐下降，劳动力人口大量流出，在工业化的初期，主要流向第二产业，随着第二产业资本有机构成的提高和技术水平的进步，不但不能吸纳多少新增劳动力，相反还要不断向外大量排出富余人员。而第三产业由于资本有机构成较低，等量资本就可以吸纳更多的劳动力。据一般推算，第三产业增加值每增长 1 个百分点，平均增加的就业岗位是第二产业的 5 倍，因而第三产业在解决劳动力就业方面具有其他产业所不具有的优势。换言之，第三产业多是劳动力密集型产

---

① 参见唐晋主编：《论剑：崛起进程中的中国式战略（壹）》，人民日报出版社 2008 年版，第 111 页。

业，因而就业容量大。正因如此，在工业化的后期，从第一、第二产业淘汰下来的劳动力将主要流向第三产业，使第三产业的比重很快超过第二产业，而上升为主导性产业。欧美发达国家正是如此。一方面这些国家大力发展高新技术产业，抢占经济发展的制高点；另一方面，大力发展第三产业来解决劳动者的就业问题，发达国家第三产业的比重平均在75%左右。而我国截至 2006 年，第三产业所占的比重却只有 32.2%，不但远远低于发达国家的水平，也低于发展中国家 40% 左右的水平。由此可见，我国还有发展第三产业的广阔前景，在就业弹性下降的情况下，发展劳动力容量大的第三产业，才是解决问题的主要方向。所以，在 2002 年我国就制定了大力发展第三产业、拓展传统服务业领域的就业渠道和努力发展旅游、商贸流通等行业的扶持政策，并取得了较好的效果。从哈尔滨 2004 年统计数据来看，第三产业的用人需求占总需求的 50% 以上，而第三产业的就业人员有 173.18 万人，比 2003 年增加了 9.29 万人，占全市就业人员的 37.3%，首次超过第一产业，在三个产业中排在第一位。[1] 而吉林省第三产业在同期也有较快的发展，到 2001 年达到 365.6 万人，占从业人员总数的比例也增加到 31.3%。

第三，大力发展非公有制经济，多渠道解决就业问题。随着经济结构的调整，就业结构也在不断变化。近些年来，非公有制经济发展迅速，已成为新增就业的主渠道。其实，曾经作为就业主渠道的国有和集体经济，已经没有多少空间来解决就业的问题。近些年来 95% 以上的新增就业机会都是非公有制经济发展提供的。从 1992 年以后，全国个体私营经济平均每年向社会提供 600 万个就业岗位，占城镇年均新增就业岗位的 80%。在国有企业下岗人员中，有 65% 是靠个体私营经济实现再就业的。此外，中小企业目前已占我国企业总数的 99%，它们为城镇提供了 75% 的就业岗位。如根据哈尔滨市在 2004 年的统计，全市城镇国有、集体企业就业人员分别是 94.99 万人和 29.34 万人，比 2003 年分别减少 5.84 万人和 6.16

---

① 参见哈尔滨市统计局编：《2004 年我市劳动就业状况分析》,《统计分析》2004 年第 19 期。

万人，下降幅度分别是 5.8% 和 17.54%。可见，国有、集体企业容纳新增劳动力的能力是有限的，已快到饱和的程度，随着改制和产业结构调整的进行，它自身还要大量向外派送富余人员，因而吸纳新增劳动力的人数不会太多。相反，个体私营企业却提供了大量的就业岗位，吸纳安置了 3.43 万名下岗失业人员，占安置下岗失业人员总数的 26.5%。此外，全市贸易零售服务网点的 92%，餐饮网点的 93.5% 和城乡蔬菜水果供应点的 90% 以上，都是由个体私营企业经营的。除个体私营经济外，其他非公有制经济如股份合作企业、联营企业，有限责任公司和外资企业，职工人数达到 39.5 万人，比 2003 年增加了 3.2 万人，增长 8.8%，占全市城镇单位职工总数的 25.9%。此外，中小企业就业人员 86.31 万人，比 2003 年增加了 3.67 万人，增长率为 4.4%。其中，安置国有企业失业职工 6.71 万人，安排农村富余劳动力 10.47 万人。因此，大力发展多种经济成分，引导失业人员举办各种合作经济、股份制经济或者从事个体经营活动，是解决国有企业失业职工再就业的有效途径。因此，要创造条件来消除体制性障碍，减少审批环节，简化办事程序，支持和扶植个体私营经济和其他非公有制经济健康、有序的发展。

第四，统筹城乡劳动力市场，使农村剩余劳动力向城市有序流动。近些年来，农村剩余劳动力向城市的流动，使城镇就业压力加大，城镇就业比重逐年提高，已是新阶段就业形势的突出特点。据统计，改革开放三十多年来，我国农村劳动力到乡以外地方流动就业已超过 2 亿人，20 世纪 90 年代以后，农民离乡外出就业速度大大加快，平均每年以 500 万人左右的规模在迅速增长，成为农村剩余劳动人员转移的主渠道。而城市每年新增的就业岗位也就是 1100 万左右，这就给城市的就业带来了巨大的压力。[1] 应该说，农村剩余劳动人员向城市的流动是大势所趋，对于农业的现代化和城市的建设也有积极的意义。所以，我国政府对农民工进城采取

---

[1] 参见丁宁宁、葛延风主编：《构建和谐社会——30 年社会政策聚焦》，中国发展出版社 2008 年版，第 123 页。

的方针是"公平对待、合理引导、完善管理、搞好服务"。而对于给城镇就业带来的压力，则需要用统筹城乡劳动力市场的方式来加以解决。具体来说，一是要调整农村的产业结构，发展特色农业和农产品深加工产业，形成生产、运输、贮藏、加工、销售一体化的产业链，走农业科技化、产业化、市场化之路，使农业成为效益好、创收高、有吸引力的产业，逐步把农民变为农业工人，在农村本地解决农民的就业问题，以解决好征地后农民的安置问题。二是大力发展农村的乡镇企业和中小企业，使农村走上工业化之路，以解决农村剩余劳动力的问题。要以壮大龙头企业为重点，充分利用当地的自然资源，形成较大规模的乡镇企业集群，以提高乡镇企业的市场竞争力。历史经验证明，发展壮大乡镇企业是解决农村富余劳动力的主要途径。截至2008年，乡镇企业已成为国民经济的重要支柱，吸纳农村剩余劳动力1.5亿人以上，占农村劳动力的30%左右，大大减少了农村劳动力向城市的流动。三是建立经济开发区，把利用农副产品和乳、肉产品进行生产的外资企业和城市的涉农生产的企业，迁进开发区中，不但有利于新兴产业的发展，给农业经济和农业创收提供新的生长点，而且可以安排大量的农村富余人员。四是利用城市产品结构调整的时期，发挥城市的辐射带动作用，让城市反哺农村，建立以中心城市为枢纽的经济开发带，发展与城市生产相联系的加工企业，促进农村的城镇化进程，从而提供更多的就业岗位。五是大力发展农村的第三产业，第三产业是解决就业问题的主要产业，而现今农村的第三产业还非常不发展。尤其东北的农村，由于城乡二元结构明显，第三产业的发展可以说是非常落后，因此，农村第三产业的发展有非常大的空间。如利用旅游产业的发展，来带动餐饮、物流、住宿、金融、中介服务和交通运输的发展，在社会主义新农村建设中，发展社区服务、养老服务、医疗服务、文化产业等，都会为解决农村的富余人员提供非常广阔的市场。六是对已进城就业的农民工，要加强服务、引导和管理。由于从农村转移的劳动力普遍文化素质较低，专业技能差，进城后主要在建筑业和服务业做一些体力劳动工作。因而很快就成为城市中新的弱势群体。对这部分农民工要保护他们的合法权益，提高工资标准，依法签订规范的用工合同，让他们享受到基本的养老、医疗、工伤待遇，让社会保障覆盖面向农民工延伸。尤其要发挥政府在信息导向、管理服务方面的职能作用，做好农民工的职业培训和职业介绍工作，促进农民工就业。并安排好农民工子女的上学工作，让农民工子女享受城市的教育。实施好农村劳动力开发和就业的试点工作。当前，以城乡统筹就业、返乡创业、农村劳动力转移培训和西部开发就业为主要内容的试点工作，正在全国各地展开。总之，解决农村劳动力转移的问题，不能再局限于城乡二元分化的思维，而要从统筹城乡劳动力市场的角度，从农村的城镇化发展趋势和农业的科技化、产业化、市场化发展的视角去考虑问题，只有如此，才能减轻农村劳动力的转移给城市就业带来的压力。

第五，实施积极的就业政策，以创业来带动就业。国有企业职工的下岗失业问题主要体现为结构性失业，即原来具有的文化素质和劳动技能不能适合新岗位的工作。对于这种结构性失业可以通过生存性创业来解决。所谓生存性创业是指在劳动力市场上由于没有机会就业而创业。我国的创业大部分属于这种生存性创业，占创业总数的60%。而在西方发达国家这种创业的数量则较少。其原因是创业主体的文化素质决定的。如国企下岗职工中有一部分是"4050"人员，过去没有接受过较高水平的文化教育，下岗后由于年龄偏大，也不可能通过培训再去竞争新的岗位，除了就职于公益性岗位外，就只能自谋职业，通过个体私营经济的形式来进行创业。这种生存性创业还带有被动的性质，是为了生存而不得不进行的创业。而我国的大学生群体则完全不是这种状况。大学生的就业难并不是结构性失业造成的，主要体现为一种摩擦性失业，即"大学生毕业找工作，找工作不是马上给你一个500块钱或者几百块钱你就去工作，我们大概有一个期望的收入，或者叫保留工资。用人单位招聘我们的学生有一些要求，中间有一个工作搜寻的过程，有信息问题、成本问题。你能找到你期望的工作，实际上大家知道有很多限制。所以就业需要一个过程，一般来说，我们在半年之内失业都是正常的，这就是劳动力市场动态属性产生的摩擦性失业。"① 这即是说，摩擦性失业是由于求职劳动者与需要提供的岗位之间存在着时间滞差而形成的失业。这种摩擦性失业是大学生群体就业问题的主要障碍。它形成的原因，一方面是中介组织不发达，劳动力市场信息不灵通造成的，使就业岗位与求职者不能及时相遇。通过对北京和上海等地现在职人员的调查，有56%的人从来没有使用过任何中介服务机构，因为中介组织服务差、信息缺乏。找工作主要通过各种招聘会或学校的推荐，这就容易造成大学生不能及时找到自己满意的工作；另一方面是大学生求职的期望值定位太高的就业观念造成的。一些大学生在求职意愿上把自己定位在三资企业、国有大企业、大公司或政府部门，而不愿意去基层或条件艰苦的地方，更不愿意干脏和累的工作，但由于自身的知识结构和操作技能的限制，并不一定适合这些岗位的要求，因此宁可等待，也不到其他部门或地区就业。由此可见，大学生就业难从一定角度来说，并不是就业岗位不够造成的，而是摩擦性失业的结果。对于大学生群体就业的问题，一方面要加大市场信息的沟通，发挥中介组织的作用和学校的推荐工作；另一方面在学校教育中要有意识的培养大学生的非任职技能，即工作态度、职业道德和操守，以及人际关系的处理、团队合作精神、解决实际问题等方面的能力，使大学生能够面对实际情况，尽快融入社会。还要制定相关政策，鼓励大学生面向基层，去艰苦的地方工作。更为重要的是鼓励大学生自主创业，走机会创业的道路。所谓机会创业是指创业者发现市场中的机会而选择创业的行为。它与生存创业不同，是一种积极主动的行为。在发达国家机会性创业占创业总数的70%以上，而机会创业的主体一般都是受过良好教育，有一定专业技能的人才。而我国的大学生群体完全符合这一条件。所以，国家根据这种状况，对大学生和青年群体提出了积极就业的主张，号召大学生自主创业，利用创业来实现就业。这就要求大学生群体改变等和靠的依赖性就业意识，利用自己的专业知识，分析市

---

① 唐晋主编：《论剑：崛起进程中的中国式战略（壹）》，人民日报出版社2008年版，第111页。

场的形势和发展趋向，勇于突破，敏锐地发现市场的需求和机遇，大胆创新，走自主创业的道路。同时，政府也要为大学生的自主创业提供良好的市场环境和支持条件，在信息、技术、资金等方面给大学生的自主创业提供优惠资助。总之，大学生群体是我国潜在的就业压力最大的群体，大学生的就业又关系到我国人力资源的利用效率，所以，要通过积极的就业政策，解决好这一问题。

第六，要建设好劳动力市场，为实现充分就业提供制度环境。劳动力市场是就业的基础性平台，没有良好的市场环境，就业的解决就是混乱无序的。要按照合理布局，综合性与专业性市场相结合的思路，加强劳动力市场建设的统筹规划，逐渐建成城乡一体、统一开放、规范有序的劳动力市场网络。为此要做好如下的工作：一是要加强劳动力市场的信息化建设，使劳动力资源信息和招聘信息能够互通共享。二是要加强劳务中介组织和服务管理机构的建设，使它们能发挥好联系纽带和沟通服务的作用。三是加强劳动力市场的管理和监督，取缔非法劳务中介组织和非法劳务交易市场，规范劳动力市场的秩序，依法保护求职人员和用人单位的合法权益。四是做好下岗职工和农村转移劳动力的培训工作，按照产业化、市场化的要求，积极开展以提高就业的职业技能和创业能力为目标的再教育工作，形成"市场引导培训，培训促进就业"的良性循环机制。五是要推进社区服务劳务市场的建设。社区服务主要是为了满足居民日常生活需要如清洁、家电维修、社区保安、房屋维修等而进行的劳务服务，是一个具有广阔的发展前景、能够提供大量就业机会的劳务市场，要鼓励下岗失业人员，尤其是年龄偏大人员进入这一市场去寻找工作。六是建立灵活就业机制，提供公益岗位来解决再就业问题。在结构性矛盾尖锐、企业提供就业岗位不足的情况下，建立灵活的就业机制是解决下岗失业人员生计的重要途径。要广泛推行小时工、季节工、临时工、家庭帮工和弹性工作制等灵活就业方式。对于生活困难群体，还要通过提供公益岗位的形式来帮助他们实现再就业，以获得生活来源。

总之，新时期的就业形势是严峻的，直接威胁着和谐社会的建构，所以，必须提高对解决就业问题重要性的认识，动员全社会的力量，广开就业渠道，全力抓好这一民生之本。

第二节　加快建设覆盖城乡居民的社会保障体系，保障人民的基本生活水平

构建东北的和谐社会不但要解决就业问题，而且还要建设好社会保障体系。健全的社会保障体系，历来被称作是人民生活的"安全网"、社会运行的"稳定器"和收入分配的"调节器"，是维护社会稳定和国家长治久安及其和谐发展的制度保证。就业是民生之本，它提供了人们生存的收入来源，但是就业却不能完全解决人们遇到的各种风险，既包括个人风险又包括社会风险。人生活在世界上，总会遇到生老病残等事情，总有个天灾人祸的意外，总会有丧失劳动能力或劳动能力不足以维持生存的时候，甚至失业而丧失了生活的来源。这就需要提高人们抵御风险和意外的能力，对人们的基本社会生活条件进行保障，使人能够生存。所以，社会保障是不可缺少的，是除了就业外，另一项重要的民生。如果说就业的功能是保证人们的正常生存，那么社会保障则是对就业功能的补充，是保证人们在非正常情况下的基本生活。

在传统的农业社会，生活保障基本靠个人、靠家庭来进行。而当进入工业社会之后，人们离开了土地，丧失了生产资料，家庭的保障能力逐渐弱化，人们基本生活的保障则由社会来承担，所以，社会保障是人们生活的"安全网"。如果人们的生老病死、失业、伤残等和意外无人负责，导致人们生活困难甚至无法生存，就会引起人们对社会的不满和怨恨，从而使个人问题转化为社会问题，引起社会的动荡和不安。而社会保障这种由国家依法建立的具有经济福利性的社会化的国民生活保障系统，对人民遭到风险和意外，遭受生活困难，由此引发的社会矛盾可以起到化解作用，

因而被称为社会运行的"稳定器"。另外，市场经济是竞争的经济，优胜劣汰是它的基本特征，作为强者的经济它是不考虑弱者的，这就必然加大两极分化，产生弱势和贫困群体。如果两极分化过大，富裕人群利用资本的力量来剥夺贫困人群的劳动成果，则体现了社会的不公正性，就会导致不同利益群体的矛盾冲突，使社会处于不和谐的状态中。所以，现代国家为了使社会稳定，一般都会对高收入的富裕人群通过加大税收等形式进行限制，并通过转移支付来给贫困人群作出补偿。而社会保障制度作为具有经济福利性的社会保障机制，其本质上就是社会对贫困群体以及逐渐丧失了原有收入水准的人群进行转移补偿的一种制度形式，是社会财 进行再分配的一种主要手段和措施。从这个角度来说，社会保障制度也是收入分配的"调解器"。

无论是作为安全网、稳定器，还是调解器，其实都是同社会稳定、有序的发展目标关联在一起的，只有人民生活有了保障，生老病死、失业、伤残的意外和风险得到了有效解决，同时，社会体现了公平和正义，贫富分化在合理的范围内，即"学有所教、老有所养、病有所医、住有所居、劳有所得"，人们才能安居乐业，各尽其力，个人的问题才不会转化为社会的矛盾冲突，社会才能和谐、安定、有序。所以，社会保障制度的发展和完善在构建和谐社会的过程中，具有不可替代的作用。如曾湘泉在《加快推进以改善民生为重点的社会建设》一文中所说："在科学发展观的指导下，建立覆盖城乡居民社会保障体系，完善社会保险，社会救助与社会福利等各项制度，保障人民基本生活，缩小社会不公平，坚持以完善民生为出发点和基本目标，这是构建和谐社会努力追求的目标，是公平与正义的核心价值的追求，也是社会保障制度的核心价值取向。所以，社会保障体系和我们的科学发展观，和建立和谐社会是一致的。"①

按着党的十七大的精神，建立完善社会保障制度的总的要求是：坚持

---

① 唐晋主编：《论剑：崛起进程中的中国式战略（壹）》，人民日报出版社 2008 年版，第126 页。

广覆盖、保基本、多层次、可持续的指导方针，以社会保险、社会救助、社会福利为基础，以基本养老、基本医疗、最低生活保障制度为重点，以慈善事业、商业保险为补充，加快建立覆盖城乡居民的社会保障体系。近些年来，我国社会保障制度的建设取得了重要的进展，保障体系的建设进入到了由城镇为主向城乡统筹、由城镇职工为主向覆盖城乡居民的重大转变的新时期，统筹城乡社会保障成为新时期的主旋律。但也应该看到，由计划经济时期的以国有集体企业负责的只局限于城镇职工和以农村集体经济负责的社会救助与合作医疗的保障体系向市场经济条件下的由社会负责的保障体系的过渡要有一个过程，因而当前阶段的社会保障体系，还存在着覆盖面小、保障水平低、资金统筹困难以及统筹层次低、制度不健全等方面的缺陷。就东北的具体情况来看，由于计划经济长期在东北占据主导地位，而计划经济采取的是低工资、高福利、高就业的政策，因而城镇的国企职工的养老、医疗、伤残、住房等福利待遇在当时是有保障的，并由企业来负责。相对于国有企业的职工，集体企业职工的保障待遇则要差些，保障条件的好坏要根据企业的经济状况。而农村的保障情况是最差的，养老保险基本没有，合作医疗由于农村集体经济的力量有限，其发展程度非常低，仅能解决日常门诊病的就医。而其他的社会福利和社会救助，除了"五保户"的救助外，也就是对困难地区或临时遇到灾祸的人群发放"救济粮"。可以说，农村的生活保障基本上还是传统的家庭保障模式，这与城乡的二元结构及其农民还有少许生产资料的状况有关。计划经济时期的社会保障制度存在着如下的缺陷：第一，社会保障制度发展非常不健全，缺少法律规范，仅靠社会主义要保证人民生活幸福的意识形态来指导，具有很大的随意性。第二，保障标准不统一，城镇中的国有和集体，国有单位的干部和群众，城镇和乡村，二元结构明显，人被分为不同的等级，地位越高、生活条件越好的人越能得到较好的福利待遇。既没有体现社会的公平性，增加了社会歧视，又影响了人才的流动，城市和国有单位成为人们向往的目标。第三，保障水平和层次很低，除国有单位外，集体单位和农村不但福利待遇差，而且基本的社会保障也不能得到有效的保证，最低生活保障根本不存在，单位只是不定期地给生活困难的人员以少许补助。不但水平低而且层次也较差，社会化程度不高，社会保险基本没有，养老、医疗和伤残都由单位来进行，保障的好坏主要看单位的情况。且保障不是雪中送炭，而是锦上添花，主要以社会福利的形式来进行。第四，社会保障由企业来负责，加重了企业办社会的责任，大而全、小而全的单位，不但浪费了社会保障的资源，而且降低了保障的社会化程度，同时加重了职工对企业的依赖。这在计划经济时期虽然不是一个显性的问题，但进入市场经济的发展后，企业包袱沉重的问题就凸显了出来。第五，社会保障的覆盖面窄，社会保障由单位来进行，只是针对有工作单位的职工的，而没有工作单位的城镇居民和广大的农村劳动力则得不到保障。正因如此，随着经济体制的改革和社会主义市场经济体制的建设，原有的企业负责的社会保障体系就再也不能适合社会发展的要求，提高保障的社会化程度，由企业负责走向社会负责，建立覆盖城乡全体居民的社会保障体系势在必行。

改革开放以来，尤其是 20 世纪 90 年代建立市场经济体制以来，如下情况的变化使社会保障制度的改革迫在眉睫：首先，在农村随着承包制的改革，原来的以生产队为基础的三级集体经济形式逐渐被淘汰，走下了历史舞台。这种变化使原来农村本来就水平很低的社会保障体系完全被瓦解，合作医疗制度解体，据统计，农村经济体制改革前，合作医疗的覆盖率约为 90%，以后逐年下降，1985 年降到 5%，以后略有回升，但仍不到 10%。因而绝大多数农民没有任何医疗保障，医疗费用几乎全部自己负担，"因病致贫，因病返贫"的现象在农村非常突出。在 2000 年世界卫生组织对成员国卫生筹资与分配公平性的评估排序中，中国列 188 位，在 191 个成员国中倒数第 4。[①] 而由于集体经济的削弱和个人收入的增长，国家确定了个人和家庭应尽更大保障义务的政策，排定了先个人、再集

---

① 参见丁宁宁、葛延风主编：《构建和谐社会——30 年社会政策聚焦》，中国发展出版社 2008 年版，第 47 页。

体，最后是国家的次序。这样一来，五保供养经费不足的问题日益突出，造成五保户生活水准大幅度下降。应保未保的现象非常普遍。其次，从城镇的情况来看，体制的转轨对行政管理单位和事业单位的人员影响不大，这两部分人群在社会保障上仍基本上是按着计划经济时期的国家提供的模式在运作，只是增加了住房商品化和医疗保险的内容。但企业的职工则完全不同，随着改制的进行，大量职工下岗失业，失去了原来企业提供的保障，因为，部分企业由于效益不好，已不能正常提供社会保障所需资金，甚至有的企业已名存实亡，根本谈不到对职工的保障问题。而在改制过程中，有的职工已被企业彻底买断，已由"企业人"变成了"社会人"，就更谈不到企业对职工的社会保障。而下岗职工人员中又大部分生活困难，形成了城市中的新的贫困群体，如果说过去的贫困群体主要在农村，而现在下岗失业职工则成为新的城市的贫困群体，迫切需要社会救助，以维持生计。据统计，截至 2004 年，东北贫困弱势群体的规模占总人口数的 11%—14%，绝大部分是下岗失业人员，也包括一些较早退休的体制内人员、集体企业退休人员、重病的人和家属以及体制外的靠打零工、摆小摊养家糊口的人员。① 但是，传统的社会救助制度只限于对城镇的"三无"对象提供生活救济，而对于下岗失业这样的新增贫困群体则被排除在救助制度之外，这说明，原有的社会保障体系已到了非改不可的地步。再次，国有企业负担沉重，国企改革要求原来由企业承担的保障责任社会化。国有企业走向市场经济体制的发展之后，独立自主，自负盈亏，但它所负担的社会保障责任却拖住了企业发展的后腿，国有企业包袱的沉重，使它在与民营企业、外资企业等非公有制企业的竞争中处在不利的地位，同时，国有企业的社会保障条件也加强了职工对企业的依赖，使职工不愿脱离企业去面对市场的风险，这就加大了改制的难度，不利于国有企业减裁冗员。所以，在市场经济体制建立的背景下，改革传统的城镇和乡村的社会

---

① 参见刘少杰：《重建东北老工业基地经济发展的社会基础》，《吉林大学社会科学学报》2004 年第 2 期。

保障制度，建立与市场经济体制相适应的新型社会保障制度，即由国有和集体负责的保障走向由社会统一负责的保障，由社会福利和社会救助为主要内容走向以社会保险为重点内容，由城镇职工是主要受益者走向城乡统筹广覆盖的改革，就成为构建和谐东北的急迫任务。

统筹城乡的社会保障制度，首先是统筹城乡的养老保障制度。养老保障是社会保障体系的核心内容，包括养老保险和老年福利等内容。养老保障对于化解老年人的贫困风险和保障老年人的基本生活具有重要意义，因而从世界的范围来看，养老保险的数量居于各项保险制度之首。据第五次人口普查的数据，我国 60 岁以上的老年人口已占总人口的 10.4%，按着联合国确定的标准，我国已步入老龄人口的社会，但我国又是一个发展中的国家，城镇养老保障制度的建设还不完善，农村养老保障制度的建设还刚刚起步，因而养老保障制度的建设还有大量工作要做。①

由于东北城乡二元结构的制约，东北养老保障制度也呈现为二元结构的特征。从城镇结构来说，基本形成了包括城镇职工基本养老保险和机关事业单位职工退休养老制度在内的养老保障制度，覆盖了大部分城镇劳动年龄人口。而农村结构还未全面建立养老保险制度。在城乡迁移人口结构上，形成了以农民工和被征地农民养老保障为主要内容的制度，但还存在着很多问题。城镇职工养老保险形成了包括企业年金和个人储蓄性养老保险的多层次养老保险体系的制度框架，以基本养老保险为核心，而基本养老保险实行社会统筹和个人账户相结合的模式，即基本养老费由用人单位和职工个人共同承担，各按一定的比例交纳，进入个人账户，国家则参照城市居民生活费用价格指数和职工工资增长的情况，对基本养老金水平进行必要调整。而农村的养老保险，按照"个人缴费为主、集体补助为辅，政府给予政策扶持"的原则，建立了个人账户积累式的养老保险，养老金标准根据个人账户积累额确定。并对特定人群实行了普惠制养老保障形

---

① 参见丁宁宁、葛延风主编：《构建和谐社会——30 年社会政策聚焦》，中国发展出版社 2008 年版，第 180、200 页。

式。所谓普惠制养老金制度的一般含义是，只要该国农民从事农业劳动达到一定年限，一旦退休就有权利享受养老保障金。这种养老保障金是国家提供的非缴费的老年津贴，在东北农村的部分人群中，已经开始实行，但绝大多数的农民还是实行个人账户养老保险的形式。此外，农民工的养老保险的形式实行低费率、广覆盖、可转移，并能与现行的养老保险制度相衔接的办法，以适合农民工收入偏低和流动性大的特点。

经过这些年的努力，新型养老保障制度得到了长足的发展，取得了明显的成效，对构建和谐社会起到了重要作用。到 2007 年 9 月底，全国参加养老保险人数达到 19676 万人，其中职工 14857 万人，离退休人员 4819 万人，都比以前有了大幅增加，提高幅度为 7.3%，城乡的覆盖面更广，同时确保了养老金按时足额发放，使更多的人受益。并且形成了多渠道的筹集资金的新格局，到 2007 年年底，养老保险收入 7834 亿元，各级财政补助 1157 亿元，其中中央财政补贴 873 亿元。国家、用人单位、个人三方分担的机制初步形成。① 更为重要的是，国务院决定，从 2008 年至 2010 年连续 3 年继续提高企业退休人员基本养老金标准，提高的幅度要大于以前的标准，并继续向退休的科技人员以及退休早的养老金相对偏低的人员倾斜。

但也应该看到，我国的养老保障制度的基本框架虽然已经建立起来，发展的方向和思路也是明确的，并取得了明显的成效，基本实现了由国有企业和集体负责的福利性保障向以社会保险为基础的社会保障的过渡，在统筹城乡方面也有一定的进展。但由于主客观条件的限制和历史的原因，在具体的运行过程中还存在各种各样的问题，离高水平的养老保障还有不小的差距，还面临着老龄化社会到来的严峻挑战，所以，发展社会养老保障事业仍然是任重而道远。具体来说，现在养老保障面临的问题是：

第一，覆盖面还是不够。从整体上来说，养老保险结构分为四大板

---

① 参见丁宁宁、葛延风主编：《构建和谐社会——30 年社会政策聚焦》，中国发展出版社 2008 年版，第 180、200 页。

块，一是城镇职工板块；二是城镇居民板块；三是农村板块；四是农民工和征地农民板块。在这个板块结构中，城镇居民板块处在完全空白状态，即城镇未就业的老年人的养老保障是制度的空白，要实现覆盖城乡全体居民的养老保障，就必须在制度上对这部分人群作出安排。其他三个板块虽然在制度上是有覆盖的，但参保率还不尽如人意，还存在着很多问题。从城镇板块来说，截至 2008 年，全国参加城镇养老保险的人数只有 1.88 亿人，只占全部城镇人口的 66%，还有 30% 以上的人没有参加进来。[①] 导致这种状况的原因，一是有些国有企业筹资困难，甚至有的国有企业已经名存实亡，不能提供社会统筹部分的资金，影响了职工参保的意愿；二是非公有制企业，职工队伍年轻，基本无退休人员，身体状况较好，并且流动性大，因而无论是企业还是个人都不愿意缴费参保。从农村板块来看，从1998 年以后参加农村养老保险的人口在持续下降，到 2005 年降至 5422万人，年度基金积累只有 31 亿元。相对于 7.8 亿的农村人口来说，这是一个过于小的覆盖面。如杨德清、董克用两位所分析的："目前我国的社会养老保险制度所覆盖的地区大多是经济比较发达的地区，参加养老保险的群体也是区域内比较富裕的农民，而在经济不发达的落后地区，农民的养老保障不能从社会保险制度中受益。这导致目标人群覆盖面窄，受益人群有限反过来也压抑了农民参与投保的意愿。"[②] 从农民工和征地农民的板块来看，由于统筹层次低，不利于落实筹资衔接责任，使社保关系转移困难，因而大量的农民工和灵活就业人员就不去参加社保，否则人离开了，就和没交一样。而征地农民的养老保障问题，各个地区都在进行不同方式的试点，至今全国没有统一的规定。上述这些问题不解决，广覆盖的目标就很难实现。

第二，资金筹措困难，缺口大。众所周知，社会保障体系的运行是离

---

① 唐晋主编：《论剑：崛起进程中的中国式战略（壹）》，人民日报出版社 2008 年版，第124 页。

② 唐晋主编：《论剑：崛起进程中的中国式民生（壹）》，人民日报出版社 2008 年版，第142、155 页。

不开资金支持的，提高企业退休人员养老金水平、做实养老保险个人账户、实行养老的社会福利和社会救助等都需要相应增加财政投入。中国目前的养老保障制度实行的是以企业和个人缴费相结合的"统账结合"的混合养老金制度的形式，但由于历史积累的巨大养老金隐形债务，迫使个人账户资金被挪用，形成了大量的名义账户，资金缺口巨大。这就降低了对于个人和企业缴费的激励，造成了大量的养老金缴费的逃避现象。目前，我国的养老基金正在出现赤字现象，一方面是特殊的历史条件造成的，我国正逐渐进入老龄社会，退休人口在增加，并且寿命在延长，需要越来越多的养老资金，而工作人口在减少，不能为退休人口提供足够的养老金；另一方面，社会统筹部分资金筹措不利，加之基本养老保险制度的统筹层次偏低，不同统筹层次的资金无法调剂使用，制约了基本养老金调剂作用的发挥，使不同地区社会统筹的养老金结余和赤字并存，财政补贴负担沉重。就目前的资金状况来看，政府承担了过大的财政成本，企业的税费负担也太大，退休职工的权益无法得到保证，在职职工也需要承担很沉重的社会养老保障成本。[①] 而东北的情况更为严重。前些年国有经济的衰退，使企业生存困难，拿不出社会统筹部分的缴费，由于中央、地方、企业资金统筹的倒置模式，一旦企业筹措不到位，中央和地方的补助就无法落实，因而养老保障基金非常缺乏，截至 2000 年，东北社会保障资金至少欠账 1.9 万亿元，而养老资金的缺口达 20 亿。近些年来，随着改制的进行，大量职工下岗失业，加之工矿城市工伤人员比例多，职业病慢性病人员比例大，因而退休年龄早，养老、医疗、失业保险支出均高于全国平均水平。并且东北三省保障水平偏低、结构不合理，国有企业负担的养老保险占社保支出 60% 以上，这就给资金的筹措带来了艰巨的任务。总之，历史债务多，离退休人数多，企业效益差，使资金短缺成为困扰东北地区社会保障发展的主要因素。据哈尔滨市 2005 上半年的统计分析："养老保

---

① 唐晋主编：《论剑：崛起进程中的中国式民生（壹）》，人民日报出版社 2008 年版，第142、155 页。

险扩面工作面临困难，基金收不抵支矛盾十分突出。特别是各县（市）征缴扩面难度远大于市区。上半年，全市养老保险基金支大于收，收支缺口达 4.2 亿元。分析原因有：虽然我市加大了对养老保险宣传和征缴的力度，但部分企业由于效益不好不能正常缴纳养老保险，有的欠费企业已经名存实亡，这部分企业欠费已经成为呆账、死账无法收回。这部分欠费的长期挂账，不但虚增了可收回企业欠费额度，也给清理欠费工作带来了极大不便；国企关闭破产、改组的影响，交费单位人数减少，资金征缴难度加大；我市人口老龄化发展较快，离退休人员逐年增多，人口寿命延长，养老年限增长，加上养老标准不断提高等因素，使养老费支出增加较快，养老负担进一步加重。"[1]

第三，制度分割，体系庞杂，没有体现公平和正义的要求。现在的养老保险制度已形成了城乡二元格局和不同地区、不同人群、不同制度的局面。出现了新的社会不公平现象，使调整收入差距的再分配功能没有得到正确体现。从城乡的养老保障来看，城镇职工的养老保障和农村的养老保障是在城乡二元结构的历史背景下建立起来的，因而就不可避免地带有城乡二元结构的特征。农村养老保障的发展严重滞后，广大农民普遍没有社会养老保障。国家财政对城乡养老保障的投入是不公平的，城镇投入的多，而农村投入的少。"我国公共财政长期以来，只向城镇养老保障投入，近年来对城镇职工基本养老保险的投入逐年加大，2007 年中央财政投入达到 700 多亿元，而对农村养老保障还没有任何投入。财政投入水平也明显不足。"[2] 这就加大了城乡间分配的差距。不但城乡不同，就是城市的不同人群也不同。在 20 世纪的 90 年代，我国对企业的养老制度进行了"统账结合"的改革，但是机关和事业单位职工的养老却仍在执行原来的退休制度，这两种制度在筹资方式、待遇条件等方面有很大的区别，机关事业

---

[1]　哈尔滨市统计局编：《上半年我市劳动就业和社会保障情况分析》，《统计分析》2005 年第 33 期。

[2]　丁宁宁、葛延风主编：《构建和谐社会——30 年社会政策聚焦》，中国发展出版社 2008 年版，第 205 页。

单位的养老资金随工资水平的提高而相应的提高，但企业的养老资金却只能根据社会平均工资而调整，这样，两者相差的程度就越来越大，到目前已相差近两倍，引起了广大群众的不满。不但如此，城镇中的富裕人员和贫困人群养老保险的待遇也不同，富裕人群缴费比例高，最终积累多，得到的待遇条件就好。据国家统计局 1995 年对 25000 户居民的调查，富裕人群的养老待遇是贫困户的 4.2 倍，这就加大了两极分化的趋势。此外，由于统筹的层次低，各个地区缴费的标准不同，待遇也就不同。目前，全国有 13 个省和直辖市实行了省级统筹，7 个省实行的是市级统筹，11 个省实行的是县级统筹。由于各地区财力不同，补贴的力度不同，因而养老待遇差别很大。东南沿海发达地区的养老待遇已高到相当于黑龙江省的最低工资标准。这就加大了地区间的差距。而且还使资金不能共济，关系不能转移和接续的问题日益突出。

正因这些问题的存在，距离城乡统筹、广覆盖的目标还有不少的差距，因而要加强社会养老保险制度的建设，一方面要加大财政投入的力度，要做实养老保险个人账户，不能再出现新的欠账问题；另一方面要不断提高统筹的层次，降低缴费的标准，扭转养老基金逆向补偿的趋势，要突出解决农村养老保险覆盖率低和城镇居民的养老保险问题，对于城镇没有工作的和没有取得享受养老保险金资格的老年人群体，要在制度上作出安排。并且，随着社会经济的不断发展和财政收入的增加，有必要建立全国统一的普惠制的国民养老保障体系，让所有公民都能够分享发展的成果，享有较为公平的真正统筹城乡和广覆盖的基本养老保障。

统筹城乡的社会保障，不但要统筹养老保障，而且要统筹医疗保障，养老和医疗都是关涉到全民的，是真正的"社会"的事务，所以，在党中央确定的以改善民生为重点的社会建设中，统筹城乡的医疗保障建设是三大重点内容之一。

在计划经济时期，城镇职工实行的是公费医疗制度，在农村实行的是合作医疗制度。公费医疗是由国家出资建立的，具体由企事业单位负责，采取的是实报实销的形式，对城镇职工的覆盖率是百分之百。而农村的合作医疗制度是 20 世纪 50 年代兴起的，在资金上采取了以农村集体经济为基础与个人缴费相结合的形式。由于在"文革"中合作医疗曾作为一项政治任务被推广，因而到 20 世纪 70 年代末期，其覆盖率已高达 90%。[①] 应该说，无论是公费医疗还是合作医疗，都对保障人民群众的身体健康和促进我国医疗卫生事业的发展起过积极的作用。但也应该看到，当时的医疗卫生制度也存在着严重的问题。从城镇的公费医疗来说，主要体现为如下三方面的问题：一是医疗资源有限，服务供给不足。国家的投入跟不上人民群众对医疗卫生的需求。如果说，90 年代以后出现的问题是"贵"，那么，80 年代及其以前则是"难"，"看病难、住院难、手术难"成为当时的突出问题。二是有限资源又被浪费，医疗费用控制不力。因是公费医疗，费用都由单位报销，因而有的人就毫无顾忌地使用费用，甚至把医疗费使用在不是医疗的方面，开药开出了日常生活用品都是屡见不鲜的事情。这就使医疗费居高不下，逐年增加。三是医务人员的激励措施缺乏，吃"大锅饭"现象严重，因而医务工作者没有积极性，服务水平和态度都较差。而农村的合作医疗存在的主要问题是医疗水平低，不但医疗设备条件差，而且医务人员的技术水平也较低，公社卫生院和村合作医疗站只能解决日常的门诊小病，较严重或重大的疾病都要送到县医院或城市医院，而费用又是农村合作医疗所不能承担的，所以，"缺医少药"是当时农村医疗卫生保障的真实写照。

在这样的背景条件下，随着全国各行业改革的进行，医疗卫生领域的改革也随之进行。这种改革重点在城市，因为农村的合作医疗随着集体经济的瓦解，已基本处于瘫痪的状态。而城市当时的医疗改革的目标并没有考虑医疗卫生事业的特殊性，只是参照企业改革的模式来进行，因而以提高医疗资源、控制医疗经费核算和调动医务人员的积极性为主要目的。为此采取了扩大医疗机构的自主权，以增强经济激励的措施。实行院、所、站长负责制，鼓励通过创收来维持公立医疗机构的运转，在一些地方甚至

---

① 参见葛延风等：《中国医改：问题·根源·出路》，中国发展出版社 2007 年版。

尝试产权制度的改革，把中小型公立医院转变为股份制医院或私立医院。同时鼓励个体行医，放低准入门槛，允许多种所有制医疗机构的发展。另外，为了解决经费的不足，调整和提高了医疗服务价格，以缓解公立医院的运营困难。应该说，从20世纪80年代开始的近20年的改革，使原来存在的问题基本得到解决，医疗卫生资源日益丰富，"看病难"已不是问题，允许创收和自主分配收入等措施，提高了医疗卫生机构和医务人员的积极性，增加了医疗机构的收入来源，使卫生经费投入不足的问题得到缓解，医疗技术水平大幅提高，并且公立医院在这一时期得到了迅速发展。但是，由于改革目标的不准确，把公共医疗卫生事业市场化，使医疗卫生机构的谋利倾向日益突出，公益性日益淡化，诱导服务、滥用药品的行为严重损害了患者的利益，造成了医患之间的尖锐矛盾冲突。药品价格失控和医生处方行为的扭曲，使"看病贵"成为新的问题，日益为人们所诟病，群众反映强烈，成为影响社会和谐的重要原因之一。[①]

在反思改革以来经验教训的基础上，新一轮医改在2007年开始进行。新医改突出了医疗卫生事业的公益性质，确定了全民医疗保健的方向，其核心是全民医疗保险，辅之以社会医疗救助和商业医疗保险。统筹城乡覆盖全体居民的基本医疗保险框架由三部分组成，即城镇职工的基本医疗保险、城镇居民的基本医疗保险和农村的新合作医疗制度。其中城镇职工的基本医疗保险和新农合在此前的20世纪90年代就已开始进行，现在需要的是做进一步加强的工作，而城镇居民的基本医疗保险则在2007年才刚刚开始试点，因而成为走向全民医保的关键一环。这三大医保体系的框架从制度上达到了对全部社会成员覆盖的目的。

城镇职工的医保是目前发展最成熟的，也是保障水平最高的形式。在20世纪90年代，由于当时非公有制经济的迅猛发展，使公费医疗失去了其存在的社会公平基础，加之国有企业的改革，使大量职工下岗，国有企

---

①　参见丁宁宁、葛延风主编：《构建和谐社会——30年社会政策聚焦》，中国发展出版社2008年版，第46页。

业的经营困境也难以承担越来越高的医疗费用，而企业的市场竞争也需要卸下严重的包袱，使保障功能社会化，这些原因促使了公费医疗走下了历史的舞台，被城镇职工的医保所代替。1997 年中共中央和国务院作出了《关于卫生改革的决定》，标志着城镇职工的医保正式启动。城镇职工的医保不同于传统公费医疗的地方主要在于：一是公费医疗只覆盖公有制单位的职工，而城镇职工医保的覆盖范围则是所有雇员（薪水领取者）和离退休者，即只要是在城市工作的，而无论其社会身份如何，只要参保就可获得基本医疗保障，包括个体户、非公有制单位的职工、农民工、甚至临时工也不例外。二是医疗费用不再由国家单独承担，而是由国家、用人单位（雇主）和职工个人三者按一定的比例分担。三是区分了门诊、住院和重大疾病三种不同形式的保障标准，并对每一种形式中的基本医疗保障范围做了明确的规定。城镇职工医保的覆盖面自 2000 年以来持续稳步扩展，截至 2006 年年底，参保人数已达 1.57 亿，占城镇从业员和离退休者的 46.6%。[①] 近些年来还在进一步扩大覆盖面。

农村合作医疗自 20 世纪 80 年代解体后，农民没有了任何医疗保障，医疗费用完全由个人负担，"因病致贫、因病返贫"的现象非常突出，以致农民处于小病挺着不看，挺到大病无力看的境地。这与我国经济发展的成就和社会生活不断改善的状况是十分不相称的。所以，在 20 世纪 90 年代党和国家的领导人就不断提出要重建农村的合作医疗，可以说，90 年代就是农村合作医疗重建的时期。在此基础上，2003 年，国务院转发了卫生部的《关于建立新型农村合作医疗制度的通知》，新型农村合作（以下简称"新农合"）的建设就此在全国展开。新农合之所以新，不同于以前的农村合作医疗制度，一是以前保障的是小病，是一般的门诊的常见病，而由于农村经济的发展，这部分医疗费农民自己已可承担，而"因病致贫和返贫"主要是因为大病和重病，所以，新农合保障的是大病和重病。

---

① 汝信、陆学艺、李培林主编：《2008 年中国社会形势分析与预测》，社会科学文献出版社 2008 年版，第 92 页。

二是过去合作经济是以集体经济为基础，而随着农村集体经济的衰落，再也无力承担对农民的医疗保障。这次新农合则是由地方财政出资对参保者的缴费给以补贴。这是新中国成立以来，第一次由财政补贴建设农村医疗保障制度。正是在国家的大力推进下，政府补贴的水平和给付的水平逐年提高，并且有些地方把门诊费用也纳入新农合中，从而调动了农民参保的积极性，使新农合在短短的几年内就有了长足的发展，截至 2007 年年底，已有 7.3 亿农民加入到新农合中来，覆盖了全国 86% 的县（市、区）。

除了城镇职工的医保和新农合外，还有城镇居民的医保问题，即城镇职工的医保是面向工作人群的，并不覆盖城镇的非工作人群，如未成年人尤其是中小学生、以前没有工作单位的老年人、失业者等，这些人如果经济条件差，无力购买商业医疗保险，就没有任何医疗保障。鉴于这种情况，在 2007 年国家决定对城镇居民也实行基本的医疗保险制度，即城镇居民医保，并确定了城镇居民医保的基本制度架构。要求城镇非工作人群以家庭为自愿参保单位缴费，政府以普惠制的方式为所有参保者提供补贴，个人缴费和政府补贴水平可以由地方政府根据实际经济发展状况来决定。对于贫困人群给以特殊照顾，贫困人群的缴费可以部分或全额豁免，对这部分人群的补贴国家还规定了最低标准。到了 2009 年，城镇居民医保的覆盖面已达到城镇居民总人口的 80%。

由于这三大医疗保障体系的建立和发展，"目前医疗保障覆盖人口已近 10 亿人，覆盖率将近 80%，覆盖全民的医疗保障制度初步建立。在短短的 10 年间，从无到有建立了医疗保障制度的基本框架，并将医疗保障覆盖面从不到 25% 提高到近 80%，是一个非常了不起的成就。"[1]

但是，医疗保障制度的建设虽然取得了巨大的成就，然而还存在着一些影响社会和谐的问题，离社会公平和正义的实现还有一定的差距，急需去解决。

---

[1]　丁宁宁、葛延风主编：《构建和谐社会——30 年社会政策聚焦》，中国发展出版社 2008 年版，第 52 页。

首先，要坚持医疗改革的公益性方向。最近，新医改的方向的讨论成为热点问题之一，同已经明确的需方改革即全民医保相比，医疗体系本身即供方的改革却依然混沌不清。公立医疗机构的改革走完全的市场化之路，是同医疗卫生事业的公益性质相违背的。市场经济是效益经济，按市场的原则，医疗机构会以赚钱为目的，会希望病人越多越好，会把医疗费用提得越高越好。这正是导致"看病贵"的原因。但回头走计划经济的老路也不是办法，这不但会降低医疗服务质量，难以调动医疗机构和医务人员的积极性，而且会把医疗机构变为庞大的官僚体系。所以，公立医疗机构的改革是复杂的。其方向的确定是近期急需解决的问题。按胡锦涛同志在十七大报告中重申的"管办分离"的原则，走有管理的市场化之路应是可行的选择。即公立医疗机构的改革一定要坚持公益性、非营利性的方向，在市场机制的作用中加强政府的管理责任，不能把公立医疗机构变成自由放任的市场主体。其实，前一个阶段改革所导致的"看病贵"和公立医疗机构的趋利倾向的根本原因之一，就是政府管理的缺位，只利用市场化的刺激机制，而没有尽到政府的管理责任。要加强政府的管理，就既要加强对医疗服务资源配置的规划，又要加强对服务质量和服务行为的监管。显然，如果医疗服务行为得不到有效规范，还是大检查、大处方，以及药品价格还是虚高不下，再多的医保资金都会被浪费掉，而不能起到保障人民群众医疗服务的目的。同时，要把新农合以及社区医疗的建设作为长期的战略重点，加大基层的医疗建设，以给人民群众提供基本的医疗服务。

其次，要保证医疗服务的公平性。享有基本的医疗保障是所有公民的基本权利。但是，目前城乡之间、地区之间和不同人群之间在基本医疗保障上还有不小的差距。从城乡的差距来看，城市医疗条件过去就好于农村，近些年来，政府向农村的卫生投资只占投资总额的不足20%，而投向城市的则占80%以上，而农村人口却是城市的两倍多，这就进一步扩大了城乡差距。从不同地区来看，由于财政分级包干方法的实行，卫生事业费主要来自地方财政预算，因而经济发达地区投入的就多，而贫困地区投入的就少，1998年，上海人均卫生事业费90元，而河南却只有8.5元，两者相差十多倍。从不同人群来看，由于政府补贴只占很小一部分，医保主要还是靠个人缴费，因而富裕人群同贫困人群在医疗待遇条件上就有很大差别，不同人群在经济条件上的两极分化就转化为卫生医疗上的两极分化。此外，机关事业单位的职工和企业职工之间，职工与居民之间，由于出资单位的状况不同和保障标准的不同，医疗条件也有很大的不同。除了这些差别外，更大的不公平主要体现在医疗卫生资源的配置上。2006年全国每千人口床位数最高的是北京，达6.61张，最低的是贵州，只有1.51张，相差4倍多。同年，全国每千人口医生数最高的也是北京，为4.28人，最低的是安徽，仅为1.01人，也相差4倍多。[①] 这就造成卫生资源大量从贫困地区向富裕地区集中，从农村向城市集中，从基层医疗机构向大城市的高层医疗机构集中。所以，在今后的发展中，要注意缩小城乡间、地区间、不同人群间的差距，使医疗保障体现社会公平正义的要求，使每个社会成员都能享有普惠制的均等化的医疗保障。为此，政府要加大卫生事业费的投入，即要补供方，也要补需方，而现在投入的比例太小，在对公立医院2000—2005年的调查统计中，政府经费的投入不足15%。这与加快以改善民生为重点的社会保障制度的建设的要求是不相符的。

最后，要进一步扩大全民医保的覆盖面，不断提高保障的水平。目前，全民医保在制度层面已解决了全覆盖的问题，但实际的参保率离全覆盖的要求还有一定的差距。造成这种状况的一个主要原因是历史遗留的问题，而这些问题在东北又尤其突出。即，相当一部分非公有制企业出于控制成本的考虑，加之雇员年龄结构偏轻，不愿意参加城镇职工医保。而原来享受公费医疗的一些事业单位在转向城镇职工医保时没有太大的积极性，因而并轨过程缓慢。另外，处于困境的国有和集体企业的职工和退休人员无力参加医保。[②] 这也说明了为什么截至2008年，新农合和城镇居民的参保率要高于城镇职工参保率的原因。除了扩大覆盖面的任务外，还有

---

① 参见《中国卫生统计年鉴 2006》。

② 参见汝信等主编：《2008 年中国社会形势分析与预测》，社会科学文献出版社 2008 年版，第 92 页。

一个提高保障水平的问题。除了城镇职工医保的水平较高外，城镇居民医保和新农合的保障水平由于起步时间不长，水平都很低，实际上绝大部分的医疗费用都需要自理。我国目前的政策是广覆盖、低水平、保基本，这是经济发展的水平决定的，但今后随着经济的发展和社会建设的进行，政府要逐渐提高医疗保障的水平，尤其是新农合与城镇居民医保的水平，以使更多的人享受到改革开放的成果。

统筹城乡的社会保障制度除了养老和医疗保障外，还要统筹城乡的对生活困难群体的最低生活保障。低保是改善民生的三大重点工程之一，它以因病残、年老体弱、丧失劳动能力以及生存条件恶劣等原因造成的常年生活困难的城乡贫困和弱势群体为重点而施行的最低生活救助制度。低保制度是向最低生活存在困难的家庭提供的物质帮助，是社会救助体系中的最后一道"安全网"，体现了社会对人的生存权利的尊重。低保不同于养老和医疗保障，它不属于社会保险的范畴，因而不用个人缴费，而是社会救助体系的内容，是由国家来负责资金提供的；它不是预防型的，而具有不可或缺的保障人的生存、基本生活的性质，因而社会保障体系中可以暂时没有社会保险和社会福利，但却不能没有社会救助，我国救助体系的核心内容就是低保制度，这就为贫困群体筑起了一道生存的最后防线，弥补了其他社会保障制度所没有解决的贫困问题，发挥出社会保障制度对人民生活的"托底"作用。所以，它对促进社会公平、维护社会稳定和使社会和谐发展都具有不可替代的重要作用。

在计划经济时期，在社会救助体系中不存在低保的内容。在城市，由于实行了充分就业的政策，这就形成了就业与保障一体化的单位保障制度，单位对生活困难的职工，不定期地进行生活补助。而国家主要负责孤老病残的"三无"人员的救助工作。而在农村，农民的生老病死和生活困难都由集体经济负责，对于"五保户"的救助，国家强制性地让集体经济负责，国家只是对遭受灾害和特殊困难的地区的贫困人群进行临时性的救助。

我国低保制度的建立是同市场化的改革密切关联在一起的，并首先是在城市进行的。由于国有企业的改制，使原来由单位负责的保障体系逐渐瓦解，而改制造成的国有企业冗员的大量裁减，使一部分下岗失业人员的生活处于极度的困境之中，而他们的生活又失去了原来保障体系的救助，由此导致了城市贫困人群的出现。这就催生了城市低保制度的建立。所谓城市低保制度是指，凡属城镇居民，只要家庭人均收入低于当地确定的最低生活保障标准，即可纳入保障范围。对低保对象要进行家计调查和审核，对家庭人均收入低于最低保障标准的差额由国家财政出资补足。而具体出资由各级地方政府负责，国家只对中西部地区和老工业基地给以适当的补助。城市低保制度的探索始于最先感受到改制压力的上海市，1993年，上海市就开始试点城市低保制度。而取得突破性进展是在2002年，全国范围的城市低保制度普遍建立起来，标志着城市社会救助已经从过去的临时性措施逐步走向建立制度化的城市社会救助体系。自那时以来，城市低保制度的发展呈现出保障人数大体稳定，财政投入逐年增加、保障水平不断提高的局面。截至2007年的统计，全国城市低保对象人数已连续5年稳定在2200多万人的水平上，2007年9月是2238万人；低保标准也从最初的每人每月149元，提至2007年的每人每月179元。人均月补助金额也由58元提高到95元，各级财政投入由27亿元增加到224亿元。①

城市低保制度的建立，带动了农村低保制度的试点和发展，农村低保制度的探索始于1994年的山西省，到了1997年全国已有997个县市进行了农村低保制度的试点工作。但直到2005年，党的十六届五中全会提出了建设社会主义新农村的战略目标之后，保障农村困难群体基本生活问题才受到了各级政府的高度重视，农村低保制度的建立才得以迅速推进。在这一过程中，从2006年起，国家大幅度增加了对农村社会保障的投入，承担了五保供养和最低生活保障的全部出资责任，从而实现了农村五保供养从集体出资到国家财政出资供养的历史性转变。并在建立了农村低保制度的地方，实行了特困户救助制度向最低生活保障制度的并轨。2007年，

---

① 参见 http://www.china.com.cn/aboutchina/zhuanti/08zgshxs/2008-03/27/content_13705909.htm。

农村低保制度的建设迈出了关键性的一步，开始进入制度全面建设的新时期。2007 年 7 月国务院决定，在全国建立农村最低生活保障制度。农村低保资金的筹措以地方为主，地方各级政府要把农村低保资金列入财政预算，省级政府要加大投入，中央财政对财政困难地区给以适当补助。由此，农村低保制度快速发展起来，覆盖面迅速扩展，到 2007 年年底，享受农村低保的人口已近 3000 万人。① 至此，覆盖城乡全体居民的低保制度已经基本形成。虽然从程度而言，城乡的低保标准水平还有很大差距，但从制度的运作机制而言，在众多的社会保障项目中，只有最低生活保障制度在城乡间是基本相同的。即无论是城市的贫困人群，还是农村的贫困人口，只要是在确定了的最低生活保障标准之下，一律由政府财政出资给予救助。差别只在于城市和农村确定的最低生活保障标准不同。从这个角度说，最低生活保障制度是真正实现了城乡统筹广覆盖的制度，也是发展最快的比较成熟的制度。

虽然覆盖城乡的低保制度得到了快速的发展，但在目前的发展中还存在着一定的问题，需要在今后的建设中进一步加以改进。这具体表现在：

首先，要进一步扩大覆盖面，做到应保尽保。虽然对于应保尽保历来颇有争议，但使生活困难的群体能够得到基本生活的保障，能够享有改革开放的发展成果，使社会稳定和谐，还是我们追求的价值目标。就目前的情况来看，低保的覆盖面离应保尽保的目标要求，还有很大的差距。2006年年初，世界银行中国首席经济学家郝福满在《21 世纪经济报道》上撰文认为，根据世界银行的分析，当前中国城市的低保只覆盖了符合条件的城市人口的三分之一。而国家统计局城市社会经济调查司王有娟的调查结论也证明了这一点。王有娟在《社会保障制度》2007 年第 2 期上撰文披露，利用 2004 年大样本调查资料，经测算，2004 年 35 个大中城市至少还有一半多收入少于低保线人口未纳入救济范围，最低生活保障覆盖

---

① 参见丁宁宁、葛延风主编：《构建和谐社会——30 年社会政策聚焦》，中国发展出版社2008 年版，第 222 页。

面也仅仅是应保人群的约三分之一，最低生活保障对象的"识别瞄准率"为 67.6%。① 而在农村，这一问题更为严重，据国家统计局公布的数据，2006 年年末全国农村绝对贫困人口为 2148 万人，而据国家民政部 2007 年 9 月公布的数据，农村低保人口达 2781 万人，两者相差了 600 多万人。造成两者之间统计数值差距的原因是，国家统计局根据的是农村的绝对贫困标准，年 693 元，即低于此线的为农村贫困人口，这就没有真实反映农村的实际贫困状况，使大量的农村贫困人口没有被统计在内。即使按着国家统计局的标准，在公布的 2663 个已经建立农村低保制度的县、市、区中，低保标准低于 2006 年绝对贫困线即年 693 元的仍有 1627 个，占总数的 57.4%。换言之，这占总数 57.4% 人口，就是享受了低保待遇，补足了差额，仍达不到年 693 元的绝对贫困线，仍是处在绝对贫困中的人群。即使低保标准高于绝对贫困线的地区，由于财政的限制也往往实行一些附加政策，压低低保标准，使大量的贫困人口不能被纳入低保的范围。据资料统计农村的实际贫困人口大约在 4000 多万，而现在低保覆盖的却只有 3000 万左右。即，按照 2009 年的统计，全国农村低保的覆盖面只占总人口的 4.9%，平均低保标准是年 988 元，月平均补助是 50.4 元。而按着 2010 年国家规定的标准，农村低保线应是年 1196 元。农村低保覆盖率要在 5% 以上，可见，由于标准偏低，大量农村贫困人口没有被纳入保障范围。哈尔滨市民政局 2009 年对农村低保情况的调查，从一个侧面说明了这种状况。调查资料显示，哈尔滨农村低保由于保障面过窄，保障标准偏低，使保障对象主要局限于农村绝对贫困人口，虽然在 2009 年哈尔滨农村低保的平均标准是年 900 元，但低保群众反映，现大部分贫困人口的人均收入都超过了年 900 元的标准，而按哈市菜篮子法抽样测算，农民维持全年基本生活需要的费用也要大于人均年 900 元的水平，900 元的低保标

---

① 参见汝信等主编：《2008 中国社会形势分析与预测》，社会科学文献出版社 2008 年版，第 60—61 页。

准对确定低保对象是十分困难的，只能"低中选低"。① 由此可见，在今后的工作中，提高低保标准，扩大低保的覆盖面，使广大城乡贫困群体能够享受到改革开放的成果，是我们需要进一步加强的工作。

其次，要注重推行分类施保，对特殊困难群体要根据不同的困难情况，给以不同的救助。对于不同的贫困群体和不同的需要，要实行分类救助和专项救助，以建立综合性的救助体系，才能体现救助的公平性和缓解贫困群体的实际困难问题。一般来说，对三无人员、重病重残人员等极端困难的家庭，因他们失去了工作能力或失去了生活来源，要实施重点保障，享有全额低保金或在全额基础上上浮一定比例，以保障这部分人群能够达到基本的生活标准；而对于一般病残家庭、单亲家庭正在接受教育的未成年人家庭等，要适当提高补助标准或给以某些专项救助，以帮助解决影响基本生活的实际困难；对于有就业条件的一般困难群体，则要按照低保标准给以补差保障。这种分类保障对于困难家庭的未成年人的教育问题尤其是农村中小学生的教育问题和老年人养老问题是极为有利的，据广东省的统计，城市贫困家庭的未成年学生在学习期间每月可多领66元低保金，农村每月可多领35元低保金，而贫困的老年人每月可多领67元低保金。这就更加体现了社会公平，更多的体现了社会对老年人和未成年人的关爱。除了分类救助之外，还要将低保制度与教育、医疗、住房、司法等专项救助制度结合起来，使贫困群体得到更多的社会救助和保障，以建立起贫困人群的综合性救助体系。目前，东北三省已经开始实行对城市贫困群体的专项就助，在部分农村也已进行试点，并制定了与低保相配套的有关优惠政策。如开展了以大病救助为重点的医疗救助；对贫困家庭子女上学的教育救助；建立了贫困群体住房的廉租房制度和对贫困家庭给予免费的法律援助，以及实行了贫困家庭减免水、电、煤气等费用的政策和粮油帮困政策，等等。通过这些综合性的救助制度和帮困政策，帮助贫困人群

---

① 姜永明、白国峰：《哈尔滨市农村低保工作调查报告》，哈尔滨民政信息网，2009年12月28日。

解决了实际困难，保证了他们的基本生活水平，为社会稳定作出了突出贡献。但也应该认识到，低保的救助制度在整个社会保障体系中毕竟是属于被动的不得不做的救助制度，它虽然能解决贫困者眼前的困难，但却难以消除造成他们贫困的个人原因和社会根源。所以，低保制度要与积极的社会保障相结合，要同促进就业的政策相衔接，只有帮助贫困群体尽快就业，才能使他们尽快摆脱贫困。

再次，将低保标准与物价变动挂钩，建立应对物价上涨的措施。现东北某些地方如大连已建立了低保标准自然增长的机制，逐步提高了低保的水平，使越来越多的贫困群众受益。但是，近些年来物价增长的也较快，尤其是关涉居民日常生活的消费品价格大幅提高，低保标准的增长远远赶不上物价增长的水平，这就引起了贫困人群的极大不安。毫无疑问，物价的增长受影响最大的就是贫困群体，因为他们的收入有限，从某种角度来说，他们的消费是按发放低保补贴时的物价水平被"计划"好了的基本生活保障，没有多少回旋余地，而一旦物价变动上涨，基本生活条件就被破坏，维持基本生活就会发生困难。如果说，生活富裕人群都能感到物价上涨的压力，那么这种压力对贫困群体有多大，就是可想而知了。他们除了以精打细算的方式支付日常必不可少的开销和吃最廉价的食物以维持生存外，别无他法可想。据 2006 年的统计，10% 的城乡最低收入户的人均收入分别为全国平均水平的 38.3% 和 33%。不但收入少，而且家庭的恩格尔系数分别为 47.4% 和 57.4%，即食品消费支出占消费支出总额的比重比全国平均水平高出 10.7 和 5.9 个百分点。即城乡低收入家庭的消费主要用在了维持温饱上。而居住的支出又花去了 12.3% 和 13.3% 的收入，家庭医疗保健支出均增长 15% 以上，这些基本消费的快速增长，加大了低收入家庭的压力，使他们挣扎在基本的生存线上。[①] 所以，要保持贫困群体的基本生活水准不下降，使贫困群体不在节衣缩食的贫困境遇中挣扎，就

---

① 参见汝信、陆学艺、李培林主编：《2008 年中国社会形势分析与预测》，社会科学文献出版社 2008 年版，第 25 页。

必须使低保与物价上涨的应对措施挂起钩来，科学地计算物价上涨的幅度，不能只根据国家公布的 CPI 指数，因为有些物价的涨落是同贫困人群的基本生活无关的，要根据关涉人们日常生活的消费品如粮油、菜篮子等衣食住行的费用的涨落幅度来计算物价上涨贴补的力度。例如，据东北网 2009 年 9 月 14 日讯，哈尔滨市政府将于 2010 年建立与物价变动相适应的城市低保和低收入困难家庭标准动态调整机制，即根据哈市消费指数的变化适时调整城市最低生活保障标准，并根据物价变动情况发放物价补贴。哈市动态调整低保标准的思路是，根据哈市经济社会发展水平和居民消费品价格指数的变化，确定和调整城市低保标准，并发放物价补贴。为了防止物价变动带来的影响，从 2010 年起，哈市每年第二季度开始，根据国家统计局哈尔滨调查队发布的 CPI 情况，即哈市 CPI 持续 3 个月同比增长超过 3% 时，发放物价补贴，当涨幅连续 3 个月回落到 3% 以内时，停止发放物价补贴。[①] 尽管计算的标准还有待完善，各地因财力的不同补贴的标准也会有所不同，但毕竟已开始起步，表明人们已开始关注物价变动对贫困群体生活的影响。

最后要力争统一城乡的低保标准，使城乡居民享有同等程度的低保待遇。虽然低保的运作机制在城乡是统一的，但保障的标准却不相同，农村远远低于城市。从哈尔滨市 2008 年的统计就可看出城乡在低保上的差距来。从低保金的支出来看，城市支出 4 亿元左右，而农村支出只有 0.6 亿。从保障标准来看，城市每月为 192 元，而农村为 75 元。从低保补差额来看，城市为每月 159 元，农村为 49 元，从低保的覆盖面来看，城市为 4.7%，而农村仅为 2.8%。[②] 这说明，城市的低保标准高，覆盖面就大，差额补助就多，财政支出的力度也就大，反之，农村标准低，覆盖面就小，差额补助就少，财政支出就少。这是一种不合理、不公平的社会现

---

① 参见《哈尔滨市明年低保标准将随物价变动调整，适时发放补贴》，东北网，2009 年 9 月 14 日。

② 参见姜永明等：《哈尔滨市农村低保工作调查报告》，哈尔滨民政信息网，2009 年 12 月 28。

象。如果说，由于财政的分级包干，使各个地区低保的标准不能统一，在国家目前的财力情况下，还解决不了全国统一的低保问题，当然这是我们今后要力争实现的目标，但是，在同一财政区域内的城乡，标准应该是统一的。有人认为，城市消费水平高，因而标准就应该高。这种说法是没有道理的，因为同一区域内的基本生存标准应该是统一的，城市消费水平高并不等于基本生活的消费水平高，并且诸如电费等一些日常生活消费品的价格，农村是高于城市的。据国家统计局的抽样调查，农村居民的支收比从 2000 年的 84.3%，上升到 2004 年的 84.91%，而同期城镇居民的支收比则从 79.38% 下降到 70.90%。可见，相对于收入而言，农民的支出并不比城镇居民少。另外，拉动内需，启动农村的消费市场是我国的一项基本政策，随着农村消费市场的繁荣，城乡的消费水平最终会趋于一致，所以，以城市消费高为理由是站不住脚的。也有的人认为，农民有土地等生产资料，有其他的生活来源，而城市只靠工资生活，没有其他的收入来源，当工资不足以维持基本生计时，其贫困程度要比农民为甚，所以，城市的补助标准就应比农村高。这个理由也是不成立的，因为，低保不同于其他社会保障项目，它不是领取全额的低保补贴，而是扣除了所有收入来源之后的与低障标准之间的差额补贴。换言之，农民的土地等收入都是被计算完了的，并被排除在补贴之外的，与低保标准的差距才领取的差额贴补。把已计算过的，再当作农民的收入是没有道理的。所以，统筹城乡的低保标准，使城镇居民与农村居民享有同等程度和标准的低保待遇，是势在必行的，也是我们今后要着力解决的问题。

第三节　调整收入分配格局，缩小两极分化，协调好多元利益的矛盾关系

收入分配与人民幸福密切相关，合理的收入分配制度是社会公平的重

要体现，是社会主义国家的本质要求，也是社会经济发展的主要动力，它直接关系着社会的稳定与和谐，关系着广大群众的切身利益和对社会、政府工作的满意程度。所以，在构建社会主义和谐社会的过程中，必须解决好两极分化的问题，调整好收入分配的格局，这已是当前推进以改善民生为重点的社会建设的焦点问题。国际的经验证明，当 GDP 达到 1000—3000 美元的发展时候，之所以是矛盾的多发期，其主要原因即在于利益关系的调整进入到了一个关键时期，市场经济的优胜劣汰作用必会促使收入差距的拉大，如果这种差距超出了合理的限度，就会引发激烈的矛盾冲突，引起人们对社会的不满和对社会不公平的抱怨情绪，从而导致社会的动荡不安。这必须引起我们足够的重视和警惕。在我国，这样的苗头已经出现，据广东 2010 年的"社会温度计"的调查显示，居民认为广东目前存在的最重大社会问题的排序分别是：1. 工资涨得慢，占 34.8%；2. 看病贵，占 33.7%；3. 收入差距过大、贫富悬殊，占 27.2%；4. 贪污腐败，占 26.9%；5. 住房价格高，占 22.8%。而居民当前最关注的问题的排序是：1. 提高收入，占 32.3%；2. 反腐倡廉，占 30%；3. 贫富差距，占 28.3%；4. 就业问题，占 28.2%；5. 医疗保障，占 27.2%。[1] 从这个调查结果可以看出，无论是当前存在的重大问题，还是人们关注的问题，收入差距的扩大和收入低的问题都列在首位，可见，处理好公平和效率的关系，建立合理的分配制度，以体现社会的公平和正义，已是当前亟待解决的重要问题。它同就业和社会保障一样，是民生建设的重点问题之一，直接关系着社会的和谐以及群众对党和政府工作的态度。

从分配制度的历史变迁过程来看，在计划经济时期，由于注重结果平等的思维，实行了同步富裕的低工资、高福利的政策，使广大人民群众的收入差距并不太大，在企业实行了八级工制度，在机关事业单位按级别给予工资报酬，而在农村则体现为工分制，工资差距并不太大，差距只表现为不同职位的福利待遇不同。但是这种平均化的收入分配制度也存在着巨

---

① 参见 http://news.china.com.cn/rollnews/2010-07/21/content_3340001.html。

大的缺口，即低效率，既然是按职位和级别来领取工资薪水，而不是按贡献和创造的价值来衡量，就导致了干多干少一个样、干不干一个样的吃"大锅饭"的现象。所以，改革开放以来，首先要解决的就是这种"吃大锅饭"的平均主义现象。农村联产承包责任制和城市的租赁承包的改革，就是贯彻多劳多得的原则，在分配领域利用物质利益的刺激，来调动广大群众的生产积极性。自 20 世纪 90 年代走向社会主义市场经济的体制建设之后，国家提出了"效率优先，兼顾公平"的主张，继续贯彻打破平均主义的思路，通过大力发展经济生产，来把"蛋糕做大"，以达到最终提高人们收入所得的目的。市场经济按着自身的本性，必然会把效率放在首位，通过市场竞争来配置资源其目的就是追求效益的最大化。所以，"效率优先，兼顾公平"的指导思想，是符合市场经济发展要求的分配政策，在特定的历史时期，对于加速经济发展，促进社会主义市场经济体制的建立和完善，充分调动企业和广大职工的生产积极性，打破平均主义，合理地拉开收入分配差距，奖勤罚懒，起到了巨大的积极作用，90 年代以来，经济快速发展的事实，就证明了这一指导思想的正确性。但是，收入差距的拉大，在一定的人们心理可承受的范围内，其作用是积极的，有助于人们激发奋斗、竞争、致富的意识。如果超出了合理的限度，则会打击人们奋斗的信心，使人们对社会公正产生怀疑，既然怎样干都不行，都处在社会的下层，人们就会对前途失去信念，就会陷入绝望的心境，从而失去奋斗的动力，对社会产生不满和怨恨的情绪。从这个角度来说，收入差距的过大其作用就不是积极的，而是负面消极的。所以，效率优先并没有错，尤其在我国经济还没有充分发展的情况下，我们确实要强调效率，但是，强调效率不能以牺牲公平为代价，否则人们一旦心怀不满，失去了奋斗的动力，也就没有效率可言。正因如此，近些年来，我国政府不断加大再分配的调整力度，在医疗、养老、就业、低保等民生项目上不断加大转移支付，以实现提高低收入者收入水平，扩大中等收入者比重，调节过高收入，规范个人收入分配秩序的目标。力争缓解地区之间和部分社会成员收入差距扩大的趋势。为此提出：一是要关注就业机会和分配过程的公平，加大调节收入分配的力度，尤其是对分配结果的监管；二是逐步提高最低生活保障和最低工资标准，解决低收入群体的住房、医疗和子女上学等困难问题；三是建立规范的公务员工资制度，实行"阳光工资"制度，并完善国有企事业单位收入分配规则和监管机制。①

尽管国家做了种种努力力争使效率和公平统一起来，以使社会和谐发展，然而，收入分配领域还存在着诸多不合理的现象，居民收入差距被不断拉大，贫富分化日益严重。据统计，到2006年，我国贫富分化的基尼系数就达到了0.493，远远超过了国际公认的0.4的警戒线，现在世界上，我国已属两极分化比较严重的国家。与此相佐证的一个明显事实是，近些年来，我国居民的收入增长缓慢，远远赶不上GDP的增长速度。据国际劳工组织公布的数据显示，2000—2005年，我国人均产出增长了63.4%，而同期工资总额占GDP的比重却从12%下降到10.91%，是1978年以来的最低点。而北京对一线职工收入水平的调查也显示，12.8%的职工反映，5年来从未涨过工资，2009年23.6%的职工工资收入还有所下降。这使他们感觉政府公布的平均工资涨幅只是"假象"，掩盖了不同行业和企业之间收入差距不断扩大的事实。② 这是极不合理的，经济在高速发展，但广大居民的收入却增长缓慢，甚至没有增长，以致收入差距被不断拉大。据资料统计，1988的最高收入群体是最低收入群体的13.4倍，1995年为19.2倍，2002年为20.1倍。到2002年，最高的5%人群获得了总收入的20%，最高的10%的人群获得了总收入的32%，而最低的5%人群获得的收入却不足总收入的1%，最低的10%人群也只占1.7%。换言之，最高5%人群的平均收入是最低5%人群的33倍。③ 这种不合理的收入差距拉大具体表现在如下方面：

---

① 参见2005年《中共中央关于制定"十一五"规划的建议》。

② 参见《中国人薪水涨幅长期落后GDP终日奔波存不下钱》，《中华工商时报》，2010年8月22日。

③ 参见丁宁宁、葛延风主编：《构建和谐社会——30年社会政策聚焦》，中国发展出版社2008年版，第162、166页。

第一，城乡的收入差距在扩大。衡量城乡居民收入分配差距的最常用指标一般是城乡居民收入差距倍数。一般认为，城乡居民收入差距在 1.7 倍的范围内是安全的，2 倍为基本安全，2.5 倍为风险范围，3 倍为重大风险，3.5 倍以上就可能出现危机。根据国际劳工组织发表的 36 个国家的资料显示，绝大多数国家的城乡人均收入都小于 1.6 倍，只有三个国家超过了 2 倍，我国就是其中之一，达到 2.7 倍，进入了风险范围，而到 2005 年，我国城乡居民收入差距进一步扩大到 3.2 倍，进入到重大风险时期。考虑到农民的实际收入与统计数据存在一定的差距，加之近几年来城乡收入的差距还在进一步扩大，到目前，城乡居民收入的平均差距估计近 4 倍左右，已进入社会危机期。除了影响社会和谐外，还影响了内需的扩大，阻滞了经济发展。因为，农村市场是国内最大的消费市场，而农民的收入水平低，使农村消费市场萎缩，对经济拉动的作用就小。如家电产品，在农村就缺乏市场，据北京师范大学经济与资源管理研究院 2006 年的调查，农村居民对耐用消费品的偏好次序，排在前三位的没有一个是家电产品，所以，家电产品的消费其市场是在城市，因而家电企业的生产周期非常短，从引进新的技术开始红红火火的生产，但用不了几年就产能过剩，处于生产的衰退时期，因为人口最多、消费潜力最大的农村市场没有启动，对生产的拉动作用就不强。

第二，地区间收入差距的扩大。在计划经济时期，全国一盘棋，一切都是统一的，地区之间虽有差距，但差距并不太大。如北京、上海等中心大城市也不会比边远地区强多少。但改革开放以后，由于实行了区域发展战略，使不同地区收入差距开始拉大。适当拉开差距，让一部分条件优越的地区先富起来，对于促进经济发展，加强地区的自主性和调动生产的积极性都是有益的。但差距过大则会产生新的社会不公正，使广大地区的群众背负着发展的成本，却享受不到发展的成果，同时也会造成不同地区的发展越来越失衡问题。据统计，在农村，不同地区的农民间收入差距是非常大的。2005 年，最低的贵州省只有人均年收入 1877 元，而最高的上海市则为 8248 元，二者之差在 4 倍以上。从城镇居民内部的收入差距来看，地区间的差距虽然不如农村那样大，但也非常突出。2005 年收入最高的上海市是收入最低的江西省的 2.51 倍，城市居民平均收入水平相差两倍多，这可是相当大的差距。由于城市居民收入的基数高，不但最高和最低之间相差较大，就是居前五位的省（市）的人均收入平均数与名列后五位的省（区）的人均收入平均数之比，在 2005 年也超过了两倍，为 2.09∶1。① 可见，不同地区收入差距的扩大，已是一个不容忽视的问题。

第三，不同行业之间收入差距的不平衡问题。不同行业之间收入的差距，是属于致富手段不公正的社会现象，即某些行业利用了垄断经营的机制，造成了不同行业之间同工不同酬的现象。垄断带来的高额收入并不能体现人的劳动价值和贡献，对人力资本的形成和人的生产积极性的调动是有害而无益的，所以，最为社会所诟病，是今后调整收入分配格局所要重点解决的问题之一。据国家统计局公布的数据，1990 年，最高与最低行业人均收入比为 1.29∶1，1995 年达到 2.23∶1，而 2003 年则高达 3.98∶1，这种不同行业之间收入差距不断扩大的趋势，正如黄兴年在《工人工资上涨速度何以长期落后经济增速》一文中所分析的"带有行政化国有垄断色彩的烟草、电力、金融证券、石油、电信等行业是定期或不定期地大幅度提高工资的，再加上还有不同形式的行业性福利或灰色收入，使得这些行业成为整个社会的高收入群体，其年收入水平是其他行业的 6—10 倍，甚至更高，这些行业的工资增长速度远远高于 GDP。2005 年，中国职工人均年工资 1.83 万元。垄断性行业，包括电力、电信、石油、金融、保险、水电气供应、烟草，共有职工 833 万人，不到全国职工人数的 8%。据保守估计，以这些行业人均年收入是全国职工平均工资水平的 7 倍计算，他们的年收入总额为 1.07 万亿元，相当于当年全国职工工资总额的 55%，其中高出全国职工平均工资水平的部分高达 9200 亿元。但分

---

① 丁宁宁、葛延风主编：《构建和谐社会——30 年社会政策聚焦》，中国发展出版社 2008 年版，第 162、166 页。

布在竞争性行业的企业职工的工资增长水平则远低于 GDP。"① 由此不难看出黄兴年的基本观点，即中国工人工资增速之所以长期落后于经济发展，其重要的原因之一是垄断性行业占有了过多的发展成果。而人力资源和社会保障部公布的 2010 年统计的结果也证明了黄兴年的分析是有根据的。目前，电力、电信、金融、保险、烟草等行业职工的平均工资是其他行业职工平均工资的 2—3 倍，考虑到住房、工资外收入和福利待遇上的差异，实际收入差距在 5—10 倍之间。② 这种收入差距之大，是极其不合理的。

第四，居民中不同群体之间的收入差距扩大的问题。近些年来，我国两极分化的加大，其主要原因是初次分配的不合理格局造成的。一般来说，一国财富由居民收入、财政收入和企业利润三部分构成。如果财政收入和企业利润占的比重过大，则居民收入必然会下降，劳动在社会总财富中的比重也会下降，而这二者的下降正是造成贫富分化加剧的根本原因。所以，党的十七大报告才重点强调了要"逐步提高居民收入在国民分配中的比重，提高劳动报酬在初次分配中的比重。"其实，在劳动和资本的博弈中，劳动总是弱势的一方，资本分配太多、劳动分配太少，导致国民收入分配格局的偏移是这些年来收入分配领域突出的不合理问题。国企管理层包括各级经理、高级技术与财务人员的年薪待遇动辄几百万，且一切开销基本由企业负担，加之还有可观的期权、政府的各种奖励和惊人的灰色收入等，使这个群体成为中国目前的最富有阶层，其收入水平之高甚至超过了国际管理层的一般标准。相反，普通的企业工人也只能以单个人的力量同资本进行博弈，也只能在资本收益得到最大满足的条件下，才能获得收入的缓慢有限的增长。据统计，2003 年劳动报酬占 GDP 的比重为 57.6%，2005 年则降为 41.4%，两年之间下降了 16 个百分点。与此相反的是资本分配比重的迅速提高，达到了 30% 以上，远远超过发达国家

---

① 唐晋主编：《论剑：崛起进程中的中国式民生（壹）》，人民日报出版社 2008 年版，第 44 页。

② 参见张辉：《更加注重公平是深化收入分配制度改革的关键》，《中国经济时报》2010 年 8 月 22 日。

的水平。据北京 2010 年的最新调查显示，企业高级管理人员工资水平远远高于其他岗位，且增长速度较快，其 2009 年的工资水平比 2008 年增长 25%，绝对值增长 35644 元，达到了生产服务一线人员的 25 倍。[①] 不但劳动报酬的比重在下降，居民收入的比重也呈下降趋势。国家和企业储蓄增速明显快于城乡居民储蓄增速。近年来，企业的储蓄率在稳步上升，政府的储蓄率呈急剧上升趋势，而居民的储蓄率则在下降。[②] 此外，腐败等不法因素也在加剧收入分配的不平等。这虽然与分配制度无关，但却确实影响着收入分配的格局。从索贿受贿到以权谋私，从贪污腐化到监守自盗，从钱权交易到与不法分子狼狈为奸，利用权力动辄几千万的攫取财富，一方面造就了一批暴富者，另一方面也直接或间接地剥夺了其他群体尤其是弱势群体的利益。这不但加剧了不同群体间的贫富分化的程度，而且造成了极恶劣的影响，使人们对社会公正产生了怀疑，这是需要我们必须坚决予以打击和取缔的问题。

第五，居民实际财富占有状况的差距。在考虑贫富两极分化的问题时，不仅要考虑居民的工资收入，而且要考虑居民的其他收入来源。因为，随着经济活动方式的多元化，人们的收入来源也逐渐多元化，城镇居民的个人收入不再单一表现为工薪收入，还逐渐出现了经营性收入、财产性收入和转移性收入等非工资收入的成分。这是市场经济发展的必然结果，但也存在一些需要调整的问题。近些年来，居民工资收入的比重也在逐渐下降，而其他来源的收入比重则在上升。这说明居民实际财产分布的差距已远远超过了居民收入分配的差距。而实际财产的分布差距会形成穷者越穷、富者更富的效应，即富者利用手中的财富来进行"钱能生钱"的游戏，从而加剧两极的分化。对于两极分化来说，居民实际财富占有的差距会比居民收入的差距有更大的助力作用。目前，我国收入最高的 10% 的家庭财产总额占城镇居民全部财产比重已经接近 50%，而收入最低的

---

① 参见张辉：《更加注重公平是深化收入分配制度改革的关键》，《中国经济时报》2010 年 8 月 22 日。

② 参见尹艳林等：《我国居民收入分配格局研究》，《经济研究参考》2005 年第 29 期。

10%家庭财产总额所占比重却只有约为1%。近年来，全国人均财产性收入的增长速度已是工资收入增长速度的一倍。这种状况带来的结果就是财富越多，收入就越高，而收入越高又会带来更多的财富，与其他阶层的差距也就越大，从而形成明显的"马太效应"。①

以上我们分析了当前收入分配格局中存在的不合理的现象，这些现象主要体现为初次分配领域中的"三低现象"，即，居民收入的比重低、劳动报酬的比重低和工资收入的比重低，以及再分配手段尚未充分发挥对初次分配结果的充分调节，在一些领域，再分配政策甚至具有逆向支付的性质，从而在某种程度上加剧了收入分配差距。而造成这种状况的原因在于：

第一，从认识上的误区来看，过去我们始终认为，第一次分配遵循的是效率原则，第二次分配才根据公平原则进行调解。这样，在初次分配领域我们就放任了市场行为，在加快经济发展思想的支配下，采取了完全由市场自发调解的政策。认为，在经济发展的初期两极分化虽然会加大，但随着市场的进一步发展，两极差距就会自动的缩小，最后趋于平衡。这种市场放任自流的结果，必然会使收入分配向资本倾斜。因为效率原则首先意味的就是资本利益的最大化。如黄兴年所分析的："为了使GDP与财政收入能够快速增长，最为简单与最快捷的办法便是吸引更多的资本来本地区投资，要使得越来越多的资本来投资，前提条件是使外来资本能够获得更高的利润率以及让国有资本的经营者集团，诸如企业经理、高级技术与财务管理人员等获得高收益。这是因为国有资本由于人格化所有人的缺位而导致其在很大程度上存在着比较严重的内部人控制问题，调动其经营积极性的主要途径就是让经营者集团能够获得高报酬，至于普通工人收入增长问题，只要不影响GDP最大化目标，就不会真正成为政府关注而需要采取措施调节的重大问题。"② 这即是"利润侵蚀工资"的现象，也是居民

---

① 参见丁宁宁等主编：《构建和谐社会——30年社会政策聚焦》，中国发展出版社2008年版，第169页。

② 唐晋主编：《论剑：崛起进程中的中国式民生（壹）》，人民日报出版社2008年版，第46页。

收入比重低、劳动报酬低的根本原因。

第二，对生产要素按贡献参与分配理解的偏差。党的十四大报告曾提出过"生产要素按贡献参与分配的"主张，这对于增加生产要素的投入和刺激经济发展起到了很好的作用。但是，按生产要素的贡献分配与按劳分配是辩证统一的，二者有主次之分，按劳分配为主，其他生产要素是参与分配的，只居于次要的地位。不能把二者并列起来。但在实际的过程中，执行出现了偏差，人们往往把劳动、资本、技术、管理、土地等生产要素并列起来，同等的进行分配，甚至重资本要素而轻视劳动要素，这就使得劳动要素、劳动报酬在初次收入分配中的比重逐年下降。

第三，财富向政府倾斜。同劳动收入、居民收入的比重下降相反，政府的财政收入比重却逐年在增加。改革以来，政府税收每年都以20%的额度增长，近两年来更是高达30%，增幅不仅远远超过劳动收入，也超过企业利润。如果再加上各种收费和罚款，政府收入占国民收入的比重更大。[①]关于中国宏观税负到底重不重？现在有很多争议，如财政部专家认为，总体上我国宏观税负低于工业化国家和发展中国家，"减税"是近年来税收改革的主基调，除了适当扩大消费税的征税范围和调整个别矿产品的资源税外，基本没有出台过增税政策。针对2010年上半年累计全国财政收入同比增长27.6%一事，财政部专家解释这并不是增税的结果，而是经济较快发展带动税收增加的结果。但也有的学者不同意这种观点，认为发达国家是按税收和社保收入来计算宏观税负的，之所以如此是因为政府收入的来源只有税收和社保，而我国不同，所以，我们应该根据政府的全部收入来计算宏观税负，而不仅仅是税收和社保，这样计算的结果，宏观税负不是低，而是相当高。如2007年中国政府的全部收入是85223亿元，占当年GDP总值的32.87%。即GDP约三成归政府所有，税负已高于30%。因而在美国财经杂志《福布斯》推出的"2009年全球税负痛苦

---

① 唐晋主编：《论剑：崛起进程中的中国式民生（壹）》，人民日报出版社2008年版，第41页。

指数排行榜"上，中国排名又进一步上升，由 2008 年的第 5 位跃至 2009 年的第 2 位。有学者指出，税负痛苦不仅取决于税率，更为重要的是取决于政府如何使用税收。发达国家中有高税国家如瑞典，税收占 GDP 的 51%，也有低税国家如美国，税收占 GDP 的 27%。但无论是低税还是高税，他们税收的主要用途都是社会保障、教育、医疗和公共服务，这些功能支出一般占税收总额的 70%—80%，而政府成本则较少。而我国则相反，大量税收被政府自身消耗掉了，而社会建设的支出却只占总额的约 25%。如余闻在《"利润侵蚀工资"说明什么》一文中的分析，"财富向政府倾斜，虽然也有一部分用于基础设施建设和公共品的提供上，不过从近年的实际情况看，很多还是政府自身消费掉了。政府自身的运转加上浪费，是一个相当庞大的数字。……企业主支付给劳动者的工资往往只是维持劳动力简单再生产的报酬，而将其余部分和剩余价值一起归入了自己的腰包。但这部分超额所得企业主并不能独占，而是以税费的形式将其中一部分或大部分上贡给了政府，被后者消费掉了。这是劳动报酬在国民收入分配中比例偏低的根本原因。"[1]

在初次分配中，财富向资本、政府和垄断行业的倾斜，这是导致居民收入比重和劳动收入比重下降的主要原因。由于在我国收入分配格局中，初次分配的数额要比二次分配大得多，涉及的范围也要广得多，初次分配的过大差距一旦形成，靠二次分配很难扭转，所以，必然会对最终分配格局的形成产生决定性的影响。

第四，二次分配领域也存在一定的问题，没能发挥缩小初次分配形成的差距的作用。表现在，其一对高收入的调节不力。现今居民的工资收入的比重在下降，而财产性收入和经营性收入等其他收入的比重在上升，这就容易形成"马太效应"，因此除了征收个人收入所得税外，对其存量财产也要进行税收调节，如财产转移税、财产升值税等，但目前我国还没有

---

[1]　唐晋主编：《论剑：崛起进程中的中国式民生（壹）》，人民日报出版社 2008 年版，第 41 页。

这方面的措施，并且个人收入所得税也主要来自工薪阶层，正因对高收入的调解不力，对富人征税太少，才产生了"富二代"、"富三代"、"穷二代"、"穷三代"的两极分化不断加大的现象。其二，对低收入群体保护不力。尽管这些年来，我国不断加大转移支付的力度，但总体来说，投入的不多，不是根据贫困群体的实际需要，而是根据分级包干的财政来投入，这就很难改变贫困群体的现实处境。其三，某些形式的转移支付制度存在逆向支付的特征。如现行的城镇职工养老保险和医疗保险等，事实上还都是以相对优越的群体为保障对象，而真正的弱势群体则很难为相关制度所覆盖。再如农村的合作医疗，由于自负比例高，实际利用的反而是收入相对较高的人群，存在着穷人补贴富人的情况。这就不利于缩小两极分化。①

以上我们分析了居民收入分配中存在的不合理现象及其产生的原因，这就使我们可以有针对性地提出解决问题的具体对策。按十七大的精神"初次分配和再分配都要处理好效率和公平的关系，再分配更加注重公平"、"要逐步提高居民收入在国民收入分配中的比重，提高劳动报酬在初次分配中的比重"。这是对以往分配指导思想的重大调整，不再讲初次分配要注重效率，而再分配要注重公平，而是初次分配和再分配都要注重公平和效率的关系，说明解决初次分配的公平问题，以使广大群众享有改革开放的成果被提到了议事日程。而再次分配更加注重公平，是强调"扩大转移支付，强化税收调解，打破垄断经营，创造机会公平，整顿分配秩序，逐步扭转收入分配差距扩大的趋势"。这就为我们构建和谐社会，化解不同阶层的利益冲突，建立合理的收入分配格局，提供了指导思想和原则。具体来说，我们要注意解决好如下的问题：

第一，在资本和劳动的博弈关系中，政府不能再放任市场自流，不能再片面追求 GDP 的增长，而要以人为本，把人的利益和发展放在首位。离开了这一核心，收入差距过大，就会影响社会和谐和人的积极主动性的

---

① 参见丁宁宁等主编：《构建和谐社会——30 年社会政策聚焦》，中国发展出版社 2008 年版，第 171 页。

发挥，甚至影响后代人力资本的培育，最终使效率落空。尤其在市场经济体制还没有健全的情况下，劳动力的价格并不完全取决于市场，这就需要政府加以管理和协调，以保证劳动者的利益不受损害。除建立最低工资制度外，还要建立最低工资随经济发展而不断增长的长效机制，使工资增长与 GDP 的增长挂起钩来。但在现实中，资本一般会把最低工资标准当作正常的标准，只给职工最低标准的报酬，所以，要尽快建立劳资双方的工资协议制度，指导企业依法与工会或职代会平等协商，制定完善企业工资分配制度，处理好企业内部不同岗位之间的分配关系，贯彻限高、扩中、提低的原则，以提高劳动收入在国民收入中的比重。

第二，要藏富于民。在政府的财政收入和居民的收入之间要有合适的比例，政府的宏观调控和公共产品及公共服务的提供是需要以一定的财政收入为基础的，但现在的问题是，政府运行本身的成本太大，浪费太多，"三公"现象广为社会所诟病，而居民的收入比重却在下降，收入增加缓慢。居民的收入少不但会引起广大群众的不满情绪，影响社会的稳定，而且还会导致内需不足，国内消费市场不能充分启动，直接影响产业结构的调整。我国经济之所以长期依赖外贸出口，之所以技术含量不高，依赖于廉价的劳动力价格进行国际竞争，就说明了这个道理。所以，缩减政府运行的成本，把更多的经济发展成果运用在提高居民收入上，藏富于民，尽快扩大中等收入人群的数量，形成橄榄形社会，是社会长治久安和经济良性运行的长远战略。2010 年的第二季度，中国 GDP 已超过日本，成为全球第二大经济实体，但中国人均 GDP 却只有日本人均 GDP 的 10%，即人均 3800 美元，在全球排在第 105 位左右，而按照中国人均收入 1300 人民的贫困线标准，全国还有 4000 多万人没有脱贫。国人还不富，还很贫穷，这就使第二大经济实体缺少富裕的基础。因而不断提高居民的收入水平，加快人民群众的富裕程度，才能同经济发展相适应，才不致形成泡沫经济，才能为社会进步奠定雄厚的基础。

第三，要坚决限制和调整垄断收入。垄断性的高收入是当今社会不公平现象的突出体现，如果说，合理收入的差距会打破平均主义，有利于调动企业和职工的生产积极性，那么垄断造成的差距则没有这种作用，恰恰相反，由于缺少竞争，它会造成人的惰性，和对工作的不负责任，它不是靠人的勤奋和发挥聪明才智，而是靠行业的特权和不平等的竞争及其对价格的操纵等方式来获得高收入的，是对社会的盘剥，因为这种垄断与原来的国家垄断不同，收益不是集中于国家，而是转化为小群体、小集团的私利。所以，现阶段的垄断收入是对按劳分配为主体的社会主义分配原则的损害，是对勤劳致富的原则的践踏，体现的是社会不平等的特权现象，因而，必须坚决予以限制和调整。这就要清除市场准入壁垒，通过竞争来降低垄断行业的高收入，限制凭借行业垄断操纵手段获得个人额外收入的现象。尤为重要的有两点：一是建立平等竞争的机制，机会均等首先就表现为市场竞争机会的均等，而垄断的要害就是破坏市场竞争的均等机会。二是要把凭借垄断获得额外收入和社会福利待遇纳入税收的范围，因为这也是个人收入的重要组成部分，如果对于这部分额外收入不征税，就不足以限制其不合理的高收入，并且导致国家税收的流失。据报道，由国务院牵头，人力资源和社会保障部与全国总工会等部门具体参与起草的《工资条例》即将面世，这一条例的核心内容之一，就是对垄断行业的高工资进行限制，这一条例遭到了来自垄断行业央企的极力反对，反对的理由主要是，垄断行业的央企认为，他们的企业福利部分不应该计入到工资收入，否则纳税和社保缴纳的工资基数太大。这是垄断央企从保护他们的既得利益出发的，但却从反面证明了他们额外收入之高和对这部分额外收入征税的必要性。

第四，加大第二次分配的转移支付力度，强化税收调节。税收调节是限制调整过高收入的重要手段，而现在个人收入所得税主要来自普通的工薪阶层，说明对过高收入的调整不力，其原因是复杂的。既有税制本身的问题，也有对收入的统计问题。就目前的起征点来说，对贫困地区和贫困人群来说影响不大，基本在纳税范围之外。但对经济发达的地区和中等收入的群体来说，起征点则显得有点儿过低，尤其在最低工资线不断提高的情况下，起征点的提高势在必行，起征点过低，使中等收入人群成为纳税的主力，没有起到调解过高收入的作用。除了起征点的问题外，不考虑家庭负担的状况，对职工工资采取一刀切的征税方法也欠合理，今后的改革应以家庭为单位来征税，应计算家庭的平均收入作为纳税的基点。此外，累进税率的差距也不合理，这是个人收入所得税主要来自工薪阶层的最主要原因。现行的累进税率的差距盯着的就是中等收入人群，因而在累进税的初始累进阶段，税率的提升速度非常快，而对真正高收入或超高收入的人群则征收的幅度反倒多不了多少，累进的速度也要慢得多。建议累进税率应以高收入的人群为主要征收对象，只有当收入达到一定的水平后，才应提高累进税率的征收幅度和力度。另外，还要做好收入的统计工作，把垄断行业的额外收入和某些灰色收入都纳入征税的范围，尤其要避免富豪群体的偷税、漏税问题。由于工资收入的比重在降低，而财产性收入的比重越来越大，因而国家应尽快制定对存量财产征税的措施，以避免"马太效应"。如财产转移税、财产升值税、巨富税等。如法国对居民旧房买卖征收 9% 左右的财产转移税，遗产继承税的税率从 5%—60% 不等。而当个人拥有的动产或不动产超出一定限额时，还须交纳巨富税，税率从 0.55%—1.65% 超额累进，财产越多，纳税也越多。[①] 富人应有感恩心理，要回报社会，多做慈善事业，自觉地参加到贫富同舟共济的工作中来。

　　第二次分配，除了要限高外，更为重要的是要加大转移支付的力度，保护低收入群体，并逐步解决逆向支付的问题。首先要把提高低收入者的收入水平作为重中之重。尤其要重点保护三类弱势群体，即城镇的低收入者、农民工和广大贫困农民。要完善和落实城镇居民最低生活保障制度和落实最低工资制度，并健全与经济发展水平相适应的最低生活保障标准和最低工资标准的适时调整机制，以切实保障最低收入居民的基本生活水平。从治本之策来说，要解决劳动者的就业问题，通过提高就业能力来增加收入，促使其中的一部分低收入人员能够进入到中等收入人群中去。而

---

① 　参见唐晋主编：《论剑：崛起进程中的中国式民生（壹）》，人民日报出版社 2008 年版，第 35 页。

对于农村居民除了在提高农产品收购价格、免除农业税、实行粮食直补、取消农村教育学杂费等减轻贫困农民负担，增加农民的收入方面进行的工作外，加快农村的城镇化和农业的产业化，也是提高农民收入的重要途径。对于保护低收入群体，除了要提高其收入水平外，还要加强各项社会保障制度的建设。再分配的社会保障政策主要包括援助性再分配、保险性再分配和福利性再分配三种形式。援助性再分配是国家为了保障低收入群体和遭遇风险的居民的生活而实行的无条件的经济援助，除了低保外，对于遭受各种自然灾害人群的救助以及对于孤寡病残等特殊人群的援助都属于这一类。保险性再分配则是通过保险筹资来共担风险，社会共济的一种方式，在一定程度上实现着高收入群体对低收入群体的转移支付。现今实行的养老保险、伤残保险、医疗保险、失业保险等，都对低收入群体的生活保障具有重要意义。福利性再分配是通过政府财政投入，对部分基本社会公益事业，按照免费或低价的方式向公众提供，以达到转移支付的目的。主要集中在教育、医疗、住房等领域中，如实行义务教育，在城乡全面免除了学杂费，而对于贫困家庭的子女免费提供教科书并补助寄宿生活费。在医疗领域，越来越多的公共卫生项目免费向全体居民提供，更有部分地区通过财政补贴来降低医疗服务价格。而近年来商品房价格的过快增长成为社会关注的焦点问题，这样的价格对于贫困家庭来说，无疑是天文数字，使贫困低收入家庭购买房子改善居住条件的愿望化为泡影。为此政府出台了一系列措施控制房价的过快增长，但对于低收入家庭来说，最为根本的还是要大力推进廉租房的建设，以实现"住有所居"的目标。所以，在第二次分配中要把对低收入群体的增加收入措施与社会保障措施统一起来，通过税收来限高，通过社会保障的转移支付功能来保低，从而达到第二次分配缩小两极分化的目的。

在结束本章时，我们可以作出这样的分析：推进以改善民生为重点的社会建设是构建和谐社会的关键，在东北老工业基地的振兴过程中，我们不但要进行体制的改革和产业结构的调整，而且要使经济发展的成果与改善人民的生活水平统一起来，解决就业问题、社会保障问题，缩小两极分化，这就需要坚持"以人为本"这一核心理念，不能单纯为了经济而经济，把 GDP 的增长和财政收入的增加作为唯一的目标，而要把人民赞成不赞成、满意不满意、幸福不幸福作为工作的指针，把人民的生活和利益作为工作的出发点和归宿，只有如此，人民才会从心理和感情上认同中国特色社会主义的发展道路，才会同党和政府同心同德，才会给经济的发展提供和谐稳定的环境和支持的动力。也才会形成"学有所教、劳有所得、病有所医、老有所养、住有所居"的人与自然、人与社会和谐相处，安居乐业，生动活泼的局面。

第 九 章

加快行政管理体制改革，
建设公共服务型政府

行政管理体制的改革是政治体制改革的重要组成部分，也是政治体制改革在目前阶段的重点和突破口，对于东北老工业基地的和谐社会构建来说，行政管理体制的改革尤其具有重要的意义。因为，各级政府拥有人民赋予的公共权力，掌握着大量的公共资源，作为国家公共事务的管理者和决策者，在经济和社会发展中承担着无可替代的重要责任。所以，在东北老工业基地和谐发展过程中，不但要通过体制改革、产业结构调整来奠定和谐发展的经济基础，以及通过社会保障体系的建设来提供社会运行的稳定器和人民生活的安全网，而且要通过加强政府的建设为群众提供更多的公共产品和公共服务，通过社会管理来使社会有序的发展。正是政府的领导、引领、管理和服务，才提供了和谐社会构建的保证，尤其在市场经济秩序还不健全的情况下，政府的强有力的领导作用是我们进行各种工作，使社会和谐发展的必要条件。

第一节　加快行政管理体制改革的意义和作用

我国政府机构和职能的创建是在计划经济体制时期进行的，遵行的是计划经济事事都管的无限政府的理念，这就造成了权力的高度集中，使党政不分、政企不分、政资不分、政事不分，以致管了很多不该管也管不好的事，严重束缚着经济社会的发展。改革开放以后，尤其是进入社会主义市场经济体制的建设之后，改变这种高度集权的管理体制已势在必行。从1982年之后，国家先后五次进行了行政管理体制的改革，力争精简机构，调整职能，缩减人员，以提高办事效率。经过改革，一定程度上解决了权力过于集中的问题，也合并了一些机构，但总体效果还不能令人完全满意。在某种程度上还存在着精简—膨胀，再精简—再膨胀的恶性循环问题。由此人们进行了反思，认识到，因为财政负担的原因以减少行政成本为目的精减人员和机构以提高效率的做法，并不能真正解决问题，甚至是本末倒置，因为管人、管物、管事的职能在，就必然要有相应的机构和公职人员，机构的臃肿和人员的众多只是结果，是具有这样的管理职能造成的，只是单纯的精简机构和裁减人员，对于提高效率来说，虽然有一定的作用，但作用是有限的。由此提出了转变职能的根本思路，"要想拆庙，必先搬神"，只有建立适合市场经济发展需要管理体制，即由单纯的管理走向服务，尤其是从经济管理走向公共服务，走"小政府、大社会"之路，才能从根本上解决问题。

但对什么是"小政府、大社会"，即怎样从管理走向服务却存在着不同的理解，有人错误认为，适应市场经济体制的行政管理就是政府的完全退出，一切采取市场机制的做法，用市场规则去处理一切。这就导致了公共产品和公共服务的市场化，出现了经济和社会发展"一腿长，一腿短"的现象，使政府角色的"错位"出现了复杂的情况，不但原来的"越位"问题还一定程度的存在，而且还出现了新的"缺位"问题。即"管了一些不该管也管不好的事，该管的则没有管。"这即是说，公共服务是政府的主要职能，是现代政府的主要特征，但近年来，由于主客观种种因素的影响，形成了"重管理、轻服务，重经济、轻社会"的思想意识和体制机制。但是，如果政府的公共服务职能不随着经济发展而相应加强，对劳动就业、公共教育、医疗卫生等基本公共服务的投入不随着经济实力的增加而相应增加，那么，政府实现社会公平正义的目标和责任就不能完全落实，社会管理的效果也将大打折扣。正因如此，胡锦涛指出："建设服务型政府，首先要创新行政管理体制。要着力转变职能、理顺关系、优化结构、提高效能，把政府主要职能转变到经济调节、市场监管、社会管理、公共服务上来，把公共服务和社会管理放在更加重要的位置，努力为人民群众提供方便、快捷、优质、高效的公共服务。"①

政府在当今社会发展中的作用不是弱化，相反倒要加强。政府改革并不意味着政府的重要性下降，而是意味着政府职能的转变，在一个新的层面上去转变工作的方式。要弱化的是政府在微观层面直接干预经济的作用，以及全面干预的无限政府的作用。而需要加强的则是对市场监管、经济调节、社会管理和公共服务的提供，从而保证经济社会的协调发展。郁建兴在《构建和谐社会的政府责任》一文中分析："改革开放以来，伴随着经济高速增长，政府在社会发展中的角色经历了一个退出或缩小的过程。经济发展'一腿长'、社会发展'一腿短'就是这种情形的形象说法。事实证明，'先富带动后富'、'经济发展促进社会问题的解决'的理论预设并不能自动实现。当前我国大规模失业、贫富差距、区域差距加大、生态风险和社会冲突等的存在，正表明了构建和谐社会的紧迫性。而且随着我国人均 GDP 达到 1000 美元，人们对公共服务的需求不断提高。无论是经济增长，还是社会发展，都对政府的公共服务提出新的要求。如果社会管理相对落后，公共服务不能惠及广大群众，就会滋长不满，引发社会不稳定。因此，无论是为了避免'有增长无发展'的陷阱，还是为了能够跨越人均 GDP1000—3000 美元之槛，都需要政府发挥主导作用，通过制定公共政策和加强公共管理来实现。"②

转变职能，加快公共服务型政府的建设对于东北老工业基地的振兴与构建和谐社会来说，又具有特殊重要的意义，甚至可以说是关键的一环。第一，东北经济社会发展不协调的问题比较突出。东北计划经济的历史较长，影响深远。东北的地方政府无论是思想观念，还是体制机制都深受计

① 《胡锦涛在十七届中央政治局第四次集体学习上的讲话》，《人民日报》2008 年 2 月 24 日。
② 郁建兴：《构建和谐社会的政府责任》，《南方日报》2006 年 7 月 1 日。

划经济的影响，还在扮演着无限政府的角色，经济管理仍然是其主要的工作，继续管着一些不该管和管不好的事。行政审批是其主要的管理行为，不是给企业创造经济发展的环境，把招商引资的对象介绍给企业，而是代替企业做主、拍板。在发展的思路上，仍是把 GDP 的增长和税收的增加作为主要的目标，干预着企业的具体生产过程。而对于公共产品的提供则非常不够，公共服务意识淡漠。把服务看作是可有可无的，不能从民生出发，为百姓着想。甚至从官本位的等级意识出发，用惩罚代替管理。可以说，"一腿长，一腿短"的现象在东北仍然非常突出，没有得到根本的改变。第二，政府组织结构仍然存在着机构重叠、职责交叉、政出多门的问题。东北近些年来政府组织机构也进行了几次改革，在一定程度上精简了机构，缩减了人员。但由于职能没有改变，因而整体的框架结构并没有实质的变化，原有的建立在计划经济基础上的全面管理模式的弊端仍然存在，官僚主义作风、对上负责对下不负责的问题依然突出，机构重叠、人员众多、人浮于事、因人设职等问题仍然存在，权责脱节、职能交叉、推诿扯皮、效率低下等问题的存在，不仅增加了行政运行成本，降低了行政效能，也损害了政府的形象，影响了党群、干群关系，增加了群众对政府的不满情绪，降低了政府的公信力。第三，责权不统一，责任意识淡漠。东北文化具有人情文化的特征，在某些官员那里，人情关系大于原则，而工作倒在其次，提职晋级不是看工作业绩，而主要在于人情关系，这就导致了对工作的不负责任。东北近些年来，一些地方重特大安全生产事故频发，食品、药品和环保等安全隐患突出，如松花江水污染事件、黑龙江矿难事故等，给人民群众生命财产造成严重危害，尽管造成的原因是多方面的，但其中最重要的一个原因，就是责任制不落实，权责脱节严重，出了问题无人负责。一些政府部门和政府工作人员责任意识淡漠，热衷于搞关系而不是干实事，跑"门路"，建立各种人情关系"圈子"比干工作更重要，而对工作则不上心，不能认真负责，因而失职渎职现象比较严重。第四，权力缺乏监督，以权谋私的腐败现象比较普遍。东北文化又具有"官本位"文化的特征，权大于法，超越法律而行事的现象比全国其他地区都要严重。而这又必然导致对权力的监督不力。而我国现行的管理体制具有高度集权的特点，在权力结构的层面缺乏权力与权力之间的相互均衡和制衡的制度机制，由于权力结构层面制衡机制的缺乏，权力运作层面的对权力使用的监督和制约以及坚持权力关系层面的权力分控和防止寻租的原则，即防止出现以权谋利、以利换权的交易，就显得尤为重要。如果权力运行失控，权力使用失去必要的监督和制约，如果权力关系不能分控，权力寻租盛行，那么，权利交易就不能防止，腐败现象就会愈演愈烈，这就势必会败坏社会风气，影响社会的稳定与和谐，甚至造成社会的动荡不安。权力失去监督必然导致腐败和权力的滥用，腐败又会破坏和谐，而无序和混乱反过去又会助长腐败现象的发生。沈阳的"慕马"案和黑龙江的"田韩"案作为震惊全国的腐败大案，涉及了众多的东北官场的要员和政府官员，就充分说明了权力失去监督和权利交易关系给社会发展带来的危害。直接影响了群众对党、政府、社会和改革的看法，影响了东北和谐社会的构建。第五，形式主义、弄虚作假和奢侈浪费问题也比较严重。东北的一些领导干部和政府官员习惯于工作弄虚作假，统计数字浮夸。工作独断专行，不能深入下层体察民情，倾听群众意见，以致上下沟通不畅，群众没有充分表达自己意愿的渠道。领导决策只凭主观臆断和"想当然"办事，既缺乏科学的决策机制和程序，也不管群众的利益和群众是否拥护。甚至为达到自己的某种政治目的，代表某些强势群体的利益，而损害公众的公共利益。为政绩的需要，大搞劳民伤财的达标升级等评比活动和沽名钓誉的"形象工程"。对厉行节约、制止奢侈浪费的规定充耳不闻，讲排场、比阔气、超规格的宴请招待，违反规定使用交通和通信工具，甚至借考察之名出国、出境旅游，把有限的行政经费浪费在公务活动之外，以致"三公"消费广为社会所不耻和诟病。第六，东北的经济体制改革、社会结构转型与资源型城市转型的任务重，需要政府承担起领导主体的责任。东北的计划经济体制影响时间较长，公有制企业比例大，在向市场经济转型过程中，任务比较沉重。这就需要政府在市场经济体制的建设中，发挥积极的引导作用，创造适合市场经济发展的环境和条件，培育多种经济成分的市场主体，创造能够相互促进、公平竞争的制度条件，提供各种市场主体公平发展的机遇，因而，在东北市场经济体制的建立、发展和完善的过程中，政府不是退出，放任市场自流，而是要加强领导，创造企业发展的有序市场机制与和谐的社会环境。社会的转型尤其是资源枯竭城市的转型，带来了失业、就业、贫困人口、社会保障、环境保护等一系列问题，由于东北经济的衰退，使东北职工生活困难，出现了除农村贫困人口之外的城市新的贫困弱势群体，而这些新的弱势人群的出现并不是个体原因的结果，而是政府政策选择造成的后果，这就需要政府负起更大的社会保障责任。此外，社会保障责任主体的变化也要求加强政府的社会建设责任。在计划经济期间，企业代替政府承担着对职工及其家属的社会保障工作。而随着市场经济体制的建立，政企分开，改变了企业和政府利润分配的关系，随着企业自主性的增强，为了使国有企业轻装上阵，与其他非公有制企业公平竞争，企业办社会的责任被剥离出来，转移给社会，成为社会公共事业的一个组成部分而纳入了政府的责任体系，政府成为社会保障事业建设的主体。这种社会建设责任主体的转换，决定了公共产品和公共服务的提供成为政府工作的最主要的任务。因此，在东北老工业基地的重振中，在和谐东北的构建过程中，必须加强政府的责任和领导工作，加快政府职能的转变，加快公共服务型政府的建设，政府不但要协调好经济建设的秩序和创造良好的条件环境，而且要加强社会管理，维护公平正义的社会价值准则以及提供充分就业、社会保障、医疗、住房、教育等的公共服务。①

　　加快政府职能的转变，建设服务型政府，就要着力处理好以下几种关系，中国行政管理学会高小平在《行政管理体制改革的关键是转变政府职能》一文中，提出了如下的见解：

　　第一，处理好经济发展与社会事业发展的关系。当前，必须高度关注社会事业的建设，因为目前政府公共服务职能还比较薄弱，是政府工作的

---

① 参见柏琳：《试论东北老工业基地政府社会保障责任的强化》，《理论界》2007 年第 4 期。

短腿，因而要重点加强。尤其是要优先发展那些促进经济运行质量提高的社会事业和解决民生问题的公共事业，努力增加公共产品数量，不断提高公共服务水平，并形成全方位的公共服务体系。要调整政府工作绩效评估标准，使公共服务内容在绩效评估体系和行政问责制度中得到体现，为政府职能转变发挥导向作用。

第二，处理好"管理"和"服务"的关系。服务型政府不是不要管理，而是要使管理职能更多地实现向服务方向的转变。要坚持以人为本，努力实现管理与服务的有机结合，在服务中实施管理，在管理中体现服务。通过提供公共产品来行使行政权力，以公众需求和经济社会发展需要为导向，以公众满意程度和推动经济社会协调发展力度作为衡量其履行职能水平的评判标准。以优质服务推动经济社会协调发展，满足人民群众日益增长的公共需要。

第三，要处理好改革体制和创新体制的关系。要规范行政审批制度，创新管理方式。一方面，要继续清理行政许可项目和非行政许可项目，该取消的要坚决取消，能下放的尽快下放，要减少"多头审批"现象；另一方面，对暂予保留的审批项目，要减少审批环节，提高审批效率。为人民群众提供方便、快捷、优质、高效的公共服务，探索出一套适应发展、推进发展、保护发展的管理制度和管理方式，提升政府引领经济和协调发展的能力和水平。

第四，处理好政府职能与其他社会主体职能的关系。要加快政府与市场中介组织分开，发挥公益类事业单位提供公共服务的作用，支持社会组织参与公共服务和社会管理，形成公共服务的供给的社会与市场参与机制。在社会管理和公共服务中，既要发挥政府的主导作用，又要引导市场主体、事业单位、社会组织各自的职能履行到位，避免政府角色从有关领域退出后，出现职能缺位和市场放任的现象，以确保政府职能转变的进行和取得良好的成效。

第五，要处理好职能转变与依法行政的关系。依法治国是我国的基本治国方略，依法治国首先体现在法治政府的建设上，要全面推进依法行政，依法规范政府的职能和行政行为。政府职能的法定性是现代行政的基本要求，依法行政是建设服务型政府的根本保障。政府职能转变要坚持"职能法定"原则，依法界定和科学规范中央和地方、垂直管理部门和地方政府在相关领域的管理权限，防止政府职能改革中的随意性。在履行政府职能时，要把不断创新、勇于探索和严格依法、依规办事统一起来。不能超越法律仅凭主观意愿或长官意志去行事。[①]

　　加快政府职能转变，建设服务型政府是建设和谐社会的客观要求，尤其在我国目前经济社会处于快速发展的关键阶段，各种矛盾和问题集中出现，机遇和挑战并存，需要政府具有较高的行政领导能力和水平，需要提高执行力。因此，我们必须按照贯彻落实科学发展观的要求，着眼于解决行政管理体制和机构方面存在的突出问题，才能使政府担负起发展社会主义市场经济、发展社会主义民主政治、建设社会主义先进文化、构建社会主义和谐社会的领导责任。

第二节　加快行政管理体制改革的目标和主要任务

　　行政管理体制的改革是政治体制改革的重要方面，对于深化政治体制改革具有重要影响，是当前政治体制改革的主要切入点。国家行政机关是国家政权体系的基本组成部分，它的组织情况和运行状态直接关系着社会生活的有序发展，因而它的改革必将对社会发展产生深远的影响。那么如何来确定行政管理体制改革的方向和目标呢？根据唯物史观的基本道理，经济基础决定上层建筑，当经济体制的变革走向社会主义市场经济之后，相应的政治管理体制也必然要适合经济体制变革的现实，建立适合市场经济发展的政治管理模式。这种改革的方向决定了必须变革现有体制下那些

---

① 　高小平：《行政管理体制改革的关键是转变政府职能》，《人民日报》2008 年 2 月 27 日。

不适合甚至阻碍市场经济发展的管理弊端，以建立能够适应并促进市场经济发展的管理运行机制，为市场经济的发展创造政治的保障环境和条件。邓小平在《党和国家领导制度的改革》一文中曾深刻指出："我们的各级领导机关，都管了很多不该管、管不好、管不了的事，这些事只要有一定的规章，放在下面，放在企业、事业、社会单位，让他们真正按民主集中制自行处理，本来可以很好办，但是统统拿到党政领导机关、拿到中央部门来，就很难办。"①胡锦涛也指出："党和政府的一切工作，归根到底都是为了实现好、维护好、发展好最广大人民的根本利益。建设服务型政府，根本目的是进一步提高政府为经济社会发展服务、为人民服务的能力和水平，关键是推进政府职能转变、完善社会管理和公共服务，重点是保障和改善民生。要坚持以邓小平理论和'三个代表'重要思想为指导，深入贯彻落实科学发展观，按照全体人民学有所教、劳有所得、病有所医、老有所养、住有所居的要求，围绕逐步实现基本公共服务均等化的目标，创新公共服务体制，改进公共服务方式，加强公共服务设施建设，逐步形成惠及全民的基本公共服务体系。"②邓小平和胡锦涛等的讲话，给行政管理体制的改革，确定了基本原则和指明了方向。按照这些指示精神，在当前和今后一个时期内我国行政管理体制的改革，就必须实现如下的目标和完成如下的任务。

一、建设公共服务型政府

加快行政管理体制改革的一个重要目标就是建设服务型政府，这是转变职能的根本体现，也是深化行政管理体制改革的核心问题。公共服务体系建设的指导思想是以人为本，惠及全民和公平正义。在计划经济体制下，政府发挥的是生产者、监督者、控制者的作用，负责人、财、

① 《邓小平文选》第二卷，人民出版社1994年版，第328页。
② 《胡锦涛在主持十七届中央政治局第四次集体学习上的讲话》，《人民日报》2008年2月24日。

物的分配，视社会成员和公众为控制的对象和客体，而为人民和社会提供公共服务的职能和作用反倒被淡化了。这是间接民主制固有矛盾在行政管理体制上的表现，即在间接民主制下，人民是名义上的主人，但却是实际的被管理者；国家公职人员在名义上是公仆，却是实际的领导者。这种矛盾必然使统治代替服务，把对上负责代替对下负责，从而把大众由社会的主人变为管理的对象。但是，政府组织虽然拥有管理国家事务和社会公务的职能和权力，然而这种职能和权力并不是天然具有的，而是通过一定的法律程序，由人民大众赋予的，人民群众的意愿和认可才是政府权力合法性的根据。因而，建设服务型政府，首先即意味着以人为本，把人民群众作为社会生活的主人和主体。如胡锦涛所讲的，"建设服务型政府，是坚持党的全心全意为人民服务宗旨的根本要求"，①党和政府的一切工作，归根到底都是为了实现好、维护好、发展好最广大人民的根本利益。这就要政府组织及其公职人员必须树立亲民、为民、爱民和对人民群众高度负责的精神，树立"管理即服务"的理念，坚持在管理中服务，在服务中管理，把管理与服务结合起来，而不是相对立。这就要处理好工作业绩与公众认可的关系，把人民群众高兴不高兴、答应不答应、满意不满意作为施政的价值尺度，在各种具体管理工作中，坚定维护而决不侵犯公众的合法权益，站在广大群众而不是少数特殊利益集团的立场，努力化解各种利益矛盾纷争，赢得群众的理解、信赖和支持，从而实现以人为本的和谐管理。作为惠及全民的指导原则来说，在机构设置、职能确定、资源配置等方面，要加强公共服务的内容，使政府由原来的控制者转变为兴利者和服务者，抓好社会事业建设，在社会保障、劳动就业、收入分配、公用事业、医疗卫生、住房建设、教育培训、社会治安等方面，加大投入，加大工作的力度，把提供公共服务和公共产品作为工作的主要内容，把改善民生不是作为一时的权宜之计，

---

① 《胡锦涛在主持十七届中央政治局第四次集体学习上的讲话》，《人民日报》2008 年 2 月 24 日。

而是长远的根本之策，以全面提高公共服务能力和水平。如胡锦涛所说："要完善公共财政体系，调整财政收支结构，扩大公共服务覆盖范围，把更多财政资金投向公共服务领域，把更多公共资源投向公共服务薄弱的农村、基层、欠发达地区和困难群众，增强基层政府提供公共服务的能力。"① 而就公平正义的社会价值目标而言，坚持制度资源配置的公平正义，既是建设服务型政府的重要内容，又是政府组织在构建和谐社会过程中的极其重要的责任。按照现代社会的一般管理规则，政府拥有的是一种制度资源，即政府并不直接拥有物质资源、经济资源或市场份额，因而不具体从事微观经济活动，直接管理企业的生产，但在各种经济市场资源的配置背后却有一种起关键作用的制度性安排，这种制度性机制即是制度资源配置，而这就是政府的职责之所在，包括产业政策、教育政策、社会福利和社会保障政策、税收调节政策等公共政策。各级政府不仅具有公共政策的解释权、执行权、运用范围的掌控权和遇到矛盾争端的裁决权，而且在公共政策制定过程中起关键的主导作用。从这个角度说，政府组织作为人民群众管理社会的委托者，是制度资源配置的实际主体。社会是否能够实现公平正义、和谐有序，关键在于制度资源配置是否合理，因此，政府组织合理配置制度资源，提供优质公共服务，是构建公平正义的和谐社会的必然要求。所以，政府组织应当在制度资源的配置上，为全体社会成员创造平等参与、平等发展的条件和环境，提供的基本公共服务应当实现均等化，体现普遍性和公正性。

为了实现建设服务型政府的目标，就必须完成三方面的具体工作任务：第一，健全政府职责体系，强化社会管理和公共服务。推进社会管理和公共服务部门的改革，加强政府有关社会建设的职能，完善公共服务体系。进一步明确部门职责、理顺关系，整合管理和服务资源，提高政府的社会管理和公共服务的能力与水平。扩大基层群众的自治范围，增强社会

---

① 《胡锦涛在主持十七届中央政治局第四次集体学习上的讲话》，《人民日报》2008 年 2 月 24 日。

自治功能，使政府行政管理与群众自治形成良性互动。第二，促进公共服务社会化。按照发展公共服务领域的要求，加快推进政府与社会中介组织分开，凡公民、法人或其他社会组织能够自主决定的，市场机制能够有效调节的，行业组织和中介组织能够自我管理的事务，政府机构就不要再管，退出这些社会自行管理的领域，支持人民团体和社会组织参与社会管理和公共服务，推进事业单位分类改革，充分发挥公益性事业单位在提供基本公共服务、保证群众基本权益方面的重要作用。要把政府的某些涉及公共服务方面的职能转移给社会组织，以促进公共服务社会化。第三，减少政府对微观经济运行的干预。按照发展社会主义市场经济的要求，全面梳理各级政府组织管理和介入的事务，把那些政府不该管、管不好、管不了的事情，坚决转移出去。加快推进政企分开、政资分开、政事分开，减少和规范行政审批，加强行政执法部门建设，能够采用事后监督等方式解决的，就不要采用事前审批的方式。从而改变政府直接管理和介入微观经济活动的做法，要从直接代替企业决定项目、招商引资，转移到为企业发展创造良好的环境以及提供良好的服务上来。[①]

二、建设法治型政府

推进依法行政，建设法治政府，是全面落实依法治国基本方略、加快建设社会主义法治国家的重要任务，也是行政管理体制改革的重要目标和构建社会主义和谐社会的重要内容。十七大报告指出，党的领导、人民当家作主和依法治国的统一是政治体制改革的指导原则，是建设社会主义民主政治的根本保证。在间接民主制的条件下，在人民还不能直接管理国家公共事务时，要保证人民当家作主的权利，就只能走程序化民主和形式化公平的道路，在制度层面加强对权力的约束，在权力结构、权力运作和权

---

① 参见吉苏：《行政管理体制改革是深化改革的重要环节》，载《十七大报告辅导读本》，人民出版社 2007 年版，第 279 页。

力关系的设计上相互制衡，以规范权力，使权力在法律的规范下活动。所以，在当代民主总是同法治联系在一起的，没有法治的民主绝不会是真正意义的民主，法治是人民当家作主权利的必要保证。而依法行政又是依法治国的核心之所在，根据法治的最原初含义，依法行政意味着政府行为严格受到法律原则的约束，无法律即无行政。在当前自由裁量权广泛存在的条件下，对依法行政提出了更高的要求，行政管理机关不仅应当按照法律、法规规定的条件、种类以及幅度范围作出行为决定，而且要求这种行为决定符合法律精神，符合公平正义的社会价值目标。所以，只有坚持依法行政，严格按照法定权限覆行职责和行使权力，通过法律程序和法律手段去解决社会的纠纷与矛盾，才能防止权力的滥用和凭个人意志的行事，才能真正做到在法律面前人人平等，从而保证广大人民群众依法享有的平等权利，使公平正义的价值目标得以实现。也才能最大限度地减少社会的矛盾冲突，使社会和谐有序的发展。因而，在无法律即无行政背后隐含的就是，无法律即无规矩，无法律即无公正、无法律即无秩序。无法治只能导致人治，只能使权力滥用，也就不能防止以权谋私、徇私枉法的行为。尤其在当前社会权力超越法律、法制观念淡薄、行政资源配置中的权力市场化问题仍然广泛存在的条件下，建设法治型政府，推进依法行政的意义是不言而喻的。魏丽平在《和谐社会中的责任政府》一文中认为，"和谐社会要求法治和秩序，这就要求政府必须依法行政，即'政府必须守法'，这是政府积极职责的履行。和谐社会的法制建设，政府首当其冲，如倡导和谐社会的政府都不守法，那它就没有理由要公民和社会组织守法，那法治的和谐社会就只能是空中楼阁。具体而言，行政权必须基于法律的授权才能存在；行政权的行使都必须依据法律、遵守法律；行政权的授予、委托及其运用都必须具有法律依据和符合法律要旨；法定权限不允许非法侵犯和逾越；任何违反上述几点的行政活动，非经事后法律认许，均得宣布'无效'。依法行政，除实体合法外，更应着重建设的是行政程序合法，完善回避、辩论、合议、听证、告知等制度，保障行政公正、公开、听证、顺序、效率等原则的实现，以程序规范行政权，克制违法侵权，保障公民权益。"① 法治政府不仅要带头守法，按照法律的规范去进行管理社会的公共事务，即有法可依、有法必依，而且更重要的是有对政府违法行为的纠正机制，对责任的追究机制和对受害者的补偿及救济机制。只有违法必究，才能体现法律的严肃性，增强群众的法律意识和对政府的信任，扭转权大于法和有法不依的局面，才能使依法治国的方略内化为人的自觉意识，从而实现建设法治型政府的目标。

这在东北和谐社会的构建过程中尤其具有重要的意义。东北从社会背景来看，由于计划经济统治的时期长，因而人们习惯于行政命令，官本位有很深的土壤，唯上、唯权而不唯法，往往用行政命令和行政措施来代替法律，这就使领导意志和人治管理大行其事，侵害公众合法权益的事情经常发生，程序的合法性以及以法律为准绳、在法律面前人人平等，得不到真正的贯彻落实，只成为浮于表面的宣传口号，有法不依和违法不究使法律丧失了权威性，依法行政和法治政府的建设成为任重而道远的事情。从东北的文化背景上来说，东北文化具有他律性的羞耻感文化和侠文化的特点，重情义而轻是非，重关系而轻原则，做事不问对错和应该不应该，而只顾及面子和"圈子"内朋友的评价。这种缺少自律性契约意识的侠文化特点，使规则意识、法律意识不能内化成人的自觉意识，因而导致法制观念淡薄，法律知识欠缺，使有法不依成为普遍的社会现象，甚至执法者带头犯法都屡见不鲜，司法人员为了利益、关系、情义而突破法律底线，营私舞弊，拿执法做交易的事情常见于报道。所以，加强法治政府的建设，坚持依法行政，在东北和谐社会构建的过程中具有特殊重要的意义。

为了实现建设法治型政府的目标，就要按照如下的基本要求去工作：第一，组织机构法定化。要依据法律、法规所界定的内容和范围，去设定政府的组织机构、职能和权力的运用，使行政管理主体资格合法，做到机构、职权、责任、编制的法定化，这是在权力结构的层次上实现依法行政的法律规范的体现，即，坚持职能法定原则。第二，合法行政和管理。实

---

① 魏丽平：《和谐社会中的责任政府》，郑州法院网，2008 年 1 月 2 日。

施社会公共事物的管理，应当遵照法律、法规规定的条件、种类和幅度去进行，管理责任的履行要合法，要有法律依据，权力的运用要符合法律的规范。没有法律依据，不得作出影响公民、法人和其他组织合法权益的决定，即，不得超越职权和滥用职权，否则就是"违法行政"，而超越法律授予的权限和违反了法律授予权限的目的和宗旨，即超越职权和滥用职权，是行政诉讼法中明确规定的政府的违法行政形态，必须依法追究法律责任。这是在权力运用的层面上的法律规范。第三，合理行政。在进行社会公共事物的管理时，应当遵循公平、正义的社会价值目标和准则，以公共利益最大化为己任，要坚持在法律面前人人平等的原则，平等对待当事人，正确使用行政裁量权，避免采用损害当事人权益的方式，以使行政管理人性化。这是在权力使用的目标层次上的法律规范。第四，程序合法。我国行政管理领域历来具有重实体而轻程序的习惯，而程序的正当合法是当代坚持法治，杜绝人治的基本要求，所以，要构建和谐社会，坚持依法行政，就必须强化依法行政的程序性，以程序规范行政权力的使用，制约行政违法行为，保障公民的合法权益。在政府政策的制定和执行过程中，都要按照法定的程序来进行，严格遵守阳光政府的行为准则，杜绝暗箱操作，除涉及保密的内容外，原则上都应当公开，并严格执行回避制度，政府的行政过程只有保持高度的开放和透明，尊重群众的知情权，并以程序正当合法来最大限度地抑制权力滥用的可能性，才能以诚信政府的形象赢得公众的信任和支持，从而实现公民权利和公共权力的良性互动，推动社会关系的和谐化。这是在权力运行方式上的法律规范。第五，依法监督行政权力的使用。在现代民主政治中，公民与政府的关系可以视为委托—代理的关系，其中政府组织行使其权力的合法性的依据在于，不得滥用权力和对政府自身的行政管理行为负责。但在现实中问题却是复杂的，在任何社会中都存在一种趋势，权力越是集中于社会上的某一个组织或个人，越存在滥用的可能性。所以，马克思当年在《法兰西内战》一文中论述无产阶级专政问题时曾指出，国家公职人员不能由受过专门训练的官员老爷们长期来担任，国家公职人员只能是人民的勤务员，由人民随时选举和撤换，并处在人民的随时监督之下。但在现代社会，管理已成为一种专门的职业，需要丰富的实践经验和专业知识，没有经过长期专门训练的人是无法承担管理任务的，在这种情况下，在人民还不能直接管理社会公共事务时，对权力使用的监督就显得格外重要。孟德斯鸠就指出，不受约束的权力必然导致腐败，必然存在主观任意滥用的可能。所以，建立一套严密的有效的监督体系，把党内监督、行政监督、法律监督、社会舆论监督、党外民主监督、公众监督、人大监督、审计监督统一起来，坚持用制度管权、管事、管人，提高行政管理的透明度，才能最大限度地防止权力的私用和滥用，才能保证权力在法律的规范下去活动，保证人民赋予的权力始终为人民谋利益。这是在权力的关系层面上的法律规范。

三、建设责任政府

同建立法治政府直接相关联的就是建立责任政府，和谐社会中最坚实的法治根基就是规定责任明晰、追究得力的责任制度。如果政府责任不明确，责任制不落实，甚至在侵犯公民合法权益后无需承担责任，那法治只能是一句空话，是虚假的法治。所以，和谐社会要求法治政府必须是一个责任政府，要求政府和行政管理人员要树立强烈的责任意识，对管理工作和公众的利益负责，要敢于承担责任，不因惧怕承担责任而消极怠工和不作为。

权力就是责任，权责一致，有权必须尽责，权力与责任必须对等，是科学行政、民主行政和依法行政的基本要求。负责是指对于承担的职务必须尽自己的义务，当政府组织或组织的工作人员有违法、失职行为发生时，必须要有人能对其承担起责任。民主政治既是法治政治，更是责任政治，只有存在一个按照规定的职责履行责任的政府，存在一个形成权责一致、分工合理、决策科学、执行顺畅、监督有力的行政管理体制，才能使行政管理系统正确组织和有效运行，才能赢得公众的信任。但在现实中，有权无责、权责错位现象大量存在，某些官员只想当官不想做事，对工作极不负责；对上不对下，官僚作风严重；把当官作为个人谋取私利的手段，热衷于利用公共资源建立个人关系的"圈子"；争功诿过，文过饰非。结果导致许多责任真空，出了问题无人负责。近些年来，一些地方重特大安全生产事故频发，食品、药品和环保等安全隐患突出，给人民群众生命财产造成严重危害，就说明了加强责任政府建设的必要性。

责任的失缺，从原因来看，既有体制上的深层原因，又有责任制不落实、责任意识淡漠的表层原因。具体来说，一是传统的人治方式，导致的官员升迁、任用的任人唯亲，使官员热衷于搞关系而不是做事。在马克思看来，在固定化、强制性分工的历史阶段上，劳动只是谋生的手段，人的片面化发展必使不同的行业产生不同的特殊利益，从而导致不同的特殊利益之间和特殊利益和普遍利益之间的对立与冲突。而作为国家公职人员进行管理工作，也有自己的特殊利益，即管理也是一种职业和谋生的手段，因而保住官职并不断升迁就是这一职业的特殊利益。这就会导致谁能决定官员的荣辱升迁，官员就会向谁负责；干什么能够决定官员的荣辱升迁，官员就会干什么。而在传统的人治环境中，决定官员升迁的是上级领导而不是公众，官员向上级领导负责就成为必然的。在工作中认真做事，只会带来麻烦和不断地出现错误，而业绩对升迁的意义远不如关系重要，并且对官员称职情况的评价标准，只在于经济总量的增长和招商引资的情况，所以，官员热衷于搞关系而不干事，干事追求的也是"政绩工程"和"形象工程"，而对劳心费力、有关百姓切身利益的民生实事则负责的少。二是政府组织结构方面的原因。政府组织的权利、结构和功能是分割的，政府的职责也是交叉重叠的，许多问题的解决需要不同部门彼此分工和协作，由此便产生了行政职能的多头负责问题，结果造成了，遇到问题各部门之间相互扯皮推脱，职责不易明确。另外，政府目标不但太多，而且又模糊不清和不易测量，即，政府工作的目标是为了增进公共利益、实现社会的公平和正义，但无论是公共利益，还是公平和正义在大多数的情况下都是抽象模糊的，不具有实际的可操作性，需要政府机构和公职人员根据具体的实际情况去理解和判定，这样，目标就成为一种公职人员提醒自己负有公共责任和为大多数群众服务的象征符号，而究竟怎样实现？实现的程度如何？则没有具体的职责规定，这就要依赖管理者个人的各种素质的高低，包括理解能力、认识能力、判断能力、思想觉悟和责任意识，正是这种体制的缺陷，使责任的落实不是依靠制度，而要依赖个人的主观状况，这是典型的人治的体现，只有在人治的状态下，对公职人员的思想教育才显得格外重要。但只靠思想教育是不能解决问题的，所以，遇事争功诿过，不负责任，逃避责任就成为了普遍的现象。三是有些政府部门权责不匹配的原因。有权无责，有责无权，权责不对等。有权无责，出了问题，不追究责任，不承担责任，奖惩不分明，自然导致管理人员的责任意识淡漠。而有责无权，使管理更无需承担责任。这种责权不匹配的状态，使出了问题无人负责就成为必然的了。责任就其起源来看，是同人成为独立的主体，能够自我决定联系在一起的。近代之前，人是历史的客体，他处在听命服从的地位，既不能决定自己的命运，也不能决定自己的行为，因而也就无所谓责任的问题。出了问题，责任在自身之外，在社会或社会的人格化的统治者，他只是执行的问题，是执行的好与坏、尽不尽心的问题。近代以来，随着个体化进程的发展，个人逐渐成为自主的主体，自我决定成为人独立自主的根本。自我决定意味着人的行为是自我选择的结果，而同自我选择相伴随的就是自我负责，即决定是自我作出的，自己就要为自己的决定、自己的选择负责。由此产生了责任意识，如康德所说，责任是意志自由的结果，是自律和自我负责的产物。正是这种哲学上的对责任的理解，深深影响了近代的政治思想家，使权责一致的思想得到了广泛的认可和共识，权力就是责任，有权必须尽责，否则就要追究责任。而有责也必须有权，否则就不能尽责，也无需负责。该管的就要管、不该管的凭什么管，这种权责一致的思想已成为现代依法行政的基本原则。所以，在体制上使权责相匹配，强化责任意识，完善责任机制，是深化行政管理体制改革要着重解决的问题。

要建设好责任政府，首先，要理顺好权责关系。必须依法明确政府的职责权限，包括中央政府和地方政府的职责权限、垂直管理部门和地方政府在相关管理领域的职责权限，政府各部门的职责权限以及职能部门内设机构各个岗位的职责权限，只有职责清晰明确，才能做到权责一致，体现权力就是责任的理念，以使事事有人负责。出了问题，才便于追究责任。在确保中央统一领导、政令畅通的前提下，强化地方政府的管理责任，防止出现"上面管到看不到，下面看到管不到"的权责不对等的现象，在有条件的地方可探索实行省直接管县的管理体制，以减少行政管理环节和层次，提高效率，从而优化基层行政管理资源。这是落实责任制，在体制上保证建设责任政府的要求。① 其次，合理分工，优化政府组织结构，这是建立责任政府和提高政府管理效能的组织保证。近些年来，随着政府机构的多次改革，政府组织结构得到了明显优化，多种关系得到了理顺。但也应该看到，在某些领域，仍然存在着机构重叠、职能交叉、政出多门的问题。这不仅增加了行政运行成本，降低了行政管理的效率，而且客观上为扯皮推诿、逃避责任提供了条件，从而损害了政府为公众服务的形象。因此，合理分工、优化政府组织机构，提高管理效能，是当前行政管理体制改革的一个重点。为优化政府组织结构，必须遵循精简、统一、效能的原则，加大机构整合力度，探索实行职能有机统一的大部门体制。实行大部门体制，是指把政府相同或者比较相近的职能加以整合，归入一个部门为主管理，其他相关部门协调配合；或者把职能相同或比较相近的机构归并成一个较大的部门。其目的是使政府部门在职能配置上实现有机统一，以利于明确责权、协调配合和行政问责。国际经验表明，大部门体制能够使政府管理运行更为协调顺畅、责权更加明晰、效率更高。但在我国实行职能有机统一的大部门体制，涉及面广、较为复杂、敏感，缺乏成熟的经验，包括政府职能和机构的整合、相关法律的修改和制定、人员干部的人事安排、政府领导体制和管理体制的变革，等等，因此，这项改革不能急

---

① 参见薄贵利：《深化行政管理体制改革的长远目标和当前重点》，《经济日报》2008 年 2 月 28 日。

于求成，只能在中央的统一部署下有计划、有步骤地进行。[①] 再次，加快建立以行政首长为重点的行政问责制度。建立权责统一、职责明晰的体制和分工合理、具有效率的政府组织机构，只是为建立责任政府提供了体制和组织上的保证，然而，要使责任制真正落实，还需要有执行顺畅、监督有力的机制，其中重要的就是行政首长的问责制度。如果不能有责必问、有错必究，就会使国家公职人员没有责任压力，不能把责任与自身利益结合起来，从而导致责任意识淡漠，对工作就不能认真负责，那么，再好的制度和组织结构也发挥不了作用，只能流于形式。所以，建立行政首长的问责制度，是落实责任制的必要措施。在实践中，加强问责制度的建设，就要做到，如果出现问题或事故，不但基层领导要负具体责任，而且上级主管领导也要负领导责任，问责不能只对下不对上，否则就会失去问责的权威性。在不出现问题或事故的情况下，也要对责任制落实的情况，定期进行检查，根据情况进行奖惩。出现问题进行问责，只是事后的不得已的措施，关键还在于事先的预防，责任制的落实要把事先的预防和事后的问责统一起来。只有不断强化责任意识，奖惩分明，才能把问题或事故消灭在萌芽之中，防止出现大的纰漏。同时，要把行政问责与行政监察、审计监督结合起来，做到有责必问，才能建设好责任政府。

四、建设诚信的政府

建设有限政府是同建设服务型政府相关联的，它也是行政管理体制改革的重要价值取向之一。建设有限政府首先关系到的就是提升政府管理能力的问题，因为无所不能的政府，必然是低效的政府，什么事都管，必然什么事都管不好。市场经济的发展要求有限的政府，要求政府管那些应该管并且能够管得好的事。只有政府专注于管好自己分内的事，政府的工作

---

① 参见吉苏：《行政管理体制改革是深化改革的重要环节》，载《十七大报告辅导读本》，人民出版社 2007 年版，第 280 页。

才能是有效率的。所以，同建设有限政府直接相关联的就是努力提升政府的管理能力。所谓政府的管理能力是指政府以最小的社会价格采取集体行动的能力，即政府的行为必须有效率、有效能。提升政府的管理能力意义非常重大，在某种程度上，最糟糕的腐败便是政府的无能。[1] 胡锦涛《在十七届政治局第四次集体学习上的讲话》中也指出：加强政府自身建设的重要任务，就是"要在经济发展的基础上，不断扩大公共服务，逐步形成惠及全民、公平公正、水平适度、可持续发展的公共服务体系，切实提高为经济社会发展服务、为人民服务的能力和水平，更好地推动科学发展、促进社会和谐，更好地实现发展为了人民、发展依靠人民、发展成果由人民共享。"[2] 在这次讲话中，胡锦涛把提高政府的为经济社会发展服务、为人民服务的能力和水平，看作是建设服务型政府的根本目的之一，可见提高政府管理能力意义之重要。

当前，我国正处在改革开放的关键时期，社会转型的任务艰巨，社会发展由传统的农业文明向现代的工业文明的转换，涉及社会生活的方方面面，既涉及原有的政治经济体制的变革，又涉及人的生存方式和思想观念的变化和更新，由此引起了各种利益关系的博弈，使各种利益关系的矛盾和冲突显性化。在这样一个社会大变动的时代，急需政府发挥中流砥柱的核心作用，引领社会去克服困难，使社会有序地发展。这就给政府的管理能力和水平提出了更高的要求。政府职能的转变，由全能政府向有限政府的转换以及从某些直接管理领域的退出，并不意味要削弱政府的管理能力，就可以放任市场自流，政府就可以不作为，恰恰相反，不该管的不管，本身就意味着该管的一定要管好，增强和提高政府的社会事务的管理能力和公共服务的能力恰恰是建设有限政府的题中应有之义。而在这方面，政府现在存在的状况却同社会发展对政府的要求还有相当大的差距。山东科技大学文法学院费广胜认为，转型时期的中

---

[1] 　参见张成福、党秀云：《公共管理导论》，中国人民大学出版社 2001 年版。

[2] 　胡锦涛：《在十七届中央政治局第四次集体学习上的讲话》，《人民日报》2008 年 2 月 24 日。

国政府，能力过剩与不足并存，既强大又脆弱。过剩是指政府权力大于社会需求，这主要表现在：一方面，政府职能、机构和人员的规模相对于社会和经济发展需要而言，显得过于庞大，导致了政府高成本、低效率的运作方式；另一方面，过剩还表现为政府权力不必要和过多地介入微观经济，直接参与市场竞争等。不足在于政府能力仍不能满足或适应市场经济发展的需要，政府供应的公共产品、公共政策，在质量上不高，在数量上不足。强大来源于国家行政权力运行的单向性，权力范围的无限性以及个人意志和行政命令取代法律的随意性。脆弱来源于政府为了实现自身的意志和解决政府与公众利益追求方面的冲突，采取了硬约束和外部直接控制的方法，付出了高额的监督成本造成的行政能力的脆弱。[①] 可见，现行的行政管理体制存在着机构重叠、职能交叉、人员众多、人浮于事的弊端，这就使行政成本过高，工作人员又责任意识淡漠，工作扯皮推诿，执行力差，这正是行政管理能力低下的体现。因而精简机构和人员，降低行政成本，提高行政管理效能已成为行政管理体制改革亟须解决的问题。

而要提高管理能力，首先就要构造共同治理的公共管理模式。传统意义上的公共管理强调的是政府管理，这正是造成机构臃肿、人员众多、行政成本高、效率低下的体制原因。一个全能的政府，什么都管，必然需要相应的管理机构和人员。而当代政府面对的则是复杂、动态和多元的社会环境，国家的建设和社会事业的发展需要政府和社会力量共同努力和互动合作。在这种情况下，公共管理已不单纯是政府部门的任务，企业、非营利性组织和公众等都是公共管理中的重要组成部分。所以，政府必须依靠这些社会力量来共同管理社会公共事务，而不是单方面行使权力的过程。政府的能力总是有限的，而社会的力量则是无限的，要治理好社会，就离不开对社会能量的充分释放，就需要政府与公众、企业和非营利的社会组织的互动合作。凡是市场、社会能够自己治理并发挥优势的领域，就让市

---

① 参见费广胜：《构建和谐社会中的政府责任》，中国行政学会论文。

场、社会去发挥作用，政府更应多关注市场和社会失效的领域。通过建立行政参与机制，政府应将生产性和某些服务性的职能转移给社会力量，以达到责任共负和释放民间力量的目的。这种共同治理模式，一是有利于民主政治的发展，以利于实现人民的当家作主；二是有利于政府机构和人员的精简，以降低行政成本；三是有利于利用社会力量来弥补政府力量的不足，提高政府的管理能力和行政效率，实现社会责任共担和成果利益共享。

其次，建立社会舆情汇集和分析机制，畅通社情民意的反映渠道，以实现政府和公众的信息沟通。同共同治理相关联的就是政府与公众之间的民意沟通机制。共同治理意味的是政府和公众之间地位关系的变化，政府的管理不再是统治，而公众也不再是被动的服从者。两者的互动要求政府必须亲民、爱民，关心群众的疾苦、倾听群众的声音。正如胡锦涛同志多次强调的："各级政府工作人员特别是领导干部要牢记全心全意为人民服务的宗旨，大力增强公仆意识，切实转变工作作风，努力做到思想上尊重群众、感情上贴近群众、行动上深入群众、工作上依靠群众，时刻把群众的安危冷暖放在心上，多为群众办好事、办实事，真正做到为民、务实、清廉。"[①] 而要建立这种亲民的政府，对民情民意的了解以及群众意愿的上传表达就成为基本的前提。这种互动沟通的意义在于，第一，有助于提高科学决策的能力。提高政府的管理能力，首先在于提高科学决策的能力，而要科学的决策，就既要讲究科学的方式方法、遵守科学的程序，又要根据实际的情况，一切从实际出发。而顺畅的沟通机制，不但是了解实情的必要手段，而且民意本身就是最大的实际。政府制定的政策措施，必须考虑群众的利益，反映群众的愿望要求，以群众是否赞同、是否满意作为施政的根本尺度，所以，及时全面准确地搜集分析群众的思想动态、心理情绪、愿望心声以及带倾向性的社会动态，是政府科学决策的基本前提。第

---

① 胡锦涛：《在十七届中央政治局第四次集体学习上的讲话》，《人民日报》2008 年 2 月 24 日。

二，是提高执行力的必要条件。提高政府的管理能力，还包括提高完成政策措施的执行力。而要提高执行力，不仅需要政府部门和工作人员尽职尽责，努力工作并掌握完成工作的经验和技巧，消除有令不行，有禁不止的现象，而且要加强群众工作的力度，宣传好、解释好实行政策措施的意义，只有这种相互沟通，才能使政策措施被群众所理解和接受，也才能获得群众的认可和支持。而群众的理解、信赖和支持是政策执行顺畅的基础。社会主义事业是广大人民群众自己的事业，人民群众才是社会主义建设的主体。如果没有人民群众的支持和积极参与，再好的政策措施也无法彻底贯彻并取得良好的结果。第三，是化解矛盾利益纷争的重要方法。现阶段的中国，社会阶层日益分化，而随着社会的异质性的增强，利益关系也日益呈现为多元化的格局，因而利益的博弈，利益关系的纷争矛盾就在所难免。而政府作为公共事务的处理机关和构建和谐社会的领导核心，化解纷争、协调利益矛盾关系，是其重要的一项社会职能和管理任务。而要解决好矛盾纷争，就要建立公平、合理的利益协调机制。而这种机制的建立就需要政府根据公平正义的价值目标，在多元的、甚至是冲突的利益和价值之间作出平衡和选择，超越社会某些集团的特殊利益，真正体现社会公共利益代表者的身份，在制度资源的配置上回应广大群众之需要，尤其是公平地对待那些在社会中处于不利地位的群体。应该看到，改革开放以来，尽管我们取得了巨大的成就，但发展是不平衡的，由于主客观的原因，现在社会上已出现了规模较大的弱势群体，他们生活在社会的底层，并日益被边缘化，已成为影响社会稳定的不和谐因素，因而如何为弱势群体提供更多的社会保护和公共服务，对于政府构建和谐社会来说，就显得格外重要。弱势群体的"弱"，不仅在于他们的经济生活，更在于他们的社会地位和话语权之"弱"，当他们的正当权力和利益被侵犯时，他们表达自己要求的声音是弱小的，不被重视的。因而他们感觉社会不公平，对社会有怨气，从而形成了仇富、仇警、仇官的心理，这正是群体事件频发的深层原因。所以，政府部门及其工作人员要深入下层，多与他们沟通，了解他们的疾苦和需要，并建立一定的机制，使他们的要求有正当的顺畅的表达渠道，让他们的怨气和不满有发泄的渠道。弱势群体在经济上的边缘化并不等于他们的话语权也被边缘化，只有他们的声音有人倾听，他们的要求有人回应，才能化解他们的怨气和不满，才能使他们理解和支持政府制定的政策，即使有些问题暂时不能得到解决，也才能得到他们的谅解，不致形成大的矛盾冲突。正如一位学者所说，真诚服务于公众，回应公众的要求，并获得公众的理解和认可，是化解矛盾、进行和谐管理的必要前提。①

最后，确立诚信政府的形象。和谐社会是倡行诚信友爱的社会，建立诚信社会是市场经济发展的必然要求。从国际的经验来看，市场经济的发展是同信用体系的发展密切关联在一起的。市场经济是平等交换的经济，交换必须按着价值规律等价进行。这就必须杜绝和防止任何欺诈行为，对于不讲诚信的欺诈和利用不正当的手段谋取私利，由于破坏了市场交易的正常秩序，必会被排斥在市场交易之外，受到社会的唾弃和鄙视。正是在市场经济发展的经验和教训总结的基础上，西方国家形成了以顾客为导向的、以诚信为保证的较为严密的信用体系和经营策略。而我国的市场经济建设，由于正处在发展的初期，还很不完善，还没有建立规范的信用体系，对诚信的意义认识的也很不够，因而不讲诚信的行为还普遍存在，甚至利用不正当手段谋取私利的经营以及坑害消费者的恶行也得不到社会应有的惩罚和拒斥。这说明在我国目前的情况下，建立诚信的市场机制和社会文化具有特殊重要的意义。

社会诚信体系一般包括公民诚信、企业诚信和政府诚信三个组成部分，其中政府诚信在诚信体系中居于核心地位，对公民个人诚信和企业经商诚信具有直接的重要影响，因而政府诚信是社会诚信体系的基础和支撑。政府率先诚信，为社会作出表率，才能带动全社会诚信文化氛围的养成。如美国学者 L. 库珀所说："诚信是最好的政策。"② 所以，为建设诚信

---

① 周晓留编辑：《政府：构建和谐社会重要责任主体》，中安在线，2007 年 11 月 5 日。
② 参见 L. 库珀：《实现行政责任的途径》，中国人民大学出版社 2002 年版。

社会，首先必建设好诚信政府，强化诚信行政，努力提高政府诚信水平，这也是提升政府管理能力的一个重要方面。一般来说，政府在公共事务管理中的诚信行为主要体现在：一是实事求是的行为品格，即政府必须向公众讲真话、讲实话，不能掩盖事实真相，更不能有意欺瞒公众，文过饰非。只有实话实说，让公众了解事实真相，才能赢得公众的信任，杜绝小道消息和谣言的流传。目前，国家正在建立各个层次的新闻发布制度，这是一个很好的契机，新闻发布只有遵循实事求是的原则，才能逐渐消除公众对政府的不信任感，否则掩掩盖盖，甚至为了某种目的而篡改事实，就无法树立诚信政府的形象。二是言行一致的行为准则。政府的权威是政府进行管理的保证，公众只有从内心中信赖政府、依靠政府，政府的政策法令才能被公众自觉地遵守。而要树立政府的权威，政府就要做到言必信行必果，如果政策朝令夕改、反复无常，说了不算，就无法取信于民。此外，要坚持言行一致的行为准则，最主要的是要坚持依法行政，遵守法律才是言行一致的根本保证，也是公众判断政府行为的根本标准。所以，只有按法律法规去行事，并且违法必究，有错必改，才能真正赢得公众的信任。三是以公众为导向的忠于人民事业的信念和责任感。这是政府诚信的思想基础，也是政府诚信要求的核心。只有一心为民的政府，把人民作为目的而不是手段，才能对人民尽职尽责，也才能实事求是和言行一致。只有时刻把群众的安危冷暖放在心上，多为群众办好事、办实事，才能赢得群众的信任，成为群众认可的、依赖的诚信政府。历史的事实证明了这一点。我党在延安十三年，在客观条件极其恶劣的情况下，最后却打败了条件比我们优越得多的国民党，其中最根本的原因是我党与群众的水乳交融的关系，赢得了群众的信赖和支持。所以，政府的诚信其根源是对人民群众事业的忠诚和负责。费广胜从市场经济的顾客和服务提供者的角度论述了这个问题："只有以顾客为导向的政府，才能对民众需要给予充分的回应；只有具有强烈当事人取向的政府，施政目标才能由机关、专家决定转变为由民众希望和合法期待决定；公共政策的行政过程才能考虑到民众的具体情况，也才能保证公共政策更具有弹性；顾客导向的政府促使服务提供者对顾客真正负起应有的责任。"①

政府的诚信是政府履行社会管理职能的基础。一个不诚信的政府就不会被群众信赖和认可，政府的管理工作也就不会顺利进行，并因此而付出严重的代价。魏丽平从法学的角度对政府的失信及其可能带来的后果做了这样的分析：以往政府作为公共权力的享有者，对自己的失信行为通常自我放纵，不承担任何责任。这不仅损害了社会的诚信体系，污染了社会的诚信氛围，而且丧失了人们对政府政策、法令和行为的信任和遵守，这都是政府失信所要付出的沉重的政治代价。此外，给予政府中的责任人员进行行政处罚、降级、撤职或开除出政府机关等处罚，这些也是政府失信所要承担的政治责任。如果政府失信情况严重，触犯法律，导致滥用职权，严重损害当事人权益的，还要依据行政诉讼法和国家赔偿法依法承担法律责任。道义上，政府失信极大损害了人民对政府的信任度和支持度，还要受到舆论谴责和道德谴责，这就极易导致社会的动荡不安。② 所以，在构建和谐社会的过程中，建设诚信政府，以使政府获得群众的信往和支持，从而树立起政府的权威，是行政管理体制改革的重要任务之一。

当结束本章时我们可以做这样一个小结：政府是国家公共事务的管理者，也是构建和谐社会的领导力量。在社会主义市场经济体制的建设、政治体制的改革、社会建设和发展文化软实力的过程中，具有不可替代的作用。行政管理体制的改革，走服务型政府的道路，不是要削弱政府的能力和作用，而是要规范政府的管理行为，退出那些不该管、也管不了的领域，由全能政府走向有限政府，以实现公平和正义的价值目标为己任，致力于从事经济调节、市场监管、社会管理和公共服务的工作。尤其在社会管理和公共服务方面，政府的作用不是要削弱，恰恰需要加强，以改善民生为重点，围绕逐步实现基本公共服务均等化的目标，创新公共服务体制，改进公共服务方式，加强公共服务设施建设，逐步形成惠及全民的基

---

① 费广胜：《构建和谐社会中的政府责任》，中国行政管理学会论文。
② 参见魏丽平：《和谐社会中的责任政府》，郑州法院网，2008 年 1 月 2 日。

本公共服务体系。从而把服务与管理结合起来，坚持管理即服务的理念，为人民群众提供方便、快捷、优质、高效的公共服务。为了建设公共服务型政府，就需要优化政府组织结构，降低行政成本，提高管理和服务的效率，解决机构重叠、人员过多和人浮于事的问题。而公共服务的社会和市场参与机制，为解决这些问题提供了一条切实可行的途径。行政管理体制的变革又是同依法行政密切关联在一起的，只有坚持依法治国，才能杜绝人治和长官意志，使人民当家作主的权利得到程序的保证，也才能保证权为民所用，利为民所谋，从而扎实推进社会主义民主政治建设的过程。依法行政首先就要依法明确政府的职责权限，使权力在法律的规范下活动，做到权责一致，责任清晰，并加强行政首长问责制的建设，加强对权力运行的监督。只有建设好服务型政府、法治型政府和责任政府，才能使政府真正为民、务实、清廉，也才能使政府赢得群众的信任和支持，以诚信政府的形象和高效的管理能力来建设和谐社会，起到构建和谐社会架构的支撑作用、和谐社会建设的骨干作用、和谐社会运行的保障作用、和谐社会形象的表率作用。

结　语

党的十六届六中全会通过的《中共中央关于构建社会主义和谐社会若干重大问题的决定》指出："社会和谐是中国特色社会主义的本质属性，是国家富强、民族振兴、人民幸福的重要保证。构建社会主义和谐社会，是我们党以马克思列宁主义、毛泽东思想、邓小平理论和'三个代表'重要思想为指导，全面贯彻落实科学发展观，从中国特色社会主义事业总体布局和全面建设小康社会全局出发提出的重大战略任务，反映了建设富强民主文明和谐的社会主义现代化国家的内在要求，体现了全党全国各族人民的共同愿望。"正因如此，在东北老工业基地重新振兴的过程中，我们就必须按照构建和谐社会的要求，科学地规划发展，以解决人民群众最关心、最直接、最现实的利益问题为重点，着力发展社会事业，促进社会公平正义，建设和谐文化，完善社会管理，走共同富裕的道路，推动社会建设与经济、政治、文化建设协调发展。

追求社会和谐是人类自古以来的理想，但在过去的历史阶段上，由于阶级对立和对抗的存在，这种理想只是以空想和幻想的彼岸目标的形式存在。正如马克思所说，"大体说来，亚细亚的、古代的、封建的和现代资产阶级的生产方式可以看作是经济的社会形态演进的几个时代。资产阶级的生产关系是社会生产过程的最后一个对抗形式，这里所说的对抗，不是指个人的对抗，而是指从个人的社会生活条件中生长出来的对抗；但是，在资产阶级社会的胎胞里发展的生产力，同时又创造着解决这种对抗的物质条件。因此，人类社会的史前时期就以这种社会形态而告终。"① 而社会主义社会是一个不完全的阶级社会，虽然社会主义也存在着各种各样的矛盾，但这些矛盾绝大多数不具有对抗的性质，这就给社会的和谐发展提供了客观的前提条件，和谐社会不再是可望不可即的理想，而是现实的目标和过程，从这个角度来说，中央才提出了"社会和谐是中国特色社会主义的本质属性"的论断，把社会主义建设的过程看成是在矛盾运动中进步的，又不断化解矛盾的过程，要求我们科学地分析影响社会和谐的矛盾及其产生的原因，更加积极地正视和解决矛盾，最大限度地增加和谐发展的因素，最大限度地减少不和谐的因素，以使社会和谐有序地发展。

构建和谐社会不仅是中国特色社会主义建设的目标和过程，也是我们看待和处理问题的方式方法。和平与发展是当代世界的两大主题，尽管国与国之间的利益纷争不断，矛盾冲突也很激烈，但在处理矛盾冲突的问题上却越来越采取和缓的方式，而不是激烈对抗的方式。解决矛盾方式的变化，使共处、合作、双赢、协商日益被人们所认同，日益成为发展的主导潮流，在一个全球化和多元化格局的时代，不同的社会制度之间、不同的利益关系之间、不同的价值观念和文化因素之间，不仅需要而且必须学会相互交流、包容、共存、协调和共同发展。正是这样的时代背景，要求我们改变对立、斗争、克服、占有的思维，改变不是朋友就是敌人的僵化思维，强调辩证法的同一、协调、平衡、统筹兼顾等内容，用和谐的思维去看待和处理问题。

东北老工业基地的振兴正是在这样一个全球化和多元化的时代背景下进行的，因而，在重振东北老工业基地的过程中就必须考虑现阶段的具体历史条件。重振的工作无疑是艰巨的，面临着诸多的内外矛盾。从外部情况来看，一是西方发达国家已开始走上了后工业化的道路，信息化和知识经济的发展，对科技创新和人力资本提出了愈来愈高的要求，而东北老工业原来的产业结构和科技设备的水平已不能满足国际竞争的需要，转变发

---

① 《马克思恩格斯选集》第 2 卷，人民出版社 1995 年版，第 33 页。

展方式、调整产业结构，发展环保、低能耗的高新技术产业势在必行。这就使东北老工业基地的振兴不能再走传统工业化的老路，要把工业化与信息化统一起来，走新型工业化的道路。然而，东北过去实行的却是粗放式的发展方式，高投入和高消耗使资源环境的负担过重，资源型城市的发展面临重重困境，这就使产业结构调整的任务异常艰巨。二是在全球化的背景下有个与国际市场接轨的问题。由于世界市场体系的形成和市场经济成为了当今世界各国经济运行的主导形式，因而东北经济的振兴也就必须走市场化之路，按着国际通行的市场惯例和市场机制去运作。但东北作为国家的重工业基地，过去实行的一直是计划经济，国有经济的比重高，公有成分大，市场化程度低。虽经过了改制，但市场机制还不完善，跟成熟的市场经济的要求相比，还有不小的距离。这说明建立社会主义社场经济体制仍然是东北经济发展亟待解决的重点问题。

从内部情况来看，这些年来我国经济的发展取得了骄人的成就，GDP总值已超过了日本，成为世界第二大经济实体；国家的财政收入逐年增加，已接近 8 万亿人民币，使国家具有了雄厚的经济实力。当然，东北经济的发展同南方发达地区相比还显得落后，但也基本扭转了经济衰退下滑的局面，显现了上升发展的良好势头。然而应该看到，这些成就的取得是付出了沉重代价的，不但结构性矛盾日益突出，安全风险日益加大，对发展的持续性提出了严重的挑战；而且社会矛盾日益显性化，两极分化在加剧，社会建设的滞后使公平和正义的问题备受关注。中国目前的发展正处在一个关键时期，根据国际现代性的经验教训，当人均 GDP 达到 1000—3000 美元的发展阶段，由于利益的分化，社会将进入到一个矛盾冲突较为激化的敏感阶段，如果矛盾得到顺利的解决，经济发展能够进入良性的轨道，社会也将面临"黄金"的发展机遇。在这样一个希望和困难并存的时代，按照民主法治、公平正义、诚信友爱、充满活力、安定有序、人与自然和谐相处的总要求，推动经济社会协调发展，就显得尤为重要。所以，东北老工业基地的重建就不能仅仅考虑经济的问题，而要把经济的振兴放在和谐发展的总体环境中去考察，如果不解决民生的问题，不解决好诸如下岗职工的再就业、最低生活保障、养老、医疗、工残保险、子女上学、收入的不公、就业的歧视、弱势群体的生活困难等问题，群众就会有怨气，甚至爆发群体事件，就会影响到安定和谐的环境，无论是经济体制的改革，还是产业结构的调整都会面临重重阻力，不能顺利正常地进行。尤其是东北的国有企业多，职工集中，资源型城市发展接续产业的难度大，体制改革和产业结构调整将分流大量的富余人员，这就使以解决民生问题为重点的社会建设成为头等大事。稳定是发展的前提，不建设好安定有秩的环境，东北的经济建设也不会搞好。此外，老工业基地的重建还关系着东北建设的全局，如果没有城乡的协调发展，不能使重建的工业基地起到引领、辐射社会主义新农村建设的作用；如果没有人与自然的和谐，重建的工业基地继续危害人的生存环境，使生态环境遭到破坏，不再适合人类的居住；如果没有一个良好的社会环境，没有干净、整洁的社区和良好的社会治安，以及人与人之间的诚信友爱、互帮互助的关系，东北老工业基地的重建也不能说是成功的。所以，东北老工业基地的振兴必须按照构建和谐社会的要求，"维护社会安定团结，以改革促进和谐，以发展巩固和谐，以稳定保障和谐，确保人民安居乐业、社会安定有序、国家长治久安。"①

要在东北老工业基地的重建中构建和谐社会就必须遵循如下的原则：

第一，坚持"以人为本"这一科学发展观的核心。人本主义思潮兴起于欧洲的文艺复兴时期，当时主要是针对欧洲中世纪时期基督教神学对人性的泯灭和压抑，强调人性、人的价值、自由、尊严和权利。在后来的发展中，由对"神本"的反抗逐渐演化为对资本主义"物本"倾向的批判。资本主义市场经济的利益最大化原则，使"经济的冲动力"完全取代了"伦理冲动力"，从而使价值理性完全被技术理性所泯灭，使人陷入深深的物化之中，使社会变成了一个物欲横流的社会。由此一些思想家用"人本"来对抗"物本"，强调以人为中心的社会发展观，反对"经济发展观"。而

---

① 《中共中央关于构建社会主义和谐社会若干重大问题的决定》，红旗出版社 2006 年版。

我国提出"以人为本"的理念作为发展的核心指导思想，则是依据于马克思的人类解放的理论，是对资产阶级人本主义思想批判改造的结果，克服了其空洞抽象的人性论因素，又借鉴了其对市场经济物化现象的批判，把发展的主体落实在广大人民群众身上，而不是抽象的孤独的"自我"，从而确定了发展的出发点和最终目的都是为了广大人民群众的根本利益。这就说明，经济建设虽然是社会发展的基础，但经济建设本身不是目的，它也不过是满足人民群众需要和使人民群众得到全面发展的手段。如果单纯以经济发展作为目的，甚至以 GDP 的总值作为目标，就会使发展走向歧路，最终导致对人民群众利益的损害。近些年来，一些地方政府为了经济效益和财政收入不惜破坏资源和污染环境，使城市被污水和臭气所包围，大肆卖地，抬高房价，使城市蔬菜供应紧张；一些企业为了自身的私利，大肆造假，甚至在食品中掺进有毒物质；一些地方政府知法犯法，有意偏袒和保护造假者，这些全然不顾人民群众的利益和身心健康的现象的出现，就说明了经济建设一旦失去了人文关怀的目标，给人民群众带来的就可能是祸害。如果发展不"以人为本"，不是为了人民群众的幸福和利益，这种发展就不会为人民群众所认同和接受，就会引起人民群众对社会和政府的不满，就会影响社会的稳定与和谐。显而易见，只有以人民群众的利益和需要为出发点和落脚点的发展，只有与人民群众同甘共苦、时刻关心人民疾苦的政府，只有发展的成果让人民群众共享的社会，才会得到人民群众的认同、信任和支持，社会也才能和谐。所以，坚持"以人为本"是构建和谐社会的根本前提，东北老工业基地的重建一定要紧紧抓住这一核心。

从哲学的道理讲，和谐与"以人为本"也是密切相连的。"以人为本"包含着两层意蕴：一是人是主体，人只有作为主体的存在，他才能是"本"，是我们一切工作的中心和出发点落脚点，是目的而不是手段。由此，弘扬人的主体性、能动性就成为时代的主旋律。但人作为主体的存在，又是同人的个体化进程关联在一起的，只有个体作为独立自主的存在，人才能是主体。然而，只从这个角度理解"以人为本"，必然走向孤独的自我，走向人类中心主义和自我中心主义，最终导致的不是和谐，而是人与自然、人与社会的分裂和对立。资产阶级人本主义思潮在理论上所宣扬的个人自由主义的破产和在实践上导致的"市民社会的私人"的困境，就说明了这个道理。所以，"以人为本"还包含着另一层含义，即互为主体性。人是目的不仅是自律的必然要求，同时也必然要把他人作为目的和主体看待，否则就不是价值性的目的关系，而变成了工具性的手段关系。因而"以人为本"这一理念本身就意味着一种主体间性的关系，是主体性和主体间性的统一。只有在这种主体间性关系中，人才不是对自然征服占有的主体，也不是把他人作为手段的孤独的自我，才产生出人与自然、人与社会的和谐统一。正因如此，在构建东北和谐社会的过程中，我们必须紧紧抓住"以人为本"这个中心，把它贯彻在经济、政治、文化、社会的各项建设事业中去。

第二，推进以改善民生为重点的社会建设，使经济社会协调发展。贯彻"以人为本"，首先就要关注民生，这是把"以人为本"落实在实处的体现。近些年来，经济社会建设"一腿长、一腿短"的现象比较突出，已成为影响社会稳定和谐的最主要问题。经济建设要保证良好的社会环境，就必须使广大人民群众安居乐业，而人民群众的安居乐业其前提就是丰衣足食、社会公平、人民的权益和利益能够得到保证，使人民能够各尽其能、各得其所。这就涉及民生建设的问题。可以说，民生问题的解决是构建和谐社会的基础。如果人民群众的基本生活保证不了，就不了业、上不起学、看不起病、住不上房、老了无人养，而富人则穷奢极欲、花天酒地过着醉生梦死的享乐生活，很难想象这样的社会能够是和谐的。如果社会失去了公平正义，有些人不劳而获，利用公共权力攫取财，利用垄断资源获得高额报酬，广大群众辛勤劳动却只能维持温饱，生、老、病、死无人过问和关心，人民群众就会对社会产生不满和怨气，产生仇富、仇官、仇警的心理，严重的甚至还会爆发群体事件，引起激烈的冲突和矛盾，直接影响改革开放和经济建设的进行。所以，近些年来，党中央一直把解决民生问题作为首要任务来抓，不断加大社会建设的投入力度，力争使经济发展的成果让广大人民群众共享。尤其是对低工资收入的弱势群体加大了扶持的力度，大幅度地提高最低生活标准和最低工资标准，使他们的生活水准能够随着经济的发展而不断改善。但也应该看到，我们现在的民生建设的任务仍然是艰巨的，离中央要求的"学有所教、劳有所得、病有所医、老有所养、住有所居"的标准还有不少的距离，因而，推进以改善民生为重点的社会建设仍然是我们当前工作的重中之重。对于东北老工业基地的建设更是如此。东北的特殊历史条件决定了，东北经济的发展落后于南方的发达地区，工资水平不高，生活水准低，地方政府的财力有限，因而用于改善民生的能力较弱。加之，东北市场经济的发展不充分和不完善，体制改革和产业结构调整的任务重，乡村城镇化的进展还很缓慢，资源型城市的转型和改制后遗留的问题多，这些问题使民生建设的任务更加艰巨。从东北的实际来看，要搞好民生的建设就要做好如下的工作，一是抓好就业这一民生之本，使人民群众能够具有维持并不断改善生活水平的能力；二是致力于缩小两极分化，提高劳动在收入分配中的比重，提高居民收入在总收入中的比重，否则在低报酬的就业制度中，两极分化的趋势就得不到根本扭转，弱势群体的生活水准也得不到根本改善。同时要加大对高收入群体的税收征缴力度，根据工资收入在总收入中的比重在下降的情况，可以考虑适当征收财产税和遗产税，这不但有利于缩小贫富分化，而且有利于实现第二次分配的转移支付，为国家财政提供更多的收入来源。

在税收的调解上，要注意三个关系，首先是国富和民富的关系。如果对广大人群税收比重过高，总是千方百计从老百姓兜里掏钱，就会损害群众的利益，也不利于启动内需。其次是税收的重点应放在富裕人群身上，而不是中等收入群体身上。不能为了征税而征税，征税要以调解两极分化为目的，因而要以人数最多的中等收入群体为基准，对高于这一基准的富裕人群要加大征收的力度，而对低于这一基准的贫困低收入人群则要给以补助。而现在的个人税收起征点和累进税率是根据低收入人群的标准制定的，税收的重点自然指向中等收入群体，这就不利于调解两极分化。并且，中等收入群体在数量上是人数最多的，在生活的水准上并不是太富裕的，条件的变化极易使他们重回贫困的人群。如果工资收入长期得不到增长，在物价不断上涨和税收沉重的状况下，就容易引起他们对社会的不满情绪。由于他们人数众多，这种不满情绪就会对社会的稳定构成严重的威胁。再次是国家财政与地方财政的关系。在现行的分税制条件下，国家财政拿走了绝大部分，但事权却得由地方政府来承担，所以，地方财政资金不足，已处于负债运行的状态。地方政府为了筹措资金，除了走"土地财政"之路外，还利用各种名目来进行不合理也不合法的税收，这就引起了广大群众的不满和质疑。解决这种困境的根本方法就是对现有的分税体制进行改革，使财政收入在国家和地方间得到合理的分配，搞好社会保障制度的建设。如果说就业是民生之本，是改善贫困状况的积极措施，那么社会保障体系则是人民生活的安全网和社会运行的稳定器，是保障人民基本生活水准和生、老、病、死等切身利益的必不可少的措施。

近些年来，经济社会建设存在"一腿长、一腿短"的问题，在有些领域，本应由政府和社会提供的公共产品和公共服务却采取了市场化的机制，结果导致了社会建设的种种问题，使社会保障体制的建设滞后，使上学、看病、住房、养老等问题成为矛盾的焦点。所以，今后在社会保障制度的建设上首先要区分出市场需要和基本公共需要的不同，对于市场需要可以采取市场化的方法来解决，有钱可以上私立学校、私立医院、私立养老院以及住高等的商品住宅。而对于基本的公共需要则必须由政府来投资，建设公立性质的社会保障服务机制，如公立医院、公立学校、廉租房、养老院等，这些机构不能以盈利为目的，而要以提供均等化的公共服务为目标，这才是社会保障建设的内容。为此，政府必然加大对社会保障的资金投入，把关注民生落在实处。一般在西方的福利性国家，社会保障的投入占到财政总收入的50%左右，根据国际的经验教训，我们虽然不能走西方福利性国家的道路，但在国家财政不断充盈的条件下，加大对社会保障的投入比例，以确保人民群众的基本生活水准和发展的需要，还是非常必要的。在社会保障体系的建设中，首先要确定好最低生活补助标准，并建立最低生活标准随日常生活消费品指数变动而得到补贴的联动机制，使人民基本生活水准不至于因通胀而降低。其次要建立覆盖全体社会成员的保险机制，并力争解决全国统筹的问题，使公共服务均等化。再次要针对特定人群的特殊困难情况，给予专项的社会救助，并发展以扶老、助残、救孤、济困为重点的社会福利事业，充分发挥社会福利、社会保险和社会救助的综合保障作用。要加快社会保障住房建设，逐步解决城镇低收入家庭住房困难。应该说，我国现阶段的社会保障水平还不高，随着经济的发展逐步提高社会保障的层次是我们今后构建和谐社会的一项重要任务。

第三，坚持科学发展的原则，搞好体制改革和产业结构调整。经济发展是社会发展的基础，是执政兴国的第一要务。在近些年的社会发展过程中，由于主客观的原因确实出现了很多的问题，但这些问题最终还要靠经济发展提供的条件来解决。坚持"以人为本"，重点解决民生问题，无疑是构建和谐社会的焦点问题，但民生问题的解决是要靠经济投入的，如果没有经济建设的基础，改善民生只能是一句空话。所以，要使社会和谐首先就要发展经济，只有经济的顺畅有序发展，才能带来社会的繁荣安定。如古语所讲，只有风调雨顺，才能国泰民安。对于东北构建和谐社会来说更是如此。由于历史的原因，东北前些年的经济建设发展缓慢，甚至处于衰退的境地，体制改革的任务重，产业结构也亟须调整升级，城乡的二元结构明显，使东北的农业优势得不到发挥。因而，东北的社会建设也严重滞后，人民群众生活水平低，社会保障制度不健全，导致群体事件频发。这表明，东北老工业基地的振兴与构建和谐社会是统一的互动的过程，东北的经济发展为构建和谐社会提供了前提基础，而构建和谐社会又为东北的经济发展提供了环境保证。所以，在东北老工业基地重振的过程中，就要使这种相互作用的互动关系走上良性发展的轨道，而前提就是经济的发展。

要发展东北经济首先就要继续深化经济体制的改革。尽管这些年来，东北的市场经济体制改革取得了很大的成果，但无论在深度上和广度上离成熟市场经济体制的要求还有不小的差距。国有大中型企业的产权关系还没有完全明晰，企业的运作机制还没有完全转向市场运作的要求，招商引资的项目也很不足，产业集群和跨区域的合作还没有形成规模。而从市场体制的环境来看，民营企业还不发展，乡镇企业规模太小，外商、外资经济除了在个别领域之外，几乎在经济发展中就没有什么地位。资本市场不发育，正规的中介组织和咨询机构稀缺，劳动力市场也不成熟，人才流动困难。可以说，在目前东北经济发展中，计划经济影响的残迹还没有完全清除，多元的市场主体也还没有完全成熟，市场环境也不完善，各种障碍还限制着非公有制经济的发展，因而经济的发展同南方发达地区相比，还缺乏应有的活力。这说明，加快经济体制的改革，完善社会主义市场经济体制的建设，仍然是东北在今后一个时期内经济建设的首要任务。

除了体制改革的任务外，东北经济建设还面临着产业结构调整的艰难局面。在最近党中央召开的十七届五中全会上，讨论"十二五"规划时，就把产业结构的调整作为"十二五"期间经济发展的一项主要任务。这是适应当代经济发展由传统的工业型走向信息型的必然要求。新中国成立后，为了赶超世界的先进国家，走了一条通过高积累、高投入而追求高速度的粗放型发展道路，其结果造成了产业结构的不合理，科技含量不足，工业链处于低端的初级产品状态，效益不高，附加值低，使大量资源被消耗和浪费，也破坏了生态平衡，污染了环境，使发展不可持续，因而从粗放型转向集约型的发展是必然的结果。这种转型对于东北尤显必要，因为东北在过去的发展中，很多城市和企业产业链主要是围绕资源的开发和生产而展开，随着有限资源的逐渐枯竭和环境污染的加重，开发成本愈来愈高，发展深加工产业、接续产业和转产迫在眉睫，任务也非常艰巨。在产业结构调整中，东北不能再走那种依靠出卖资源和对资源简单地初级加工之路，而要对东北原有的重化工业基础进行技术改造，走高新技术产业之路，特别是高新技术的新兴产业之路，充分利用东北的自然资源和农产品资源的优势，提高产品的附加值，使有限资源真正变为消耗少而又价值高的珍贵财 。对于产能过剩甚至落后并且严重污染环境的产业及其生产企业，要坚决关、停、并、转，而对于在全国具有技术优势的装备制造和石油化工等大企业，要进一步做大做强，形成以龙头企业为核心的跨区域的产业集群。在产业结构的调整中，尤其要注意大力发展第三产业，特别是现代服务业，这是东北经济的短腿。要重视旅游产业和文化产业的发展，不但低碳环保，不消耗资源，而且还可以带动其他产业的发展，增强地方的知名度。

要统筹城乡发展，东北的新农村建设具有广阔的前景，东北城乡二元结构明显，农村虽然有丰富的土地资料，但农村的城镇化、工业化、科技化和市场经济的发展水平都很低，这既给新农村建设增添了困难，也反证了新农村建设大有可为。所以，在东北和谐社会的构建过程中，要充分利用中心城市的带动和辐射作用，以城市反哺农村，打造城乡一体化的发展格局，将城市的主导产业链延伸到农村，通过建立经济技术开发区、将涉农产业向乡镇转移和大力发展乡镇企业等方式，尽快使农村走上城镇化、工业化的发展道路。东北新农村的建设尤其要注意走科技农业之路，发展规模化经营，不仅种植过程要有新科技的投入，而且要形成初级加工、深加工的产业链，以龙头产品为依托，形成种（养）、加工、贮藏、运输、销售的专业化生产形式，从而走市场经济发展之路，并相应建立起市场运作要求的中介组织、合作组织，按市场化和企业生产的模式来规范农业生产。只有使农村走上城镇化、科技化、专业化和市场化的发展之路，并纳入城市的一体化发展中，才能使工业和农业产生取长补短的相互辅助作用，使老工业基地的振兴和产业结构的调整进入到一个更有广阔发展前景的新平台。

第四，发挥政府在构建和谐社会中的领导作用，努力推进公共服务型政府的建设。政治体制的改革是市场经济发展的必然要求，也是未来一个阶段解决发展难题的一个焦点性问题。而政府行政管理体系的改革则是政治体制改革的一个重要组成部分，也是政治体制改革的突破口和切入点。在构建和谐社会的过程中，无论是经济建设还是社会民生事业的建设，都需要政府发挥积极的领导作用。这就要求政府增强领导能力，承担起经济社会建设的领导责任。政府行政管理体制的改革要坚持"以人为本"的理念，在权力的结构、运行机制和权力的关系上，保证权为民所用，利为民所谋。这就要求把管理和服务结合起来，在服务中实施管理，在管理中体现服务。为此必须走公共服务型政府之路，把无限全能政府转变为有限政府，以解决管了一些不该管、管不好、管不了的事，该管的却没管的矛盾，适应市场经济和社会建设的发展需要，把对微观经济活动的直接干预转向宏观的经济调节和市场监管上来，退出不该管的领域，把主要精力放在该管而且必须管好的公共服务上来。"围绕逐步实现基本公共服务均等化的目标，创新公共服务体制，改进公共服务方式，加强公共服务设施建设，逐步形成惠及全民的基本公共服务体系。"① 为此，必须创新行政管理体制、着力转变职能、理顺关系、优化结构、提高效能。现阶段部门职能交叉仍不同程度存在，部门职能分工过细，职责权限关系不清晰，协调配合难度较大。因而工作中时常出现出了问题互相扯皮推诿不作为的现象。另外，机构重叠、人员众多、人浮于事、效率低也是现行管理体系的主要弊端，不仅增加了行政管理成本，也削弱了政府的公共服务能力。所以要理顺关系、优化结构和提高效能。同时要支持社会组织参与公共服务和社会管理，把政府的某些公共服务和社会管理职能转移给社会，形成公共服务供给的社会和市场参与机制，建立公共事务的社会共同管理模式。

同建设公共服务型政府相伴随的是建设法治政府。只有依法治国，才能防止权力的谋私行为，也才能保证社会的公平和正义。而依法治国首先就体现在政府对法律的遵守和执行上。所以，推进依法行政，建设法治政府，是全面落实依法治国方略、加快建设社会主义法治国家的必然要求。由于几千年封建专政的影响，官本位、权大于法、有法不依的现象还普遍存在，因而推进依法行政具有十分重要的意义和紧迫性。要建设法治政府，就要坚持组织法定，使政府机构的组织和政府职能的设定遵从法律的依据。同时，还要合法行政，进行行政管理应当依照法律、法规来进行，

---

① 胡锦涛：《在十七届中央政治局第四次集体学习上的讲话》，《人民日报》2008 年 2 月
24 日。

防止权力超越法律而活动，如果没有法律依据而作出影响公民、法人和其他社会组织合法权益的决定，必须追究违法者的责任。另外，依法行政的保证就是程序合法正当。没有程序的正当，也就不会有法律的严肃性和对公平的保证。

法治政府又是责任政府，现代行政的理念要求权责的统一，权责的对等，有权必有责，必须尽责，出了问题必须有人负责，必须追究责任，只有如此，才能解决一些政府部门权责不匹配，有权无责和有责无权的问题，也才能纠正一些工作人员责任意识淡漠，只想当官不想做事，把精力用在搞关系而不是工作上，从而导致严重的失职渎职问题。而要做到权责一致，就必须依法规定职责权限，使政府各部门和各个岗位做到责任清晰，权限明确，事事有人负责，从而建立起完善的责任机制。为了使职责权限落实到位，就必须加快建立以行政首长问责为重点的行政问责制度，并把行政问责与行政监督、审计监督结合起来，做到有责必问，有错必究。这样才能树立起负责、诚信政府的形象，提升政府的公信力。此外，建设责任政府还要求加强对行政权力的监督，在权力的结构和权力的运行上建立规则化、形式化和程序化的制度机制，坚持用制度管权、管事、管人，提高政府工作的透明度，在源头上防止腐败。而在权力的关系上，则要建立综合性的监督机制，使行政权力运行过程的每一个部分和环节，都处于有效的严密的监督之下。才能保证利为民所谋，权为民所用。

总之，东北老工业基地的重建是一个综合的系统工程，涉及经济、政治、文化和社会的方方面面，我们要在科学发展观的指导下，按照构建和谐社会的思路，统筹经济和社会发展，统筹城乡发展、统筹区域发展、统筹国内发展和对外开放，统筹人和自然的协调发展，发挥政府在构建和谐社会中的领导作用，使经济、政治、社会全面协调发展。在坚持"以人为本"这一核心的前提下，要重点抓好体制的改革、产业结构的调整、城乡的协调发展、民生的保障、两极分化的缩小和服务型政府的建设。只有如此，才能使经济发展协调，社会安定有序，政府清廉高效，从而使东北老工业基地的建设走上一条有中国特色的新型的和谐发展道路。

参考文献

著作类

1.《马克思恩格斯全集》第 1 卷，人民出版社 1956 年版。

2.《马克思恩格斯全集》第 2 卷，人民出版社 1957 年版。

3.《马克思恩格斯全集》第 3 卷，人民出版社 1960 年版。

4.《马克思恩格斯全集》第 18 卷，人民出版社 1964 年版。

5.《马克思恩格斯全集》第 20 卷，人民出版社 1971 年版。

6.《马克思恩格斯全集》第 25 卷，人民出版社 1974 年版。

7.《马克思恩格斯全集》第 40 卷，人民出版社 1982 年版。

8.《马克思恩格斯全集》第 46 卷（上），人民出版社 1979 年版。

9.《马克思恩格斯选集》第 1—4 卷，人民出版社 1995 年版。

10. 马克思：《资本论》第 1 卷，人民出版社 2004 年版。

11. 马克思：《1844 年经济学哲学手稿》，人民出版社 2000 年版。

12.《列宁全集》第 55 卷，人民出版社 1990 年版。

13.《列宁全集》第 60 卷，人民出版社 1990 年版。

14.《列宁选集》第 2—3 卷，人民出版社 1995 年版。

15. 列宁：《哲学笔记》，人民出版社 1993 年版。

16.《斯大林选集》下卷，人民出版社 1979 年版。

17.《斯大林文集》，人民出版社 1985 年版。

18.《毛泽东选集》第一、二卷，人民出版社 1991 年版。

19.《毛泽东选集》第五卷，人民出版社 1977 年版。

20.《毛泽东哲学批注集》，中央文献出版社 1993 年版。

21.《邓小平文选》第二卷，人民出版社 1994 年版。

22.《邓小平文选》第三卷，人民出版社 1993 年版。

23.《联共（布）党史简明教程》，人民出版社 1975 年版。

24.《建国以来重要文献选编》第 9 册，中央文献出版社 1994 年版。

25.《十七大报告辅导读本》，人民出版社 2007 年版。

26.《构建社会主义和谐社会大参考》，红旗出版社 2006 年版。

27.《党委中心组学习参考》，红旗出版社 2009 年版。

28. 黑格尔：《哲学史讲演录》第 1 卷，商务印书馆 1959 年版。

29. 黑格尔：《哲学史讲演录》第 2 卷，商务印书馆 1960 年版。

30. 黑格尔：《小逻辑》，商务印书馆 1960 年版。

31. 黑格尔：《历史哲学》，商务印书馆 1999 年版。

32. 柏拉图：《理想国》，商务印书馆 1986 年版。

33.《柏拉图对话集》，商务印书馆 2004 年版。

34. 亚里士多德：《尼各马可伦理学》，商务印书馆 2003 年版。

35. 汤姆逊：《古代哲学家》，生活·读书·新知三联书店 1963 年版。

36. 赫伯特·斯宾塞：《第一原理》，纽约英文版 1910 年版。

37. 胡塞尔：《欧洲科学危机和超验现象学》，上海译文出版社 1988 年版。

38. 汤因比：《历史研究》，上海人民出版社 1997 年版。

39. 汤因比、池田大作：《展望 21 世纪》，国际文化出版社 1985 年版。

40. 李约瑟：《中国科学技术史》第 3 卷，科学技术出版社 1978 年版。

41. 梅萨洛维克、佩斯特尔：《人类处于转折点——给罗马俱乐部的第二个报告》，生活·读书·新知三联书店 1987 年版。

42. 帕金斯：《创造心智的最佳活动》，广州人民出版社 1988 年版。

43. 卡尔·波普尔：《猜想与反驳》，上海译文出版社 1986 年版。

44. 北京大学哲学系外国哲学史教研室：《西方哲学原著选读》上卷，商务印书馆 1981 年版。

45. 北京大学外国哲学史教研室：《古希腊罗马哲学》，商务印书馆 1961 年版。

46. 艾思奇：《辩证唯物主义和历史唯物主义》，人民出版社 1978 年版。

47. 张奎良：《马克思的哲学思想及其当代意义》，黑龙江教育出版社 2001 年版。

48. 衣俊卿：《20 世纪的文化批判：西方马克思主义的深层解读》，中央编译出版社 2003 年版。

49. 贺来：《辩证法的生存论基础——马克思辩证法的当代阐释》，中国人民大学出版社 2004 年版。

50. 李惠斌：《企业劳动产权概论》，中央编译出版社 2006 年版。

51. 张立文：《和合学概论》，首都师范大学出版社 1996 年版。

52. 汤一介：《儒学与二十一世纪》，华夏出版社 1996 年版。

53. 中国环境与发展国际合作委员会：《中国环境与发展：世纪挑战与战略抉择》，中国环境科学出版社 2007 年版。

54. 朱力：《当代中国社会问题》，社会科学文献出版社 2008 年版。

55. 丁宁宁、葛延风主编：《构建和谐社会——30 年社会政策聚焦》，中国发展出版社 2008 年版。

56. 汝信等主编：《2008 中国社会形势分析与预测》，社会科学文献出版社 2008 年版。

57. 唐晋主编：《论剑：崛起进程中的中国式战略（壹）》，人民出版社 2008 年版。

58. 唐晋主编：《论剑：崛起进程中的中国式民生（壹）》，人民出版社 2008 年版。

59. 葛延风等主编：《中国医改：问题·根源·出路》，中国发展出版社 2007 年版。

60. 李崇富等主编：《历史唯物主义与构建社会主义和谐社会》，上海人民出版社 2007 年版。

61. 张伯里主编：《新的发展阶段中效率与公平问题研究》，中共中央党校出版社 2008 年版。

62. 李君如主编：《社会主义和谐社会论》，人民出版社 2006 年版。

63. 光明日报编辑部：《和谐文化建设专家谈》，光明日报出版社 2006 年版。

64. 方立主编：《构建社会主义和谐社会新探》，人民出版社 2006 年版。

65. 谭泓：《构建和谐社会理论与实践探讨》，山东大学出版社 2008 年版。

66. L. 库珀：《实现行政责任的途径》，中国人民大学出版社 2002 年版。

67.《中共中央关于构建社会主义和谐社会若干重大问题的决定》，红旗出版社 2006 年版。

68. 张成福、党秀云：《公共管理导论》，中国人民大学出版社 2001 年版。

69. 尼古拉·亨利：《公共行政与公共事务》，中国人民大学出版社 2002 年版。

70. E.S. 萨瓦斯：《民营化与公私部门的伙伴关系》，中国人民大学出版社 2002 年版。

71. D. 奥斯本：《改革政府：企业精神如何改革着公营部门》，上海译文出版 1996 年版。

72. 文森特·奥斯特罗姆：《美国公共行政的思想危机》，上海三联出版 1999 年版。

73. 俞可平主编：《治理与善治》，社会科学文献出版社 2000 年版。

74. 孙柏瑛：《当代地方治理》，中国人民大学出版社 2004 年版。

75. 周黎安：《转型中的地方政府：官员激励与治理》，格致出版社、上海人民出版社 2008 年版。

76. 王邦佐、孙关宏、王沪宁、李惠康：《新政治学概要》，复旦大学出版社 1998 年版。

77. 徐大同：《当代西方政治思潮》，天津人民出版社 2001 年版。

78. 乔治·H. 萨拜因《政治学说史》，商务印书馆 1990 年版。

79. 施特劳斯（Straus, Leo）、克罗波西（Cropsey, Joseph）：《政治哲学史》，河北人

民出版社 1993 年版。

80. 劳伦斯·迈耶：《比较政治学：变化世界中的国家和理论》，华夏出版社 2001 年版。

论文类

1. 孙正聿：《辩证法理论的当代反思》，《教学与研究》1997 年第 2 期。

2. 刘冠军：《马克思主义哲学视野中的和谐发展图景及其实现路径》，《自然辩证法研究》2002 年第 6 期。

3. 姚大志：《什么是辩证法》，《社会科学战线》2003 年第 6 期。

4. 刘光、步雷：《论和谐》，《哲学原理》2002 年第 7 期。

5. 韩强：《直觉的辩证法——中国哲学思维的特征》，《南开学报》2004 年第 5 期。

6. 毛健：《东北振兴与民营企业发展》，《经济纵横》2004 年第 8 期。

7. 高清海、邴正：《别了，传统理性主义时代》，《天津社会科学》1993 年第 3 期。

8. 丁立群：《人类中心主义与生态危机的实质》，《哲学研究》1997 年第 4 期。

9. 康渝生：《以人为本的和谐发展——刍议科学发展观的理论底蕴》，《学理论》2008 年第 12 期。

10. 王洛林、魏后凯：《东北地区经济振兴的战略思考和政策措施》，《经济研究》2006 年第 5 期。

11. 江绍高、皮树义：《"雄鸡"高歌看东北，振兴东北老工业基地》，《人民日报》2003 年 11 月 26 日。

12. 石建国：《中国工业化的路径转换与东北工业基地的兴衰》，《中共党史研究》2009 年第 3 期。

13. 房琳琳：《振兴东北，做活产权乃关键》，《科技日报》2004 年 2 月 10 日。

14. 王金玲：《在发展创新中构建和谐国企》，《理论界》2008 年第 2 期。

15. 韩长赋：《调整经济结构，转变发展方式》，《求是》2008 年第 12 期。

16. 刘杰斌：《统筹城乡发展对振兴东北老工业基地的关联效应和路径》，《辽宁大学学报》2005 年第 4 期。

17. 翟英：《东北老工业基地生态建设面临的问题与对策》，《人口学刊》2008 年第 4 期。

18. 曲格平：《中国工业化与环境保护》，《战略与管理》1998 年第 2 期。

19. 张德四、胡晓军：《关于东北老工业基地振兴中的环境保护问题》，《理论探索》2006 年第 4 期。

20. 丁浩员：《论东北产业结构调整》，《现代商业》2010 年第 4 期。

21. 宋凤斌：《积极发展东北现代农业，扎实推进社会主义新农村建设》，《科学新闻》2007 年第 19 期。

22. 王云、叶晓平：《解决东北老工业基地再就业问题的思路与对策》，《理论前沿》2004 年第 15 期。

23. 东北老工业基地资源型城市发展接续产业问题研究课题组：《构建东北老工业基地和谐社会的稳定器》，《吉林大学社会科学学报》2005 年第 4 期。

24. 臧忠生：《优化东北老工业基地就业结构问题的研究》，《理论前沿》2004 年第 2 期。

25. 刘少杰：《重建东北老工业基地经济发展的社会基础》，《吉林大学社会科学学报》2004 年第 2 期。

26. 《中国人薪水涨幅长期落后 GDP 终日奔波存不下钱》，《中华工商时报》2010 年第 8 期。

27. 尹艳林等：《我国居民收入分配格局研究》，《经济研究参考》2005 年第 29 期。

28. 《胡锦涛在十七届中央政治局第四次集体学习上的讲话》，《人民日报》2008 年 2 月 24 日。

29. 郁建兴：《构建和谐社会的政府责任》，《南方日报》2006 年第 7 期。

30. 柏琳：《试论东北老工业基地政府社会保障责任的强化》，《理论界》2007 年第 4 期。

31. 高小平：《行政管理体制改革的关键是转变政府职能》，《人民日报》2008 年第 2 期。

32. 薄贵利：《深化行政管理体制改革的长远目标和当前重点》，《经济日报》2008 年 2 月 28 日。

33. 魏丽平：《和谐社会中的责任政府》，郑州法院网，2008 年第 1 期。

34. 文振富：《振兴东北要确保经济发展可持续，确保生态环境不受破坏》，中央政府门户网站，2009 年 10 月 20 日。

35. 齐海山等：《循环经济推动东北老工业基地走向"绿色振兴"》，新华网，2005 年 7 月 18 日。

36. 哈尔滨市统计局：《上半年我市劳动就业和社会保障情况分析》，《统计分析》第 33 期，2005 年 8 月 5 日。

37. 姜永明、白国峰：《哈尔滨市农村低保工作调查报告》，哈尔滨民政信息网，2009 年 12 月 28 日。

38. 哈尔滨市统计局：《2004 年我市就业结构问题的研究》，《统计分析》第 19 期。

39. 《哈尔滨市明年低保标准将随物价变动调整，适时发放补贴》，东北网，2009 年 9 月 14 日。

40. 徐传谌：《产权改革划破最后的坚冰》，新华网吉林频道，2004 年 4 月 5 日。

41. 哈尔滨市委政策研究室：《构建新体制，引入新机制是我市老工业基地调整改造的首选》，《工作研究》2007 年第 14 期。

42. 纪玉山：《大力发展民营科技企业，振兴东北老工业基地》，《新浪产权》2006 年 8 月 28 日。

43.《促进东北地区中小企业民营企业发展座谈会纪要》，振兴东北网，2007 年 4 月 30 日。

44.《积极利用发挥外资推进东北国有企业改制改造》，李剑阁在东北亚合作国际研讨会的讲话。

45. 刘世佳：《转变增长方式要注重经济结构调整优化》，东北网，2009 年 11 月 2 日。

46. 刘世庆：《中国西部大开发经济转型》，经济科学出版社 2003 年版。

47. 石广生：《世纪之交的中国对外经济贸易》，人民出版社 2003 年版。

48. 林善浪、吴肇光：《核心竞争力与未来中国》，中国社会科学出版社 2003 年版。

49. 高洪深编：《区域经济学》，中国人民大学出版社 2002 年版。

50. 陈祥林等：《黑龙江资源密集型老工业基地的经济区域功能与外部协调研究》，吉林人民出版社 2001 年版。

51. 龚六堂编：《经济增长理论》，武汉大学出版社 2000 年版。

52. 黄景贵主编：《发展经济学研究——制度变革与经济增长》，中国财政经济出版社 2003 年版。

53. 乐正主编：《中国深圳发展报告》，社会科学文献出版社 2003 年版。

外文类

1.Juliana Hsuan Mikkola. Portfolio Management of R & D Projects: Implications for Innovation Management, Technovation, 2001.

2.Ruud Smits, Innovation Studies in the 21 st Century: Questions from a User's Perspective Technological Forecasting & Social Change, 2002, (69): 861-883P.

3.Henny Romijn, Manuel Albaladejo, Determinants of Innovation Capability in Small Electronics and Software Firms in Southeast England. *Research Policy*, 2002.

4. Aimin Chen, The impact of WTO entry on the changing structure of Chinese industry: a summary assessment, *Global Finance Journal* 2001, 12 (2): 285-297P.

5. Wang Qiang, Li Yanzhong and Wang Jiang, Analysis of power cyclebased on cold energy of liquefied natural gas and low-grade heat source, *Applied Thermal Engineering*,

March 2003: 539-548P.

6. Jason Leadbitter, Adisa Azapagic, Alan Emsley and IanHamerton (edited by Ian Hamerton), Polymers the *Environment And Sustainable Development Environment International*, February 2003:1107-1108P.

7. Clarke, Simon. Making Ends Meet in a Non-Monetary Market Economy.Centre for Comparative Labor Studies, and University of Warwick, Technical, 1995.

8. Lacko, Maria. Hidden Economy-An Unknown Quantity? Economics of Transition. 2000.

9. Yakubovich,Valery. Economic Constraints and Social Opportunities: Participation in Informal Support Networks of Russian Urban Households, Household Survival Strategies, Job Creation and New Tab sof Employment in Russia, 1999.

10. Gadfly, Clifford and Barry Ickes, To Restructure or Not to Restructure:In Tabal Activities and Enterprise Behavior in Transition. Willia Davidson Institute: An Arbor, Michigan, 1998:134P.

附　录

辩证思维与和谐思维

　　党的十六届四中全会提出了构建社会主义和谐社会的目标。构建和谐社会就要有与之相适应的和谐思维。一般来说，社会的性质决定思维方式的性质，不同的社会就会有与之相适应的不同的思维，这是思维与存在的关系在思维方式上的反映。在以私有制为基础的阶级对抗的社会里，人们的思维方式往往带有对抗性，利益的冲突使人们习惯于在不相容的对立中思维。作为人类智慧结晶的辩证法或辩证思维，就带有鲜明的否定性，突出表现为向对立面的斗争性倾斜。黑格尔的辩证法作为"一切辩证法的基本形式"就是否定性的辩证法，它把否定性看作事物发展的"推动原则"和"创造原则"，认为只有通过对立面之间的斗争和否定，一方消灭另一方，才能实现矛盾性质的转化，推动事物的发展。马克思批判了黑格尔辩证法的神秘性、唯心性和不彻底性，创立了实践辩证法和主客体相统一的革命辩证法。马克思的辩证法作为资本主义时代无产阶级最高智慧的结晶，凸显了批判和革命的本性，它"在对现存事物的肯定理解中同时包含对现存事物的否定理解，即对现存事物必然灭亡的理解"。只有突出辩证法的批判、革命、斗争和否定的本性，才能激发无产阶级的革命意志和斗争精神，无产阶级所处的时代和肩负的使命都要求辩证法首先向矛盾的斗争性而不是同一性回归。如同恩格斯对马克思评价那样："马克思首先是一个革命家，……斗争是他的生命要素。很少有人像他那样满腔热情、坚韧不拔和卓有成效地进行斗争。"① 马克思也把幸福理解为斗争，把不幸理解为屈服。

真正把辩证法的否定性和斗争精神付诸社会实践的是列宁。列宁适应无产阶级革命时代夺取政权斗争的需要，淋漓尽致地发挥了辩证法的矛盾的斗争性一面，并把自黑格尔和马克思以来的否定辩证法、实践辩证法和革命辩证法发展为矛盾辩证法，表现为对矛盾和对立面斗争的高度重视。如列宁所说，"辩证法是研究对象的本质自身中的矛盾"②，对矛盾"以及矛盾着的部分的认识，是辩证法的实质"同上。但是矛盾辩证法对矛盾的认识有自己突出的特点和倾向，即将矛盾的同一性相对化，最大限度地向斗争性倾斜。列宁的名言是："对立面的统一（一致、同一、均势）是有条件的、暂时的、相对的。相互排斥的对立面的斗争是绝对的，正如发展、运动是绝对的一样"③，也正是在这个意义上，列宁还说过："发展是对立面的'斗争'"。④

毛泽东是辩证法的大家，是在中国大力提倡和成功推广辩证思维的第一人。毛泽东是通过列宁的《哲学笔记》接触到马克思主义辩证法的，他与列宁所处的夺取政权的相同处境使他深谙矛盾问题在辩证法中的核心地位。他独具匠心写出的《矛盾论》是中国共产党人学习辩证法、掌握辩证思维的典范。和列宁一样，毛泽东也格外重视对立面的斗争，他认为，面对"三座大山"，只有拿出"与天奋斗，其乐无穷，与地奋斗，其乐无穷，与人奋斗，其乐无穷"的英雄气概，才能取得民主革命的伟大胜利。

马克思、列宁和毛泽东格外重视对立面的斗争反映了时代和无产阶级历史使命的需要，是完全必要和正确的。正是在这种认识的指导下，才取

---

① 《马克思恩格斯选集》第 3 卷，人民出版社 1995 年版，第 777 页。
② 《列宁全集》第 55 卷，人民出版社 1990 年版，第 213 页。
③ 《列宁选集》第 3 卷，人民出版社 1995 年版，第 557 页。
④ 《列宁选集》第 2 卷，人民出版社 1995 年版，第 557 页。

得了十月革命和中国革命的胜利。但是必须指出，本来意义上的辩证法像列宁所说的那样，是最完整深刻而无片面性弊病的关于发展的学说，无论是马克思、列宁或毛泽东，他们在重视斗争性的同时，丝毫没有轻视对立面的同一性。列宁说过发展是对立面的统一。在革命实践中他充分理解妥协和退让的必要，不轻易撕破对立面的同一，如对待布列斯特和约及"左"派幼稚病的态度。毛泽东把同一性定义为对立面的相互依存和相互转化，在对敌斗争中讲求策略，做到有利、有理、有节，注意化敌为友，不断地发展统一战线，等等。

马克思、列宁和毛泽东对斗争性的重视只是出于革命的需要而表现出的一种认识和策略上的倾斜，这丝毫也不能改变辩证法和辩证思维的全面而无片面性弊病的本性。应当看到，长时期向对立面斗争性倾斜容易使人们形成一种思维惯性，即习惯于从对立和斗争的视角来思考问题，不重视对立面同一的作用，不擅于从对立面和谐的视角来化解矛盾，推进事物的发展。

经过二十多年的改革开放，中国特色社会主义已经取得了举世瞩目的伟大成就。构建和谐社会不是偶然兴动或突发奇想，而是对过去社会主义经验教训深刻总结得出的。相应地，为了构建和谐社会，需要形成和谐思维方式。

首先，不能用绝对化的观点来看待对立面。其实，一切对立面双方必有其一致和共同的东西，否则它们就不可能相互依存和相互转化。例如，社会化大生产是资本主义与社会主义共同的物质基础；市场经济体现了资本主义与社会主义的共通性；个体、民营和三资企业，它们在纳税、就业和满足人民多方面需求上，是和公有制的目标一致的。因此，对对立面也应该坚持对立统一的观点，既要看到对立面相克的一面，又要看到对立面相宜的一面。从对立面中汲取有利成分，壮大自己，是和谐思维的鲜明特点。

其次，促进对立面的结合，发掘新的力量源泉。正确地认识和扶植对立面的直接目的是为了实现对立面的结合，发挥对立面斗争所不能起到的更大的积极作用。过去对对立面之间的作用关系理解得过于狭窄，只承认它们之间的对立和斗争，否认它们互助和协作的余地。既然对立面双方有相互一致的共同方面，它们就可以相互结合；既然对立面双方又有各自不同的特点和优势，那么，它们之间的结合就有可能迸发出比对立面斗争更大的力量和作用。

再次，以尽可能小的代价，实现对立面的双赢。对立面的结合开辟了新的发展模式，它不是传统意义上的一方消灭另一方，而是对立面的共存和双赢。在经济全球化与信息化高度发展的今天，人们的交往增多，活动空间增大，彼此协调、选择和实现共同利益的机会和余地空前地增多了。在这种情况下，实现双赢不仅是必要的，而且是可能的。这种双赢的发展模式风险最小，成功的几率最大。

《光明日报》2005 年 2 月 8 日

和谐思维与辩证法理论的创新

李楠明

党的十六届四中全会提出了构建社会主义和谐社会的思想，然而构建社会主义和谐社会的深层理论内蕴是什么？对于这一问题的探讨成为理论界近来关注的热点问题之一。张奎良先生与郭和平先生从辩证思维与和谐思维的关系的角度对构建和谐社会的理论根据进行了阐述，表达了对和谐思维所具有的意义的不同理解（分别见 2005 年 2 月 8 日和 4 月 5 日《光明日报·学术版》）。

笔者认为，对和谐思维意义的理解不能仅仅囿于传统的辩证法理论的阈限内，它更体现了对辩证法性质的全新认识和对辩证法内容的丰富和扩展。只有理解了从对立斗争的思维向和谐共处思维转换的创新性质，才能使哲学理论更符合当代历史发展的实际，从而为构建社会主义和谐社会提供哲学的理论根据和思维方法。

从理论上说，辩证法作为一种自觉的理论形态始自德国古典哲学，用以解决近代认知主体哲学的固有难题——主客的二元分裂。自觉的辩证法理论贯穿的是近代启蒙理性的文化精神，是人成为主体，通过自己的能动活动来征服和改造世界的现实历史状况的哲学表达形式。正如马克思在评价黑格尔辩证法时所说："黑格尔的《现象学》及其最后成果——辩证法，作为推动原则和创造原则的否定性——的伟大之处首先在于，黑格尔把人的自我产生看作一个过程，把对象化看作非对象化，看作外化和这种外化的扬弃；可见，他抓住了劳动的本质，把对象性的人、现实的因而是真正的人理解为他自己的劳动的结果。"①然而，黑格尔虽然利用辩证法的形式抽象地表达了人的自我创造和征服改造世界的过程，但"他只看到劳动的积极的方面，没有看到它的消极方面。劳动是人在外化范围之内的或者作为外化的人的自为的生成。"（同上）这即是说，近代的启蒙理性也存在着内在的矛盾，在现代化的初期，人们幻想以理性为工具，通过发展科学技术，提高劳动生产率，来改善物质生活，促进社会的进步。但对自然的征服和占有的态度，必使理性向技术理性转化，必导致技术理性和价值理性的分裂、冲突，最终不但使人和自然尖锐对立，而且对自然的征服会反过来作用于人本身，变成对人的统治和压迫，造成强势群体对弱势群体的压制和剥夺。法兰克福学派曾用"启蒙的辩证法"这一概念来描述现代文化精神的这种双重性以及启蒙理性必然走向自己反面的过程。

理论的思考反映着现实的状况，西方现代化过程的经验教训给我们以这样的启迪：社会的发展不是单纯的经济增长过程，只注重经济效益的想法，不但容易使经济的发展走向单纯追求产值的错误道路，从而忽视人和环境的协调，造成发展的不可持续性；而且更为重要的是会使经济的发展失去人文导向，导致忽略社会公平的矛盾。正是西方现代化的教训使我们

---

① 《马克思恩格斯全集》第3卷，人民出版社2002年版，第320页。

必须确立以人的发展为核心的综合协调的发展观。构建社会主义和谐社会的提出，正是据于这样的历史背景。

正因为和谐社会是针对西方的以经济发展涵盖社会发展的现代化模式的弊端而提出的，因此也必须发展贯穿着启蒙理性精神的辩证思考方式。辩证法作为一种弘扬主体创造精神的哲学理论，固有一种西方文化的向外的、通过冲突和斗争而征服和占有的倾向。现代化的过程使人类征服和改造自然的能力得到了极大的增强，更坚定了人们通过斗争、竞争而促进发展的信念。在这样的理论思考方式中，对立、斗争比和谐、统一具有更重要的地位，因为和谐虽然是目的，但必须通过斗争来实现。由此，矛盾、对立、斗争被看成是事物发展的源泉和动力，发展与对立、斗争解决矛盾等同起来。黑格尔就是这样思考问题的，他把事物之间的关系看作是矛盾的对立关系，这种矛盾对立的思维蕴含的是一种主体本质力量对象化的思维，即主体只有把自身的本质力量对象化，创建不同于自身的客体，才能在对象中印证和反思自身，并且只有通过克服异己的对象，扬弃外化的表象，才能使主体返回自身，确证自身的本质。在这样的否定之否定的过程中，确立对象和克服对象都是不可或缺的，由此，对立和斗争就成为辩证思维的主旋律。其实，这种矛盾、对立、斗争的思维正是资本主义现代化初期社会矛盾尖锐化的反映。也正是这样的历史背景使马克思接受了这种思维，资本主义早期血与火的历史使马克思坚信，迄今为止的人类文明史就是对立和对抗的历史，阶级社会发展的过程就是在生产力和生产关系的矛盾所引发的一系列对立和冲突中渡过的。如果仅此而已，马克思的唯物辩证法就会被理解成矛盾对立冲突的同义语，这也正是斗争哲学能够盛行一时的理论原因。但是，如此来理解马克思的理论就太片面了，甚至可以说是误解。因为，马克思所讲的对立和对抗的历史，特指的是"人类社会的史前时期"，即辩证法以对立和矛盾的形式来表达只适用于阶级社会。马克思是这样表述的："大体说来，亚细亚的、古代的、封建的和现代资产阶级的生产方式可以看作是人的经济社会形态演进的几个时代。资产阶级的生产关系是社会生产过程的最后一个对抗形式人类社会的史前时期就以这种社会形态而告终。"① 这即是说，矛盾、对立和对抗，只是阶级社会的发展状态，在未来社会中，发展还是会继续的，但不再以对立、对抗的方式来进行，自由个性的全面和谐发展的含义即在于此。把历史的发展分成性质不同的阶段，在不同的阶段有不同的发展状态，对立、对抗的发展形势只存在于阶级社会，这才是马克思对辩证法理论的真实全面的理解。

在"左"的错误时期，由于误读了马克思的理论，把马克思关于阶级社会发展状态的阐述误解为是对整个人类历史发展的普遍状态的说明，辩证思维也就被等同于矛盾、对立、斗争的思维。于是矛盾的斗争性被赋予了绝对的地位，在斗争性和同一性的关系中，强调斗争性是同一性的基础，斗争性是绝对的、无条件的、永恒的。这就在理论上导致了两个错误，一是对斗争性作了狭隘的理解，把斗争性等同于对立和冲突；二是抹煞了同一性在事物发展中的地位和作用，似乎同一是可有可无的，只是为矛盾的斗争提供场所。改革开放以后，虽然理论界纠正了对辩证法的错误理解，强调了对斗争性不能作狭隘的理解并强调了同一性在事物发展中的作用，提出了单独的斗争性和单独的同一性都不是事物发展的动力，但对同一性意义的认识还是不够深入，没有由此引申出和谐思维的思考方式。这从新矛盾理论的研究中就可见端倪。新矛盾观把矛盾分为极性关系、运演关系和结局关系，认为对立是矛盾的根本属性，这就表明对立、斗争的思维仍然是新矛盾理论的深层构架，在这种构架中，就不会真正有和谐的位置，由此思考问题也不会真正理解提出和谐思维的意义。

构建和谐社会必须要转变矛盾的对立、斗争的思维方式，而要从协调、平衡、共处的统一性的视角去观察和处理问题，并以此作为构建和谐社会的理论基础。这是因为，首先，这是社会主义发展的目标和过程的性质所决定的。社会主义是一个不完全的阶级社会，这样，我们就不能再用观察阶级社会那样的对立、斗争和矛盾冲突的眼光看待和处理问题，而要

---

① 《马克思恩格斯选集》第 2 卷，人民出版社 1995 年版，第 33 页。

以积极的态度、宽容的心情，从矛盾双方的协调、统一去认识问题。如此才能防止矛盾的扩大化，用最小的改革成本去解决问题。另外，尽管当代社会的发展离马克思设想的自由个性的和谐发展还有很远的距离，

但"以人为本"的理念日益被社会所接受，社会主义的发展目标被确定为人的全面发展，而人发展的全面性就内在地包含了和谐发展的内容，要求社会机制的协调和平衡，使人能够突破片面性的局限，以和谐、全面的方式来规划行动和生活。其次，当代和平与发展的主流趋势，使合作与双赢成为发展的重要形式。现代化的进程是同技术理性的发展关联在一起的，由此带来了人与自然的对立，以及人与人的分裂等人类生存的难题，尤其是两次世界大战和随之而来的冷战局面，促使人们不断反思，使人们日益认识到，对立和对抗、矛盾和冲突不是解决问题的出路，相容共处，协调合作才是正确的选择。由此，在人与自然的关系上，征服和占有的意识被生态平衡的观念所取代，在不同社会制度和不同意识形态的国家关系上，对立和斗争被共处和互利所取代。一国两制、公有制和私有制的共存等一系列对立面同一的事实证明，在当代，和谐统一的方式也是事物发展的重要途径，这就需要我们发展辩证思维，深入研究协调、平衡在发展中的意义。

和谐思维不是无矛盾的思维，和是指不同事物之和，"和而不同"，即多样性的平衡。只有多样性的平衡才能"和实生物"。这种多样性平衡的现实意义在于，改革的深化涉及各种利益关系的调整，不同的人和群体在享受改革成果方面必然有所不同，不同利益的矛盾是不可回避的。问题是怎样对待和处理这些矛盾？是用对立、斗争的方式来处理，还是用平衡和协调的办法来处理？和谐思维要求建立博弈平衡的机制，从而能够协调各种利益，使大多数人能够分享改革的成果，达到化解矛盾，政通人和的目的。所以，和谐首先即意味着博弈的平衡和公正。

和谐思维又要求把目标的完满性变为过程的持续性。在以往的理论中，和谐都被理解为理想的终极状态，大同社会或自由个性的全面发展成为同现实无关的、可望而不可即的事情。而对当前提出的构建和谐社会以

及与此相伴随的和谐思维方式却不能这样理解，它不仅意味着我们要达到的目标，更是我们达到目标的方式和过程，它要求确立这样的理论视角：以协调、平衡的方式来推进社会的发展。这就不同于西方文化的征服、占有、对立、斗争的思维，而是更多地体现着中国文化的整体性、平衡性的思考方式。而这种思考方式在改革进入矛盾多发期和凸显期的今天具有特殊重要的意义。它可以化解矛盾，减轻技术理性带来的人与自然、人与社会的对立冲突，实现经济效益和社会公平的协调发展。

总之，辩证思维不仅意味着对立和斗争，和谐与平衡也是它的重要组成部分。所以，只有对辩证法理论进行不断地创新，赋予它以时代发展的新内容，才能为构建和谐社会提供坚实的理论基础。

《光明日报》2005 年 8 月 23 日

用科学发展观统领和谐社会构建

黑龙江省中国特色社会主义理论体系研究中心

李楠明

贯彻落实科学发展观与构建社会主义和谐社会，是新世纪新阶段党中央提出的建设中国特色社会主义的重大战略思想，二者是内在统一的。我们应辩证理解二者的统一关系，无论是作为一种社会状态，还是一种价值目标，和谐社会建设都要靠落实科学发展观来实现。

科学发展观是实现社会和谐的基础社会和谐是中国特色社会主义的本质属性，构建社会主义和谐社会是贯穿中国特色社会主义事业全过程的长期历史任务。传统的发展观用经济的发展来代替社会的发展，以经济总量的增长作为衡量社会进步的尺度。在这种发展观念的支配下，为了追求经济发展的速度，不惜高投入，造成了资源的浪费和生态环境的破坏，从而使人与自然的关系处于对立之中。科学发展观的第一要义是发展，而社会要和谐，首先就要发展。这是因为：第一，只有经济的发展，才能为社会的和谐与安定有序提供物质前提。第二，社会上存在的种种不和谐现象归根到底只能通过科学发展来解决。现在有一种错误的认识，似乎公平和效率是对立的，要讲效率就要牺牲公平，而讲公平就要否定效率。从科学发展观的角度看，效率不仅包括经济效率还包括生态效率和社会效率，相应的公平也是经济公平、生态公平和社会公平的统一。和谐社会的建设不是要不要发展的问题，而是只有科学发展才能保证社会和谐。

科学发展观揭示了构建社会主义和谐社会的价值取向"以人为本"是科学发展观的核心，它要求必须把最广大人民群众的根本利益作为党和国家一切工作的出发点和落脚点，做到发展为了人民、发展依靠人民、发展成果由人民共享。而这也正是构建社会主义和谐社会的本质要求，揭示了和谐社会内在的价值取向。

第一，它揭示了和谐社会建设的内在目的。和谐意味的是人的自由全面发展。而要实现人的全面发展的目的，就必须反对"物本"的倾向。科学发展观坚持"以人为本"，就是要确立"人是人的最高本质"这一信念，从而把异己的客观力量变为人自主活动的条件，和谐的实现才有可能。

第二，它揭示了和谐社会建设的依靠力量。人民群众是社会主义建设的主体。所以，要尊重人民的主体地位，发挥人民首创精神，切实保障人民各项权益和当家作主的地位。而要确立人民的主体地位，就必须反对"民本"的错误观念。"民本"思想是英雄史观的体现。在"民本"观念中，人民只是客体而不是主体，是统治阶级为了维持其统治而加以利用的工具，只能导致"官"和"民"的二元分化。

第三，它揭示了和谐社会建设的最终归宿。随着社会主义市场经济的发展，利益主体日益分化，形成了各种利益博弈的局面。利益的分配要讲规则，而规则的确定不能单从经济效益着眼，还要考虑生态的成本和社会的成本，不能使少数人享有发展的成果，而使大多数人背负发展的成本。资源和环境都是全社会的，为社会全体成员所共有。并且人民群众是生产劳动的主体，所以，发展的成果应由广大人民群众共享。这就需要关注民生，着力解决人民群众最关心、最直接、最现实的利益问题，真正体现社会公平，使社会安定和谐。科学发展观指明了构建社会主义和谐社会的根本途径科学发展观的基本要求是全面、协调、可持续，这也正是和谐社会建设急需解决的问题。当今存在的诸多不和谐因素，如社会事业发展滞后，城乡、地区发展不平衡，资源和环境的破坏，就是片面的、不协调的、不可持续的发展造成的。所以，只有遵循科学发展观的要求，才能化解这些矛盾，达到和谐社会建设的目的。

第一，全面发展是实现社会和谐的前提。当前存在的一些问题，如较长一段时间内存在的"一条腿长、一条腿短"的问题，就是只注重经济发展，而忽视社会建设造成的。要解决这样的问题就必须提倡全面发展。正因为如此，以胡锦涛同志为总书记的党中央提出了经济建设、文化建设、政治建设、社会建设四位一体的总体布局。我们贯彻落实科学发展观，就必须着眼于科学发展、全面发展，始终注意"四位一体"的协调统一，而不能顾此失彼，搞"单打一"。

第二，协调发展是实现社会和谐的根本条件。目前依然存在的诸如城乡二元结构、各个区域发展的不平衡、粗放式的发展方式等，使速度、结构和效益不相统一，经济发展与人口、资源的矛盾突出。要使经济社会又好又快发展，就要解决城乡、区域发展的不平衡，尽快转变经济发展方式，努力促进结构合理、机制顺畅、和谐平衡发展。

第三，可持续发展是实现社会和谐的保证。人与社会的和谐离不开人与自然的和谐，这不仅因为自然提供了人类生存的生产和生活资料，而且人与自然的关系本质上是人与社会的关系，是人与子孙后代的关系。正如马克思所说："自然界，就它自身不是人的身体而言，是人的无机的身体。"[①] 因而，科学发展观提倡走可持续发展之路，正确处理长远利益和眼

---

① 《马克思恩格斯选集》第 3 卷，人民出版社 2002 年版，第 45 页。

前利益的关系，局部利益和整体利益的关系，认为只有人与自然友好相处，保护生态环境，才能保证发展世世代代永续进行。否则，破坏了人与自然的和谐，使环境不再适合人类的生存，使生产不能正常进行，也就不会有真正意义上的社会和谐。

《光明日报》2008 年 12 月 25 日

矛盾理论的创新：辩证思维与和谐思维

——兼与张奎良先生商榷

郭和平

张奎良先生的《辩证思维与和谐思维》（《光明日报》2005 年 2 月 8 日 8 版，以下简称"张文"）认为："构建和谐社会就要有与之相适应的和谐思维"。这一观点依笔者看来，只在否定斗争哲学的意义上成立。我认为，在总体意义上，构建和谐社会可以也应该突出和谐范畴、和谐思维，但一般地还是讲辩证思维较为妥当。他讲和谐思维是从矛盾规律出发，笔者甚以为然；但不敢苟同的是，张先生还是在传统矛盾学说的框架内立论。张文的论证依据不稳，论证方式欠妥，这里面有内在理论舛误，有深层逻辑冲突。为此，不揣冒昧，写下自己的一些看法。

张文说："过去对对立面之间的作用关系理解得过于狭窄，只承认它们之间的对立和斗争，否认它们互助和协作的余地。既然对立面双方有相互一致的共同方面，它们就可以相互结合；既然对立面双方又有各自不同的特点和优势，那么，它们之间的结合就有可能迸发出比对立面斗争更大的力量和作用。"请问，这个观点能够普遍成立吗？狼和羊有相互一致的共同方面，都是动物，它们可以相互结合吗？它们双方确实又有各自不同的特点和优势，那么，它们之间的结合就有可能迸发出比对立面斗争更大的力量和作用吗？这样发问，似乎有点儿抬杠意味，但张文未加说明，按一般理解也通过上下文看，他是在全称意义上讲的。不厌其烦地说，一切对立面都是有同一性的，包括都有相互一致的共同方面，难道如此就能像张文那样得出"既然……那么……"的推理了吗？

如果张文是在特称意义上讲，即有的或有些矛盾双方是如此，那他的论证也有问题。这里就牵涉到对对立面之间的作用关系和对对立面的基本性质如何理解，牵涉到对整个矛盾理论的创新与否的问题了。张文说，"长时期向对立面斗争性倾斜容易使人们形成一种思维惯性，即习惯于从对立和斗争的视角来思考问题，不重视对立面同一的作用，不擅长于从对立面和谐的视角来化解矛盾，推进事物的发展。"张先生的意思很明白：过去时代是向对立面斗争性倾斜的，现在该向对立面同一性倾斜了。此论点难以成立。我认为这种理解和阐释才是狭窄之所在。也难怪，囿于传统矛盾学说体系，论证往往是牵强的，是难圆其说的。

与传统矛盾理论相对照，自改革开放以来，整个社会尤其是理论工作者对矛盾规律的研究和认识已经有了很大推进。不少研究者从各个方面提出了许多新观点。这个有了崭新内容且将继续充实的理论，不妨称之为发展着的矛盾理论或新矛盾理论。换言之，矛盾理论正在随着时代发展而发展。新矛盾理论已然呈现出大致框架，其主要特点是：把斗争性与对立性作为两个范畴区分开，并把斗争性从矛盾的根本属性中析出而置于矛盾的运演关系里；矛盾的根本属性即极性关系是对立性与同一性，它是中性的，可向各个方向发展；矛盾有三大关系，即极性关系、运演关系和结局关系；运演关系里可细分为斗争性、竞争性、合作性、既有斗争性又有合作性、既有竞争性又有合作性；斗争性演进的更高阶段是对抗，合作性演进的更高阶段是和谐；结局关系里可细分为一方克服（吃掉）另一方、双方同归于尽、双方融合为一、双方共荣同华；异向发展形态的矛盾，其两极是在发展自己与抑制对方的不断交替过程里最后达到矛盾转化或解决的，同向发展形态的矛盾，其两极是在发展自己与发展对方的不断交替过程里最后达到双方共同发展及整体和谐发展的；在矛盾的转化和解决问题里，既讲用不同方法解决不同矛盾，又讲化解矛盾；对立性是绝对的，同一性是相对的，而非"斗争性是绝对的，同一性是相对的"，等等。

张先生主张过去时代强调斗争性，当今时代应反过来注重同一性。这同以往一些人认为矛盾可划分为斗争性为主和同一性为主的观点大体类似。这类观点欠妥。依新矛盾理论，矛盾不宜作斗争性为主与同一性为主的区分，也不宜作对立性为主与同一性为主的区分。前者是跨层次区分，不合逻辑。后者是把基本属性作了主次区分，如果基本属性分主次，那就是说有的矛盾是极性相斥性为主，而极性相互依存性、转化性与共性等构成的同一性为次；有的矛盾则反之。这在逻辑上讲不通，亦不符事实。按新矛盾理论，对立性与同一性是任何矛盾都具有的基本属性，无所谓主次。任何矛盾都具有这两种基本属性，但它在矛盾体系背景与特定条件下，又可以演化出各种变化的关系来。仅在过程和结局的意义上，矛盾区分为斗争型、竞争型、合作型、又斗争又合作型、又竞争又合作型，等等。夫妻、师生、父母与子女的矛盾一般是合作性为主的矛盾，共产党内的矛盾、人民内部的矛盾大多是合作性为主或又合作又竞争的矛盾。敌我矛盾一般是斗争性为主的矛盾。国共之间的矛盾则依不同时期呈现复杂情形：有时是严重的斗争，没有合作；有时如在外敌入侵时变为又合作又斗争的局面，等等。

因此前面讲，即使在特殊意义上，也不能对矛盾作向斗争性（对立性）倾斜和向同一性倾斜的划分或论断。说向斗争性（对立性）倾斜，难道那些矛盾的同一性即相互依存性、转化性、共性就没有或减少了？说向同一性倾斜，难道那些矛盾的对立性即极性相斥就没有或减少了？

张先生有那样的观点，我以为还是在旧矛盾理论范围里研讨问题的缘故。人类对矛盾规律的认识是不断深入的。当今时代要求我们讨论问题包括构建和谐社会的问题都应从新矛盾理论出发。拿人与自然关系来说，人与自然肯定有矛盾，这是绝对的。但以往人们在旧矛盾理论指导下一直采取斗争或征服态度，其结果就是人与自然的关系紧张。今天人们终于明白了，人与自然主要是合作性矛盾。自然状态不好，演化不好，人类生存状态也就不好，发展也就不好。我们主张人与自然和谐发展。但从哲学上严整地表述，恐怕要这样考虑：人与自然和谐为主，斗争为辅。天人合一，是人们在总体和长期里企求达到的境界，此境界可以达到也能够达到；然而在局部和短期里，斗争还是不可避免。大自然的地陷山崩、飓风洪水与新的灾难，等等，总还是不按人们意志发生的。我们总是比较地而不是绝对和一劳永逸地认识和掌握自然规律。

实际上，我国社会自改革开放以来的前进，都采用了新矛盾理论。现在讲构建社会主义和谐社会，这本身就是当代形态矛盾理论的最新运用和发展。这与过去年代倡导斗争哲学，恰成鲜明对比。在这个意义上，构建和谐社会确实需要与之相适应的和谐思维。但这种和谐思维并不能导出要向同一性倾斜，并不意味着凡矛盾都要和谐。我们之所以需要和谐思维，是因为今天社会里有大量的合作性矛盾与竞争性矛盾，因而需要讲合作及竞争，进而讲和谐；但同时，我们社会中也还存在着斗争性矛盾，对之一方面需要讲斗争，甚至讲对亢；另一方面需要讲化解，把斗争化解为非斗争、甚至化干戈为玉帛等，这都要视不同情形具体应对。不鉴别问题性质笼统讲和谐，欠妥。毛泽东说："不同质的矛盾，只有用不同质的方法才能解决。"有一些矛盾的运演和结局关系是属于斗争性或斗争性为主的，对于这类非斗争不能解决问题的矛盾，那就只有进行坚决的斗争或主要采取斗争方法。所以，哲学意义的总体提法，还是辩证思维较妥。

最近，胡锦涛同志强调指出，要加强对构建社会主义和谐社会重大问题的调查研究和理论研究。张文和本文所讨论的，就是有关构建和谐社会的理论基础的重大问题。笔者郑重发表一家之言，祈盼批评指正。

《光明日报》2005 年 4 月 5 日

马克思主义辩证法与和谐思维

——与李楠明同志商榷

施德福

李楠明同志的文章《和谐思维与辩证法理论的创新》（《光明日报》2005 年 8 月 23 日，以下简称"李文"）立意甚好，读后颇受教益。一是李文提出一个既有学术探索价值，又很有现实针对性的理论问题，目的是"为构建社会主义和谐社会提供哲学理论基础和思维方式"；二是李文对和谐思维的某些论述也是有启发性的。但是，我们认为李文中也有一些需要商榷的问题。下面，我们怀着与李文相同的目的，就其中一些问题，谈谈我们的粗浅看法，与李楠明同志商榷，并欢迎广大读者、同行专家批评、指正。

一

在学术探讨中，使用概念及其内涵的统一性，是使学术探讨能够有效深入并取得积极成果的一个重要条件。鉴于国内外学界在辩证法的理解上存在歧见，鉴于李文中也使用了"传统辩证法理论"、"马克思对辩证理论的理解"等概念，本文在展开具体探讨之前，也有必要对"马克思主义辩证法"与"和谐思维"作简要的说明。我们认为，马克思主义辩证法应当是指马克思主义的创始人马克思和恩格斯所阐明的唯物主义辩证法的基本原理。由于马克思主义是发展着的理论，马克思主义辩证法还应当包括在马克思、恩格斯之后的马克思主义者（如列宁、毛泽东、邓小平等）对它丰富和发展。恩格斯说"所谓的客观辩证法是在整个自然界中起支配作用

317

的，而所谓的主观辩证法，即辩证的思维，不过是在自然界中到处发生作用的、对立中的运动的反映。"① 据此，和谐思维应当是客观事物之间和谐、合作的关系及其运动过程在人们头脑中的反映。

辩证法与和谐思维的关系是本文也是李文探讨的一个主要问题。李文认为"对和谐思维意义的理解不能仅仅囿于传统的辩证法理论的阈限内，它更体现了对辩证法性质的全新认识和对辩证法内马克思主义辩证法与和谐思维内容的丰富和扩展。只有理解了从对立斗争的思维向和谐思维转换的创新性质，才能使哲学理论更符合当代历史发展的实际，从而为构建社会主义和谐社会提供哲学的理论根据和思维方法。"这样，它实际上就把和谐思维与"传统的辩证法理论"割裂开来甚至对立起来了。尤其值得注意的是，李文所说的"传统的辩证法理论"也包括了马克思主义辩证法，其理由是：第一，"在'左'的错误时期"，由于误读了马克思的理论，把马克思关于阶级社会发展状态的阐述误解为对整个人类历史发展的普遍状态的说明，辩证思维也就被等同于矛盾、对立、斗争的思维。"矛盾的斗争性被赋予了绝对的地位"。第二，李文还追溯到作为马克思主义辩证法理论来源的黑格尔哲学。认为在黑格尔哲学中"对立和斗争"就已成为辩证思维的主旋律。由于"这种矛盾、对立斗争的思维正是资本主义现代化初期社会矛盾尖锐化的反映，也正是这样的历史背景使马克思接受了这种思维。"

我们认为，李文以上述理由把马克思主义辩证法与和谐思维割裂开来是难以成立的。第一，"在'左'的错误时期"，马克思主义辩证法确曾遭到误解、误读，并产生了严重的恶果。但是既然是"误解"、"误读"，那么它就不是马克思主义本身所固有的东西，而是被强加于马克思主义的非马克思主义思想，对此，作为研究者的责任，应当是"回到马克思，发展马克思"，即首先要剔除由"误读"、"误解"而产生的非马克思主义的东西，恢复马克思主义的本来面目。好在马克思、恩格斯的有关原著还存在。第

---

① 《马克思恩格斯选集》第4卷，人民出版社1995年版，第317页。

二，黑格尔的辩证法思想是马克思主义辩证法的理论来源。但是马克思主义创始人不仅继承和吸取了黑格尔的合理思想，而且还在唯物主义的基础上对它进行了批判和改造。黑格尔的辩证法是唯心主义辩证法，马克思主义辩证法是唯物主义辩证法。这是不能混同的。正是这种不同，使二者在对待主体和客体、人与自然界的关系的理解上存在着原则的区别。

1890 年 9 月，恩格斯在《致约·布洛赫》的信中曾指出，为了正确地理解马克思主义理论，要"根据原著来研究这个理论，而不要根据第二手的材料来进行研究。"[①] 在对马克思、恩格斯的有关原著的研读中，我们体会到恩格斯的这个"提示"对我们研究马克思主义辩证法与和谐思维的关系还是有重要意义的。因为从这些原著中不仅可以直截了当地看到马克思主义创始人有关和谐理念与和谐思维的论述，而且可以看出在"'左'的错误时期"对马克思主义辩证法的误解、误读是根本违背马克思主义创始人的本意的。同时，也有助于我们看清马克思主义辩证法和黑格尔辩证法的原则区别。下面，我们就来摘引关于马克思和恩格斯的有关论述：马克思主义认为，辩证法是关于自然界、人类社会和思维运动发展的一般规律的科学。而马克思主义创始人有关和谐思维的论述，也涉及了同样广泛的领域。

（1）自然界是人类社会和思维发生、发展的前提和基础。恩格斯在谈到自然界中物体的相互作用时写道："在达尔文的学说中我接受他的进化论，但是我认为达尔文的证明方法（生存斗争、自然选择）只是对一种新发现的事实所做的初步的、暂时的、不完善的说明。在达尔文以前，现在到处都只看到生存斗争的那些人（福格特、毕希纳、摩莱肖特等）所强调的正是有机界中的合作，植物怎样给动物提供氧和食物，反过来动物怎样给植物提供碳酸气和肥料，李比希就曾特别强调这一点。这两种见解在一定范围内都是有一定道理的，但两者都同样是片面的和褊狭的。自然界中物体——不论是死的物体或活的物体——的相互作用中既有和谐，也有冲

---

① 《马克思恩格斯选集》第 4 卷，人民出版社 1995 年版，第 697 页。

突，既有斗争，也有合作。因此，如果有一个所谓的自然研究家想把历史发展的全部多样性的丰富内容一律概括在'生存斗争'这一干瘪而又片面的说法中，那么这种做法本身就已经判决自己有罪，这句空话即使用于自然领域也还是值得商榷的。"① 在《自然辩证法》题为"为生活的斗争"的札记中，恩格斯也论述了与上述思想基本相同的观点。

（2）人与自然的关系，是在人类最基本的实践活动即生产实践中形成和发展的关系。马克思、恩格斯首先肯定了人对自然界具有主体能动性。"动物仅仅利用外部自然界，简单地通过自身的存在在自然界中引起变化；而人则通过他所作出的改变来使自然界为自己的目的服务，来支配自然界。这便是人同其他动物的最终的本质的差别，而造成这一差别的又是劳动。"②

同时，作为辩证唯物主义者，他们又明确指出，这种能动作用是以承认物质自然界的客观存在为前提的。所以，他们告诫人们说，"但是我们不要过分陶醉于我们人类对自然界的胜利。对于每一次这样的胜利，自然界都会对我们进行报复……因此我们每走一步都要记住：我们统治自然界，决不像征服者统治异族人那样，决不是像站在自然界之外的人似的，——相反地，我们连同我们的肉、血和头脑都是属于自然界和存在于自然之中的；我们对自然界的全部统治力量，就在于我们比其他一切生物强，能够认识和正确运用自然规律。"③

（3）社会历史领域人与人（人与社会）的关系。马克思主义认为，在阶级社会中，阶级利益根本对立的阶级之间的矛盾是对抗性的，不可调和的。资产阶级的生产关系是社会生产过程的最后一个对抗形式，无产阶级和资产阶级的矛盾是具有对抗性的。但这并不意味着资本主义社会就不存在和谐的社会关系。马克思、恩格斯认为，为了争取自身和全人类的解放，"全世界无产者"应当"联合起来"，"共同战斗"、"以各国工人的兄

---

① 《马克思恩格斯选集》第 4 卷，人民出版社 1995 年版，第 621 页。
② 《马克思恩格斯选集》第 4 卷，人民出版社 1995 年版，第 383—386 页。
③ 《马克思恩格斯选集》第 4 卷，人民出版社 1995 年版，第 383—384 页。

弟联盟对抗各国资产阶级的兄弟联盟"。共产党人要建立"党内的真正和谐"，并努力争取"全世界民主政党的团结和协调"。对于那些对《共产党宣言》中提出的原则持有不同意见的社会主义派别，马克思和恩格斯也没有采取对抗、批判、斗争的方式，把《共产党宣言》的原则强加于人；在建立国际工人协会时，也没有把这些派别拒之门外，而是积极创造条件，吸收它们加入。至于说到《共产党宣言》中提出的原则的最终胜利，"马克思把希望完全寄托于共同行动和共同讨论必然会产生的工人阶级的精神的发展"，即通过平等对话和实践检验来取得共识。实践证明，马克思是正确的。到了"1887年，欧洲大陆的社会主义已经差不多完全是《共产党宣言》中所宣布的那个理论了。"这不仅是用和谐思维成功处理不同社会主义派别之间关系的范例，也是用和谐思维处理思维领域的矛盾的范例。与此同时，马克思主义创始人还从多个角度论述了实现社会主义和谐社会是社会历史发展的必然趋势。

二

当然，我们注意到，李文也在通过引述马克思原著中的有关论述来说明"马克思对辩证法的理解"并从中导出"和谐思维"。马克思说，"大体说来，亚细亚的、古代的、封建的和现代资产阶级的生产方式可以看作是经济的社会形态演进的几个时代。资产阶级的生产关系是社会生产过程的最后一个对抗形式……人类社会的史前时期就以这种社会形态而告终。"①李文在引述了马克思的这段论述之后写道："这即是说，矛盾、对立和对抗只是阶级斗争的发展状态，在未来社会中，发展还是会继续的，但不再以对立、对抗的方式来进行，自由个性的全面和谐发展的含义即在于此。

---

① 《马克思恩格斯选集》第2卷，人民出版社1995年版，第33页。

把历史发展分成性质不同的阶段，在不同阶段有不同的发展状态，对立、对抗的发展形式只存在于阶级社会，这才是马克思对辩证法理论真实全面的理解。"我们认为，李文从引述马克思原著的有关论述中来说明马克思对辩证法理论的理解，并从中导出和谐思维的思路是对的。但它所说明的"马克思对辩证法理论的理解"还不能说是真实全面的。因为：（1）它没有涉及对马克思主义辩证法的创始人之一、对阐述马克思主义辩证法（以及"和谐思维"）作出重要贡献并得到马克思支持的恩格斯的有关思想；（2）马克思主义辩证法是自然界、人类社会和思维发展的一般规律的科学，而李文在这里马克思主义辩证法与和谐思维谈到的却只限于社会领域和"社会主义社会的发展状况"。还应指出的是，李文把"矛盾"与"对立"和"对抗"一起看作"只是阶级社会的发展状态"也是不妥当的。在社会主义条件下，对抗将会消失，矛盾仍然存在。现在，我们还可以看到，《中共中央关于构建社会主义和谐社会若干重大问题的决定》中也明确指出，"任何社会都不可能没有矛盾，人类社会总是在矛盾运动中发展进步的。"

李文虽然承认"和谐思维不是无矛盾的思维"，而且还认为"和谐思维"是辩证思维的"重要组成部分"。然而，在讨论构建和谐社会时却往往把和谐思维与辩证法的矛盾规律特别是"矛盾的斗争性"对立起来。

李文写道："构建和谐社会必须要转变矛盾的对立、斗争的思维方式，而要从协调、平衡、共处的统一性的视角去观察和处理问题，并以此作为构建和谐社会的理论基础。这是因为，首先，这是社会主义发展的目标和过程的性质所决定的。社会主义社会是一个不完全的阶级社会，这样，我们就不能再用观察阶级社会那样的对立、斗争和矛盾冲突的眼光看待和处理问题，而要以积极的态度、宽容的心情，从矛盾双方的协调、统一去认识问题。如此才能防止矛盾的扩大化，用最小的改革成本去解决问题。"在马克思主义辩证法看来，矛盾的同一性和斗争性是矛盾规律（对立统一规律）的两种基本属性。马克思说："两个相互矛盾方面的共存、斗争以及融合成一个新范畴，就是辩证运动。"① 列宁指出"发展是对立面的'斗争'"②，又说发展是对立面的统一。

毛泽东则认为：矛盾的斗争性和统一性相结合，"构成了一切事物的矛盾运动"。因此，把矛盾的斗争性绝对化是对马克思主义辩证法的误解、误读，把矛盾的统一性绝对化，也不是对马克思主义辩证法的正确解读。矛盾的斗争性是一个具有广泛含义的哲学范畴，具有无限多样的表现形式，在土地改革中暴风骤雨式的阶级斗争是矛盾斗争性的表现形式；按照"团结——批评——团结"的公式和风细雨式地处理人民内部矛盾也是矛盾斗争性的表现形式。因此，把矛盾的斗争性仅仅理解为激烈的冲突和对抗是不正确的。

《马克思主义研究》2008 年第 5 期

---

① 《马克思恩格斯选集》，人民出版社 1995 年版，第 144 页。
② 《列宁选集》，人民出版社 1995 年版，第 557 页。

后 记

本研究是国家社会科学基金项目，在课题组成员的共同努力下，历经四年时间，课题终于完成。在课题研究过程中，李楠明对课题进行了整体构思和策划，张奎良先生为课题研究和写作的论纲提供了很多宝贵的修改意见。张立民、张爽、韩亚丽、白婧等同志进行了广泛的实证调查，收集了丰富的资料。张奎良、李楠明、张立民、吕翠微、张爽撰写了阶段性成果，在各级刊物上发表了相关论文。最后写作的分工如下：李楠明撰写了序言、第一、第二、第八、第九章以及第五章的第四节和结语；吕翠微撰写了第三、第四章和第五章的第1、第2、第3节；白婧撰写了第六、第七章。李楠明对全书进行了统稿和修改，刘丽娟、白婧对全书的文字进行了修正和校对。附录中收集了张奎良、李楠明在《光明日报》上发表的相关论文，体现了他们对构建社会主义和谐社会的马克思主义哲学基础的理解。同时也收录了郭和平、施德福先生的商榷文章，以展现不同的理论观点对这一问题的认识。在误题研究的过程中，参考借鉴了许多国内同行专家的成果，尤其是吕翠微和白婧直接撰写了本书的某些章节，正是在她们无私地帮助下，本书才能顺利完成，在此真忱地表示谢意。最后，感谢黑龙江大学哲学学院在课题成书出版过程中所给予的大力支持。

李楠明

2013 年夏于哈尔滨